XINJIANG SHENGCHAN JIANSHE BINGTU

TESE NONGYE FAZHAN ZHANLÜE YANJIU

新疆生产建设兵团
特色农业发展战略研究

姚远 梁斌 主编

中国农业出版社
北京

图书在版编目（CIP）数据

新疆生产建设兵团特色农业发展战略研究 / 姚远，
梁斌主编. -- 北京：中国农业出版社，2024. 3.
ISBN 978-7-109-32309-4

Ⅰ. F324.1

中国国家版本馆 CIP 数据核字第 2024C7U030 号

中国农业出版社出版

地址：北京市朝阳区麦子店街 18 号楼
邮编：100125
责任编辑：李 夷 刁乾超 文字编辑：刘金华
版式设计：王 怡 责任校对：张雯婷
印刷：北京印刷集团有限责任公司
版次：2024 年 3 月第 1 版
印次：2024 年 3 月北京第 1 次印刷
发行：新华书店北京发行所
开本：700mm×1000mm 1/16
印张：24.25
字数：462 千字
定价：158.00 元

编 委 名 单

主　编　姚　远　梁　斌

副主编　仇　栋　宋玉兰　程景民

编　委　姚　远　梁　斌　仇　栋　宋玉兰

　　　　戴安良　陈　昊　程景民

目 录
CONTENTS

绪论 /1

第一章 新形势下新疆兵团特色农业发展的重要性及其意义 /5

第一节 特色农业的内涵与特征 /5

第二节 新疆兵团特色农业发展的重要性及其意义探讨 /8

第二章 新疆兵团特色农业发展的基础分析 /14

第一节 自然资源基础 /14

第二节 农业生产社会经济条件基础 /23

第三节 兵团主要优势农产品地域分布特点 /32

第三章 新疆兵团特色农业发展现状及趋势 /41

第一节 新疆兵团特色农业及主要特色农产品 /41

第二节 新疆兵团农业发展总体状况 /43

第三节 新疆兵团农业结构调整与重点产业发展 /46

第四节 新疆兵团特色农业发展评价 /50

第四章 新疆兵团特色农业发展中存在的问题与制约因素 /57

第一节 新疆兵团特色农业发展优势 /57

第二节 新疆兵团特色农业发展存在的问题与制约因素 /60

第五章 新疆兵团特色农业发展总体思路和发展战略 /63

第一节 实施美丽连队建设行动,推进连队全面进步 /63

第二节 着力提高连队农工素质和收入,推动农工全面发展 /67

第三节 深化农业农村改革,激发"三农"发展活力 /67

第四节 深入推进向南发展,夯实示范带动作用 /70

第五节　实现巩固拓展脱贫攻坚成果同乡村振兴有效衔接　/71

第六章　新疆兵团特色农业发展战略布局　/73

第一节　兵团主要特色农业发展优势　/73
第二节　种植业优势生产区布局　/74
第三节　林果业优势生产区布局　/80
第四节　畜牧业（水产）优势区布局　/83

第七章　新疆兵团特色农业发展的主要措施和政策建议　/88

第一节　围绕主导产业，加快特色优势农产品基地建设　/88
第二节　进一步加大科技创新力度，增强特色农业产业化动力　/89
第三节　发挥具有兵团特色的具体发展措施　/90
第四节　科学制定和正确运用发展新疆兵团特色农业的各项政策　/97

附录　/106

附件1　兵团农产品加工业发展综述　/106
附件2　兵团纺织加工业发展调研报告　/126
附件3　兵团果蔬加工业发展调研报告　/134
附件4　兵团葡萄酒加工业发展调研报告　/143
附件5　兵团油脂加工业发展调研报告　/150
附件6　兵团肉品加工业发展调研报告　/157
附件7　兵团乳品加工业发展调研报告　/163
附件8　兵团粮食加工业发展调研报告　/171
附件9　兵团饲料加工产业发展调研报告　/180
附件10　兵团番茄加工业发展调研报告　/186
附件11　兵团制糖业发展调研报告　/194
附件12　兵团种子加工业发展调研报告　/199
附件13　兵团农特产品加工业调研报告　/205
附件14　兵团奶业"十三五"发展规划　/212
附件15　兵团果蔬园艺业"十三五"发展规划　/233
附件16　兵团农业产业化"十三五"发展规划　/246
附件17　兵团农业机械化"十三五"发展规划　/268
附件18　新疆生产建设兵团"十四五"种植业发展规划　/285
附件19　新疆生产建设兵团"十四五"现代畜牧业发展规划　/297

附件 20　新疆生产建设兵团"十四五"林果业发展规划　　　　　/ 315

附件 21　新疆生产建设兵团"十四五"农产品加工业发展规划　　/ 332

附件 22　新疆生产建设兵团"十四五"农产品质量安全监管规划　/ 358

附件 23　关于促进兵团畜牧业高质量发展的意见　　　　　　　/ 369

附件 24　兵团棉花质量提升行动工作方案　　　　　　　　　　/ 375

主要参考文献　　　　　　　　　　　　　　　　　　　　　　/ 380

绪　论

农业是以生产植物、动物、微生物产品为主的社会生产部门。广义的农业包括种植业、林业、畜牧业、渔业等,狭义的农业指种植业。

农业生产的对象是有生命的动物、植物和微生物,农业生产有五大特点,即地域性、季节性、连续性、综合性、商品性。

我国的农业由种植业、林业、畜牧业、渔业组成,它们之间是紧密联系、相互依存、相互促进的。

农业发展经历了原始农业、传统农业和现代农业3个阶段。现在,我国正在从传统农业向现代农业过渡。

农业作为人类社会活动的一个重要组成部分,是人类赖以生存和发展的重要基础和前提。人类生存和延续需要的粮食和各种农产品都要靠农业生产提供,从一定意义上讲,没有农业生产就没有人类的生存和发展。从社会发展史看,人类文明最先表现为农业文明,农业文明经历了一个漫长的发展过程,是迄今为止人类文明发展中时间最长的文明形态。而且在后来的其他文明形态出现之后,农业文明依然存在并与其他文明融合,扮演着一个重要的不可替代的角色,而且不断吸收和借鉴其他文明成果,不断完善、丰富和改造着自己。不论其他各种先进文明如何出现和发展,农业文明的地位依然稳固、不可动摇,随着现代文明的发展,农业文明的现代化程度也越来越高;伴随着人类社会的发展进步,其内涵和外延也在发生着深刻的变化,农业多功能的特征越来越凸显。农业功能已从食物保障、原料供给和就业增收等传统功能向更广泛的生态保护、休闲观光、文化传承等领域扩展。当今社会,农业文明与工业文明、生态文明高度融合,相互促进、相互影响、相互制约的趋势越来越明显,农业生产和整个农业活动利用工业文明、生态文明的理念,在促进农业自身发展、提高农业的效率上起到了重要作用;使农业对社会的贡献更大,对推动人类社会的进步发挥的作用更加凸显。但是,由于农业活动受自然环境和社会经济条件的双重制约,以及区域生产效率和生态环境的影响,因而客观上形成了农业生产的功能区。科学合理地划分农业主体功能区是合理配置资源、优化生产力布局和保障农业可持续发展的重要前提。

当前，中国特色社会主义已进入了新时代，正在向第二个百年奋斗目标迈进，建设和实现中国式现代化、实现中华民族伟大复兴是中华民族和广大中国人民的伟大梦想，与之相适应，经济发展进入新常态，增长速度从高速向中高速转变，发展方式从规模速度型向质量效益型转变，经济结构调整从以增量扩能为主向调整存量、做优增量并举转变，发展动力从主要依靠资源和低成本劳动力等要素投入向创新驱动转变。中国式现代化建设中，农业现代化的地位和作用凸显，粮食安全成为国家总体安全的重要内容和影响因素，同时，农业农村发展的外部条件和内在因素也正在发生变化，既存在不少有利条件，也面临很多困难和挑战，在资源短缺与环境约束加剧、农产品需求刚性增长、国内外传导联动和相互影响日益加深的背景下，保障粮食增产增收和其他各种农产品供求总量和结构平衡、质量安全和生态安全的压力增大，依靠拼资源、拼消耗的生产方式已难以为继。因此，我国要在大力推进农业现代化的同时，加快转变农业发展方式，优化农业生产结构和区域布局，开发农业多种功能，以资源环境承载能力为基础，充分发挥各地比较优势，因地制宜发展农业，提高农业发展与资源环境的匹配度，构建科学合理、专业化的区域生产格局，提高农业质量效益和竞争力，走产出高效、产品安全、资源节约、环境友好的农业现代化道路。

新疆维吾尔自治区地处欧亚大陆腹地，处于我国最西部，土地面积占我国国土面积的 1/6，生活着 47 个民族，是我国陆地面积最大、交界邻国最多、陆地边境线最长的省级行政区。从地理结构、地理位置、气候环境等条件看，新疆生产建设兵团地理位置独特，气候环境多样，因而各种资源丰富，开发潜力巨大，是我国重要的能源生产基地，更是诸如棉花、油料、瓜果、畜牧业产品等优质特色农产品生产基地，国家重要的粮食安全后备生产基地，还是我国向西开放的桥头堡。新疆生产建设兵团（简称新疆兵团或兵团）在全国经济发展中具有重要的资源战略地位、沿边开放地位、生态安全地位和多民族聚居区特殊地位，在国家战略全局中具有特殊重要性，是我国西北的战略屏障、实施西部大开发战略的重点地区、我国向西开放的重要门户、全国重要的能源基地和运输通道、丝绸之路经济带核心区、我国反恐维稳的前沿阵地和主战场。改革开放以来，新疆兵团经济快速发展取得了显著成效，但干旱的气候条件、脆弱的生态环境、水资源的缺乏与分布不均使新疆兵团生态环境约束持续加大，制约着新疆兵团农业的可持续发展，随着经济社会进一步发展，生态环境保护的任务将更加艰巨。如何进一步发挥新疆兵团的自然资源和地理区位优势，补齐存在的短板，促进新疆兵团农业的快速和高质量发展，是需要全新疆包括新疆兵团在内的所有各界和全体人民共同奋斗、群策群力，以高超的智慧和奋力拼搏来解决。其中新疆兵团需要扮演重要角色，发挥重要作用。

新疆生产建设兵团作为共和国屯垦戍边的重大准军事组织和生产集团，承担着保卫边疆安全、建设边疆、发展边疆的重要职责和历史使命，自成立至今几十年来，在中国共产党的坚强领导和全国人民的大力支持下，经过自身的艰苦奋斗，在改革发展各方面都取得了巨大的成就，同时也为促进新疆兵团的经济建设、社会稳定、民族团结和边境安全发挥了不可替代的重要作用。兵团忠实履行自己的职责使命，在屯垦戍边、保卫边疆建设和发展边疆的战斗中发挥了重大作用，做出了卓越的、不可磨灭的贡献，成为党和国家放心、各族人民拥戴的保卫国家、建设国家及新疆地区建设发展和稳定的不可或缺的重要力量。新疆兵团作为一支特殊的力量和组织分布在自治区各地，同当地各族人民一道，辛勤耕耘这片土地。长期以来，党中央、国务院高度重视新疆兵团工作，2014 年，习近平总书记亲临新疆和新疆兵团考察调研，部署指导兵团深化改革工作，强调新形势下新疆兵团工作只能加强，不能削弱，明确要求新疆兵团要履行好成为安边固疆的稳定器、凝聚各族群众的大熔炉、先进生产力和先进文化的示范区"三大功能"，发挥好调节社会结构、推动文化交流、促进区域协调、优化人口资源"四大作用"。习近平总书记重要讲话精神和重要思想为兵团做好工作指明了前进方向、提供了根本遵循、赋予了强大动力。

以习近平同志为核心的党中央高度重视新疆兵团工作，强调"组建和加强兵团是党中央治国安邦、强化边疆治理的一项战略安排""新形势下兵团工作只能加强不能削弱"，要求兵团履行好"三大功能"、发挥好"四大作用"。农业是兵团的基础产业和优势产业，新疆兵团始终坚持走农业现代化之路，大规模引进、吸收、研发和推广先进生产技术，开创了新疆兵团现代农业的先河。2021 年，新疆兵团农、林、牧、渔总产值为 1 728 亿元，较 2020 年增长 8%；累计建成高标准农田 1 163 万亩*，占耕地面积的 50%，高效节水灌溉 1 694.16万亩；农作物耕种收综合机械化率达 95.3%，其中棉花机采率为 94.2%；粮食安全保障有力，优质棉基地建设稳步推进，棉花种植面积为 1 297.96万亩，产量为 213.41 万吨，棉花单产、机械化率、人均占有量连续多年位居全国首位。

"十四五"时期是新疆兵团全面推进乡村振兴、加快实现农业农村现代化的关键时期，明确"十四五"时期兵团农业农村发展的基本思路、主要目标、重大发展方向和重大政策举措，积极研究十分重要，对推动兵团农业农村改革发展意义重大。

兵团农业农村发展是国家"三农"发展、全面推进乡村振兴、加快农业农村现代化的重要组成部分：一方面，兵团农业农村发展要融入国家"三农"工

---

* 亩为非法定计量单位，1 亩＝667 米²。——编者注

作和农业农村现代化建设发展大局，必须服从服务于国家这一大局；另一方面，兵团农业农村发展要从自己的特色出发，突出自身优势和特点，探索一条独特的农业产业化道路和模式，为中国式农业农村现代化建设提供兵团模式、兵团方案，为推动中国式农业农村现代化做出自身应有的贡献。

| 第一章 |

新形势下新疆兵团特色农业
发展的重要性及其意义

第一节　特色农业的内涵与特征

一、特色农业的内涵

特色农业就是将独特的农业开发区域内特有的名优产品转化为特色商品的现代农业，即在区域独特的农业资源和生产技术、生产方式条件下，对区域内的特色农副产品进行产业化生产加工而形成的具有地方特色、科技特色和人文特色的农业生产系统，特色农业的关键点就在于"特"。其具体表现在以下 3 个方面：

一是特色农业之"魂"即唯我独存或唯我独尊。俗话说"物以稀为贵"，对于发展特色农业来讲，也只有做到人无我有、人有我优才能真正地"特"起来。二是特色农业之"根"即独特的自然地理环境条件。各地的自然条件自古以来就有所不同，只有从当地独特的自然地理环境条件出发，生产种植与之相适应的农业产品，才能充分体现和发挥优势。如果脱离当地实际盲目模仿别人，照搬其他地方的模式，只能落个劳民伤财的后果。三是特色农业之"本"即传统，即通常所讲的种植、养殖或加工习惯，尤其是先进的农业科技。而"科技兴农"靠的就是科技进步，如果不管农民有无技术都强迫农民搞特种特养，势必造成事与愿违、事倍功半的后果。所以，我们讲的特色，并不是脱离实际、放弃传统的标新立异，而是要从当地农业发展的实际出发，发掘和完善具有当地特色的农业生产方式和农产品开发方式，形成具有市场竞争力的农业产业。因此，特色农业的本质和核心是传承与创新的有机结合，既遵循传统，又对传统进行发扬光大、开拓创新，使传统绽放出新的生机和活力。从以上 3 个方面可看出，在特色农业这个大的系统中，特色农业资源是基础，特色农产品是核心，特色农产品生产和加工技术是先导，特色农产品市场是其价值实现的重要场所和载体。

特色农业是建立在特色资源优势基础上的集约型、科技型、效益型、产业化的新型农业。特色农业是以追求最佳效益即最大的经济效益和最优的生态效益、社会效益和提高产品市场竞争力为目的，依据区域内整体资源优势及特点，突出地域特色，围绕市场需求，坚持以科技为先导，以农村产业链为主，高效配置各种生产要素，以某一特定生产对象或生产目的为目标，形成规模适度、特色突出、效益良好和产品具有较强市场竞争力的非均衡农业生产体系。特色农业的发展是适应当前社会消费需求、世界经济一体化和全球农业市场细分需要的必然结果。

二、特色农业的特征

从特色农业之"特"的 3 个方面可看出，特色农业的具体特征表现为：

1. 地域特征突出

一个地区的农副产品生产的具体品种首先是由这个地区的资源条件所决定的，这些条件主要表现为由诸如气候、地理位置（平原、山地、丘陵、草原等）、海拔高低、土壤成分、水资源分布、温度、光照和社会经济发展的历史等因素共同决定形成的。由于纬度和地形地貌的差异，各个地区的水、热、风、光等资源差异较大，地理位置和社会经济发展水平和人文特点的差异，也会导致不同区域的农业资源具有独特的类型和组合方式。正是由于农业资源区域差异性的存在，使各区域的农业产业表现出不同的特色。

2. 市场导向突出

首先要明确，特色农业产业发展的目的是面向市场，因为特色农业生产的农副产品主要不是为了自产自销，而是作为商品进行交换，而商品交换要以市场为载体，因此，特色农业发展的市场导向突出，农产品的价值实现要通过市场这一渠道才能实现，这就要求特色农业要突出市场导向性的特征，不断满足人们更高的、日益增长的多样性的需求，这是特色农业能够发展壮大的市场基础和保障，由于市场需求是动态的，不断变化的，不同时期的市场需求反映出对不同特色农产品的需求，所以，应从市场需求结构的变化和消费水平的变化、提高出发，及时调整农业生产结构和品种，改良提升特色农产品品质，从而满足不同层次的消费需求，并以满足不同层次的消费需求为导向，有针对性地使农业向特色化方向发展和完善。

3. 突出与现代工业、现代商业和现代科技的高度融合

在现代化条件下，特色农业的发展已经深深地打上了现代化的烙印，除了自身的现代化因素外，还表现为，其发展与现代工业、现代商业与现代科技的高度融合。首先特色农业生产手段的现代化要靠现代工业的支撑，先进的农业生产工具靠工业提供，农业机械化水平的高低取决于工业化水平的高低。在现代化条件下，农业与工业的融合度越来越高：一方面，特色农业的粮食生产、农产品加工、运输等都要使用工业产品和工业手段；另一方面，很多工业门类需要农业提供原材料，如食品加工业、纺织业、制糖、酿酒等。从一定意义上讲，农业与工业二者相互依存、相互制约，有机地融合在一起，特别是在当今现代化条件下，二者的融合度更高，特色农业的高质量发展和提档升级需要现代工业的有力支撑。从这个意义上看，特色农业与现代工业的高度融合是推进特色农业发展的重要引擎。

（1）特色农业与现代商业的融合度也越来越高。这主要是特色农业产品作为商品必须经过商业渠道，运用商业手段进入市场进行交换和流通。而商业的现代化为特色农业发展和农产品的流通提供了更加便捷的途径和条件。如现代物流、超市的普及，电商平台、直播带货的广泛运用，网络销售等，不但打破了传统的商业模式，扩大了农产品的销售渠道，创新了销售模式，而且大大提高了农产品的流通速度，提高了销售的数量和质量，对特色农业的发展和创新提出了新的要求和发展方向，对特色农业的高质量发展起到了巨大的促进作用。特色农业与现代商业高度融合，是推动特色农业发展的巨大助力。

（2）特色农业与现代科技的高度融合。这是特色农业发展的重要特征。科学技术是第一生产力。特色农业的发展需要和现代科技的广泛应用实现高度融合，如特色农产品的生产和加工是特色农业的重要依托，要确保特色农产品推陈出新和品质的不断改良和提高，就需要加大科技投入，关注农业科学技术的发展动向，把科学技术特别是农业科学技术广泛运用于特色农业发展的全过程。在特色农业发展的实践中，我们看到，现代科技已经渗透到农业发展的方方面面，从育种到种植，低产田改造，农产品加工、运输、储藏保鲜，各个方面和环节都体现了现代科技的作用。科学技术为特色农业的发展插上了腾飞的翅膀。现代科技在农业中的广泛运用，如信息技术、大数据、网络技术、无人机、机器人、卫星导航、遥感技术等与特色农业的高度融合，将会使特色农业的发展实现质的飞跃。

4. 规模化和产业化的特征更加突出

特色农业不是一家一户的零散经营、单打独斗，而是集约型和产业化型的新型农业发展模式。规模化生产不仅可以确保区域内农业资源的高效利用，实现农业生产的规模效应，而且还可以壮大农产品销售组织，在激烈的市场竞争中取得有利的市场地位，产业化生产可确保农产品生产和销售的一条龙服务，实现以市场需求为导向来引导农业生产，增强农产品市场竞争力。规模化、产业化是特色农业乃至整个农业发展的必然趋势，是农业现代化建设的重要发展方向和根本路径。

5. 生态特征更加突出

从本质上讲，农业本身就是与生态环境联系最紧密的产业，或者说，农业就是生态的不可分割的重要组成部分。特别是以种植业、畜牧业为主的传统农业表现得尤为突出、明显。现代农业虽然加入许多非生态的元素，但农业的生态特征仍然比其他产业更加明显。在生态文明建设中，特色农业具有不可或缺、不可替代的作用，特色农业的发展是生态文明建设的重要内容和重要组成部分。因为特色农业资源的可持续发展是特色农业的前提，发展特色农业就需要突出农业资源的可持续利用以及生态环境的保护，建设以提高地表绿色覆盖为中心的生态农业，同时，大力发展无公害、绿色农业、有机农业，有助于提高农业生态系统的循环发展，从而推动整个生态环境的改善和生态文明建设。

第二节　新疆兵团特色农业发展的
重要性及其意义探讨

新疆生产建设兵团位于我国新疆维吾尔自治区境内，承担屯垦戍边、保卫边疆、建设边疆的重任。在兵团建设发展中，农业是兵团主要的支柱性产业，兵团从组建成立时起，其主要任务就是开荒种地，进行农业生产。而兵团分布于新疆各地，其进行的农业生产和农产品加工都具有兵团各地的地方特色，这就为发展兵团特色农业打下了雄厚的基础，创造了得天独厚的天然条件。

发展兵团特色农业是兵团农业转变的发展方式，需根据兵团的自然、经济、政治、社会等要素的空间特征结合国家、自治区和兵团经济社会发展总体战略布局，根据不同区域的农业特色功能谋划区域特色农业功能拓展与实现途径，是一项立足当前、谋划长远的基础性工作，对于兵团响应"一带一路"倡议，深化兵团特色农业发展，进一步巩固农业在经济发展新格局中的基础地位，促进区域之间农业协调发展，做大做强区域优势产业，高效合理利用农业资源，规范农业发展空间秩序，扎实推进农村和现代农业建设，再创兵团农业发展新优势，具有十分重要的现实意义和长远意义。

一、新形势下兵团发展特色农业的重要性

党的二十大报告提出了全面推进乡村振兴的战略决策和部署，指出："全面建设社会主义现代化国家，最艰巨、最繁重的任务仍然在农村。坚持农业农村优先发展，坚持城乡融合发展、畅通城乡要素流动。加快建设农业强国，扎实推动乡村产业、人才、文化、生态、组织振兴。全方位夯实粮食安全根基，确保中国人的饭碗牢牢端在自己手里。"发展特色农业，是实施乡村振兴战略，

实现中国特色社会主义农业现代化的重要举措。新疆生产建设兵团作为国家重要的粮食生产基地和各种农产品生产加工基地，承担着保障国家粮食安全的重大职责，也承担着实施乡村振兴战略，为实现中国特色社会主义农业现代化探索道路、积累经验、先行先试等重要职责，而兵团农业的发展，也要同整个新疆兵团乃至全国一样，根据自身的特点和优势，走特色农业发展的道路，通过走特色农业发展的道路，探索出一条高效、优质及经济效益、社会效益、生态效益最大化并高度统一的兵团农业发展道路，为整个新疆兵团乃至全国农业的发展提供可供参考的经验和模式，因此，从这个意义上讲，实施兵团特色农业发展是非常重要的举措。

1. 有利于发挥区域优势，实现资源潜力的最大化发挥

新疆兵团地处新疆全境，和整个新疆融为一体，整个新疆兵团农产品种类繁多、品种齐全，有棉花、番茄、葡萄、石榴、哈密瓜、香梨、核桃、红花、巴旦木等多种特色农产品。这得益于优越的地理气候条件、充足的光热资源、有利于农作物生长和营养养分的积累，同时为生物多样性发展创造了独特的自然条件，有利于各种优质农产品，如优质粮棉、果品、花卉等经济作物的生长，也有利于各种动物、牲畜如牛羊、鸡鸭等的繁育饲养。同时在兵团的大范围种植区基本上没有大的污染企业，整个农产品受污染可能性小，因而能保证农产品的绿色天然无污染，保证了农产品的优良率。因此，依托新疆兵团特有的农业生产资源和优势特色农产品发展特色农业，将会提升新疆兵团特色农产品的知名度及消费者对其的认知度，有助于整个兵团的农产品开拓市场，加快推进农产品由资源优势向市场优势转变。同时，通过发展特色农业，挖掘出一批具有明显比较优势的特色农产品，进而形成竞争力强、优势互补的产业集群，将产品优势转换成产业优势和区域优势，实现资源优势向经济优势转换。

2. 有利于调整农业产业结构，优化区域布局

当前，兵团农业已由高速增长过渡到以质量、效益为中心，以结构调整和转型升级为核心的重要时期，迫切需要发展特色农业。以已经形成的特色农业资源为基础，结合现有科技水平，大力发展具有竞争力的特色农产品和特色农业产业，有利于进一步优化以粮、棉为主的单一结构，达到调整和优化农业产业结构的目标。兵团地域广阔，地区间资源禀赋差异非常明显，因此，从各地特色优势资源条件出发，因地制宜、集中精力发展具有资源优势、特色鲜明、市场前景广阔的特色农产品和特色农业产业，有利于发挥各地优势，避免区域农业生产结构趋同，形成具有各地域特色的农产品生产基地和特色优势产业，促进区域内农业生产结构合理布局。

3. 有利于加快农业产业化进程，促进农民增收

由于历史和现实的原因，兵团职工，特别是从事农业生产的兵团职工收入偏低，与全国平均水平差距较大，有的甚至低于全新疆平均水平，依靠传统农产品的生产和加工来提高兵团职工收入的空间已经变得越来越小。因此，发展特色农业，围绕优势农产品，打造高水平、大规模的农产品精深加工业，生产较高附加值的名、优、特农产品，开发具有竞争优势的农产品，加快农产品生产、加工、销售良性互动的现代农业产业体系，将有助于大幅度增加农业整体效益，提高农民收入。同时，通过特色农业产业化经营，将会拉长新疆兵团农业产业链条，推动特色农产品生产基地发展，带动农产品加工、储藏、运输等相关产业的发展。此外，发展特色农业，还能带动休闲观光农业和生态农业的发展，拓宽兵团境内的旅游、观光等非农产业发展途径，开辟新的产业发展渠道，增加产业门类和更多人员就业机会，解决兵团内富余劳动力就业和劳动力由传统产业向新的产业转移问题。

4. 有利于开拓特色农产品市场，增强竞争力

市场经济条件下，市场是农产品生产的先决条件，特别是特色农产品，只有面向市场、依靠市场，才能在生命力和经济效益方面有更大的发展空间。其中特色是农产品开拓市场的核心，从一定意义上讲，没有特色就没有市场。新疆兵团位于我国西北边陲，幅员辽阔，远离内地，人口较少，自身消费能力有限，又远离内地中心消费市场；绿洲灌溉农业成本高，传统农产品没有特色，在内地市场缺乏竞争力。因此，以质量、效益为中心，大力发展具有资源优势、特色突出、发展潜力大、市场前景广的特色农产品，是新形势下兵团特色农业发展、开拓农产品市场、增强市场竞争力的重要前提。

在现实中不难发现，新疆兵团境内的特色农产品种类繁多，但名特优产品不多，加之农产品加工、储藏、保鲜能力低以及科技、信息等生产要素投入相对不足，制约了农产品市场的开拓能力，市场竞争力不高，通过发展特色农业，面向市场，适应和满足多样化的消费需求，准确定位特色优势农产品，以优质、知名、高附加值的农产品开拓市场和占领市场，结合国内外市场需求，打造一批具有鲜明特色的优势品牌、特色品牌和知名品牌，不断扩大新疆兵团特色农产品的知名度、美誉度和影响力，把资源优势转化成产品优势，进而将产品优势转化为市场优势，提升新疆兵团农产品的市场竞争力。

5. 有利于加快推进传统农业向现代农业转型

新疆兵团因特殊的地形地貌特征以及多变的气候条件，自然灾害频发，加之农业生产基础薄弱，设施落后，农业生产条件较差，抗风险能力不强。因此，发展特色农业，加强农业生产基础设施的改造升级，将有利于实现农业生产由粗放型向集约型转变，由生产型向生产与经营并重转变，农产品生产基地建设由数量型向质量效益型转变，产业层次由农产品初级加工型向精深加工型转变。特色农业发展要实现区域化布局、产业化经营、集约化生产，增强抗风险能力，发展特色农业，还能提高科学种植、科学生产、科学储藏保鲜以及现代营销的能力，进而从总体上提高农业生产能力，提高农产品品质及商品化程度，实现特色农产品生产规模化、标准化和销售现代化，加快传统农业向现代农业转型。

6. 有利于保护和改善生态环境，实现可持续发展

农业生产具有很强的资源依赖性，而资源的开发利用不是无限的，过度开发、低水平开发、重复利用都会造成资源浪费甚至枯竭。同时，农药化肥的过量使用、农膜残留、不合理的灌溉以及工业排污都会引起农业生产环境破坏和资源浪费，将严重影响农业的可持续发展。新疆兵团处于干旱、半干旱气候带，土地沙漠化、盐碱化严重，生态环境十分脆弱。新疆地区又是一个农业大区，不科学的农业生产方式将会加速生态环境的恶化。而发展特色农业要求采用先进的生产技术，并以保护生态环境为前提，以农业资源的合理利用为基础，坚持无公害生产，减少资源的破坏和浪费，追求生态效益与经济效益并重的农业发展模式。因此，发展特色农业将有助于保护和改善兵团辖区内生态环境，实现人口、资源、环境与经济的可持续发展。

二、新时代兵团发展特色农业的意义探讨

1. 是贯彻落实新时期中央对兵团功能定位要求的重要举措

党的十八大以来，以习近平同志为核心的党中央准确把握国内国际两个大局，围绕新疆兵团社会稳定和长治久安总目标，对兵团提出了新定位、新要求，对深化兵团改革发展做出了新的重大部署，明确了兵团深化改革的总体思路、基本原则和重点任务，为进一步做好兵团工作指明了方向。按照党中央要求，加快改革发展的步伐，壮大兵团的综合实力，提高履行党中央赋予兵团新的历史使命的能力，通过改革使兵团更好地适应新形势、新定位、新要求，更好地履行成为安边固疆的稳定器、凝聚各族群众的大熔炉、先进生产力和先进文化的示范区"三大功能"，更好地发挥调节社会结构、推动文化交流、促进区域协调、优化人口资源"四大作用"。以习近平总书记重要讲话精神为指引，把兵团深化改革作为落实新疆兵团工作总目标的重大举措，牢牢围绕总目标，发挥特殊作用这个根本，加强特色农业发展的规划与布局工作，自觉把兵团农业放到新疆兵团社会稳定和长治久安大局中把握和谋划，把总目标作为总纲、核心任务、着眼点、着力点，紧紧围绕总目标，服从、服务于总目标，在中央的统一领导下，在事关根本、基础、长远的问题上发力。

2. 是兵团深化管理体制改革对现代农业提出的现实要求

改革开放是决定当代中国命运的关键一招，也是决定实现"两个一百年"奋斗目标、实现中华民族伟大复兴的关键一招。新中国成立以来，新疆生产建

设兵团深度参与新疆发展的各个历史时期与新疆维吾尔自治区共同建设经济发展、社会稳定、民族团结的美好新疆。

兵团深化改革是以习近平同志为核心的党中央做出的重大战略部署。当前，兵团正在认真贯彻中央的决策部署，全面推进兵团的农业管理体制改革，核心是政企分开、企社分离，把土地等经营资源下放到职工，把团场转型为社会管理组织，只保留了团场对土地产权的保有权。在兵团的 14 个师部分别成立 13 个农业发展集团，统一负责对涉农经营资源的经营管理。连队也转型为连管会，连管会主任由农工自主推荐选用，相当于地方多年来搞的村民自治模式。兵团农业经营机制完成了从统一经营向职工自主经营的历史性转变，市场将发挥更大的作用。兵团农业经营"统"的功能将由协会、龙头企业等新型主体替代。在这种形势下，全面推动农业功能区划工作，有利于科学引导形成农业双层经营体制，推进生产要素向优势区域集中，发展多种形式的农业适度规模经营，提高农业的规模效益和农产品的竞争力，建立健全农场与职工间合理的利益分享和风险共担机制。也将有利于构建权利义务关系清晰的国有土地经营制度，改革完善职工承包租赁经营管理制度，建立经营面积、收费标准、承包租赁期限等与职工身份相适应的衔接机制。

3. 是兵团实施乡村振兴战略的客观需要

兵团实施乡村振兴战略，是实现兵团总体发展目标的关键举措。农业在兵团屯垦戍边的发展历程中始终发挥着基础性的重要作用，团场和连队始终是兵团这座不倒大厦的牢固基石。改革开放以来，新疆兵团始终坚持农业的基础地位，坚持走农业现代化之路，建成了内陆地区独具一格的节水灌溉技术体系和机械化、规模化的现代化农业体系，在荒无人烟的戈壁大漠上建成了一个田陌连片、渠系纵横、林带成网、道路畅通的绿洲生态经济网络。然而，在当今农业发展新常态背景下，现代经济社会发展对农业提出的要求越来越高，农业供给侧结构性改革的任务变得更加艰巨，要解决农业发展不平衡、资源利用不充分、低端农产品有效供给过剩、中高端优质农产品有效供给不足、团场和连队公共设施建设滞后、农业发展后劲不足等方面的问题，就必须加快实施农业功能区战略，通过农业功能区划引领，明确各功能区的定位和发展方向、实施途径，有利于立足区情、顺势而为，推动农业全面升级、团场和农村全面进步、职工全面发展，谱写新时代团场、连队振兴新篇章，开创兵团农业发展新局面。

4. 是促进农业可持续发展的必然选择

贯彻新发展理念，推进农业绿色发展，是推进农业供给侧结构性改革的必然要求，是加快农业现代化、促进农业可持续发展的重大举措，是守住绿水青山、建设美丽中国的时代担当，对保障国家食物安全、资源安全和生态安全，维系当代人福祉和保障子孙后代永续发展具有重大意义。走向生态文明，建设美丽兵团，实现人与自然和谐相处已成为兵团人的共识。推行绿色生产方式，修复治理生态环境，必须从农业生产中过度依赖资源消耗的问题上入手。新时期，加强区划和规划工作，大力实施兵团功能区战略，立足水土资源匹配性，将农业发展区域细化为优化发展区、适度发展区、保护发展区，明确区域发展重点。加快划定粮食生产功能区、重要农产品生产保护区，认定特色农产品优势区，明确区域生产功能。围绕解决空间布局上资源错配和供给错位的结构性矛盾，努力建立反映市场供求与资源稀缺程度的农业生产力布局，鼓励因地制宜、就地生产、就近供应，建立主要农产品生产布局定期监测和动态调整机制。强化耕地、草原、渔业水域、湿地等用途管控，严控超采地下水、滥垦滥占草原等不合理开发建设活动对资源环境的破坏。坚持最严格的耕地保护制度，全面落实永久基本农田特殊保护政策措施。明确种植业、畜牧业发展方向和开发强度，强化准入管理和底线约束，分类推进重点地区资源保护和严重污染地区治理。

|第二章|
新疆兵团特色农业发展的基础分析

新疆生产建设兵团是新疆维吾尔自治区的重要组成部分，是一个以经济建设为中心，以屯垦戍边为使命，以大规模现代农业为基础，农、林、牧、渔业并举，工、交、商、建、服全面发展，科、教、文、卫、体等社会事业和公、检、法等政法机构、武警部队俱全的特殊政治、经济、社会组织，是新疆兵团经济建设的重要力量，是新疆兵团社会稳定和边防巩固的重要保证。因此，兵团在新时代发展特色农业，有着雄厚的经济、社会、文化、物质基础和得天独厚的自然条件。

第一节　自然资源基础

兵团地处新疆境内，新疆雄厚的自然资源基础为兵团发展特色农业提供了优厚的自然条件，是兵团发展特色农业的根本物质保障，其自然资源基础突出点表现在几个方面。

一、充足独特的光热资源

光热资源是包括农作物在内的一切生物资源赖以生存发展的前提条件，没有一定的光热资源就没有生物资源生存的条件。其中，农业资源对光热的依赖性尤为明显、突出，俗话所说的"靠天吃饭"，就精辟地概括了农作物生长和农业生产对光热的依赖性。不同的光热，即光热的强度、长度、时间等对农业的发展具有不同的影响作用，会适应和影响不同的农作物和其他农业产业的发展，因此，不同的光热资源会产生不同的具有各地特色的农业，特色农业理念的提出和实施，一个重要的理论依据和实践基础就是以各地独特的光热资源为前提和依据。新疆兵团就具有与其他地方不同的独特光热资源。

从气候性质看，新疆兵团属大陆性气候，以天山为界，南北疆气候差异明显。北疆属温带大陆性干旱、半干旱气候，南疆属温带大陆性干旱气候。冬季严寒且持续时间长，夏季炎热持续时间短。新疆年平均气温为 10.6℃，北疆年平均气温为 8.8℃，南疆年平均气温为 12.8℃，东疆年平均气温为 13.5℃。新疆一年内最热与最冷月平均气温差在 30℃以上。

新疆光热资源十分丰富，无论是太阳总辐射量还是日照时数在全国都位居首位。全区太阳辐射总量为 5 200～6 200 兆焦/（米^2·年），年平均日照时数为 2 600～3 400 小时，其中，吐哈盆地为 1 900～2 100 小时，塔里木盆地为 1 650～1 900 小时，准噶尔盆地和伊犁河谷为 1 600～1 700 小时。南疆无霜期为 180～220 天，北疆为 140～185 天，日平均气温大于等于 10℃太阳辐射量，塔里木盆地和吐哈盆地太阳辐射量为 4 000～4 400 兆焦/（米^2·年），准噶尔盆地和伊犁河谷为 3 200～3 700 兆焦/（米^2·年）。

新疆充足的光热资源为发展棉花等特色农业提供了得天独厚的优势条件。全区≥10℃的有效积温在 3 000～4 000℃，其中，南疆达 4 000℃以上，吐鲁番盆地达 4 500～5 400℃，北疆从北到南为 2 500～3 600℃。棉花属于长日照植物，其自然生长需要充足的光照，适宜在较充足的光照条件下生长，棉花光补偿点和光饱和点都比较高，而新疆丰富的热量资源条件、富足的太阳辐射和长日照时间是棉花稳产、高产、优质的基础前提和重要保障。同时，新疆丰富的光热资源和较大的气温日较差也为以番茄为主的红色产业及特色林果产业的发展奠定了自然基础。新疆大陆性气候明显，气温日较差大。平均日较差达 12～15℃，最大可达 20～30℃。南疆日较差为 13～16℃，北疆日较差为 12～15℃。加之气候干燥，空气湿度小，植物蒸腾旺盛，十分有利于农作物进行光合作用，有利于有机物质积累，作物单产水平高于全国很多地区，特别适合棉花、番茄、葡萄等经济作物的生长。番茄等红色作物黏稠度及红色素含量较高，品质优良，色泽鲜嫩，葡萄、哈密瓜、苹果、香梨、红枣等特色林果含糖量高，口感较好。

此外，新疆冬季严寒漫长，夏季炎热少雨、蒸发量大、昼夜温差大的特殊气候条件，不利于病虫害的生存与繁殖。因此，特色农作物病虫害较轻，农药施用量较少，为新疆发展高效、优质、安全、无公害特色农业和农产品，开拓国际农业产品市场，与国际农产品市场有机接轨提供了便利条件。

兵团地处新疆境内，气候与整个新疆一样都属于干旱的温带大陆性气候。按地理位置的不同可以分为 3 种类型。北疆西北部的四师、五师、九师、十师属于中温带半干旱区气候，北疆准噶尔盆地的六师、七师、八师、十一师、十二师属于中温带干旱区气候，南疆的一师、二师、三师、十四师和东疆的十三师属于暖温带干旱区气候。

归纳起来，新疆兵团气候的主要特点：一是干燥少雨，二是冬寒夏热，三是日温差大，四是日照丰富。7 月，全疆平均气温为 22～26℃，白天较热，夜间凉爽，是天然的避暑旅游胜地。夏季高温，高山冰雪融水丰富，有利于农作物的生长。北疆植物生长期平均为 180 多天，南疆 200 天以上，西北疆 160 多天，全疆都可种植农作物。

影响兵团农业生产的主要气候资源有：热量、水分和光能。兵团气候各要素南北疆分布情况见图 2.1。

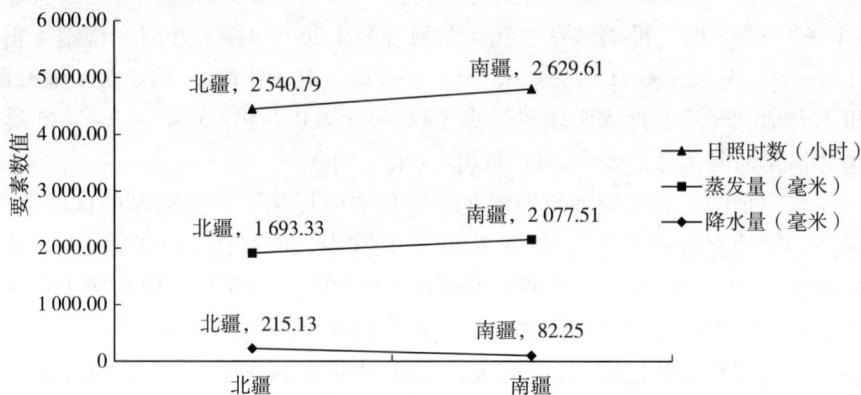

图 2.1　兵团气候各要素南北疆分布情况

兵团气候资源各要素南北疆分布情况显示，兵团所处地区近 30 年来平均气温为 8.49℃，有缓慢升高趋势。南疆地区（包含东疆地区，下同）平均年气温为 12.78℃，北疆地区平均年气温为 8.51℃，南北疆气温均表现为上升趋势，南疆地区平均增温比北疆地区高 0.03℃。从蒸发量来看，主要特征为南疆高于北疆，季节分配不均，6—7 月蒸发量最大，为 17 781.45 毫米，占全年蒸发量的 32.78%，1 月、12 月蒸发量最少，仅占 6—7 月的 5.93%；月蒸发量最高的地区为十三师的红星二场，达 427.87 毫米，出现在 6 月。

此外，兵团的日照与积温独特，光热资源丰富。

首先从日照方面看，新疆（兵团）位于中国西北边陲，是我国地域面积最大的省份和重要的农牧业生产基地，热量条件是影响新疆（兵团）农牧业生产的主要气候因素。日照时数的多少是衡量一个地区光照是否充足的重要指标，日照充足是新疆（兵团）农业生产的突出优势。从新疆来看，兵团年均日照时数为 2 568 小时，南疆地区平均年日照 2 629 小时，北疆地区平均年日照 2 540 小时。

再从积温方面看，新疆兵团积温有明显的空间分布特征，日平均气温稳定在≥0℃持续日数表现为南疆长，北疆短；平原和盆地长、山区短的空间分布格局。塔里木盆地大部、吐鲁番盆地腹地及伊犁河谷西部≥0℃持续日数较长，一般在 261～280 天，其中塔里木盆地西南部的喀什、和田地区为 281～292

天，是全新疆≥0℃持续日数最长的地区。≥10℃的积温也表现为南疆多，北疆少；平原和盆地多、山区少的特点，与≥0℃的积温空间分布基本一致。从地区看，塔里木盆地大部分和吐鲁番、哈密盆地≥0℃积温较多，一般在4 501～5 000℃。其中，吐鲁番、哈密盆地腹地及塔里木盆地东北部≥0℃的积温高达5 001～5 885℃，是新疆≥0℃的积温最多的地区。北疆准噶尔盆地东部和北部边缘≥10℃的积温为3 200～3 500℃，积温最少年也可达3 000～3 100℃；东疆吐鲁番盆地西部≥10℃的积温为5 200℃，积温最少的年份也达5 100℃，盆地东部鄯善为4 324℃，最少年也达4 070℃；塔里木盆地东部、西部≥10℃的积温为3 700～4 300℃，90％保证率的积温超过3 800℃，最少年的积温也大于3 600℃；各山体6 000米以上的高寒地带无≥10℃的积温。

二、丰富的土地、草地资源

土地、草原资源是发展兵团特色农业的雄厚物质基础。农业是要依靠土地而发展的。俗话说，"巧妇难为无米之炊"，没有土地或者土地不足都难以发展农业，更谈不上发展特色农业。而新疆兵团地域辽阔，土地资源丰富，类型多样，人均占有量高，其丰富程度在全国位居首位。丰富的土地资源以及多样性的土地类型不仅为新疆发展粮食、棉花、红色作物、特色林果、设施农业、畜牧业等特色农业提供了足够数量规模的土地资源基础支持，更促使新疆兵团特色农业形成一定规模，实现规模经营和规模效益，也为新疆兵团特色农业发展进行多项选择提供了便利条件，丰富了新疆特色农业结构调整的多样性和灵活性。

新疆的地形为三山夹两盆，兵团是其中的重要组成部分，特殊的地形和地理条件决定了其生态系统的封闭环境，干旱气候、荒漠植被等决定了兵团的生态脆弱性、生态不稳定性以及生态脆弱的累加性。新疆东北面是阶梯状的阿尔泰山，南面是高峻陡峭的昆仑山，中部横亘着高大雄伟的天山。天山把新疆兵团分成南北两大部分，天山以南是南疆，天山以北是北疆，天山东段的哈密、吐鲁番地区又称东疆。阿尔泰山与天山之间是北疆的准噶尔盆地，面积38万平方千米，是我国第二大盆地。兵团的四师、五师、九师、十师的农牧团场就分布在北疆西北部。准噶尔盆地中部是古尔班通古特沙漠，面积4.88万平方千米，是我国第二大沙漠，由于雨雪较多，沙漠中覆盖着沙枣树等植被，使沙漠的97％变成了固定或半固定的沙丘，是良好的冬季牧场。盆地南缘是近800平方千米的山前冲积平原，兵团六师、七师、八师、十二师和十一建工师的100多万人口，在这里开发了大片绿洲，创办了53个国营农场。

天山与昆仑山之间是南疆的塔里木盆地，它是我国最大的盆地。海拔

780～1 300米，地势西高东低，东部最低处罗布泊洼地海拔780米。塔克拉玛干沙漠，面积33.76万平方千米，是我国最大的沙漠、世界第二大流动性沙漠，85%是新月形流动沙丘，沙漠下蕴藏着丰富的石油、天然气等矿藏。兵团一师、二师、三师、十四师的团场就分布在塔里木盆地边缘的绿洲地带。在东疆地区，东天山横亘中央，海拔4 000米以上的山峰，终年积雪，分布着少量冰川，冰川是东疆地区的主要水源。东天山与阿尔泰山之间是巴里坤盆地，海拔1 500～2 000米，盆地中多山地、丘陵、洼地，草木茂盛，是优良的草原，兵团十三师的红星一牧场、红山农场、淖毛湖农场就在这里。东天山以南、库鲁克山以北是哈密盆地和吐鲁番盆地。盆地北面是天山南坡，山坡下是倾斜的洪积、冲积平原，平原地上分布着互相隔离的大小绿洲，兵团十三师的多数农场就分布在这里。

新疆兵团所处的特殊地理位置和气候条件决定了兵团得天独厚的土地资源。兵团主要土壤类型有灌漠土、灌淤土、盐化灌淤土、潮土、盐化潮土、灌耕林灌草甸土、盐化灌耕林灌草甸土、灌耕草甸土、盐化灌耕草甸土、灌耕风沙土、灌耕棕漠土、盐化灌耕棕漠土、灌耕灰漠土、盐化灌耕灰漠土等，也形成和发育了丰富多样的草地类型，全国18个草地大类中新疆就有11个。在"三山"和"两盆"周围有大量的优良牧场，天然牧草地总面积为2 503.65万亩，人工牧草地面积为74.85万亩。天然草地可食鲜草年总产量约5 479.3万吨，担负着全新疆70%的牲畜饲养量和畜产品产量。自2003年退牧还草工程实施以来，累计退牧还草1 189万亩，占兵团天然草地总面积的47.50%。2018年森林覆盖率为19.11%，通过以草定畜、控制放牧强度、天然草地围栏化、增加人工草地播种面积、天然放牧向绿洲农区畜牧业转移等措施，天然草地退化的势头得到初步遏制。

"大美草原行动"是兵团加强草原保护的重要抓手。2018年以来，兵团各级草原行政主管部门按照兵团农业局要求深入开展和推进"大美草原守护行动"，全面完成草地资源清查工作，深入实施新一轮草原补奖政策，结合草原鼠害、虫害发生情况和特点，采取生物防治和化学防治互相补充的方式防治虫害，14个师有草原的团场共计完成治蝗面积165万亩，灭鼠面积90万亩，绿色生物防控比例分别达到60%和85%。

1. 兵团土地资源利用现状

根据现有土地利用现状调查数据来看，兵团现有土地总面积为7.06万平方千米，其中已利用面积为6 936.86万亩，未利用土地面积为3 564.30万亩。在已利用土地面积中农用地5类，建设用地3类。其中，耕地面积（水田、水浇地和旱地）为1 915.98万亩，占全兵团总面积的18%，占已利用面积的27%；园地面积（果园、茶园和其他园地）为226.23万亩，占全兵团总面积的 2%，占已利用面积的 3%；林地面积为 1 361.61 万亩，占全兵团总面积的 13%，占已利用面积的 20%；草地面积（天然牧草地和人工牧草地）为 2 578.55 万亩，占全兵团总面积的 25%，占已利用面积的 37%；其他农用地包括农村道路、坑塘水面、沟渠、设施农用地和田坎等合计 416.89 万亩，占全兵团总面积的 4%，占已利用面积的 6%；城镇村及工矿用地为 244.17 万公顷，占全兵团总面积的 2%，占已利用面积的 3%；交通运输用地面积为 26.33 万亩，占全兵团总面积的 0.3%，占已利用面积的 0.4%；水利及水利设施用地面积为 167.10 万亩，占全兵团总面积的 1.6%，占已利用面积的 2.4%；未利用地的面积为 3 564.30 万亩，占土地总面积的 33%（图 2.2）。

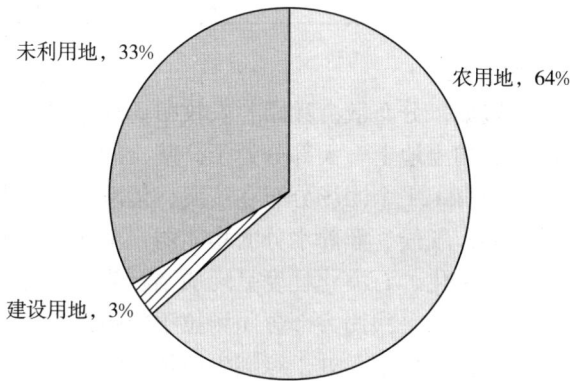

图 2.2　兵团土地利用状况

2. 兵团土地资源分布

新疆兵团国土面积为 7.06 万平方千米，面积最大的为八师，最小的为十二师，分团场国土面积 1 000 平方千米以上的有 13 个，500～1 000 平方千米的有 37 个，200～500 平方千米的有 54 个，100～200 平方千米的有 24 个，小于 100 平方千米的有 17 个；现有耕地 1 915.98 万亩，人均占有耕地 6.33 亩，为全国平均水平的 4.39 倍；耕地资源大多分布在沙漠边缘及边境沿线，八师、六师、一师为兵团耕地面积最多的地区，其中芳草湖农场耕地面积为 60 万亩，是兵团耕地面积最大的农场；现有草地面积 2 578.75 万亩，集中分布在四师、五师、八师、九师、十师等团场。兵团土地资源受风沙、盐碱、干旱的威胁，生态环境脆弱，整体质量较差，耕地后备资源有限。由于经济利益的驱动使部分地区土地利用不合理，形成了"开发—弃耕—再开发"的现象，尤其是在 20 世纪 90 年代以前比较严重，在一定程度上使本来脆弱的生态环境更加脆弱。

兵团耕地面积按师排名分布、按团场分布情况见表 2.1、表 2.2。

表 2.1　兵团耕地面积按师排名分布情况

各师市	八师	六师	一师	七师	四师	三师	二师	九师	十师	五师	十三师	十二师
耕地面积（万亩）	369.81	276.79	261.31	179.74	178.60	148.61	125.29	100.69	95.74	93.39	39.39	27.75
排名	1	2	3	4	5	6	7	8	9	10	11	12

数据来源：兵团 2017 年土地利用情况调查表。

表 2.2　兵团团场按耕地面积大小统计

面积	≥30 万亩	15 万～30 万亩	7.5 万～15 万亩	1.5 万～7.5 万亩	≤1.5 万亩
数量（个）	5	37	46	63	16

3. 兵团土地资源特征

（1）土地资源位置偏，分布散。兵团各农牧团场以点状、线状、面状的形态点缀在新疆兵团广袤的土地上，大部分处于戈壁、沙漠、山脉与绿洲的过渡带。兵团 179 个团场中有 121 个团场分布在沙漠、荒漠边缘地带，气候条件恶劣、团场位置分散，调节气候、涵养水分的功能弱，土地易于被沙漠侵蚀，风大沙多，土地外围的沙漠化、石漠化程度呈现加剧趋势，生态环境问题突出。

（2）土地生态环境脆弱。兵团大部分团场位于新疆兵团荒漠与绿洲生态环境的过渡带，与沙漠、荒漠接壤，处于绿洲生态环境的屏障位置。因此，兵团土地利用对兵团生态环境建设乃至整个区域的可持续发展起着重要作用。随着经济的发展，兵团在人口增长与环境恶化的双重胁迫下，土地利用方式与结构发生了变化，并由此引发了一系列的环境问题。耕地的增加以林地、牧草地和未利用地的减少为代价。土地开发利用的强度、速度引起了局部生态系统结构和功能的演变，主要表现在：土地利用方式的不合理，如放牧强度不断加大，使草原环境日趋恶化，出现草地沙化、质量下降及其草地生物多样性减少、草原生态系统整体功能下降的特征，有些地区出现了比较明显的林地向耕地转移的趋势。土地利用强度的加剧，导致了有限水资源的超量开采、用地结构不断发生演替、沙漠化面积不断扩大，兵团的生态环境更加脆弱。

三、水资源比较缺乏

水资源条件差，这是新疆兵团乃至整个新疆特色农业发展的一个制约性因素。新疆地处内陆盆地，远离海洋，水资源缺乏，据相关资料记载，新疆地表水资源 $793×10^8$ 米^3，地下水资源 $85×10^8$ 米^3，地表水径流量 $884×10^8$ 米^3，仅占全国径流量的 3%，暂不能利用的地表径流近 $250×10^8$ 米^3。而且，新疆的降水量远小于蒸发量，进一步加剧了水资源短缺，全区多年平均降水量仅

145 毫米，约为华北地区的 1/4，长江流域的 1/7，仅占全国平均年降水量 630
毫米的 23%。全区 50% 以上地区年降水量在 100 毫米以下，年降水量在 300
毫米以上的地区仅占全区面积的 1/6，且都分布在山区，南疆年降水量甚至不
足 100 毫米，是极端干旱区，新疆最长连续无降水的日数较长，尤其是南疆、
东疆的平原地区，达到 150 天以上。其中，托克逊县、且末县、吐鲁番市更是
分别达到了 350 天、302 天和 299 天。全区降水在地域分布上极不均匀，且径
流年际变化较小，从整体上看，北部多于南部，西部多于东部。按平均径流深
度计算，北疆为南疆的 2.7 倍，按实际能利用的水量计算，北疆比南疆多 1/
4。新疆河流水量高度集中在夏季的 6—8 月，水资源时空分布也不均衡，呈现
出春旱、夏洪、秋缺、冬枯的特征。

新疆农业用水大部分来自河流、水库，现已建成的以灌排渠系为主、以社
会化服务体系为支撑的新型绿洲灌溉农业体系，为农作物的优质、稳产、高产
奠定了基础。新疆土地资源广袤，水资源相对不足，水资源严重短缺引发的干
旱已成为影响农作物自然生长和制约特色农业发展的严重阻碍，水土配置和水
资源地域分布的不平衡，也为新疆特色农业结构调整和合理布局提出了新的严
峻考验。新疆单位土地面积水资源拥有量为 0.519×10^3 米^3/公顷，远低于全
国平均水平（2.657×10^3 米^3/公顷），位于全国第二十九位。南北疆水土配置
分布不平衡，北疆土地面积占全区土地总面积的 27.7%，单位土地面积水资
源拥有量是南疆的 2.6 倍。水资源短缺和水土配置不平衡成为制约新疆兵团特
色农业发展潜力提升的瓶颈因素，是新疆兵团特色农业实现区域合理分工和布
局、扩展特色农业经营规模、实现规模经济的主要障碍。

具体到新疆兵团而言，水资源是兵团发展的重要资源，同时也是发展的制
约性因素。2018 年，兵团地表水资源（引用量）94.90 亿立方米，地下水资源
19.39 亿立方米，水库 146 座。现有大于 1 平方千米的天然湖泊 139 个，水域
面积 5 504 平方千米。主要湖泊有博斯腾湖、乌伦古湖、艾比湖、赛里木湖
等。博斯腾湖面积 988 平方千米，是我国最大的内陆淡水湖。周围有二师的
24 团、25 团、26 团、27 团。乌伦古湖面积 827 平方千米，是乌伦古河的尾闾
湖，湖畔有十师的 188 团、190 团。艾比湖面积 1 200 平方千米，是博尔塔拉
河、精河、奎屯河的尾闾湖，湖畔有五师的 81 团、82 团、90 团、83 团。赛
里木湖面积 454 平方千米，是高山死湖，湖畔有 87 团的草场。现已干涸的湖
泊主要有罗布泊、艾丁湖、玛纳斯湖、台特玛湖、淖毛湖、阿兰诺尔湖等。

水资源供给能力和质量决定着兵团的农业生产能力，还直接影响着农业的
可持续发展。兵团地处西北干旱区，水资源匮乏，水质差，水量少，水资源分
布极不平衡，呈现"北富南贫"、夏季降水量少、蒸发量大等特点。兵团多年
平均降水量为 176 毫米，而蒸发量约 2 000～2 500 毫米。地表水资源量为

1.05×10^{10} 立方米，地下水资源量为 2.01×10^{10} 立方米。

兵团境内共有河流 570 多条（不包括山泉、大河支流），地表水年径流量是 8.84×10^{10} 立方米，发源于山间的河流有 300 多条，较大的有塔里木河、伊犁河、额尔齐斯河、玛纳斯河、乌伦古河、开都河等 20 多条。能汇成大河的只有伊犁河、额尔齐斯河，其余大部分是中小河流。河流几乎全是内流河，大多散失于灌区或荒漠，少数在低洼地形成湖泊；外流河只有两条：北疆的额尔齐斯河（下游为鄂毕河）注入北冰洋；南部和田县西南角的奇普恰普河注入印度洋。河流水源的补给主要靠山地降水和三大山脉的积雪、冰川融水。境内连绵的雪岭、林立的冰峰形成了发达的冰川，据统计共有大小冰川 1.86 万多条，有冰川调节的河流，径流比较稳定，但集中在夏季，春季水量小，故冰川还有"固体水库"之称。水是兵团发展的生命线，没有灌溉就没有绿洲农业，兵团建有完善的由引水工程、蓄水工程、农田灌排渠系组成的水利工程，这些水利工程形成了大片的人工水域，部分降低了由于天然河道、湖泊萎缩造成的水域湿地减少而产生的不利生态影响。2018 年，兵团已建成了各类水库 146 座，总库容 33.87 亿立方米，长期由兵团开发或以兵团为主开发的河流 56 条。

四、农业气象灾害

兵团农业生态环境脆弱，对气候变化非常敏感。农业经济是兵团经济社会发展的基础，干旱、风雹和低温等气象灾害严重影响了兵团农业生产活动，造成重大经济损失。根据气象资料，1988—2018 年，旱灾、风雹和低温冷冻 3 种农业气象灾害引起的农业受灾面积占 90% 以上。旱灾导致的受灾面积占比平均为 35%，1988—2008 年旱灾比例比较高，大多数时期占最大比例，平均为 40%，2009 年以后在 17% 上下浮动；春旱会影响棉花、番茄、瓜果等经济作物的播种，延迟出苗时间，还不利于冬小麦返青分蘖和后期旺长，严重干旱可影响冬小麦正常结实。伏旱影响夏秋作物出苗和生长，秋旱会影响玉米等秋收作物生长发育和产量提高，冬旱会影响冬种作物播种、出苗及其生长发育。风雹引起的农业受灾面积 1988—2008 年平均为 36%，2009—2015 年占比最大，平均达到 56%；低温冷冻灾害平均为 18%。例如：位于新疆西部及西北地区的四师团场、五师团场、九师团场和十师团场因受北冰洋寒流的影响，常出现寒潮、暴风雪、霜冻等自然灾害；而位于南疆的一师团场、三师团场和十四师团场则常受到干旱、风沙尘暴、地震等自然灾害的影响。

五、其他资源（植被、矿产资源等）

兵团驻地属于典型的绿洲经济，而绿洲面积只占全疆的 4.2%。天山、阿尔泰山区覆盖的原始森林多为西伯利亚落叶松、雪岭云杉和针叶柏等高大乔木，塔里木河、玛纳斯河流域生长着世界著名的胡杨和灰杨，准噶尔盆地边缘散布的梭梭林和塔里木盆地周边的柽柳是防风固沙的主要植被。人工造林的树种主要有白杨、榆树、白蜡、槭树、槐树、白桦、沙枣、桑树及各种果树。兵团地处欧亚交汇要冲，东西方动植物品种在此交汇，加上多样化与独特的自然地理条件，生物资源十分丰富。生物资源有罗布麻、甘草、红柳、胡杨、灰杨、次生胡杨林、沙枣树、沙棘、肉苁蓉、沙参、塔里木野兔等。

矿产资源丰富，是我国战略资源的重要基地。目前发现矿产 138 种，占全国的 80% 以上；探明资源储量的矿种 99 种（亚种 124 种），有 5 种居全国首位、41 种居前十位、23 种居西北地区首位。发现矿产地（点）5 000 余处，石油、天然气预测资源量分别占全国陆上资源量的 30% 和 34%，煤炭预测资源量占全国的 40% 以上，铁、铜、镍、铅、锌等有色金属的预测总量居全国前列，钾盐、钠硝石等非金属矿藏也很丰富。

第二节　农业生产社会经济条件基础

长期以来，新疆兵团和整个新疆地区，在党中央的坚强领导下，在全国各地的大力支援下，经济社会得到了长足发展，经济条件不断得到改善，各族人民的生活水平得到明显的改善和提高。改革开放以来，特别是国家实施西部大开发以来，新疆和兵团充分利用国家西部大开发给予的倾斜政策以及资金、人才、技术、制度等方面的支持，按照以工促农、以城带乡、城乡一体、工农互动的发展思路，以改革为动力，以市场为导向，以持续大幅提高人民收入为核心，以结构调整为主线，优化产业布局，科学规划、合理开发丰富的自然资源，加快实施优势资源转换战略，使资源优势尽快有效地转换成市场优势，不断开拓农民和兵团职工增收的新方向、新渠道，使新疆兵团的经济持续、快速发展，各项社会事业蓬勃发展，人民生活水平不断提高。

一、新疆兵团经济概况

1. 兵团经济发展现状

兵团的经济建设是新疆维吾尔自治区经济建设的重要组成部分。2018 年兵团地区生产总值达 2 515.16 亿元，人均生产总值为 82 317 元，全员劳动生产率为 166 073 元/人（图 2.3）。公共财政预算收入 1 180.07 亿元，一般公共预算收入 103.82 亿元，支出 958.41 亿元。第一产业增加值 545.61 亿元，第二产业增加值 1 050.17 亿元，第三产业增加值 919.39 亿元，三次产业增加值分别占生产总值比例为 21.7%、41.7%、36.6%，对经济的贡献率分别为

28.5%、3.8%和67.6%，分别拉动经济增长1.7、0.2和4.0个百分点。脱贫攻坚效果显著，全年兵团1 598户、6 525人实现脱贫，10个贫困团场摘帽，投入财政扶贫资金4.20亿元，其中80%用于南疆师团。

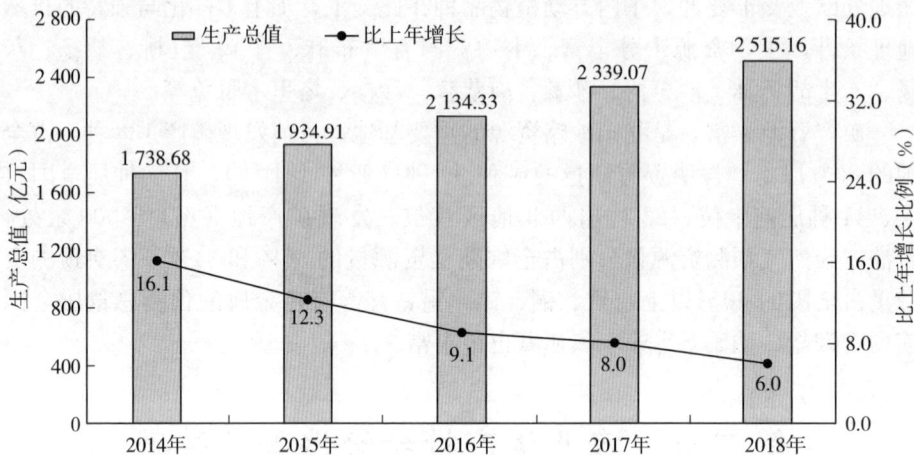

图2.3 2014—2018年新疆兵团生产总值及其增长速度

2018年，兵团居民人均可支配收入31 513元，城镇居民人均可支配收入38 842元，连队居民人均可支配收入19 445元（图2.4）。全部工业增加值792.00亿元，年批发和零售业增加值220.93亿元，交通运输、仓储和邮政业增加值126.25亿元，住宿和餐饮业增加值55.24亿元，金融业增加值79.16亿元，房地产业增加值63.37亿元，其他服务业增加值338.67亿元。社会消费品零售总额762.60亿元，按经营地统计，城镇消费品零售额677.27亿元，乡村（连队）零售额85.33亿元。

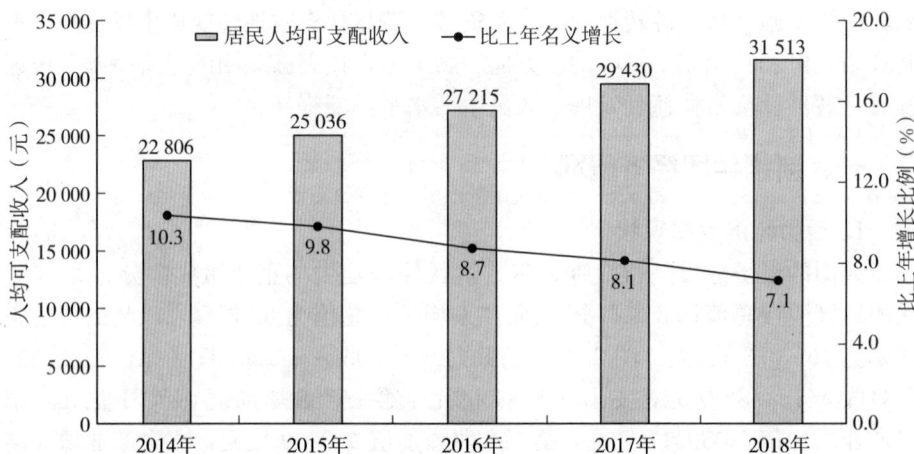

图2.4 2014—2018年兵团居民人均可支配收入及增长速度

2. 各团场经济发展现状

兵团自然地理环境和经济发展基础的差异导致了兵团经济发展地域性显著。从各师统计数据分类、汇总情况来看，北疆边境团场地区生产总值较低，天山北麓经济带分布的几个团场地区生产总值较高，如地区生产总值最高的为八师石河子总场，约 567 102 万元，最低的是三师的 54 团约 1 093 万元，且在 10 000 万元以下的团场有 8 个；而农业总产值最高为一师的 13 团 111 130 万元，石河子总场为 103 292 万元，排第五，最低值也是三师的 54 团为 550 万元。

从地理位置来看，北疆腹心团场大多位于天山北麓准噶尔盆地南缘，自然环境和气候条件相对优越，为其经济的发展奠定了基础。许多团场又靠近中心城市（乌鲁木齐市、石河子市、五家渠市和奎屯市），这些城市科技人才集中、交通便利、经济实力雄厚，为附近团场经济的发展起了带动作用。比如 129 团位于克拉玛依市行政辖区内，与北疆重镇奎屯市和石油名城克拉玛依市十分接近；131 团地处奎屯市郊，东与沙湾市接壤、南与克拉玛依市独山子区相连、西与乌苏市毗邻，是北疆重要的交通枢纽；101 团地处五家渠市腹心，青格达湖湖畔，距乌鲁木齐 30 千米，离昌吉市 23 千米，交通十分便利；石河子总场场镇所在地北泉镇是兵团 38 个重点建设的小城镇之一，地处石河子市腹心地带；104 团是十二师的中心团场，是乌鲁木齐市近郊团场，也是兵团团场中距首府最近的一个团场，团部驻地在乌鲁木齐市西山地区，随着西山路的扩建和乌奎高等级公路的贯通，给该团经济的发展带来无限机遇。这些团场在中心城市的辐射下，经济发展十分迅速。而南疆的部分团场，如十四师和三师的多数团场，还有九师、十师等一些边境团场由于经济发展基础条件较差，电力、交通、通信等基础设施落后，加大了这些团场农产品的输出难度和成本，同时又远离市场、缺少中心城市的辐射和带动，而且当地消费能力又很有限，地理区位的制约使其经济发展受到限制。此外，由于兵团团场多位于沙漠沿线和生态环境脆弱的边境地带，自然灾害较多，这种自然灾害也存在地理位置的差异性，从而对各区域团场经济和农业的发展产生重要影响。

二、人口与社会

2018 年，兵团总人口 310.56 万人，包括：北疆 219.18 万人，南疆 91.38 万人。其中，男性 160.61 万人，女性 149.95 万人，总人口性别比（以女性为 100，男性对女性的比例）为 107.1，出生率为 6.35‰，死亡率为 5.23‰；人口自然增长率为 1.12‰。2018 年末户籍人口 239.68 万人，其中，城镇人口 134.72 万人，乡村（连队）人口 104.96 万人，年末从业人员 146.35 万人。兵团现分布有 37 个民族，主要有汉族、维吾尔族、哈萨克族、回族、柯尔克孜族、蒙古族、塔吉克族、锡伯族、满族、乌孜别克族、俄罗斯族、达斡尔族、塔塔尔族、东乡族、壮族、撒拉族、藏族、彝族、布依族、朝鲜族等。

2018 年，兵团拥有师市以上部门所属研究与技术开发机构 18 个。全年兵团争取各类国家科技计划项目批准立项 134 项，国拨经费到位资金 1.23 亿元；兵团本级科技计划项目 256 项，兵团本级财政科技拨款 1.78 亿元。已累计培育建设国家级高新技术产业开发区 1 个，国家火炬特色产业基地 1 个，高新技术企业 57 家，科技型中小企业 47 家，工程技术研究中心 31 家，产业技术创新战略联盟 9 家，科技中介服务机构 26 家。建设兵团级众创空间 59 家（12 家通过国家备案）、34 家星创天地（33 家通过国家备案）；科技企业孵化器 9 家（5 家国家级）。

具体的人口和劳动力地域分布特征如下：

1. 人口分布特征

兵团成立时人口有 17.55 万人，到 2018 年底，兵团总人口达到 310.56 万人，累计净增 293.01 万人，自然增长率为 1.12‰。

（1）区域间人口分布不平衡。人口统计数据显示，兵团人口的 3/4 左右分布在北疆地区。北疆 9 个师及兵团直属单位人口数占兵团总人口的 71％以上，地处南疆的一师、二师、三师和十四师等 4 个师人口数占兵团总人口不到 29％，但在缓慢增加。兵团人口在北疆又高度集中在天山北坡经济带，这里聚居了兵团人口总数的 55％以上，其中石河子垦区人口数达到 60 万，占兵团人口的 19.96％。而兵团 58 个边境团场人口仅 43.24 万人，占兵团总人口的 17.10％。兵团人口区域分布的不平衡不利于资源的合理利用以及屯垦戍边、维稳戍边职能的发挥，尤其在南疆过低的人口比例，既不利于南疆兵团团场小城镇建设，也不利于向南战略的实施。

（2）南北疆人口就业结构分布不平衡。目前北疆一、二、三产业布局分别为 23％、28％、48％，其人口就业结构呈现出"三、二、一"的分布格局，而南疆一、二、三产业布局则分别为 35％、21％、42％，人口就业结构呈现出"三、一、二"的格局。显然，南疆人口就业结构要落后于北疆。从就业人口的纵向变动趋势来看，近 6 年间，兵团南疆、北疆地区从业人员第一产业所占比例分别下降 13.7 个和 19.6 个百分点，第二产业所占比例分别上升 0.9 个和 5.8 个百分点，第三产业所占比例分别上升 13.3 个和 13.7 个百分点。虽然，南疆地区第一产业下降比例和第二、第三产业上升比例较北疆地区快，但整体而言，南疆地区人口就业结构发展情况仍然大大落后于北疆地区，这与南疆地区教育水平相对落后、缺乏高素质人才有着直接关联。

2. 劳动力分布特征

（1）劳动力数量空间分布不均。20 世纪 70 年代中期以后兵团人口呈现持续的低增长，2018 年底，人口出生率下降到 6.35‰，自然增长率下降到

1.12‰。较低的人口增长率造成劳动力后备资源不足。

从劳动力数量的统计数据来看，2018 年兵团劳动力人口为 105.41 万人。其中，劳动力数量在 10 万人以上的有一师、三师、四师、六师和八师，劳动力数量最少的为十师，仅 2.60 万人。从年均增长量来看，5 年内兵团 14 个师团场劳动力人口平均增长 2.40 万人，其中劳动力人口最多的一师为 19.07 万人，5 年平均增长 0.16 万人，另有 8 个师平均增长仅超过 1 000 人，但五师出现了负增长的情况，劳动力数量较 2014 年减少了 647 人（表 2.3）。由此可见，劳动力短缺已成为影响兵团社会经济发展的重要因素。

表 2.3　2014—2018 年兵团各师团场劳动力基本情况

单位：人

	2014 年团场劳动力	2015 年团场劳动力	2016 年团场劳动力	2017 年团场劳动力	2018 年团场劳动力	团场劳动力平均增长数
一师	95 964	101 441	107 214	125 605	121 538	5 115
二师	78 246	76 160	81 744	89 748	92 881	2 927
三师	82 193	83 176	84 883	92 421	102 234	4 008
四师	94 946	98 163	98 994	106 957	107 539	2 519
五师	44 578	44 248	44 579	44 970	41 342	−647
六师	116 607	117 611	118 262	118 322	121 599	998
七师	75 528	72 385	78 394	81 875	87 762	2 447
八师	182 723	182 787	181 263	183 374	190 729	1 601
九师	30 337	29 917	30 471	31 165	32 473	427
十师	22 464	23 080	23 463	26 219	25 954	698
十二师	41 849	43 550	44 858	45 628	46 415	913
十三师	39 764	41 781	43 623	45 861	47 628	1 573
十四师	29 149	29 281	30 043	32 071	36 031	1 376
合计	934 348	943 580	967 791	1 024 216	1 054 125	23 955

数据来源：《兵团统计年鉴（2014—2019）》。

（2）劳动力资源流动性大。由于劳动力资源的大量流失，兵团目前屯垦戍边队伍的主体即农牧团场职工的人数在不断减少，职工队伍不稳定。减少的原因是老一辈军垦战士和 20 世纪 50—60 年代参加兵团开发建设的支边青年已大量退休，农场青年大多数不愿意务农承包土地。2018 年底，兵团职工人数由 1991 年的 97.05 万人持续减少到 2018 年的 37.59 万人，农业就业人员 39.44 万人，十几年内兵团职工总人数减少了近 2/3，而兵团农场总播种面积增加了不止 1 倍。在兵团迁出人口中，以青壮年居多，而且是熟悉农场生产、长期从事农业生产第一线的农工及其子女。由于这些人员的迁出，造成兵团的职工队伍不稳定，劳动力后备资源不足。

（3）劳动力素质差异大。由于不同的迁移机制作用，兵团人口素质差异较大。由于兵团有大量的可耕地，吸引内地大量的农村富余劳动力来兵团从事农业生产，这些民工大多以季节性候鸟式的方式来疆，他们或春季来兵团承包土地，秋收后返乡，或在拾棉花季节做短暂的劳务输出，成为兵团的主体劳动大军。同时，还有一部分内地人来兵团从事商业、建筑业、服务业等产业，虽然这些劳动力暂时缓解了兵团劳动力缺乏的燃眉之急，但这些劳务工和移民来兵团的目的主要是谋生或获取经济利益，一旦经济利益不能满足，就会动摇扎根兵团的信念。同时，新迁入的人员大多不熟悉兵团大规模的机械化作业，劳动技能低下，使兵团职工队伍的整体素质下降。

目前，兵团大专及以上学历程度的人员较少，中专以下文化程度人员较多，其中文盲半文盲人数达 20 万之多。由于地理位置、自然条件、经济发展水平等因素影响，兵团获取掌握新兴学科、边缘学科的专业技术能力较弱。尤其是进入 20 世纪 90 年代以来，新引进的劳工大多来自贫穷、边远、人多地少的地区，文盲和半文盲占较大的比例，综合素质偏低。外来务工低素质人员的引进以及本地高素质人才的大量外流，使兵团人口素质呈现下降趋势。

三、农业发展基础

兵团长期以来肩负屯垦戍边的使命，但特殊的地理分布特征使得兵团农业发展存在着地区分割、行政分割、种植结构失衡的现象。1985 年以来，兵团各类农产品的播种总面积及产量总体呈增加趋势，但各类农产品又表现出不同特点。其中，粮食作物总产量呈双峰增加趋势；棉花总产量一直呈现几何级增长趋势，油料作物和甜菜总产量呈现波动增长趋势，水果总产量前期平缓后期呈倍数增长趋势，肉类及水产品产量持续呈平稳增长趋势。

1985—2015 年兵团各类农产品产量变化见图 2.5。

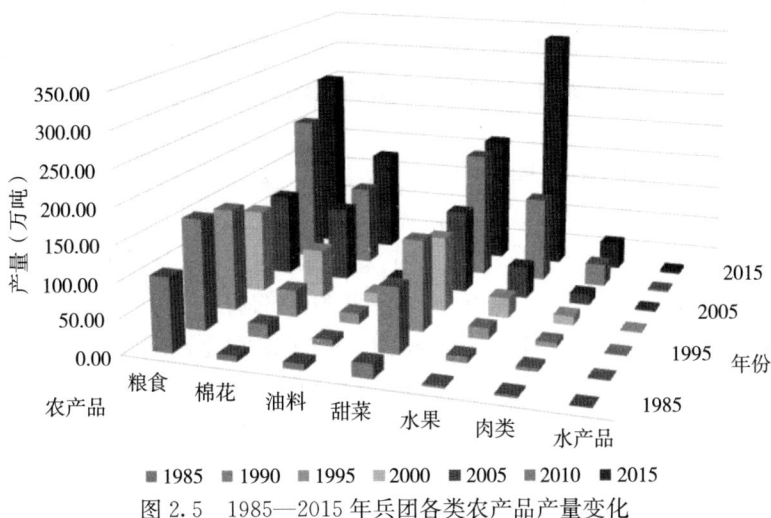

图 2.5　1985—2015 年兵团各类农产品产量变化

1. 种植业

2018 年，兵团种植业总播面积为 2 076.25 万亩，农作物精量半精量播种面积为 1 453.20 万亩。其中：棉花 1 281.05 万亩、粮食 377.99 万亩、油料87.89 万亩、蔬菜 83.51 万亩、甜菜 31.34 万亩，粮棉油菜甜占种植业总播种面积比例为 18∶62∶4∶4∶2，产量分别达 238.46 万吨、204.65 万吨、22.17万吨、383.86 万吨、176.66 万吨。种植业耕种收综合机械化率为 94.1%，其中棉花机采率达 80.4%，机采棉面积 1 030 万亩，农业机械化水平高。2018年末有效灌溉面积达 2 023.22 万亩，占种植业总播种面积的 94%。其中，高效节水灌溉面积 1 693.60 万亩（图 2.6）。

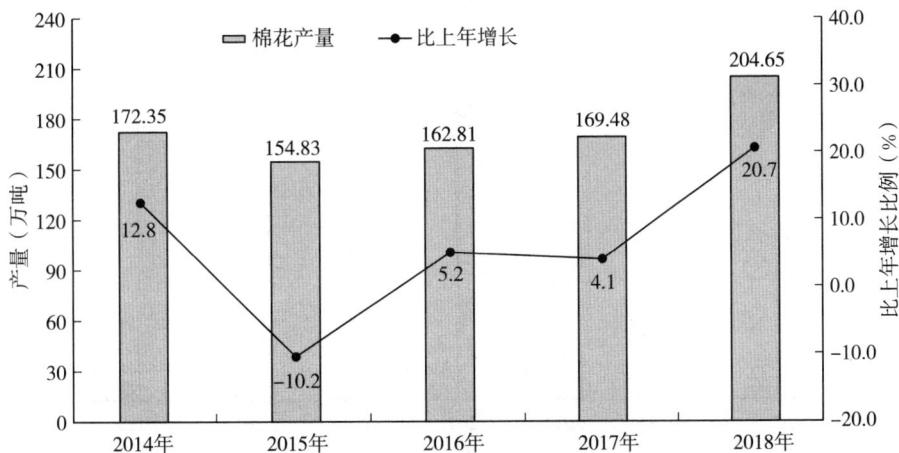

图 2.6　2014—2018 年兵团棉花产量及其增长速度

　　长期以来，兵团种植结构内部比例失调，一直呈现棉花比例偏高、油菜田比例偏低的趋势，种植业结构还需按照"稳粮、优棉、增果、兴牧、大力发展农产品加工"，为基本方针，进一步调整和优化。

2. 林果业

　　2018 年，兵团实有果园面积 302.57 万亩，结果面积 253.31 万亩，产量 392.71 万吨。其中：苹果、梨、葡萄、红枣的种植面积分别为 34.61 万亩、30.09 万亩、61.09 万亩、157.07 万亩，产量分别为 63.21 万吨、46.16 万吨、82.89 万吨、188.20 万吨，以红枣、苹果为主的林果产品产销两旺，商品率提升 15％左右。2018 年，中央新增支持兵团农业产业扶持资金 1.63 亿元，其中南疆 1.2 亿元，并加大涉农资金向南倾斜，2019 年会同财政、发展改革部门拨付南疆垦区支持农业供给侧结构性改革、高标准农田建设、农产品加工、标准化建设等各类农业专项 1.9 亿元，着力推进南疆垦区林果业提质增效。

3. 畜牧业

　　新疆兵团具有独特地理区位，由于独特的气候条件形成的牧区，发展畜牧业具备得天独厚的条件。国务院《关于进一步促进新疆兵团经济社会发展的若干意见》中明确提出把新疆兵团建设成为优质畜产品生产基地，为兵团畜牧业发展创造了有利的政策环境。兵团主要畜种有牛、马、驴、骆驼、猪、羊（绵羊）家禽、兔等。2018 年末，兵团牲畜总存栏量 673.68 万头（只），其中，牛 49.95 万头，猪 172.49 万头，羊 445.50 万只。全年肉类总产量 46.78 万吨，羊毛产量 1.86 万吨，禽蛋产量 12.65 万吨，牛奶产量 71.67 万吨（图 2.7）。2018 年，新建及改扩建各类标准化养殖场 60 个，创建畜禽养殖标准化示范场 1 个，畜禽良种推广覆盖率达 78.0％，养殖粪污资源化利用率为 76.6％。

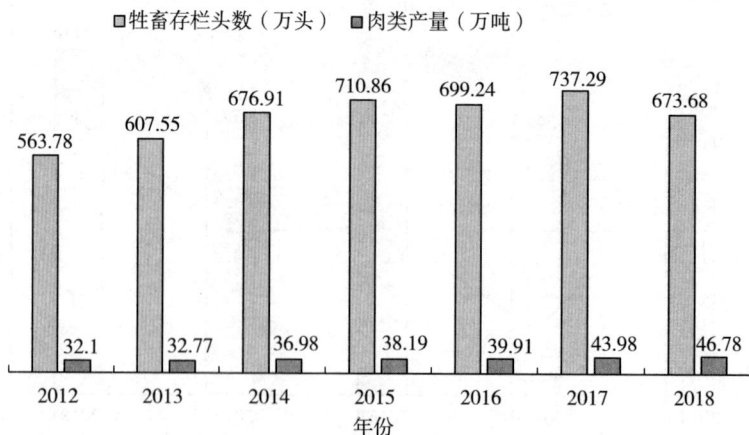

图 2.7　2012—2018 年兵团牲畜存栏及肉类产量状况

经过几十年的发展，兵团畜牧业已经从最初的散养、个人或集体承包发展到目前的规模化养殖，养殖水平有了极大的提升。兵团又积极培育和扶持壮大畜牧业龙头企业，着力推动跨区域、跨所有制组建全产业链畜牧业龙头企业集团（天润乳业、西部牧业、天康生物等），使畜牧业产业化发展水平不断提升。

4. 设施农业

2018年，全兵团设施农业面积为11.36万亩，已种植面积8.21万亩，其中设施蔬菜面积9.48万亩，产量43.66万吨。从地区来看，设施蔬菜生产集中在二师、七师、九师和十三师，面积分别为1.38万亩、1.15万亩、2.34万亩、1.11万亩，产量分别达到了6.57万吨、5.80万吨、10.26万吨、5.39万吨，亩产最高的为八师，达到6 649千克/亩。从设施类型看，南疆以发展周年生产型日光温室和春秋生产型拱棚为主，兼顾发展春秋生产型日光温室。北疆在平原地区发展拱棚和春秋生产型日光温室，在山区逆温带发展周年生产型日光温室。东疆以发展周年生产型日光温室为主，兼顾发展春秋生产型日光温室和拱棚。

当前兵团设施农业基本形成了以下几种类型：①出口型设施农业。四师、五师、九师、十师与哈萨克斯坦、吉尔吉斯斯坦等中亚国家接壤，主要出口蔬菜。特点是订单式设施农业，市场需求稳定，收入高。代表团场主要有四师61团、62团、67团和五师90团、九师163团、十师185团、186团。②城郊型设施农业。依托城市消费市场的需求，主要生产提早或延后的蔬菜和食用菌。特点是价格稳定，市场广阔，需求旺盛。代表团场主要有二师29团、六师101团和102团、七师137团、八师石河子总场和西部绿珠果蔬公司、十二师221团、三坪农场及104团。③育苗型设施农业。主要为周边团场加工番茄、辣椒产业提供订单育苗服务。特点是以育苗为主，市场需求有限。代表团场有二师21团和22团、六师101团和102团、八师141团。④自由型设施农业。团场集中建设设施蔬菜生产基地的温室、大棚，然后由职工买断经营或承包经营，他们既是投资者，又是生产者，还是经营者。生产经营形式以家庭经营为主，自由种植，难以分品种，统筹规划。

目前，兵团已在乌鲁木齐、昌吉、吐鲁番、哈密、巴音郭楞蒙古自治州、和田等地区建设了保障区内产品供应的设施农业生产基地，在伊犁河谷、塔城盆地、阿克苏、阿勒泰等地区规模化建设面向中亚及周边地区国家市场的反季节出口蔬菜基地，在吐鲁番、哈密市建设面向内地市场反季节葡萄、哈密瓜等生产基地。

5. 屯垦文化与休闲农业

基于国家"一带一路"倡议，在参加2018丝绸之路国际旅游博览会中，兵团大力推广"中国屯垦旅游"品牌，为屯垦文化旅游的建设带来了正外部性的影响。2018年，兵团屯垦文化旅游资源共计107个，星级农家乐64家，全国特色景观旅游名镇9个，全国休闲农业与乡村旅游示范县3个、示范点8个，全兵团现有41个团连创建了全国一村一品示范村镇，旅游业收入147亿元。截至目前，连续7年，兵团已有38个团连被认定为全国一村一品示范村镇。团场依托资源优势发展休闲农业与乡村旅游，带动了当地旅游业发展，促进了职工增收致富。

同时，兵团出台了《贯彻〈国务院关于促进旅游业改革发展的若干意见〉的实施意见》，提出"实施乡村旅游富民工程"，支持休闲农庄、特色农家乐、开心农场、乡村庭院的建设；新疆兵团党委六届十四次全委（扩大）会议上提出了大力发展以现代观光农业、休闲农业和农家乐为代表的乡村旅游；兵团旅游局制定了发展乡村旅游工作方案和兵团乡村旅游联系部门会议制度，并经兵团行政专题会议通过，下拨专项资金用以扶持重点师团农家乐基础设施建设，同时完成了《兵团重点乡村旅游片区开发策划暨概念设计》编制工作，为兵团发展乡村旅游提供有力保障。

6. 农业产业化

2018年，兵团农产品加工流通企业共1 301家，其中规上企业达到700家以上。拥有农业产业化龙头企业130家，其中国家级14家，兵团级116家；年销售收入超100亿元的企业2家，超30亿元的8家，超10亿元的13家；已建成2个全国农业产业化示范基地，创建1个国家级现代农业产业园、2个全国农业产业示范强镇、2个全国农村一二三产业融合发展先导区、3个国家级农产品质量安全团场、41个全国"一村一品"示范团场（连队）。同时，兵团龙头企业建立起一批优质棉、肉羊、细毛羊、马鹿、鲜食葡萄、酿酒葡萄、香梨、加工番茄、奶牛、肉牛等与主导产业规模相适应的特色农产品基地，产品销量占农产品销售总量的60%，为推进一二三产业融合奠定了基础。

兵团天山北坡经济带中六师、七师、八师和南疆经济带中一师、三师的棉花基地，一师、三师的葡萄、酱用番茄等基地，五师的枸杞基地，二师的香梨基地等都成为兵团农业产业化经营的亮点。在"一带一路"倡议实施的新形势下，兵团主要垦区均位于新丝绸之路核心区域，成为我国"东联西出"开拓中亚、西亚和东欧市场的前沿阵地，为与中亚各国开展农业合作和特色林果产品贸易提供了有利条件。

第三节　兵团主要优势农产品地域分布特点

一、棉花空间布局

新疆兵团是我国最古老的棉区之一，也是近年来发展最快的棉区，而且是我国唯一的长绒棉生产基地。按自然地理位置，新疆划分为东疆、北疆和南疆3个棉花产区。兵团分散镶嵌在新疆维吾尔自治区境内，土壤、气候条件与全疆其他地区基本相同，植棉技术路线也基本一致，但由于管理体制不同、机械化程度及棉农素质不同，在单产水平上出现差异，多年来一直略高于全新疆平均水平。2018年，兵团棉花种植面积为1 281.05万亩，总产量为204.65万吨。

兵团棉区气候干燥，光照资源非常丰富，热量条件可完全满足早、中熟棉花生长发育所需。由于受盆地沙漠增温影响，绝大部分棉区≥10℃的有效积温在3 450～4 500℃，尤其在棉花花铃生长发育的关键时期气温较高、日温差较大、年日照时间长，有利于光合产物的生产、积累和纤维素的沉积，为兵团棉花高产优质创造了必不可少的自然环境条件。其中，东疆吐鲁番盆地和南疆塔里木盆地西南缘是新疆兵团热量资源最为丰富的植棉区，适宜种植长绒棉。由于塔里木盆地西南缘无霜期可达210～240天，是新疆兵团无霜期最长的地区，所以也是我国唯一的早熟长绒棉产区。依据南北疆气候差异的实际情况，把≥10℃的积温、无霜期、7月平均气温等条件作为兵团棉花种植区域划分的主要指标，将兵团棉区划分为南疆棉区、北疆棉区和东疆棉区3个区位棉区。南疆早中熟陆地棉区和早熟长绒棉区[包括兵团一、二、三、十三师优势棉区重点植棉团（农）场33个]、北疆早熟陆地棉区[包括兵团五、六、七、八师优势棉区重点团（农）场28个]、北疆特早熟陆地棉区[包括兵团四、六、七、八、十师优势棉区团（农）场8个]3个优势棉区。

从兵团棉花2015—2018年平均生产能力来看，位居各师棉花播种面积和总产量首位的是八师，分别占全兵团的28.04%和28.14%；其次是位于阿克苏地区的一师，分别占全兵团的17.33%和23.97%；北疆的九师没有种植，十师仅184团有少量种植，乌鲁木齐周边的十二师有少量种植。北疆地区的8个师中有7个师种植棉花，播种面积和总产量分别占全兵团的59.43%和58.28%；南疆4个师的播种面积和总产量分别占全兵团的38.78%和39.81%；东疆的十三师占比仅为1.79%和1.94%。二师棉花的单产最高达171千克/亩，其次是三师和十三师产量均高于167千克/亩，十师和十二师的亩产量均低于100千克/亩。综上，兵团棉花生产总量南北疆基本一致，且南疆地区的生产水平均较北疆地区高。

二、粮食作物空间布局

从兵团种植现状来看，粮食作物生产分布在北疆地区，以冷凉地区的伊犁河谷和奇台地区为主。统计近4年兵团粮食作物播种面积和总产量情况，位居各师粮食作物播种面积和总产量首位的是位于伊犁河谷的四师，分别占全兵团的 25.13%和 27.26%；其次是六师和九师；由于南疆和东疆地区兵团面积小且区域以棉花和特色林果为主，粮食作物种植面积较小。北疆地区的 8 个师粮食作物播种面积和总产量分别占全兵团的 79.44%和 80.80%；南疆 4 个师分别占全兵团的 20.56%和 19.20%；东疆的十三师仅占全兵团的 1.67%和 1.52%。单产最高的是一师和六师，其次是四师和七师，和田地区的十四师单产水平最低。

1. 小麦

小麦是兵团第一大粮食作物。2018 年小麦播种面积为 163.26 万亩，产量为 75.42 万吨，占粮食作物播种面积的 43.31%，产量的 31.63%。近年来，在国家一系列强农惠农政策支持下，依靠政策推动和科技进步，兵团小麦实现恢复性发展，生产面积、总产量、单产稳步增长，生产能力稳步提升。近十年间，兵团小麦播种面积稳定在 146.76 万亩左右，经过几轮品种更换、选育、推广，特别是近年自主选育、推广应用高产优质冬春麦新品种，小麦品质得到进一步提升，品质结构明显改善。同时，小麦加工能力不断增强，产销衔接日趋紧密，产业化水平不断提高。

按照新疆兵团自然生态条件、耕作制度和品质的区域表现，结合专用小麦产业发展基础、市场优势和产区较为集中、质量环境等条件，遵循相对均衡布局原则、产量品质兼顾原则及层次重点原则，将兵团小麦种植区域划分为北疆平原中强筋冬春麦兼作优势区、南疆中强筋冬麦优势区、伊犁河谷中弱筋冬麦优势区、焉耆盆地中筋春麦优势区和北疆丘陵及山区中弱筋春麦优势区 5 个优势区。

(1) 北疆平原中强筋冬春麦兼作优势区。该区位于天山北麓至准噶尔盆地腹地，从西到东包括精河、奎屯、石河子、昌吉、乌鲁木齐、奇台县（市）境内兵团五师、六师、七师、八师、九师、十二师所属团场。区域内光热资源较丰富，年降水量 150 毫米，地势平坦，土壤较肥沃，是冬、春小麦兼种区，冬麦占小麦面积 70%左右。该区力争建成北疆最大的商品小麦生产基地和加工转化聚集区，基本满足疆内食品加工业需求，优先发展适合加工优质面包、面条、馒头、饺子粉的优质专用小麦。

(2) 南疆中强筋冬麦优势区。该区位于天山南缘、塔里木盆地周围，包括库尔勒、阿克苏、喀什、和田、且末县市境内的一师、三师、十四师所属的团场，该区土壤质地较轻，以灌淤土、潮土、盐土、灌耕棕漠土、风沙土为主，地形变化较大，绝大部分地区属典型的南疆干热气候，夏季炎热干旱，气候变化剧烈，昼夜温差大，年降水仅 20～50 毫米，适合发展中强筋冬小麦。

(3) 伊犁河谷中筋冬麦优势区。该区位于天山西部伊犁河谷地带，包括新源、巩留、尼勒克、霍城、伊宁、察布查尔等境内四师所属的团场。该区气候温和，积雪稳定，作为国家粮食安全的后备基地，冬小麦品质好、产量高，对新疆兵团粮食安全生产有着重要的战略意义，宜选用中筋、早熟品种发展中筋小麦生产。

（4）焉耆盆地中筋春小麦优势区。该区为天山南麓的山间盆地，包括焉耆、和静、和硕、博湖四县和境内二师所属的团场。该区土地资源丰富，土壤有机质含量丰富，水源充沛，光照充足，具有南、北疆过渡型气候特征。优质小麦品质稳定，质量好。该区农场较多，集约经营，小麦产量高，宜建设中筋春麦产业化生产基地。

（5）北疆丘陵及山区中、弱筋春小麦优势区。该区位于新疆兵团西北部、北部及西部沿天山一带，边境团场较多，包括温泉、塔城、阿勒泰、青河、巴里坤和昭苏等县市范围的五师、九师、十师、十三师和四师所属的团场。本区分布范围广、地形复杂，主要为丘陵和山区等，热量资源较少，冬季漫长，夏季气候温凉，秋季降温快。光照充足，年降水量为120～320毫米，小麦生育后期降水偏多，有利于低蛋白质含量的形成和弱筋小麦的生产。该区要"抓弱筋、促中筋"，建成兵团弱筋小麦生产基地。重点选育、繁育和推广高产、优质、抗逆性强的弱筋和中筋品种。

2. 玉米

玉米是新疆兵团发展畜牧业和现代饲料工业最主要的饲料原料，在新疆兵团农业生产和国民经济发展中占有越来越重要的地位。2018年，兵团玉米播种面积为153.00万亩，占粮食作物播种面积的40.58%，产量为125.53万吨，占全兵团粮食作物产量的52.64%，近十年的播种面积为147.30万亩，与小麦基本持平。兵团四师、五师、六师、八师的多数团场都具有发展玉米制种的自然条件，这些地区都位于半干旱气候区，气候干燥，光照充足，≥10℃的活动积温在3 000℃以上，无霜期为140～180天，有利于玉米干物质积累。

从南北疆两大产区玉米生产现状来看，北疆玉米生产主要集中在四师、六师、九师3个师的各个团场，适宜种植中、晚熟玉米和早、中熟玉米；南疆玉米播种面积占全兵团玉米总播种面积的11.88%，产量占全疆的9.43%，主要产区为阿克苏和喀什地区。

三、林果空间布局

兵团各团场具有丰富的光热资源，南疆≥10℃的年积温大多在4 000℃以上，北疆≥10℃的年积温大多在3 500℃以上，生长季内具有昼夜温差大、日照时间长、太阳辐射强的特点，年平均日照时间超过2 700小时，昼夜温差高于13℃，太阳总辐射量大多在5 800兆焦/（米²·年）以上，有利于果实营养物质和糖分的积累，各种水果色泽鲜艳、含糖量高，具有独特的风味和口感。同时天山山脉、昆仑山脉、帕米尔高原冰川形成了绿洲赖以生存的水资源，灌溉水源主要来自河水和地下水，而且灌溉水主要集中在夏季，形成水热同季，十分有利于特色林果的生长。

2018 年，兵团实有果园总面积达 305 万亩，其中：结果面积达 253.31 万亩，兵团水果总产量为 392.71 万吨。与 2010 年相比，果园总面积增长 16.19%，结果面积增长 88.57%，水果总产量增长 184.74%。兵团果园面积占全国的 1.6%，占自治区的 21.1%；兵团水果总产量占全国的 0.13%，占自治区的 36.29%。从南北疆地区分布情况来看，南疆果园面积为 216.42 万亩，产量为 280.26 万吨，分别占兵团的 71.53%、71.37%，其中一师果园面积和产量居于兵团之首，分别占兵团的 30.02% 和 40.82%；北疆果园面积为 86.13 万亩，产量为 112.45 万吨，分别占兵团的 28.47% 和 28.63%，其中四师和十三师果园面积最大，分别占兵团的 7.13% 和 4.92%，四师和八师产量最高，分别占兵团的 7.74% 和 6.45%。

在兵团农业战略性结构调整的形势下，经过持续推进优势果产品区域规划布局战略，实施大宗果品产业向优势区集中的方针，兵团林果产业已形成了特色明显、布局合理、协调发展的"三带二区"林果产业格局。即：以一师、二师、三师、十四师、十三师为主要区域的红枣产业带，以一师、二师、三师、四师、十四师为核心区域的特色果品产业带，以十三师和沿天山北坡各师为中心的葡萄产业带。同时，以三师、四师、六师、十师、十三师为主的优质哈密瓜产业区优势日趋突出。

1. 苹果

苹果在新疆兵团分布很广，东起哈密、西至伊犁、南起和田、北至阿勒泰，新疆各地几乎到处都有苹果栽培，其面积和产量均次于葡萄。兵团为灌溉型农业，南疆的一师、三师、十四师的大部分团场和二师的部分团场适宜大多数苹果品种栽培，是苹果栽培的生态次适宜区；伊犁河谷是苹果原生中心，北疆的四师无霜期较短，积温较低，是早熟、中熟和中晚熟苹果的生态适宜区；南疆的各师生产的苹果着色好、糖度高、品质优，是国内苹果优质果产区。

种植面积较大的主要是南疆贫困和边境团场与植棉团场，面积分别达到 23.49 万亩、21.43 万亩，产量占全兵团的 76.79% 和 67.45%。分团场看，种植面积大于 1 万亩的有 11 个农牧团场，一师的 5 团和六师的 61 团种植面积在 5 万亩以上。苹果在新疆兵团已有悠久的栽培历史，其果实营养丰富，鲜果能周年供应市场需要，是新疆各族人民最喜欢消费的水果，在新疆兵团各类水果生产中占据着重要地位。

2. 梨

梨是新疆兵团一大优势水果产品，2018年梨种植面积为30.09万亩，产量为46.16万吨。梨树在新疆兵团栽培适应性强，从南疆南部的和田到北疆北部的阿勒泰，在海拔1 800米以下地区均有梨的栽培。由于光、热、水、土等气候条件的巨大差异，梨生产也存在着明显的区域差异。南疆梨种植面积和产量均占全兵团梨生产的98%以上，而北疆由于气候严寒，种植面积甚少，产量也低，其种植面积和产量不足全疆梨生产的2%，并且主要分布在伊犁河谷和哈密盆地。梨的栽培品种很多，有50多种，但以南疆生产的库尔勒香梨最多、品质最好，深受消费者欢迎，产品已远销国外，并有良好的发展潜力。香梨分布在新疆塔里木盆地北缘、天山南麓，兵团香梨发展的师团主要有：兵团一师的9团、10团、11团、12团、13团；二师的29团、30团、31团、33团、34团；三师的45团、48团、53团。

3. 葡萄

葡萄生产在兵团水果生产中占比例较大。葡萄栽培历史悠久，分布广泛，除阿勒泰地区外，其他平原地区几乎都有栽培。2018年兵团葡萄种植面积达61.09万亩、产量为82.89万吨。兵团葡萄种植面积及产量最多的为八师，面积为15.03万亩，产量为21.91万吨，其次为五师和十三师，五师葡萄种植面积和产量分别为8.27万亩、10.40万吨，十三师为8.32万亩、9.4万吨。兵团葡萄生产品种差异较大，无核葡萄种植面积占兵团葡萄种植面积的34.76%，产量占32.15%，主要分布于二师、五师、八师、十三师；红提葡萄种植面积占兵团葡萄种植面积的28.54%，产量占31.46%，主要分布于四师、五师、六师、七师、八师、十二师；酿酒葡萄种植面积占兵团葡萄种植面积的25.25%，产量占24.29%，主要分布于四师、六师、八师。兵团葡萄除了用于鲜食外，很大部分葡萄用于晾晒葡萄干，还有少部分用以酿酒、压制葡萄汁等加工产品，现已形成了以二师、四师、五师、六师、七师、八师、十二师和十三师为主体的鲜食葡萄生产基地，以四师、六师、八师为主体的酿酒葡萄生产基地。目前，兵团鲜食葡萄80%左右外销内地的广州、福州、武汉、长沙、郑州等城市或东南亚的泰国、马来西亚等市场。

4. 枣

红枣是兵团生产中的第一大果类。2018年，兵团枣的种植面积与产量分别为157.07万亩、188.20万吨，其中，南疆枣的种植面积为150.15万亩，占兵团枣种植面积的95.54%；产量为182.24万吨，占兵团枣产量的96.83%。枣是喜温喜光的果树，对温度和光照的要求较高，对湿润和干旱气候的适应性较强，因此，在南疆和东疆的哈密盆地生长良好。目前，种植面积最大的是十四师的224团，面积为143.1万亩；产量最高的为一师，达到

106.72 万吨。兵团枣主产区全部位于天山以南，塔里木盆地、塔克拉玛干大漠周边地带，主要集中在一师、二师、三师、十三师、十四师的大部分团场，枣果以其营养丰富、用途广泛而受到国内外消费者的欢迎。

四、油料及甜菜空间布局

兵团油料作物主要是向日葵和油菜两类，此外还有红花、胡麻、花生、芝麻等特色产油作物。兵团的食用油主要原料是向日葵籽和油菜籽，棉籽、大豆占有一定比例。

2018 年，兵团油料作物种植面积为 87.89 万亩，总产量为 22.17 万吨，花生、胡麻、芝麻等特色油料作物占的比例较小。兵团油料作物种植分布较广，种类较多，种植区域主要集中在较冷凉的边境团场，伊犁河谷的四师、塔城地区的九师、阿勒泰地区的十师，3 个师的播种面积为 74.52 万亩，占兵团的 84.79%；产量为 18.30 万吨，占兵团的 82.54%；种植以向日葵、油菜籽为主。近 3 年受进口油用向日葵原料的冲击及食用向日葵的种植效益高的影响，食用葵面积增长较快，已占到了向日葵种植面积的 60% 以上，并有扩大的趋势，限制了油用向日葵的种植。

2018 年，兵团甜菜种植面积为 31.34 万亩，产量 176.66 万吨，兵团的甜菜种植主要分布在北疆的四师、六师、九师和北疆的二师，4 个师的播种面积及产量分别为 4.31 万亩、131.88 万吨，分别占兵团播种总面积的 73.48%、74.65%；其中九师的播种面积和产量分别达到兵团的 38.10% 和 36.02%。但在南疆的一师、三师、十四师和东疆的十三师基本都没有甜菜的种植，无论是播种面积还是产量都较小。

五、畜牧业空间布局

2018 年末，兵团牲畜总存栏量为 673.68 万头（只），总出栏量为 917.43 万头（只），全年肉类总产量为 46.78 万吨。其中，牛、猪、羊及家禽的出栏量分别为 41.55 万头、310.49 万头、559.72 万头、3 100.80 万只（表 2.4）；其肉类总产量分别为 6.29 万吨、22.30 万吨、10.64 万吨、6.45 万吨（表 2.5）。基本形成了以四师、六师、八师为主体的牛养殖加工区，年出栏量 21.76 万头，肉类产量 3.29 万吨，分别占兵团的 52.37%、52.31%；以一师、二师、四师、六师、八师为主体的肉猪产业集中区，商品猪年出栏量 238.14 万头，肉类产量 17.11 万吨，分别占兵团的 76.70% 和 76.73%；以三师、四师、六师、九师为主的肉羊集中产业带，肉羊出栏 316.35 万头，占兵团的 56.52%，肉类总产量 6.02 万吨，占兵团的 56.58%；以四师、五师、六师、七师、八师为主的禽蛋禽肉集中产业带，总产量为 36.55 万吨，占兵团的

61.51%；以四师、六师、七师为主的优质细羊毛集中产区，羊毛产量 0.47 万吨，占兵团 51.24%。

表 2.4　2018 年兵团各师牲畜出栏数

	牲畜出栏量（万头）				家禽（万只）
	总数	牛	猪	羊	
一师	67.60	2.85	21.42	40.34	125.84
二师	86.06	1.71	42.99	41.32	117.95
三师	73.93	1.81	10.77	61.30	87.06
四师	121.19	8.6	33.53	78.88	319.18
五师	38.35	1.20	14.81	21.16	133.53
六师	142.46	8.44	49.39	84.57	817.54
七师	53.46	3.16	20.68	29.36	424.16
八师	112.68	4.72	90.81	17.12	698.55
九师	99.85	3.63	4.49	91.60	100.95
十师	45.07	2.69	7.32	34.95	109.31
十二师	12.40	0.66	3.61	8.03	42.76
十三师	45.71	1.75	9.23	34.72	99.34
十四师	18.67	0.33	1.44	16.37	22.85
合计	917.43	41.55	310.49	559.72	3 100.80

数据来源：《2019 年兵团统计年鉴》。

表 2.5　2018 年兵团各师牲畜肉类产量

单位：万吨

	总产量	牛	猪	羊	家禽
一师	3.10	0.43	1.54	0.77	0.26
二师	4.51	0.26	3.09	0.79	0.25
三师	2.46	0.27	0.77	1.17	0.18
四师	6.08	1.30	2.41	1.50	0.66
五师	1.95	0.18	1.06	0.40	0.28
六师	8.21	1.28	3.55	1.61	1.70
七师	3.51	0.48	1.49	0.56	0.88
八师	9.12	0.71	6.52	0.33	1.45
九师	2.85	0.55	0.32	1.74	0.21

(续)

	总产量	牛	猪	羊	家禽
十师	1.84	0.41	0.53	0.65	0.23
十二师	0.60	0.10	0.26	0.15	0.09
十三师	1.95	0.27	0.66	0.66	0.21
十四师	0.57	0.05	0.10	0.31	0.05
合计	46.78	6.29	22.30	10.64	6.45

数据来源：《2019 年兵团统计年鉴》。

| 第三章 |

新疆兵团特色农业发展现状及趋势

第一节　新疆兵团特色农业及主要特色农产品

新疆生产建设兵团成立几十年来，忠实履行党中央赋予的屯垦戍边的光荣职责和使命，在保卫边疆安全与稳定的同时，大力开垦土地，发展农业生产，在几代兵团人的努力下，新疆地区大量的荒地变成良田，大量的戈壁滩变成了米粮川。为我国农业生产的发展和粮食安全做出了重大贡献，特别是对推动新疆地区的粮食生产和整个农业产业的发展起到了巨大的促进和推动作用。

但是，新中国成立后直到20世纪70年代后期，因我国人口多、粮食缺乏及农业生产技术落后、粮食总产量偏低等客观原因，国家提出了"以粮为纲"的政策，以解决温饱为主作为农业发展的导向，主要精力放在生产粮食上，而忽略了其他农副产品的发展，导致在相当长的一段时间内，兵团同其他地方一样，主要生产粮食，而对本来具有特色优势的其他如瓜果、林果、畜牧等产业以及与农业密切相关的观光旅游业没有重视或重视不够，导致它们没有得到应有的发展和应该发挥的效益和成果，从而使整个农业生产的发展因没有特色或特色发挥不够而处于落后状态。党的十一届三中全会实现了党和国家工作重点的转移，即全党和全国工作重点转移到以经济建设为中心，以改革开放的基本国策作为促进经济社会发展的重要手段和措施，从而在中国大地上吹响了改革开放的号角，并进行了以发展商品经济、市场经济为主要目标的经济体制改革，在商品经济、市场经济大潮的推动下，农业打破了过去单一的以生产粮食为主要生产方式的状态，在保证粮食生产的基础上，大力发展综合性农业，农林牧渔全面推进、协调发展。各地具有本地特色的农业项目的发展被提到议事日程上，引起了国家和社会的重视和关注，各地根据自身的特点，努力发展具有市场竞争力的农业项目，各种特色农产品如雨后春笋般涌现，丰富了市场，改善了人们的生活，提高了生活水平和质量，从而推动了特色农业的发展，为建设中国式农业现代化奠定了一定的物质基础。在这样的大背景下，新疆和新疆兵团紧紧抓住这一发展机遇，从本地的实际出发，因地制宜地发展特色农业，生产出独具特色的"新疆牌"农副产品，不但促进新疆和新疆兵团农业发展上了一个新台阶，而且极大地丰富了国内国际农产品市场，打响了新疆的知名度和品牌效应，为国家和人民做出了独特的贡献。

但由于新疆和新疆兵团发展特色农业时间不长，加上远离内地及其他方面存在的客观制约因素，因此，其农业发展的特色与市场和时代要求和期望之间还存在一定的差距，即现状和期望之间有待进一步完善。整个新疆地区的特色农业潜力很大，需要进一步挖掘，把潜力变成现实的生产力，这需要新疆和新疆兵团都从实际出发，精准把握特色、全力发展特色、做大做强特色，把新疆和新疆兵团的农业特色发展推向一个新的高度，为全国特色农业发展提供新疆经验和新疆方案，供全国乃至世界参考、借鉴。为此，从理论与实践的结合上认识和研究新疆及兵团特色农业的现状及进一步发展的基本而又敏感的问题，找准科学发展的有效措施，是十分必要的。

近年来，新疆兵团农业结构不断优化调整，农业结构布局趋于合理，已建成棉花、粮食、玉米制种、林果、加工番茄、辣椒和畜牧几大基地，棉花、林果、加工番茄播种面积和产量均居全国前列，逐步形成棉花、鲜干水果、肉、禽、蛋等生产基地，并且在确保粮食安全的前提下，自治区进一步增强了甜菜、蔬菜、设施农业种植，产业结构进一步优化，形成了棉花、粮食、林果、畜牧、特色经济作物、设施农业六大产业。此外，新疆兵团还根据地域特色资源以及市场需求，大力发展区域优势明显的酿酒葡萄、枸杞、红花、制酱番茄、红辣椒、油葵、亚麻等特色农产品，其产量分别占全国总量的 11.5%、31%、20%、30%、60%、36%、26%、12% 以上。新疆兵团在打瓜、小茴香、马铃薯、芳香植物、大芸、沙生麻黄、甘草等农产品方面逐步成为全国重要的生产基地。特色水产养殖和特色畜禽养殖发展迅速，水产品产量连续多年稳居西北部地区首位。

结合新疆特有优势农业生产资源、现有的农业产业发展状况以及农业结构调整和发展战略，本研究将新疆特色农产品范围界定为特色大宗农产品、特色林果产品、特色红色产品、特色经济小作物、特色中药材、特色畜产品和特色水产品六大类。

特色大宗农产品主要包括粮食、棉花、甜菜、油葵等。其中，优质棉又分为中绒陆地棉、中长绒陆地棉、长绒棉和彩色棉。

特色林果*产品主要有哈密瓜、香梨、杏、核桃、葡萄、红枣、巴旦木等。

特色红色产品包括番茄、红花、胡萝卜、枸杞、红辣椒等。

特色经济小作物有啤酒花、亚麻、打瓜、花芸豆、鹰嘴豆、茴香、大豆、豌豆、烟和罗布麻等。

特色中药材主要有麻黄、甘草、大芸、肉苁蓉、贝母、鹿肉、雪莲。

特色畜产品主要有羊（细羊毛、羊绒）、乳制品。特色水产品主要有池沼公鱼、高白鲑、梭鲈、白斑狗鱼、贝加尔雅罗鱼、河鲈。

第二节　新疆兵团农业发展总体状况

一、农业产值及变动

改革开放以来，新疆兵团农业得到不断发展，农业总产值一直保持较快的增长速度。1978 年新疆兵团农业总产值仅为 4.66 亿元，2020 年达到 1 069.38 亿元，是 1978 年的 229 倍，平均年增长速度为 18.66%；同期，全国农业总产值增长 38 倍，平均年增长速度为 13.06%，新疆兵团农业平均年增长速度快于全国平均年增长速度。新疆兵团农业发展呈阶段性快速增长变化趋势，农业总产值基本上 5 年翻一番，年均增长速度在不断加快，1978—1980 年，新疆兵团农业总产值从 4.66 亿元增长到 5.98 亿元，增加 1.32 亿元，年均增长 13.28%；1980—1985 年，农业总产值增长到 11.39 亿元，增加 5.41 亿元，年均增长 13.75%；1985—1990 年，农业总产值增长到 32.03 亿元，增加 20.64 亿元，年均增长 22.97%；1990—1995 年，农业总产值增长到 92.56 亿元，增加 60.53 亿元，年均增长 23.64%；1995—2000 年，农业总产值增长到 125.33 亿元，增加 32.77 亿元，年均增长 6.25%；2000—2005 年，农业总产值增长到 214.24 亿元，增加 88.91 亿元，年均增长 11.32%；2005—2010 年，农业总产值增长到 450.4 亿元，增加 236.16 亿元，年均增长 16.02%；2010—2015 年，农业总产值增长到 733.88 亿元，增加 283.48 亿元，年均增长 10.26%；2015—2020 年，农业总产值增长到 1 069.38 亿元，增加 335.5 亿元，年均增长 7.82%。

随着新疆兵团经济的发展，农业产值在国民经济中的比例也逐渐降低。新疆兵团第一产业产值占 GDP 比例由 1978 年的 47.4% 下降到 2020 年的

---

* 按国际和我国商品分类统一编码，把林果及西（甜）瓜统称为"鲜干水果"，属"08"类商品，包括鲜水果、鲜西（甜、木）瓜、干（坚）果。本研究"特色林果"包括哈密瓜、鲜水果和干（坚）果。

23.2%，下降了 24.2%，同期全国第一产业产值比例则由 27.2% 下降到 7.1%。

从图 3.1 至图 3.3 可以看出，新疆兵团 1978—2020 年第一产业产值占 GDP 比例的变化与全国趋势相同，呈波动下降的趋势，但新疆兵团第一产业产值比例始终高于全国平均水平。一方面说明新疆兵团经济发展水平低于全国，处于我国西部欠发达地区，国民经济对农业的依存度相对较高；另一方面也说明新疆兵团 3 次产业经济结构的优化任务还很艰巨。

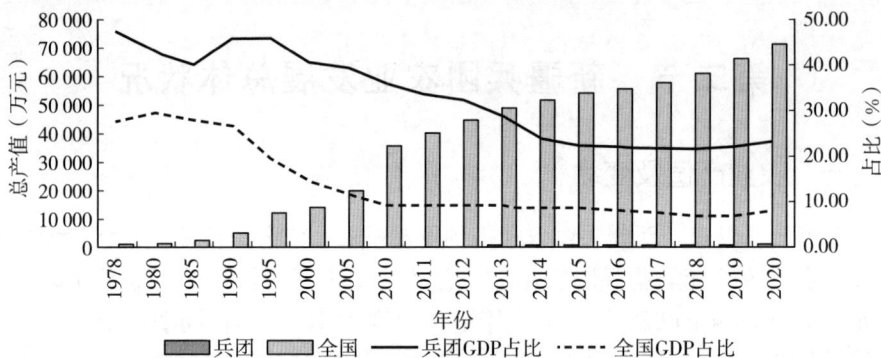

图 3.1　1978—2020 年新疆兵团和全国农业总产值及
第一产业占 GDP 比例变化趋势

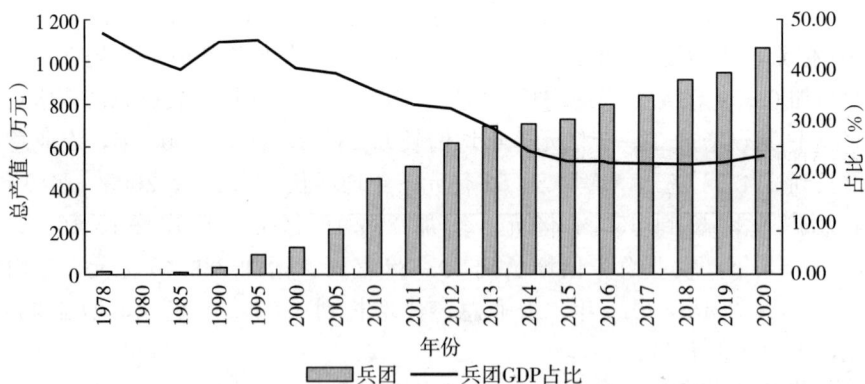

图 3.2　1978—2020 年新疆兵团农业总产值及
第一产业占 GDP 比例变化趋势

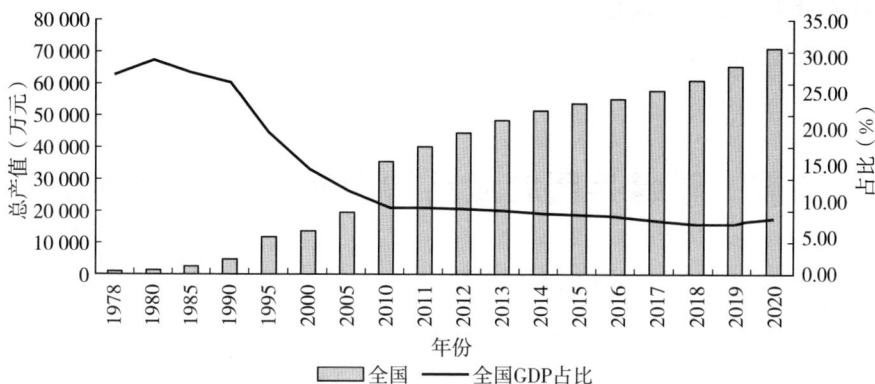

图 3.3 1978—2020 年全国农业总产值及
第一产业占 GDP 比例变化趋势

二、农民收入及变动

改革开放以来，新疆兵团农牧民收入增长较快，但低于全国平均水平，而且差距越来越大。2005—2020 年，新疆兵团农村居民人均可支配收入年均增长 12.65%，高于全国 11.45% 的水平。其间，新疆兵团农村居民家庭人均可支配收入增长了 6 倍，而全国农村居民家庭人均纯收入增长了 5 倍（图 3.4）。

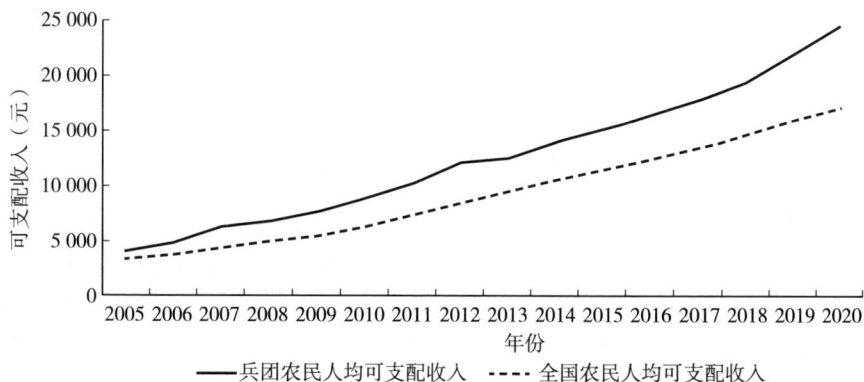

图 3.4 全国及新疆兵团农民家庭人均可支配收入及变动

2005 年，新疆兵团农村居民家庭人均纯收入达 2 482 元，2009 年达 3 883 元，2000—2009 年，新疆兵团农村居民家庭人均纯收入年均增长 10%，高于全国 0.6 个百分点。

从农村居民家庭人均纯收入构成来看，新疆兵团农牧民家庭收入构成单一，主要依靠农业家庭经营性收入，而且以种植业收入为主。2009 年，新疆兵团农村居民家庭人均总收入中，农业家庭经营性收入占总收入的88.65%，其中，种植业收入占总收入的60.8%，而工资性收入很少，所占比例只有6%左右。

第三节　新疆兵团农业结构调整与重点产业发展

一、农业战略与生产布局调整

改革开放以来，新疆兵团农业与新疆农业一样，产业结构几经调整，布局不断优化，重点产业也在不断调整中逐步形成。新疆兵团农业格局调整的过程大致分为4个阶段。

第一阶段（1978—1989年）：新疆兵团农业重点产业由以粮为主向以畜、果、棉为重点转变。该阶段新疆兵团农业发展战略为：农业为基础，粮食生产为中心，争取全面发展。1983年之前，农业发展的重点是粮食生产。1983年，兵团相继编制了《新疆兵团种植业区域规划》，提出安排4种基地，即粮食基地、棉花基地、糖料基地、瓜果基地。粮食基地主要包括一师、四师、六师、八师、九师等地为主的重点产粮垦区；棉花基地包括以一师、三师为中心的南疆棉区，以六师、八师为中心的北疆棉区，以十三师为主的东疆棉区；糖料基地主要集中于二师、八师、九师等垦区；瓜果基地主产区为三师伽师总场、八师下野地垦区、十三师淖毛湖农场等有关团场，葡萄主产区为五师双河市、六师五家渠市、八师石河子市和十二师等师市的有关团场。

第二阶段（1990—1998年）：新疆兵团农业产业结构调整的方向是通过经济分区实现农业布局调整发挥比较优势，按照经济区的划分形成各具特色的农业产业基地。在此期间，新疆和新疆兵团"八五"规划纲要提出了"一黑一白"战略，即石油产业和棉花产业。该阶段兵团和新疆地方农业主攻方向是发展棉花产业，此外，还有粮食、油料、糖料、畜牧业、瓜果和桑蚕等特色农业。这一阶段，新疆兵团和新疆农业产业结构调整形成以下布局：北疆中部经济区，包括乌鲁木齐、昌吉、石河子、沙湾，成为全区经济依托区；北疆北部经济区，包括克拉玛依、伊犁（除沙湾市）和博尔塔拉，建立农业综合开发区和农牧业（粮、棉、油、糖、畜）生产基地新疆兵团东北部经济区，包括阿克苏和巴音郭楞北部，发展棉花、糖料、瓜果等经济作物；南疆西南部经济区，包括喀什、克孜勒苏、和田，建设棉花、瓜果和桑蚕生产基地；东疆经济区，包括吐鲁番、哈密，建设长绒棉、葡萄、瓜果生产基地。新疆兵团在"九五"规划中做了调整，"天山北坡区"经济区划产生，主要包括乌鲁木齐、昌吉、奎屯、克拉玛依，该地区重点发展乡镇企业，发展农业和城郊畜牧业。原来的北疆北部经济区变成了北疆西北部经济区，包括博尔塔拉、伊犁、塔城、阿勒泰4个地区和自治州，依然以建立农业综合开发区和农牧业基地为重点。

第三阶段（1999—2008年）：新疆兵团农业战略调整的重点是发展最具优势和最具特色的农业。自治区和兵团制定了"突出重点，扶优扶强，优先发展最有优势的地区和最具特色的产品产业"的新战略，同时，提出了在新疆和新疆兵团发展现代化农业四大基地（即粮食基地、棉花基地、林果基地、畜牧业基地）建设的总体要求。

这一阶段，新疆兵团农业发展在四大基地建设的基础上，也增加了设施农业、区域特色农业，逐步形成了六大特色农业产业。新疆和新疆兵团农业区域结构协同调整，基本形成如下格局：一是天山北坡经济带，该区域东起乌鲁木齐、西至乌苏，在全区经济中居于核心位置。这一区域的番茄酱、啤酒、葡萄酒、胡萝卜汁等农产品已成为全国知名产品，主要是通过扶持企业做大做强，带动特色农产品优质化、规模化和精深加工，发展特色农业。二是粮食主产区，分布在全区的44个粮食主产县（相邻的团场）。按照食用粮、专用粮、饲用粮、特色粮的专业化格局发展，食用粮以南疆为主，专用粮以北疆为主，特色粮发展以豆类、马铃薯、燕麦和大麦为主。三是棉花生产基地，棉花生产继续保持全国领先地位，发展优质高产棉区、压缩中低产棉区、坚决退出非宜棉区，棉花向阿克苏、喀什两地集中，重点开发建设南疆优质陆地棉区、长绒棉区、稳步发展北疆优质陆地棉区。四是畜牧业基地，主要包括羊、牛等生产基地。新疆兵团细毛羊基地集中在伊犁、塔城、博乐等地，肉羊基地分布在阿勒泰与和静，羔皮羊基地以阿克苏地区为主。乳肉兼用的新疆兵团褐牛集中在伊犁、塔城、阿勒泰、博乐、和静，奶牛基地主要集中在大城市、工矿区和旅游区。五是林果基地，主要集中在南疆林果主产区和吐哈盆地、伊犁河谷、天山北坡。新疆兵团已经成为全国重要的林果产品生产基地和林果业主产区，形成了南疆塔里木盆地以红枣、核桃、巴旦杏、杏、香梨、苹果为主栽树种的特色林果主产区，东疆吐哈盆地以鲜食葡萄、红枣为主的优质特色林果基地，北疆伊犁河谷和天山北坡以鲜食和酿酒葡萄、枸杞、小浆果、时令水果为主的特色鲜明的林果基地。六是逐步形成一批特色农产品生产带，主要包括昌吉、呼图壁、玛纳斯、沙湾、乌苏等天山北坡的番茄及其制品生产加工产业带，塔城、昌吉红花生产加工带，博尔塔拉、阿勒泰枸杞生产带，昌吉、巴音郭楞、塔城的啤酒花生产及加工基地，巴音郭楞、和田、阿克苏、昌吉的甘草、麻黄、罗布麻药材生产基地。

第四阶段（2009年至今）：新疆兵团以粮、棉、果、畜四大基地建设为基本框架的优势农产品产业带基本形成，设施农业、区域特色农业产业发展方兴未艾，区域化布局、专业化分工、产业化经营的"六大产业体系"建设趋势正在显现。林果面积超过 113.3 万公顷，设施农业面积达到 7.26 万公顷，特色农作物播种面积为 800 万公顷。新疆兵团棉花产量占全国的 35％ 左右，加工番茄、啤酒花、红花、枸杞、甜菜、油葵、亚麻和酿酒葡萄等农产品产量分别占全国的 90％、70％、60％、50％、30％、20％、20％ 和 16％ 以上，牛肉、羊肉、牛奶产量分别位居全国第五位、第二位、第六位，水产品产量连续多年稳居西北地区首位。

新疆兵团明确提出，在稳步提升基地建设能力的同时，要加快提升市场开拓能力、加工转化能力和科技支撑力建设，加速现代农业发展步伐。新疆兵团还明确要求，各地各部门要加快建立农产品国内外市场开拓体系，加强农产品外销平台建设，要整合资源，突出特色，以办好北京、上海、广州三大特色农产品展会为突破口，在三大中心城市搭建长期外销平台，并借助中心城市的影响力，辐射华北、东北、华东、华南地区，辐射全国中、高端市场。在加快国外农产品市场开拓方面，新疆兵团提出，要以通过举办多种类型、多种形式的农产品展示和交易会为引领，充分发挥独特的地缘、区位优势和特色农产品资源优势，以瓜果、蔬菜、畜禽、花卉产品和其他特色农产品出口为突破口，主攻中亚、俄罗斯市场，积极开拓国际高端市场，逐步把新疆兵团建设成为我国西北地区农产品向西出口的中转集散地、加工基地和区域性国际农产品贸易中心。新疆兵团现代农业发展已经进入市场开拓为重点的新阶段。各师团及各部门积极贯彻落实新疆维吾尔自治区党委和新疆兵团的安排部署，将加快农产品市场开拓作为促进现代农业发展的重要措施，以基地建设为基础，以会展经济为依托，以品牌建设为重点，积极拓展国内外市场空间，市场开拓取得显著成效。

二、农业布局现状

1. 种植业

2015—2020 年，种植业产值占兵团农业总产值的比例为 52％～44％。粮食、棉花、油料、甜菜、工业番茄、工业辣椒、瓜类等作物播种面积占兵团播种面积的 88％～94％，是兵团的主要种植作物。工业番茄、工业辣椒等特色经济作物占特色经济作物总面积比例在 30％ 以上。瓜类等作物的亩产值在 5 000 元以上。

（1）粮食作物。粮食作物播种面积为 345 万～498 万亩，占兵团播种面积的 17％～24％，其中，小麦播种面积为 135 万～275 万亩，占兵团粮食播种面积的 40％～55％；玉米播种面积为 150 万～175 万亩，占兵团粮食播种面积的 33％～46％；水稻播种面积为 25 万～35 万亩，占兵团粮食播种面积的 5％～9％；以小麦、玉米、水稻为主的粮食生产播种面积占兵团播种面积的 92％～95％。

占兵团粮食播种面积 5% 以上的有一、三、四、五、六、七、八、九、十师等 9 个师，5 年平均生产规模约占兵团粮食作物的 88%。

（2）棉花。2015—2020 年，棉花播种面积为 930 万～1 300 万亩，占兵团播种面积的 45%～62%。占兵团棉花播种面积 5% 以上的有兵团一、二、三、四、五、六、七、八、十三师等 9 个师，5 年平均生产规模约占兵团的 96%。

（3）油料、甜菜。2015—2020 年，油料播种面积为 85 万～103 万亩，占兵团播种面积的 4%～5%。占兵团油料播种面积 5% 以上的有四、六、九、十师等 4 个师，5 年平均生产规模约占兵团的 85.8%。

2015—2020 年，甜菜播种面积为 27 万～37 万亩，占兵团播种面积的 1%～2%。占兵团甜菜播种面积 5% 以上的有二、四、五、六、七、九、十师等 7 个师，5 年平均生产规模约占兵团的 97%。

（4）特色经济作物。2015—2020 年，特色经济作物播种面积为 45 万～80 万亩，占兵团播种面积的 2%～4%，其中，工业番茄占 32%～64%，工业辣椒占 36%～68%。占兵团工业番茄播种面积 5% 以上的师有二、六、七、八师等 4 个师，它们 5 年平均生产规模占兵团的 90.6%；占兵团工业辣椒播种面积 5% 以上的有二、三、十师等 3 个师，5 年平均生产规模约占兵团的 80%。

（5）瓜类。2015—2020 年，瓜类播种面积为 18 万～43 万亩，占兵团播种面积的 1.8%～2.4%。占兵团瓜类播种面积 5% 以上的有三、六、八、十三师等 4 个师，5 年平均生产规模占兵团的 73%。

2. 林果业

2015—2020 年，林果业占兵团农业总产值比例为 24%～27.3%。2020 年，林果种植面积为 286.3 万亩，红枣、苹果、梨、葡萄、核桃等生产规模占兵团的 90.7%。其中，红枣占 46.5%，苹果占 11%，梨占 10%，葡萄占 17%，核桃占 6%，其他果品均低于 5%：

（1）红枣。种植面积为 142 万亩，占林果种植面积的 46.5%，主要有一、二、三、十四师等 4 个师，生产规模占兵团红枣种植面积的 99.5%；2015—2020 年，种植规模稳中有降。

（2）苹果。种植面积为 35.7 万亩，占林果种植面积的 11.7%，主要有一、三、四师等 3 个师，生产规模占兵团苹果种植面积的 75.3%；2015—2020 年，种植规模小幅上升。

（3）梨。种植面积为 30.8 万亩，占林果种植面积的 10.7%，主要有一、二、三师等 3 个师，生产规模占兵团梨种植面积的 99.5%；2015—2020 年，种植规模趋于稳定。

（4）葡萄。种植面积为 52.14 万亩，占林果种植面积的 18.2%，包括二、四、五、六、七、八、十二、十三师等 8 个师，生产规模占兵团葡萄种植面积的 90.3％；2015—2020 年，种植规模不断下降。

（5）核桃。种植面积为 18.1 万亩，占林果种植面积的 5.8％，主要为一师，生产规模占兵团核桃种植面积的 83％；2015—2020 年，种植规模小幅上升。

3. 畜牧业

2015—2020 年，畜牧业占兵团农业总产值比例为 14.4％～19.8％。

（1）肉生产。2015—2020 年，肉产量由 39 万吨增至 48.87 万吨，肉产量年均增速 4.6％。其中牛肉产量占肉产量比例为 13.4％～13.6％；羊肉产量占比为 22.7％～24.7％；猪肉产量占比为 45％～50％。占兵团肉产量 5％以上的有一、二、四、六、七、八、九师等 7 个师，5 年平均生产规模占兵团肉产量的 85％左右。

（2）牛奶生产。2015—2020 年，牛奶产量由 62.9 万吨增至 73.82 万吨，年均增速 4.9％。占兵团牛奶产量 5％以上的有一、二、四、六、七、八师等 6 个师，5 年年均生产规模占兵团奶产量的 90％左右。生产趋势稳定上升。

（3）禽蛋。2015—2020 年，禽蛋产量由 8.14 万吨增至 15 万吨，年均增速 15％。占兵团禽蛋产量 5％以上的有二、四、五、六、七、八师等 6 个师，5 年年均生产规模占兵团禽蛋产量的 80％左右。生产趋势快速增长。

第四节　新疆兵团特色农业发展评价

一、特色农产品专门化系数

专门化系数是用来表示农产品商品生产能力的指标，反映某地区某种农产品在生产方面具有优势的大小，计算公式：

专门化系数＝某产品区域内人均占有量/该产品上一级区域人均占有量

如果某产品专门化系数大于 1，则说明该地区该种农产品的商品生产能力较强，而且专门化系数越大，说明该种农产品在该地区生产越具有优势。反之，如果小于 1，则说明该种农产品在该地区不具有优势。

从新疆兵团主要特色农产品在全国层面上的专门化系数、新疆兵团辖区内各师市相对于全兵团的主要特色农产品专门化系数、新疆兵团辖区内各师市主要特色林果专门化系数等 3 个层次分别进行测算分析。

1. 新疆兵团主要特色农产品专门化系数

这里用新疆兵团特色农产品人均占有量与全国人均占有量的比值来反映新疆兵团特色农产品与全国平均水平相比在生产方面所具有的优势。

从表 3.1 可以看出，与全国平均水平相比，新疆兵团特色农业发展在棉花、甜菜等特色经济作物生产上具有非常明显的优势，专门化系数在25以上。其次为特色林果产品，其中葡萄、梨、核桃具有较强的优势，专门化系数分别为6.04、3.19和6.06。新疆兵团畜产品中的牛肉、羊肉和牛奶也均具有较大优势，专门化系数分别为3.30、7.53和2.41。新疆兵团在粮食作物小麦、玉米的生产上也具有一定优势，专门化系数分别为2.19和1.56。

表3.1　新疆兵团特色农产品专门化系数

农产品	新疆兵团人均占有量（千克/人）	全国人均占有量（千克/人）	专门化系数
小麦	185.7	84.7	2.19
玉米	195.4	124.9	1.56
棉花	141.5	5.6	25.09
油料（油葵）	20.2		
甜菜	206	7.6	27.23
葡萄	32.5	5.39	6.04
梨	32.5	10.2	3.19
杏	2.88	5.4	0.53
核桃	3.78	0.62	6.06
牛肉	15.2	4.62	3.30
羊肉	21.57	2.86	7.53
牛奶	64.46	26.78	2.41

资料来源：《新疆兵团统计年鉴》《中国统计年鉴》。

2. 新疆兵团各师市特色农产品专门化系数

为了分析新疆兵团区域内部各地特色农产品优势程度及差异，进一步明确、量化和反映新疆兵团主要特色农产品的区域布局、专门化生产和集中程度。用新疆兵团各师市特色农产品人均占有量与整个新疆兵团人均占有量的比值来说明新疆兵团各师市特色农产品专门化程度。

新疆兵团粮食生产中的小麦生产优势区域主要在南疆的一师、三师、十四师和北疆的六师、九师等地，其中六师优势最强，其专门化系数为2.39。玉米生产的优势产区主要在北疆的六师、四师、九师、五师和南疆的一师、三师、十四师等地，其中九师和五师的优势最大，其专门化系数分别为2.64和2.51（表3.2）。

新疆兵团棉花的主要优势产区集中在南疆的二师、一师和北疆的五师等地，其中二师的优势最大，专门化系数达1.62。

新疆兵团油葵的优势产区主要集中在北疆的六师、四师、九师、十师、五师，其中十师的优势最大，专门化系数达 5.81，其次为五师和九师，专门化系数分别为 3.69 和 2.63。

新疆兵团甜菜的优势产区主要在北疆的六师、四师、九师、五师和南疆的二师，其中四师的优势最大，专门化系数达 2.81。

表 3.2　新疆兵团各师市特色农产品专门化系数

各师市	小麦	玉米	棉花	油葵	甜菜	甜瓜	牛肉	猪肉	羊肉
十二师	0.10	0.03	0.01	0.19	0.01		0.36	0.54	0.28
十一师		0.03	0.36			1.94	1.38	0.14	2.38
十三师	0.70	0.02	0.36	0.06		2.20	0.64	2.21	1.37
六师	2.39	1.54	0.94	1.57	1.27	0.12	2.18	7.95	2.64
四师	0.81	1.28	0.06	1.28	2.81		1.61	1.05	1.26
九师	1.45	2.64	1.24	2.63	1.24	0.06	3.03	2.73	2.80
十师	0.74	0.47		5.81	0.06	0.25	3.06	0.66	2.82
五师	0.44	2.51	1.42	3.69	1.34		0.57	0.79	1.00
二师	0.77	0.30	1.62	0.31	1.24	0.82	0.75	1.34	1.21
一师	1.26	1.17	1.36	0.02	0.30	0.24	1.36	0.92	0.96
三师	1.54	1.41	0.68			4.06	1.20	0.44	1.73
十四师	1.26	1.34	0.20	0.04		0.20	0.46	0.05	1.12

资料来源：《新疆兵团统计年鉴》。

新疆兵团甜瓜的优势产区集中在东疆的十一师、十三师和南疆的三师，其中三师的优势最大，专门化系数达 4.06。而新疆兵团哈密瓜产地的十一师、十三师的甜瓜专门化系数只有 1.94 和 2.20。

新疆兵团牛肉生产的优势区域主要在北疆的九师、十师、六师、四师和南疆的一师、十四师等地，其中九师和十师牛肉生产的优势较强，专门化系数分别为 3.03 和 3.06。

新疆兵团猪肉生产的优势区域主要集中在北疆的六师、七师、十三师、九师等地，南疆的二师也具有一定优势，其中昌吉优势最明显，专门化系数达 7.95。

新疆兵团羊肉生产的优势区域广泛，除十二师、七师和一师以外，其他地区和自治州均具有生产优势，其中九师和十师的优势最大，专门化系数分别为 2.80 和 2.82。

3. 新疆兵团各师市特色林果专门化系数

用新疆兵团各师市特色林果产品人均占有量与新疆兵团人均占有量的比值来反映新疆兵团各师市特色林果专门化程度、区域布局和集中程度。

新疆兵团特色林果产品生产区域布局非常明显，主要分布在南疆环塔里木盆地的5个地区（自治州）以及东疆的吐哈盆地。其中，香梨的优势产区集中在二师、一师两地，专门化系数分别为5.83和2.27。葡萄的优势产区分布在东疆的十一师和南疆的十四师，其中十一师的优势最大，专门化系数达16.30。杏的优势产区集中在南疆的一师和三师，两地专门化系数分别为2.05和3.57。红枣生产的优势产区主要集中在东疆的十三师和南疆的二师、一师、十四师，其中优势最大的是一师，其专门化系数达2.51。石榴的主要产区在东疆的十一师和南疆的三师、十四师，其中三师、十四师两地的优势较大，专门化系数分别达3.52和3.01。核桃生产的集中程度和专门化程度较高，主要集中在南疆的十四师、三师、一师，其核桃生产的专门化系数分别为3.88、2.34、2.15（表3.3）。

表 3.3　新疆兵团各师市特色林果产品的专门化系数

各师市	香梨	葡萄	杏	红枣	石榴	核桃
十二师		6.07				
十一师		16.30	0.15	0.29	2.37	0.20
十三师		1.50	0.11	1.07		
六师		0.90	0.04			
四师		0.12		0.02		
九师		0.14				
十师						
五师		0.07				
二师	5.83	0.30	0.65	2.18	0.06	
一师	2.27	0.53	2.05	2.51	0.18	2.15
三师	0.26	0.27	3.57	0.65	3.52	2.34
十四师	0.10	1.10	0.81	1.17	3.01	3.88

资料来源：《新疆兵团统计年鉴》。

二、特色农产品产值比例

产值比例可以反映某一农业生产部门在本区域内的规模比较优势的大小。具有特色的农产品产值在农业总产值中应占有较高比例，某产品的产值比例计算公式如下：

产值比例＝某一农产品产值/区域农业总产值×100%

产值比例越大，说明该种农产品与本区域内其他农产品相比，集中度越高,规模越大,效益越突出,也说明该产业越重要。

用新疆兵团各主要特色农产品产值与新疆兵团农业总产值之比,即用各特色农产品的产值比例来反映不同特色农产品在新疆兵团农业生产中的地位和重要程度。计算结果见表3.4。

表3.4　新疆兵团主要农产品产值占比

单位:%

年份	粮食	棉花	甜菜	林果	牛	羊	猪	奶	设施农业
2019	15.1	38.2	0.9	8.6	3.1	6.1	2.2	2.1	1.8
2020	15.3	39.9	1.1	8.4	3.2	7.0	2.3	2.3	2.5

资料来源:《新疆兵团调查年鉴》《中国农村统计年鉴》。

从表3.4可以看出,新疆兵团主要特色农产品中,棉花的产值比例最大,占新疆兵团农业总产值的30%以上,在新疆兵团特色农业发展中占据重要地位,粮食、甜菜以及牛、羊、猪等畜产品生产均相对较稳定,林果规模比较优势正在扩大,这也印证了新疆兵团产业结构调整的方向,即稳定棉花和粮食生产,扩大林果生产。设施农业发展作为农民增收的重要手段之一,发展很迅速。同时,用产值比例公式分别计算出新疆兵团特色农产品,如加工番茄、西甜瓜、加工辣椒、枸杞、食用菌、红花、啤酒花等的产值比例,结果见表3.5。

表3.5　新疆兵团特色农产品产值占比

单位:%

农产品	加工番茄	西甜瓜	加工辣椒	枸杞	食用菌	红花	啤酒花
产值占比	1.8	1.0	1.6	0.4	0.54	0.06	0.09

资料来源:新疆兵团农业农村局。

从表3.5可以看出,虽然新疆兵团特色农产品种类多,一些特色农产品在国内国际市场上都具有很强的优势和特色,但是,这些特色农产品在新疆兵团农业发展中占的份额还比较小,规模优势和产值效益优势还没有形成。其中,甜瓜产值占新疆兵团农业总产值的比例为1.0%,加工番茄只占1.8%,不足2%,其他特色农产品产值所占比例很低。

进入21世纪以来,新疆兵团大力发展特色林果业,特色林果发展迅猛。2009年,特色林果产值已占到新疆农业总产值的18.95%。为了反映新疆兵团主要特色林果的优势地位和发展的重要程度,把产值比例公式做适当调整,以此反映新疆兵团主要特色林果产品的优势和发展趋势,即:

特色林果产值比例＝某一林果产值/新疆兵团林果总产值×100%

从表3.6可以看出，新疆兵团目前主要的特色林果产品有杏、葡萄、香梨、核桃、红枣、苹果，这6种林果品种总产值占新疆兵团特色林果总产值的90%左右。其他林果如桃、巴旦杏、石榴等相对占比较低。其中，杏、葡萄、香梨生产比较稳定，产值规模也相对较大，而红枣、核桃、香梨在近几年刚刚快速发展起来，生产种植规模较大，占新疆兵团特色林果的50%左右，但多为幼树，还没有进入盛果期，产值占比还不高。

表3.6　新疆兵团特色林果品种产值所占比例

林果产品	红枣	香梨	葡萄	苹果	核桃	杏
产值占比	22.31	16.65	17.68	10.54	11.97	9.98

资料来源：新疆兵团林业和草原局。

三、特色农业产值集中度

产值集中度是用于说明某一区域内某一农业生产部门相对于上一级农业生产部门是否具有优势，其计算公式如下：

$$产业集中度指数 = \frac{区域内某一农业生产部门在农业总产值中所占比例}{上一级区域该部门在农业总产值中所占比例}$$

产值集中度指数如果大于1，表明该区域特色农业在产出规模上具有优势，并且该值越大，说明该区域的规模优势越大。产值集中度指数如果小于1，则说明该种农产品不具有规模优势。

用新疆兵团特色农业产值与新疆兵团农业总产值的比值除以全国该产业产值与全国农业总产值的比值，即新疆兵团特色农产品产值集中度指数，来反映新疆兵团特色农业优势及在全国的地位。

从表3.7可以看出，新疆兵团棉花生产在全国的地位和优势突出，棉花产值集中度达到10.6，其次为新疆兵团肉类产值集中度较高，达到1.98，新疆兵团特色瓜果在全国也具有优势。

表3.7　新疆兵团特色农产品产值集中度指数

特色农业	在新疆兵团农业产值中的比例	在全国农业产值中的比例	新疆兵团特色农业产值集中度指数
粮食	0.204	0.390	0.52
棉花	0.509	0.048	10.6
瓜果	0.089	0.098	0.91
肉类	0.166	0.084	1.98

资料来源：《新疆兵团统计年鉴》《中国农村统计年鉴》。

　　新疆兵团其他特色农产品如加工番茄、西甜瓜、红花、枸杞等在全国也具有一定的优势。新疆兵团加工番茄产量位居全国第一，已成为世界主要番茄制品生产和出口基地之一，生产能力全国第一、世界第三，出口量和产量均居世界第二，优势十分明显。新疆兵团红花产量约占全国总产量的80%。2010年，新疆兵团枸杞种植面积为 $8×10^3$ 公顷左右，年产枸杞万吨以上，占全国总产量的50%左右。

| 第四章 |

新疆兵团特色农业发展中
存在的问题与制约因素

发展特色农业是促进我国农业高质量发展，进而建设并实现中国式农业现代化的重要路径和有效措施。我国地大物博，各地的地理特点、土壤、气候、水资源、海拔、降水、日照等有很大的不同和各自的特点，这就客观上造成农作物的生长和种植出现很大差异，出现各具特色的情况，这就是发展特色农业的自然条件和客观依据，发展特色农业，首先要遵循自然规律，以当地的自然环境和条件作为依据进行特色农业的规划和布局，同时要结合市场需要和科技发展状况以及对特色农业发展的支撑和影响，制定本地特色农业发展规划，找准特色农业发展的切入点，增强发展特色农业的科学性、针对性、实效性，防止和减少随意性、盲目性，要做到这一点，就要看到发展特色农业的优势，并充分发挥其优势，分析和预测特色农业发展中存在的问题和制约因素，并找到解决存在问题的有效措施和科学方法，这一点对于新疆兵团特色农业的发展，显得更加重要。

第一节　新疆兵团特色农业发展优势

一、地理标志产品概览

地理标志产品是指产自特定地域，所具有的质量、声誉或其他特性本质上取决于该产地的自然因素和人文因素，经审核批准以地理名称进行命名的产品。包括两种类型：一是来自本地区的种植、养殖产品；二是原材料全部来自本地区或部分来自其他地区，并在本地区按照特定工艺生产和加工的产品。

截至 2010 年 2 月，新疆兵团已有包括和田玉枣、博乐红提、下野地西瓜、六团苹果、开来红辣椒、27 团啤酒花、68 团大米、淖毛湖哈密瓜、昆仑雪菊和阿力玛里树上干杏等 38 个地理标志农产品，经国家质量监督检验检疫总局和农业部（现农业农村部）审查通过，并获得专有标志使用权。

新疆兵团地理标志农产品对于增强其特色农产品的品牌优势及形成品牌效应具有重要意义和作用，同时也有利于提高农产品质量安全，打破国际贸易壁垒，增强产品竞争力，开拓国际市场。

二、无公害农产品

无公害农产品是指产地环境、生产过程、产品质量符合国家有关标准和规范的要求，经认证合格获得认证证书并允许使用无公害农产品标志的未经加工或初加工的食用农产品。在我国，无公害农产品须经省级以上农业行政主管部门认证。无公害农产品的特征是农产品内部的农药残留不超标、硝酸盐不超标、工业"三废"和重金属不超标、有害病原微生物不超标等，它是对农产品质量安全的最基本要求。

随着 2001 年《新疆维吾尔自治区无公害农产品保护办法》的出台，新疆兵团开展了无公害农产品的产地（产品）认定（认证）工作，无公害农产品开发步入了规范、有序、快速发展的轨道，无公害农产品基地建设规模逐年扩大，优势特色无公害农产品认证稳步推进，无公害农产品产业开发快速发展。截至 2020 年底，新疆兵团已累计认定无公害农产品生产基地 92 个，认定面积 256 万亩；认证无公害农产品 125 种，认证无公害农产品面积总规模 360.5 万亩；认定无公害畜产品基地 32 个，认证无公害畜产品 11 种。

从无公害农产品认证范围看，新疆兵团主要认证的农产品范围包括蔬菜、水果、瓜类，这 3 类农产品认证的种类数量和认证面积均占新疆兵团无公害农产品认证种类和面积的 65% 左右。其中，水果认证面积比例最高，占新疆兵团无公害农产品认证面积的 45.78%；蔬菜认证种类最多，占新疆兵团无公害农产品认证种类的 55.7%。

三、绿色食品和有机食品

绿色食品是遵循可持续发展原则，按照特定生产方式生产，经专门机构认定、许可，使用绿色食品标志的、无污染的、安全、优质的食用农产品。按照标准不同，绿色食品可分为 A 级和 AA 级。其中，A 级为初级标准，在生产过程中允许限时、限量、限品种使用安全性较高的化肥和农药；AA 级农产品严格要求在生产过程中不使用农药、化肥、生长激素等危害环境和健康的物质。

有机食品是指根据有机食品生产、加工标准生产加工出来的，经过授权并由有机食品认证组织发给证件，供企业加工或人们食用的食品或农产品。有机食品是一类真正无污染、纯天然、高品位、高质量的健康食品，是最高级的安全食品。

有机食品要符合以下条件：一是原料来自有机农业生产体系或采用有机方式采集的野生天然食品。有机农业是指在生产过程中不使用人工合成的肥料、农药、生长调节剂和饲料添加剂的农业。二是生产加工过程严格遵循有机食品加工、包装、贮藏、运输标准，不使用任何人工合成的化肥、农药和添加剂。三是在生产和流通过程中，有完整的质量控制和跟踪审查体系，并有完整的生产和销售记录档案。四是通过授权的有机食品认证机构的认证。

近年来，新疆兵团在绿色食品和有机食品认证方面投入巨大精力，获得的绿色食品认证企业和产品数量不断增加。截至 2020 年底，新疆兵团获得有效使用绿色食品标志的企业总数达 44 家，产品总数 76 种；经农业农村部有机食品认证中心审批获证的有机食品企业 22 家，有机食品总数35 种。

四、向西出口的地缘区位优势

新疆兵团深居内陆，但向西开放的地缘优势突出。新疆曾是古"丝绸之路"的必经之地，是我国通向中亚、西亚的重要陆路通道，位于欧亚大陆腹地中亚地区的东部，与蒙古国、俄罗斯、哈萨克斯坦、吉尔吉斯斯坦、塔吉克斯坦、巴基斯坦、阿富汗、印度等 8 个国家山水相连，拥有边境线 5 600 千米，是我国拥有邻国最多、边境线最长的省份。新疆兵团特殊的地缘区位优势已成为我国东联西出和开拓中亚、南亚、西亚及东欧市场的前沿阵地，是我国向西开放和开拓中亚、西亚以及欧洲市场的重要枢纽与桥头堡，为我国和新疆兵团对外农业合作和农产品贸易提供了有利条件。

同时，新疆和新疆兵团各民族在宗教信仰、生活习俗、消费习惯等方面与周边国家有许多共同之处，具有向西开放、与中亚各国发展经贸关系的优越条件。目前新疆和新疆兵团已有 105 个市（团）对外开放，与 140 多个国家和地区建立了经贸关系，对外开放的一类口岸 17 个，二类口岸 12 个，国家级开发区 6 个，边境经济合作区 4 个，出口加工区 3 个，是全国拥有口岸数量最多的地区之一。目前，新疆和新疆兵团境内各口岸为农产品出口开辟了"绿色通道"，规范了农产品通关便利措施的实施标准和工作程序，制定了支持农产品出口的一系列措施，快捷通畅的通关环境逐步形成，这些口岸在新疆兵团与中亚、西亚、南亚的经贸合作与发展中起着重要作用，通过这些口岸运输蔬菜、水果及畜产品，与内地省份相比，具有运输距离短、成本低的优势，能保证鲜活农产品快速直达周边国家农产品市场。2020 年，新疆兵团农产品出口货值达 19.69 亿美元。随着兰新铁路二线的开工建设，新疆兵团与内地的联系将更加方便、快捷。

第二节　新疆兵团特色农业发展
存在的问题与制约因素

一、布局不合理，技术水平低

长期以来，新疆兵团特色农业产业结构雷同现象突出，生产与经营分散，区域化布局、专业化分工的格局尚未形成，各地比较优势未能充分发挥。农业生产标准化水平低，优良品种和良种良法配套生产技术推广慢，特色农产品生产基地生产环境认证、产品认证步伐缓慢，检验检测及相关管理工作还不能适应发展要求。特色农业生产水平仍然较低，尚处在由传统农业向现代农业过渡阶段。改革开放中，新疆兵团在农业产业化、现代化方面迈出了坚实的步伐，取得了巨大的成就，与此相适应，特色农业的发展成绩突出，上述方面得到有效的变化和改观，取得长足发展，但是，由于历史的原因和受地区性条件的影响和限制，特色农业的发展与社会主义现代化发展的要求，以及与对外开放的需要之间仍然存在一定差距，尚有改善提高的空间，需要在诸如合理布局、提高技术水平方面发力，进一步改进存在的问题。

二、产业化程度不高，产品附加值低

纵观新疆兵团产业化状况，总的来看，就是产业化程度不高，产品的附加值低：一是除加工番茄以外，其他特色农产品龙头企业数量少、实力弱，整体运行不佳，龙头企业开拓市场和辐射带动能力不强。二是企业与基地和农户之间的利益联结机制还不完善，订单农业不规范，合理稳固的"公司＋农民合作社＋基地＋农户"的经营机制还没有真正建立起来。三是特色农产品加工能力远不能适应生产发展，很多企业技术及装备水平还停留在农产品初加工水平，缺乏农产品精深加工和新产品系列开发能力，初级原料产品多、附加值低，影响了特色农产品的精深加工和市场开拓。

三、兵团财政困难，投入不足

由于兵团自身财力不足，特别是兵团的工业基础较薄弱，工业反哺农业、城市支持农村的能力十分有限。近 10 多年来，尽管财政支农支出绝对数有所增长，但比例却逐年下降，低于全国平均水平，有关资料和数据显示，兵团财政支农支出占总支出的比例不足 6%，其中用于发展特色农业产业的投入更少。对特色农业支持力度和补贴资金额度与产业发展需求不相匹配：一是对龙头企业和农产品加工企业扶持的范围不广、内容不多；二是自

治区和兵团财政扶持资金额度小，国家补助资金有限，且资金分散，未能捆绑集中扶持骨干特色产业发展；三是贷款难，特色农业基地和企业由于规模较小，往往得不到银行贷款支持。农业发展资金短缺，致使农业生产物化投入能力有限。加之兵团职工甚至新疆兵团农民收入水平偏低，贫困人口比例较大，农民自身积累对农业的投入也十分有限。上述因素导致优势产业区域内基础配套设施不完善，节水、抗旱措施仍存在问题，中低产田面积仍占一定比例，靠天吃饭的局面仍未根本改变，抵御各种重大自然灾害的能力以及病虫害综合防治措施尚需加强。因此，新疆兵团特色农业发展经济基础薄弱的局面在短期内难以改变。

四、生态环境脆弱，自然灾害频发

从地理特点看，新疆兵团所处地域绿洲不到土地总面积的 12%，森林覆盖率仅为 19.14%，生态环境极其脆弱。近年来，新疆兵团每年约有 101×10^3 公顷农田遭受风沙侵袭，使土壤中的有机质、氮和磷等营养物质大量流失，理化性质变差，保水、保肥能力下降，直接影响到特色农作物产量的进一步提高。同时，沙尘、大风、干旱、洪涝灾害、雪灾、寒流霜冻、病虫害等自然灾害频发，给特色农业发展造成极大的危害和经济损失，严重制约了特色农业的发展。

五、特色农产品市场消费半径过大，市场体系建设滞后

新疆兵团地处我国西北边陲，是一个相对独立的农牧区，远离东部农副产品消费发达地区，陆路交通距离内地中心消费城市都在 3 000 千米以上，农副产品运输成本高，加之沿途通关检验关口多等限制因素，严重限制了产品销售。国际市场方面，由于我国与周边国家在农副产品绿色通关等方面尚未达成共识或签订农副产品贸易协议，"灰色通关"等不平等贸易限制了农副产品进入中亚市场。与此同时，区域内市场组织化程度不高，难以适应日益激烈的市场竞争的需要。农产品市场体系建设严重滞后，农产品分类分级、包装、保鲜、储存、检验检疫设施和信息采集、传播系统、市场管理信息系统等基础服务设施稀缺，限制了农产品的销售。

六、农民受教育程度低，掌握现代农业生产技术困难

新疆兵团农村劳动力平均受教育年限仅为 8 年，文盲半文盲及小学文化程度占 32.1%、初中文化程度占 46.8%、高中及高中以上文化程度占 20% 左右。全兵团农村劳动力中接受过农业职业技术教育或技能培训的不足 5%，加之农村劳动力中少数民族占多数，存在语言沟通障碍，不易掌握现代农业生产

技术。农村缺乏掌握新产品、新技术的骨干,缺乏懂技术、会管理、善经营的实用人才,农业技术服务人员严重不足,农民生产组织化程度不高,这将长期成为制约新疆兵团特色农业产业化经营的主要障碍。

| 第五章 |

新疆兵团特色农业发展
总体思路和发展战略

第一节　实施美丽连队建设行动，
推进连队全面进步

兵团连队是团场的基层单位，是生产单位和实战单位，要把团场连队建设摆在兵团现代化建设的重要位置，突出兵团特色，坚持团场连队同步建设、同步发展，坚持美丽连队建设与乡风文明建设有机结合，坚持示范带动与整体推进相结合，实现农业农村现代化建设一体设计、一并推进，让团场连队成为安居乐业的美丽家园。

一、创新发展团场连队经济

1. 发展团场经济

优化团场经济发展环境，强化区域经济发展理念，加快团场经济结构调整步伐，培育壮大特色优势产业，推动团场产业由资源导向型向市场导向型转变。大力发展高效特色农业和现代都市农业。推动农产品加工向绿色化、精深化、品牌化发展。积极发展电子商务、休闲农业、乡村旅游等新产业、新业态，推动一二三产业融合发展。支持引导非公有制经济发展，鼓励社会资本在团场投资兴业。推进团场产城融合发展，以城镇化带动团场经济发展和乡村振兴。健全完善团场国有资产管理体制。

2. 培育发展连队经济

鼓励有条件的连队发展连队经济，增强自我保障能力。全民所有制连队根据行政事业单位国有资产管理要求，经师市、团场批准，对国有资产经营和管理所得用于本连队集体经济发展、公益事业兴办、运转经费补助和困难群众关心帮扶。集体所有制连队参照新疆维吾尔自治区对村集体的经济资产管理方法，丰富连队经济业态，拓展农工增收空间，培育连队发展新动能。

3. 分类推进美丽连队建设

统筹团场城镇和连队规划建设。对特殊功能类连队坚持规划先行，在原有基础上有序推进改造升级，完善公共基础设施，强化产业支撑，优化人居环境。对整合类连队建设现代化连队居住区，对位于师市国土空间总体规划确定的城镇开发边界内的连队，纳入城市和团场统一规划建设。对作业点的连队，因地制宜进行优化，配置好生产生活基本保障和服务设施，为职工开展农业生产经营和履行民兵义务提供服务。

二、整体提升连队人居环境

1. 实施连队人居环境改善提升五年行动

分类推进生活垃圾治理。根据连队生产生活特点，提高连队生活垃圾无害化处理水平，建立符合连队实际、方式多样的生活垃圾收集、运输和处理体系，加大团场垃圾处理设施网络向连队延伸，有条件的连队推行垃圾就地分类和资源化利用。重点整治重要饮用水水源地周边和水质需要改善控制单元内的垃圾。到2025年，生活垃圾收运处置体系覆盖率达到90％以上。

加强生活污水治理。因地制宜，合理优化调整连队生活污水处理设施和管网布局，推动团场污水管网向连队延伸覆盖，推进连队生活污水治理。开展污水全面治理示范团场建设。到2025年，连队生活污水治理率达50％。

扎实推进农村"厕所革命"。科学合理选择改厕模式，制定厕所建设改造标准和目标，推广普及卫生厕所，分类推进户用卫生厕所建设和改造，加大团场连队公共卫生厕所建设力度，加强厕所粪污无害化处理和资源化利用。到2025年，连队卫生厕所普及率达95％。

2. 整体提升连容连貌

打造兵团特色风貌连队。深入开展"五清三化一改"行动。推进连队公共空间和职工庭院环境整治，加强绿色生态连队建设，推进连队道路、居民点、庭院绿化和公共绿地建设。完善连队道路照明等配套公共设施。持续开展爱国卫生运动，加强连队环境卫生整治。到2025年，连队居住区绿化覆盖率达到30％以上。

3. 建立健全连队人居环境设施运行维护长效机制

充分发挥师团主体责任，进一步明确师、团、连改善连队人居环境的职责任务。鼓励专业化、市场化建设和运行管护，逐步探索建立连队生活垃圾、生活污水处理付费制度，形成财政补贴与居民付费合理分担机制。探索购买服务的有效方式，支持连队、农工专业合作组织及各类组织机构承接连队环境整治小型工程项目。

三、完善团场连队基础设施和公共服务

1. 加强团场连队基础设施建设

完善团场连队水、电、路、气、通信、广播电视、物流、采暖、农机停放场等基础设施建设。加快推进连部标准化、规范化建设。推进城乡一体化供水工程建设，加强团场连队饮用水水源地保护，实现饮用水由保供到提质。实施守边固边示范工程，完善边境连队配套基础设施。推进连队"四好农村路"建设，推动城乡客运服务一体化。优化团场连队能源结构，巩固提升农村电网建设，开展绿色能源示范团场建设。到 2025 年，整合类和特殊作用类连队综合性服务中心全覆盖，连队自来水普及率达 99.5％，连队通两车道公路比例达 70％，连队道路安全隐患治理率基本达 100％，具备条件的连队通客车比例达 100％。

2. 提升团场连队公共服务水平

强化团场综合服务能力，推进团场连队公共服务一体化，把团场建成服务农工的区域中心。优化团场教育、医疗卫生等公共服务资源配置。提升义务教育阶段学校、幼儿园办学质量和水平。深入推进师域医共（联）体建设，提升连队卫生室标准化服务能力和水平，推动"智慧医疗"向团场连队延伸，提升基层公共卫生事件应对处置效能。完善团场养老服务体系，完善团场社会保障体系，完善弱势群体保障体系和社会救助体系。到 2025 年，普惠性幼儿园覆盖率达到 90％以上；团场连队义务教育阶段适龄儿童少年辍学率为零；整合类和特殊作用类连队标准化卫生室全覆盖；团场示范性居家养老服务中心全覆盖。

3. 加快数字乡村建设

加强数字乡村设施建设，推进团场连队光纤网络、移动通信网络和广播电视基础设施新建或升级改造，支持边境团场连队、贫困团场连队广播电视网络发展，推动 5G 网络建设。鼓励开发适应"三农"特点的信息终端、技术产品、移动互联网应用（App）软件。推动团场连队农田、水利、公路、电力、冷链物流、农业生产加工等基础设施的数字化、智能化转型。深化信息惠民服务，推动"互联网＋社区"向连队延伸，提高连队综合服务信息化水平。

四、深入开展文化润疆工程

1. 维护团场连队意识形态安全

持续推进习近平新时代中国特色社会主义思想深入人心，引导各族群众听党话、感党恩、跟党走。铸牢中华民族共同体意识，广泛开展新时代爱国主义教育，深入开展新疆兵团"四史"、兵团发展史的宣传教育，教育引导各族群众树立正确的国家观、历史观、民族观、文化观、宗教观。全面贯彻党的宗教

工作基本方针，依法管理宗教事务，深入推进"去极端化"，坚持新疆伊斯兰教中国化方向，积极引导宗教与社会主义社会相适应。深化民族团结进步教育，广泛开展"五共同一促进"创建活动。

2. 加强团场连队思想道德建设

培育和践行社会主义核心价值观，开展新时代文明实践中心建设。深化民族团结进步教育，全面宣传贯彻党的民族政策，常态化开展"民族团结一家亲"活动。深入实施公民道德建设工程，推进社会公德、职业道德、家庭美德、个人品德建设，组织开展形式多样、内容丰富、群众广泛参与的精神文明创建活动，教育引导广大职工群众树立现代科学文明的生活方式。

3. 丰富团场连队文化生活

加强基层文化阵地建设，传播先进文化，弘扬中华优秀传统文化，大力开展兵团职责使命宣传教育，增强"五个认同"。开发建设具有鲜明中华文化和兵团文化标识的基层文化阵地。实施文化惠民工程，持续推进农家书屋工程。加强基层文化人才队伍建设，广泛开展群众文化活动。发挥兵团先进文化示范区的引领、带动和辐射作用，丰富兵地各民族群众文化生活。到2025年，实现团场连队公共文化服务全覆盖。

五、加强和改善乡村治理体系

1. 全面加强连队基层党组织建设

新疆兵团认真落实新时代党的建设总要求，严格落实各级党委抓基层党建工作责任制，突出以政治建设为统领，强化连队党组织领导核心作用，着力提升党组织的组织力。加强连队党组织带头人队伍建设。选优配强基层党组织书记，优化"两委"班子结构，提升"两委"成员落实基层治理要求、服务职工群众、引领增收致富等能力。加强连队党员队伍建设，推进连队党支部建设标准化、规范化。

2. 促进自治、法治、德治"三治"相结合

完善自治为基、法治为本、德治为先的治理机制。健全基层民主制度，推进连队职工自治实践。深入推进文明团场、文明连队创建。加强团场连队法治建设，完善团场连队法律服务体系。开展法治团场和民主法治示范连队创建活动。提升团场连队德治水平，强化道德教化作用，开展移风易俗、弘扬时代新风行动。

3. 持续推进平安团场连队建设

构建全方位、多层次、网格化社会面防控体系，完善群防群治、联防联控工作机制，健全城乡一体的公共安全管理体系。健全安全生产责任体系，落实风险管理、隐患排查治理双重预防机制，坚决遏制重特大安全事故。加强连队综治平台建设。

第二节　着力提高连队农工素质和收入，
推动农工全面发展

一、建设高素质农工队伍

新疆兵团规范和加强连队职工管理，建设数量充足、结构合理、相对稳定，能够履行维稳戍边职责使命的新时代连队职工队伍。创新教育培训组织形式，加强技能培训。分类开展以农工、创新创业青年、家庭农场经营者、农工专业合作社骨干带头人员等为重点的培训。培养一批新型农业经营主体和服务主体、农业经理人等具有较强示范带动作用的带头人队伍。

二、提升农工创新创业能力

建立健全创新创业支持服务体系和激励机制，兵团引导青年人才加入农工队伍，鼓励大学生、退伍军人创新创业，投身团场连队建设。支持各类创业主体发挥技术、信息、资本优势，创办领办家庭农场、农工专业合作社、农业企业、农业社会化服务组织等新型农业经营主体，发展新业态、新模式，打造一批扎根团场、服务农业、带动职工群众增收致富的创新创业群体。

三、促进连队居民持续稳定增收

兵团挖掘农业内部增收潜力，加快新品种、新技术、新模式推广应用，强化科技服务和技能培训，引导农工向管理要效益、向科技要增收。开辟农工增收新途径，增强农产品加工产业对农工增收的带动能力。大力发展休闲农业和乡村旅游等新业态，增加农工三产经营性收入。创新流通方式和流通业态，促进农产品营销增收。强化利益联结机制，提高农工财产性收入。支持民营经济、劳动密集型企业和小微型企业发展，提高农工工资性收入。增加农工转移性收入，落实养老保险、新型农村合作医疗、最低生活保障等各项强农惠农富农政策。

第三节　深化农业农村改革，
激发"三农"发展活力

一、巩固和完善农村基本经营制度

新疆兵团赋予统分结合的双层经营体制新内涵。落实土地、职工、民兵

"三位一体"机制。在保障职工土地长期承包、自主经营条件下，探索农业产业化、土地适度规模经营、承包经营土地规模化流转新机制，处理好土地流转、发展适度规模经营与履行民兵义务的关系。创新农业适度规模经营模式。

二、深化基层农技推广体系改革

加强基层农技推广机构建设，提升服务能力和水平。创新农技推广服务机制，通过政府购买服务，支持社会机构开展农技服务，构建多元互补、高效协同的农技推广体系，鼓励科研教学人员、农技人员和社会化服务组织等开展农情采集、信息咨询、互动交流、技术普及等活动。建设科技示范展示基地，培育科技示范主体。开展重大技术协同推广试点。

三、建设新型农业经营体系

1. 培育壮大新型农业经营主体

发展壮大农业产业化龙头企业。兵团加强标准化生产基地建设，推进农产品产地初加工和精深加工，创新流通方式，拓展产业链条，推动龙头企业集群集聚和转型升级。创新龙头企业联结专业合作社、带动农工的组织模式。鼓励发展多种形式的农工合作组织，深入推进示范社创建活动，发展合作社、联合社。引导合作社一二三产业融合发展。加大政策支持力度，培育发展家庭农场。到 2025 年，农工专业合作社发展到 4 800 余家。

2. 加强农业社会化服务体系建设

兵团支持有条件的专业合作社、联合社、农业企业等经营性服务组织、公益性服务组织发展用水合作、农机作业、良种繁育、统防统治、测土配方施肥、残膜回收、粪污集中处理等农业生产性服务业。大力发展社会化服务组织，探索发展多种形式的托管。探索建立生产托管服务主体名录和信用评价机制。探索完善"互联网＋农机作业""全程机械化＋综合农事"等农机服务新模式。

四、持续深化供销合作社综合改革

新疆兵团坚持改革强社、服务立社、夯基建社、以企兴社、从严治社，进一步加强涉农资源整合，加快推进师市供销合作社企业化改革和团场基层社建设，完善体制机制，拓展服务领域，推动供销合作社由流通服务向全程农业社会化服务延伸，加快形成综合性、规模化、可持续的为农服务体系，成为推动兵团农业农村现代化建设的生力军。

五、推进兵团与地方融合发展

完善兵团与地方农业农村融合发展体制机制，拓展融合发展的方式途径。探索兵团与地方现代农业产业园区共建、市场共建、企业共建、基地共建、资源合作开发等融合发展新模式。广泛开展兵团与地方精神文明共建活动，推进公共服务体系共建共享。发挥团场连队在生产、文化方面对周边乡村的辐射、引领作用。

六、加强农产品品牌建设

新疆兵团以产业化思想和工业化理念指导特色农业的发展，实现产业化经营，形成在国内、国际市场具有一定竞争力的特色农业产业链，提高特色农产品整体竞争力。以特色农产品基地建设为基础，大力培育、引进和发展有实力的龙头企业，积极扶持和培育一批有带动能力的农业合作经济组织，提高兵团农业职工组织化程度，并从财政、信贷、税收和科技等方面给予农业产业化经营一定的支持。最大限度地挖掘农业资源系统内在潜力，充分发挥农业资源效益，发展标准化、规范化、商品化的产业化生产基地。积极培育一批有实力的国家级和自治区级的产业化龙头企业，不断提高特色农业产业发展能力。

统筹农产品区域公用品牌、特色农产品品牌和企业品牌建设。开展农产品品牌挖掘、塑造培育、推介营销和社会宣传，培育打造一批有影响力、有文化内涵、有地域特色的公用品牌和农产品品牌。支持龙头企业产品品牌建设，引导企业与农户共创企业品牌，形成一批在疆内外市场有重要影响力的品牌、商标。培育一批"兵字号"农产品品牌，提高兵团农产品在疆内外市场的知名度和美誉度。兵团继续推动农产品原产地保护地理标志产品认证和绿色食品、有机农产品认证。到2025年，创建区域公用品牌2个，认证并有效使用标志的农业"两品"数量累计达到120个，登记地理标志50个以上。

七、强化农业科技和物资装备支撑

1. 提升农业科技创新水平

新疆兵团加强农业科技创新，聚焦农机装备、绿色投入品等，推进农业科技创新体系建设，依托"两校一院"、师农业科学研究所，大力培育农业科技创新主体，布局建设农业科研基地、重点实验室建设和公益性科研机构，推进农业科技创新联盟发展。建设以企业为主导的产业技术创新战略联盟，支持开展前沿性科学研究，突破一批关键核心技术。加快建设现代农业产业科技创新中心，到2025年，科技进步对农业发展的贡献率达到65%。

2. 推动种业科技创新

加强种质资源保护利用，鉴定发掘优异种质和优异基因。强化种业科技支撑，支持开展种业关键技术和拳头品种的研究与应用。支持种子企业做大做强，构建以企业为主体的商业化育种体系，推动产、学、研相结合。建设现代种业基地，优化种子生产区域布局，形成覆盖全疆、辐射全国的种业生产格局。提升种业监管治理能力。同时，针对新疆兵团特色农业发展需要，引进和培育一批农业技术人员，加快区域性农业科技创新步伐，大力推广农业新技术、新成果、新品种的开发和应用，不断提高特色农业发展的科技含量，突破特色农业发展技术障碍。

3. 推进农业机械化和农机装备转型升级

兵团加大农机装备创新发展，支持北疆以石河子市、五家渠市、胡杨河市为中心，南疆以阿拉尔市、铁门关市为中心向周边辐射的农机装备制造基地建设，加快林果、畜牧业、设施农业机械创新、研发、引进与技术集成示范。推进智能农机与智慧农业融合发展，实施好农机购置补贴和农机报废更新补贴政策。到 2025 年，农机总动力稳定在 550 万千瓦左右，主要农作物耕种收机械化综合水平达到 95％以上。

4. 大力发展数字农业

加快建立兵团农业信息大数据平台，有序分类推进农业大数据建设、重要农业资源数据库建设。围绕农业生产、经营、管理和服务等环节，引入第三方数字服务，推进 5G、北斗导航、物联网、云计算、大数据等技术集成应用。实施数字农业工程，推广应用集农业遥感、精准控制、远程诊断等功能于一体的智能精准农业生产系统。发展智慧农业，开展智慧农业技术应用示范。到 2025 年，在大田种植、园艺设施、畜禽养殖等领域率先推广应用数字技术装备。

5. 增强气象为农服务能力

提升农业气象灾害监测预警、预报服务水平。兵团建设完善专业化的农业气象监测预报技术系统，提高气象观测信息化、智能化水平。开展气象防灾减灾服务，加强人工影响天气作业基础设施建设。实施人影防灾减灾指挥业务体系建设工程，建设师市作业指挥系统和作业效果评估系统，完善兵地人工影响天气工作联络沟通协商机制。到 2025 年，气象灾害预警信息覆盖率达 95％，人工影响天气作业点标准化建设达到 85％。

第四节　深入推进向南发展，夯实
示范带动作用

一、加强南疆团场连队公共设施建设

新疆兵团加快推进南疆连队综合服务中心建设，建强连队党组织为民服务阵地，配齐办公设备，改善工作环境。加快南疆团场连队道路建设，实施连队"四好农村路"建设工程，健全完善客运和物流网络服务体系。巩固提升团场连队饮水安全，优化能源结构，巩固提升农村电网建设。持续推进平安团场连队建设，完善公共安全体系，构建全方位、多层次、网格化社会面防控体系。

二、加强南疆团场连队农业基础设施建设

在南疆推进农业基础条件提升行动。兵团持续开展高标准农田建设，加强耕地质量监测评价，强化耕地污染防治和源头管控，深入推进残膜回收、增值化利用，加强土壤盐渍化治理，持续提高土地综合产出能力。

三、加快南疆团场连队产业振兴

依托南疆农业资源优势，建设优质棉基地，支持发展现代种业、设施农业、林果业、现代畜牧业、农副产品加工业、休闲农业和乡村旅游业。打好绿色有机生态牌，支持开展绿色食品、有机农产品、地理标志农产品认证。支持农产品区域公用品牌纳入中国农业品牌目录，建设一批区域特色品牌。提升"三大基地"建设水平，推进阿拉尔、小海子、皮墨、且末、草湖等现代化农业示范区建设，支持创建特色农产品优势区，建设面向中亚、西亚、南亚市场的出口生产基地和农业对外开放合作试验区。

四、加强南疆兵团现代农业产业园区建设

按照主导产业突出，区域特色鲜明，以精深加工为重点、科技集成为动力、品牌营销为龙头，推进"生产＋加工＋科技＋品牌"一体化发展，建设国家、兵团两级现代农业产业园体系，打造现代农业发展示范区。到2025年，创建4～6个国家级现代农业产业园。

第五节　实现巩固拓展脱贫攻坚
成果同乡村振兴有效衔接

一、建立健全巩固拓展脱贫攻坚成果长效机制

保持5年过渡期内主要帮扶政策总体稳定，确保不出现规模性返贫，完善优化帮扶政策，健全防止返贫动态监测和帮扶机制。兵团对脱贫不稳定户、边缘易致贫户，以及因病因灾意外事故等刚性支出较大或收入大幅缩减导致基本生活出现严重困难户，开展定期检查、动态管理，重点监测其收入支出状况、

"两不愁三保障"及饮水安全状况。建立健全易返贫致贫人口快速发现和响应机制，分层分类及时纳入帮扶政策范围，实行动态清零，巩固"两不愁三保障"成果。加强扶贫项目资产管理和监督，充分发挥扶贫资产的积极作用。

二、健全团场连队低收入人口常态化帮扶机制

以现有社会保障体系为基础，分层分类实施社会救助。兵团完善最低生活保障制度，科学认定低保对象，提高政策精准性。加强社会救助资源统筹，及时有针对性地给予困难群众医疗、教育、住房、就业等专项救助，做到精准识别、应救尽救，兜牢丧失劳动能力人口基本生活保障底线。

三、着力提升脱贫团场整体发展水平

集中支持一批乡村振兴重点帮扶团场。兵团支持脱贫团场特色产业发展壮大，在技术、资金、信息等方面进行帮扶，促进产业提档升级。全面落实兵团向南发展优惠政策，坚持兵团财力分配、重大基础设施建设配套资金安排和重大民生项目投入向南倾斜。坚持和完善对口援疆、社会力量参与帮扶机制。

四、加强脱贫攻坚与乡村振兴政策有效衔接

兵团保持过渡期内财政支持政策总体稳定，合理安排巩固拓展脱贫攻坚成果同乡村振兴有效衔接财政投入规模，优化支出结构，调整支持重点；发挥再贷款作用，完善针对脱贫人口的小额信贷政策，延续脱贫攻坚期间各项人才智力支持政策，实施积极的就业政策，促进脱贫人口稳定就业。继续加大对脱贫团场基础设施建设的支持力度，围绕交通、水利、能源、通信、文化等重点领域实施一批重大项目，提升脱贫团场公共服务水平。

| 第六章 |
新疆兵团特色农业发展战略布局

第一节 兵团主要特色农业发展优势

一、优质棉生产优势

新疆棉花在自然资源环境、生产经营规模、产业体系配套及比较效益方面的优势明显，加之内地棉区围绕粮食安全和发展高效农业，大力调整农业产业结构，我国棉花生产多年来一直呈现向新疆棉区集中的态势。2020年，新疆棉花播种面积、产量分别占全国总量的79%和87%，其中，兵团以占全国1/4的播种面积生产了占全国总产量1/3的棉花；棉花生产向优势区集中，新疆已成为我国不可替代、具有世界影响的最大产棉区和商品棉生产基地。

二、粮食生产优势

新疆是我国唯一具备大规模水土资源开发潜力的地区，具有建成我国粮食生产后备基地的生产条件。2011—2020年，新疆兵团粮食自给率达到191%，人均粮食占有量维持在700千克以上［远大于联合国粮食及农业组织（FAO）关于粮食安全的人均400千克的安全标准］，粮食储备均在90%以上。地处绿洲灌溉农业区，粮食生产具有大规模单产水平高、稳定性好、灾害相对较少、规模水平较高等特点，具有生产优势。

三、高端特色林果生产优势

新疆独有的地理气候条件和其他产区无法媲美的生态环境使其产品具有品质好、含糖量高、香甜多汁、口感细腻、润脆和营养丰富等特点，在国内外市场上享有较高的声誉。苹果、葡萄、香梨、石榴、杏、西梅、巴旦木、无花果、核桃等优良的品种有数百种。新疆兵团特色林果面积305.6万亩，其中，南疆占兵团的70%以上，多样化特色林果生产格局正在形成。发展高端特色鲜食林果品种，延长林果产业链是林果业高质量发展的需要。

四、畜牧业绿色发展优势

新疆是全国重要的草地畜产品生产基地之一，主要畜产品有肉、蛋、奶、毛、皮等。牧区畜产品基本没有受到污染；农区以农作物茎、叶为饲料，畜产品安全性高。同时，饲养区间距较远，疫病难以扩散，容易预防，畜产品具备绿色发展基础。

第二节　种植业优势生产区布局

一、优势布局及发展规模

1. 粮食作物

（1）小麦。重点布局于兵团一师、十三师的42个团场。其中，北疆平原中强筋小麦优势区18个团场，南疆中强筋小麦优势区5个团场，伊犁河谷中筋冬小麦优势区6个团场，焉耆盆地中筋春小麦优势区3个团场，北疆丘陵及山区中、弱筋春小麦优势区10个团场（表6.1）。

小麦种子生产基地向兵团六、九师的优势团场集中。

表 6.1　2025 年小麦优势团场布局一览

地域	师市	数量（个）	重点团场	种植面积（万亩）
北疆平原中强筋小麦优势区	五师	1	84 团	5
	六师	8	共青团农场、红旗农场、奇台农场、103 团、新湖农场、105 团、芳草湖农场、军户农场	40
	七师	3	124 团、130 团、131 团	10
	八师	1	142 团	10
	九师	4	164 团、166 团、167 团、168 团	20
	十二师	1	222 团	4
	小计	18		89
南疆中强筋小麦优势区	一师	2	4 团、5 团	3
	三师	3	44 团、51 团、53 团	10
	小计	5		13
伊犁河谷中筋冬小麦优势区	四师	6	61 团、66 团、67 团、70 团、73 团、79 团	10

（续）

地域	师市	数量（个）	重点团场	种植面积（万亩）
焉耆盆地中筋春小麦优势区	二师	3	21团、22团、24团	8
北疆丘陵及山区中、弱筋春小麦优势区	四师	4	74团、75团、76团、77团	27
	五师	1	88团	5
	十师	4	183团、186团、187团、188团	8
	十三师	1	红山农场	5
	小计	10		45
兵团总计		42		165

发展目标：到 2025 年，优势团场种植面积不低于 165 万亩（占兵团种植面积的 82.5%），产量 75 万吨，优质率达到 85% 以上。

（2）玉米。重点布局于兵团一、四、五、六、八、九师的 22 个团场（表6.2）。其中，北疆玉米优势区着力发展玉米制种、籽粒玉米；南疆玉米优势区着力发展玉米制种、籽粒与青贮兼用和青贮专用玉米，适度发展鲜食玉米。

杂交玉米种子生产基地向北疆沿天山和伊犁河谷玉米制种优势区域、优势团场集中。

表 6.2　2025 年玉米种植优势团场布局情况一览

地域	师市人	数量（个）	重点团场	种植面积（万亩）
北疆区域	四师	8	63团、64团、66团、67团、70团、71团、72团、73团	35
	五师	2	84团、87团	10
	六师	3	红旗农场、奇台农场、土墩子农场	20
	八师	2	143团、石河子总场	10
	九师	6	162团、163团、164团、166团、168团、团结农场	20
	小计	21		95
南疆区域	一师	1	4团	5
	小计	1		5
兵团合计		22		100

发展目标：2025 年，优势区玉米面积稳定在 100 万亩（占兵团种植面积的 62.5%），产量约 80 万吨。制种玉米订单生产比例达到 90%。

（3）水稻。重点布局于兵团一、四师的6个重点团场（表6.3）。

表6.3　2025年水稻种植优势团场布局一览

地域	师市	数量（个）	重点团场	规划面积 （万亩）
北疆区域	四师	4	66团、68团、69团、73团	15
	小计	4		15
南疆区域	一师	2	1团、2团	5
	小计	2		5
兵团合计		6		20

发展目标：引进优质品种，着力发展优质粳稻。到2025年，优势区水稻面积稳定在20万亩，产量不低于15万吨。绿色、有机认证基地面积达到5万亩。

2. 棉花

棉花重点布局于南疆（含东疆）、北疆棉区的64个重点团场建设。其中，南疆早中熟陆地棉亚区布局兵团一、二、三、十三师的28个团场，北疆早熟及特早熟陆地棉亚区优势布局四、五、六、七、八、十师的36个团场（表6.4）。

棉花种子生产基地向兵团一、三、七、八师的优势团场集中。

表6.4　2025年棉花优势团场布局一览

地域	师市	数量（个）	优势团场	规划面积 （万亩）
南疆早中熟陆地棉亚区	一师	13	1团、2团、3团、6团、7团、8团、9团、10团、11团、12团、13团、14团、16团	200
	二师	5	29团、30团、31团、33团、34团	40
	三师	8	42团、44团、45团、49团、50团、51团、53团、伽师总场	60
	十三师	2	红星二场、红星四场	10
	小计	28		310
北疆早熟及特早熟陆地棉亚区	四师	3	63团、64团、67团	5
	五师	6	81团、83团、86团、89团、90团、91团	50
	六师	7	102团、103团、105团、106团、新湖农场、芳草湖农场、共青团农场	90

（续）

地域	师市	数量（个）	优势团场	规划面积（万亩）
北疆早熟及特早熟陆地棉亚区	七师	8	123团、124团、125团、126团、127团、128团、129团、130团	100
	八师	11	121团、133团、134团、136团、141团、142团、144团、147团、148团、149团、150团	240
	十师	1	184团	5
	小计	36		490
兵团总计		64		800

发展目标：2025年，优势区棉花综合生产能力明显提升，植棉面积规模达800万亩，平均单产水平不低于150千克/亩，总产量不低于120万吨。"一主两辅"棉花品种面积占比提高到90%以上，棉花生产水平和原棉品质进入世界领先水平。

3. 油料

油菜籽生产重点布局于兵团四师的4个团场，其他油料生产布局于兵团三、四、六、七、九、十师的21个团场（表6.5）。

油料种子生产基地向兵团四、五、九、十师的优势团场集中。

表6.5　2025年油料优势团场布局一览

地域	师市	数量（个）	重点团场	种植面积（万亩）
油菜籽生产区	四师	4	74团、75团、76团、77团	25
	小计	4		25
其他油料生产区	三师	1	54团	3
	四师	2	70团、73团	3
	六师	6	102团、103团、芳草湖农场、六运湖农场、红旗农场、奇台农场	15
	七师	2	130团、131团	3
	九师	3	166团、167团、168团	6
	十师	7	181团、182团、183团、184团、186团、187团、188团	30
	小计	21		60
兵团合计		25		85

发展目标：2025 年，优势区油料播种面积 85 万亩，产量达到 21.25 万吨；"双低"油菜普及率达到 90％以上；商品油菜籽芥酸和硫苷含量达到农业农村部部颁标准，含油量 43％以上。

4. 甜菜

重点布局于兵团二、四、五、六、七、九、十师的 17 个团场（表 6.6）。

表 6.6　2025 年甜菜种植优势团场布局情况一览

师市	数量（个）	优势团场	种植面积（万亩）
二师	3	22 团、24 团、29 团	2
四师	5	63 团、64 团、67 团、71 团、79 团	6
五师	1	88 团	1
六师	1	奇台农场	1.5
七师	2	124 团、131 团	1.5
九师	4	163 团、164 团、166 团、168 团	7
十师	1	181 团	1
小计	17		20

发展目标：到 2025 年，优势区甜菜种植面积达 20 万亩（占兵团种植面积的 80％）；品种标准型、高糖型、丰产型搭配比例为 85：10：5；平均亩产 5.5 吨，糖分 16.5％，甜菜产量达到 110 万吨。

5. 主要特色经济作物

兵团种植的特色经济作物主要包括工业辣椒、工业番茄、瓜类等作物。

（1）工业辣椒。重点布局于兵团二、三、十师的 7 个团场（表 6.7）。

表 6.7　2025 年工业辣椒优势团场布局情况一览

师市	数量（个）	优势团场	种植面积（万亩）
二师	4	21 团、22 团、24 团、27 团	10
三师	2	45 团、49 团	5
十师	1	184 团	5
小计	7		20

发展目标：2025 年，优势区辣椒种植面积 20 万亩，平均亩产 3 吨，总产量 60 万吨。着力发展色素辣椒、制干辣椒、制酱辣椒。

（2）工业番茄。重点布局于兵团二、六、七、八师的 10 个团场（表 6.8）。

表 6.8　2025 年工业番茄优势团场布局情况一览

师市	数量（个）	优势团场	种植面积（万亩）
二师	3	22 团、24 团、27 团	5
六师	3	103 团、芳草湖农场、共青团农场	5
七师	3	124 团、130 团、131 团	5
八师	1	143 团	2
小计	10		17

发展目标：2025 年，优势区团场工业番茄种植面积 17 万亩，平均亩产 8～8.5 吨，优势区域工业番茄产量 145 万吨。着力发展工业番茄制酱、圣女果制干品种。

（3）瓜类。重点布局于兵团三、四、六、八、十、十三师的 11 个团场（表 6.9）。

表 6.9　2025 年瓜类优势团场布局情况一览

师市	数量（个）	优势团场	种植面积（万亩）
三师	3	44 团、53 团、伽师总场	4
四师	1	63 团	1
六师	4	102 团、103 团、105 团、共青团农场	7
八师	1	121 团	1
十师	1	183 团	1
十三师	1	淖毛湖农场	2
小计	11		16

发展目标：到 2025 年，瓜类优势区种植面积 16 万亩（占兵团种植面积 80%），甜瓜、西瓜平均亩产分别达到 2.5 吨、6 吨，优势区域产量 65 万吨。

二、主攻方向

一是因地制宜，实施良种良法。以提质增效和转型升级为主线，推进品种改良、品质提升、品牌创建建设。

二是实行标准化生产和管理。加强标准化、良种化、产业化、机械化生产示范基地建设，改善基础设施配套条件，改善土壤条件，加强节水改造，提高单产水平，提升综合生产能力。

三是强化科技支撑力量建设。针对良种科研和繁育体系、产业支撑体系和社会化服务体系等，采取产业化、社会化等方式，不断完善科技服务体系，提升服务能力。

四是鼓励、扶持一批有规模、上档次的兵团龙头企业。带动发展农工专业合作组织，完善与职工群众的利益联结机制，提高生产组织化、标准化、产业化水平，促进生产和流通协调发展，全面增强综合生产能力和市场竞争能力。

第三节　林果业优势生产区布局

一、优势布局及发展规模

1. 红枣

重点布局于兵团一、二、三、十四师的 23 个重点团场（表 6.10）。

表 6.10　枣优势团场布局情况一览

师市	数量（个）	优势团场	规划面积 （万亩）
一师	9	1 团、2 团、7 团、9 团、10 团、11 团、12 团、13 团、14 团	54
二师	4	34 团、36 团、37 团、38 团	16
三师	7	44 团、45 团、46 团、48 团、49 团、51 团、50 团	33
十四师	3	47 团、皮山农场、224 团	25
小计	23		128

发展目标：到 2025 年，优势区种植面积约 128 万亩，骏枣盛果期商品果亩产量 0.6 吨以内，灰枣盛果期商品果亩产量控制在 0.5 吨以内。优势区域产量 65 万吨。

2. 葡萄

重点布局于兵团二、四、五、六、七、八、十二、十三、十四师的 28 个重点团场（表 6.11）。

表 6.11　葡萄优势团场布局情况一览

师市	数量（个）	优势团场	规划面积 （万亩）
二师	2	24 团、223 团	3
四师	3	62 团、67 团、70 团	5
五师	4	81 团、83 团、86 团、89 团	10
六师	3	101 团、芳草湖农场、共青团农场	4

（续）

师市	数量（个）	优势团场	规划面积（万亩）
七师	4	124团、128团、130团、131团	4.5
八师	5	121团、141团、142团、石河子总场、152团	10
十二师	2	221团、头屯河农场	2.5
十三师	4	红星一场、火箭农场、黄田农场、柳树泉农场	5
十四师	1	225团	1
小计	28		45

发展目标：到2025年，优势区种植面积约45万亩（其中，鲜食葡萄35万亩，酿酒葡萄10万亩）；鲜食葡萄盛果期亩产量不高于2吨，酿酒葡萄盛果期亩产量不高于1吨。优势区域产量80万吨。

3. 苹果

重点布局于兵团一、三、四师的11个重点团场（表6.12）。

表6.12　苹果优势团场布局情况一览

师市	数量（个）	优势团场	规划面积（万亩）
一师	3	5团、6团、8团	10
三师	5	41团、44团、45团、49团、51团	8
四师	3	61团、66团、78团	3
小计	11		21

发展目标：到2025年，优势区种植面积约21万亩；盛果期商品果亩产量2.5吨，优势区域产量约53万吨。

4. 梨

重点布局于兵团一、二、三师的9个重点团场（表6.13）。

表6.13　梨种植优势团场布局情况一览

师市	数量（个）	优势团场	规划面积（万亩）
一师	3	7团、9团、13团	8.0
二师	3	28团、29团、30团	15.0
三师	3	45团、50团、53团	7.0
小计	9		30.0

发展目标：到2025年，优势区种植面积约30万亩；盛果期亩产量2吨，优势区域产量60万吨。

5. 核桃

重点布局于兵团一师的3团（表6.14）。

表6.14 核桃种植优势团场布局情况一览

师市	数量（个）	优势团场	规划面积（万亩）
一师	1	3团	12

发展目标：到2025年，核桃优势区种植面积12万亩；达产亩产量0.3吨，年总产量达到3.6万吨。

二、主攻方向

一是大力推行绿色生产，提质增效，推广有机肥综合利用、修剪废弃物综合利用，主要树种病虫害绿色防控分别达到90%、40%和80%，农药使用量减少20%，化肥使用量减少10%，主要林果产品质量安全抽检合格率保持在98%以上。

二是全面推广基于主干结果型、"厂"字型省力简化修剪技术、花果精细管理技术、果园水肥一体化技术、园艺机械一体化融合应用技术、采前防灾减损技术、采后产业链延伸技术。矮砧密植、主干型结果、精细花果管理、果园机械化等应用面积达100万亩。

三是重点开发和推广整形修剪机械、开沟施肥机械、果品采收机械、埋土出土机械，主要树种综合机械化水平达到75%以上，林果业机械化省力栽培取得明显成效，抵御成本上升风险能力显著增强。

四是健全标准化生产技术，强化生产过程管理、果品质量检测，产量稳定在丰产水平，果品品质达到品种特性要求，并符合绿色食品水果产品质量标准，商品果率达95%以上，优质果率达80%以上。

五是完善采后处理技术体系，围绕集散地、口岸和交通枢纽建设果品保鲜库群，以兵团二、五、六、八、十二师和霍尔果斯口岸为重点建设区域。

六是就地发展林果产品加工业，建设一批林果产品精深加工基地和加工企业。龙头企业带动、合作社经营等先进方式经营果园占比达60%。

七是全面建成10个林果产业集聚区、20个特色林果业强团、100个林果标准化示范园。

第四节　畜牧业（水产）优势区布局

一、优势区布局及规模

1. 肉牛

重点布局于兵团一、三、四、六、七、八、九、十、十二师的 27 个团场（表 6.15）。

表 6.15　2025 年肉牛优势团场布局情况一览

师市	数量（个）	优势团场	养殖规模（万头）
一师	1	5 团	1
三师	2	49 团、54 团	1
四师	6	64 团、72 团、74 团、76 团、78 团、79 团	6
六师	3	军户农场、新湖农场、奇台农场	10
七师	2	125 团、130 团	2
八师	3	142 团、143 团、石总场	3
九师	5	161 团、164 团、165 团、166 团、168 团	5
十师	4	181 团、183 团、187 团、188 团	4
十二师	1	222 团	1
小计	27		33

发展目标：到 2025 年，肉牛优势区出栏量达到 33 万头；肉牛单位胴体重由 150 千克增至 200 千克，肉产量 6.6 万吨。

2. 肉羊

重点布局于兵团一、二、三、四、六、七、九、十、十三、十四师的 61 个团场（表 6.16）。

表 6.16　2025 年肉羊优势团场布局情况一览

师市	数量（个）	优势团场	养殖规模（万只）
一师	4	1 团、4 团、5 团、10 团	20
二师	4	22 团、27 团、36 团、223 团	30
三师	7	44 团、50 团、51 团、53 团、伽师总场、叶城二牧场、托云牧场	60

（续）

师市	数量（个）	优势团场	养殖规模（万只）
四师	13	61 团、62 团、64 团、66 团、67 团、71 团、72 团、73 团、74 团、76 团、77 团、78 团、79 团	90
六师	9	102 团、芳草湖农场、新湖农场、土墩子农场、红旗农场、奇台农场、军户农场、共青团农场、北塔山牧场	100
七师	3	123 团、130 团、137 团	20
九师	9	161 团、162 团、163 团、164 团、165 团、166 团、167 团、168 团、170 团	100
十师	4	181 团、183 团、187 团、188 团	30
十三师	6	黄田农场、红山农场、红星一场、红星四场、火箭农场、柳树泉农场	30
十四师	2	皮山农场、一牧场	15
小计	61		495

发展目标：到 2025 年，肉羊优势区出栏量达到 495 万只；单位胴体重由 19 千克增至 20 千克，产量 10 万吨。

3. 奶牛

重点布局于兵团一、三、六、七、八、十二师的 28 个重点团场（表 6.17）。

表 6.17　2025 年奶牛优势团场布局情况一览

师市	数量（个）	优势团场	养殖规模（万头）
一师	3	4 团、5 团、10 团	3
三师	2	44 团、51 团	1
六师	4	芳草湖农场、新湖农场、共青团农场、红旗农场	1
七师	7	123 团、126 团、127 团、128 团、129 团、130 团、131 团	2
八师	11	121 团、133 团、134 团、141 团、142 团、143 团、147 团、148 团、149 团、150 团、石总场	8
十二师	1	222 团	1.5
小计	28		16.5

发展目标：到 2025 年，奶牛优势区荷斯坦牛存栏达到 14 万头，奶产量达

到 75 万吨。

4. 生猪

重点布局于兵团一、二、三、四、五、六、七、八、十二师的 53 个团场（表 6.18）。

表 6.18　2025 年生猪优势团场布局情况一览

师市	数量（个）	优势团场	出栏规模（万头）
一师	8	1 团、3 团、7 团、8 团、9 团、12 团、14 团、16 团	80
二师	7	21 团、22 团、24 团、29 团、30 团、34 团、36 团	60
三师	6	42 团、45 团、46 团、51 团、53 团、伽师总场	100
四师	7	62 团、64 团、66 团、68 团、69 团、72 团、73 团	50
五师	6	81 团、83 团、84 团、86 团、89 团、90 团	50
六师	6	102 团、103 团、105 团、新湖农场、共青团农场、芳草湖农场	60
七师	6	123 团、124 团、125 团、127 团、128 团、129 团	50
八师	6	133 团、142 团、147 团、148 团、149 团、150 团	100
十二师	1	222 团	20
小计	53		570

发展目标：到 2025 年，生猪优势区出栏量 570 万头；单位胴体重不低于 70 千克，产量约 40 万吨。

5. 禽蛋

重点发展兵团一、二、三、四、五、六、七、八、九、十、十二、十三、十四师的 34 个城郊团场，每个团场产蛋量在 2 000 吨左右（表 6.19）。

表 6.19　2025 年禽蛋优势团场布局情况一览

师市	数量（个）	优势团场
一师	2	1 团、10 团
二师	3	28 团、29 团、30 团
三师	5	41 团、45 团、44 团、49 团、51 团
四师	5	62 团、66 团、68 团、70 团、73 团
五师	2	81 团、90 团
六师	3	共青团农场、105 团、军户农场
七师	2	131 团、130 团
八师	2	144 团、石河子总场

（续）

师市	数量（个）	优势团场
九师	2	团结农场、163 团
十师	2	181 团、187 团
十二师	2	104 团、西山农场
十三师	2	黄田农场、火箭农场
十四师	2	224 团、皮山农场
小计	34	

发展目标：到 2025 年，优势区禽蛋产量 7.5 万吨。

6. 水产

重点发展兵团四、十师的 6 个团场，每个团场水面养殖面积在 0.5 万亩以上（表 6.20）。

表 6.20　2025 年水产优势团场布局情况一览

师市	数量（个）	优势团场	水产面积（万亩）
四师	1	68 团	1
十师	5	181 团、182 团、183 团、187 团、188 团	10
小计	6		11

发展目标：到 2025 年，优势区水面养殖面积稳定在 11 万亩。

二、主攻方向

一是优化养殖品种结构。肉牛，重点解决品种改良、基础母牛存栏量低、专用肉牛品种缺乏等问题，提高单位胴体重；大力促进农区奶牛、肉牛融合发展，通过奶牛、乳肉兼用牛及肉牛适度杂交，加快建立农区自繁自育生产体系；肉羊，稳定支持自主品种培育，北疆以阿勒泰羊等地方品种、萨福克等专用肉羊、湖羊等多胎肉羊品种为主，加强品种改良和经济杂交；南疆以湖羊等多胎肉羊和多浪羊等地方品种为主，提高繁殖率和养殖效益，发展种养结合适度规模养殖；加强现代生猪良种繁育体系建设，稳步推进生猪产业规模和质量效益。

二是优化产业布局。建设规模化、标准化养殖基地，重点肉牛、肉羊、奶牛养殖区，强化优质饲草料保障，发展优质饲草料面积 150 万亩；创建一批生产高效、环境友好、管理先进、防疫规范、产品安全的标准化示范场。

三是培育壮大及引进加工龙头企业。构建"龙头企业＋基地＋合作社＋职工"的利益联结模式，创新企业带动、户繁场育、扶大带小、种养结合等模式，推动养殖产业向育种、养殖、屠宰、加工、销售一体化方向发展。

四是开展精细分割及产品创新研发。优化加工工艺和产品结构，完善冷链运输体系和质量安全体系。面向高端市场培育品牌，推进龙头企业品牌培育和加工产品外销、拓展等，大幅提高市场竞争力。

五是加快引进"特色水产品"养殖的进程。丰富水产品品种，提高收益水平；探索"水产养殖大棚"养殖模式、"高密度"养殖技术，提高水产品生产能力。

| 第七章 |

新疆兵团特色农业发展的
主要措施和政策建议

第一节　围绕主导产业，加快特色
优势农产品基地建设

　　特色基地建设是与资源特点相适应的区域经营格局形成的基础。基地也是龙头企业的第一车间，有了好的基地，才能招来好的龙头企业，形成基地与龙头企业良性互动的产业化发展格局。新疆兵团特色农业发展要立足区域农业资源优势和市场需求，在确立粮食安全的前提下，进一步合理调整和优化农业结构，以发展优势特色农产品为重点，加快优势特色农产品产业带布局与基地建设，着力推进特色农产品优质化、品牌化、标准化、规模化进程，积极培育新兴产业，使优势特色农产品生产基地面积持续稳定扩大，促使特色农业发展取得明显成效，不断提高经济效益和市场竞争力。

　　兵团当前主要的基地建设工作有：巩固全国最大的优质棉基地，积极推进优质棉基地建设工程，进一步建设现有各优质棉基地团场，稳规模、上档次，建成优质棉生产基地。建成林果园艺基地和具有区域特色的绿色食品基地，使林果园艺业成为农村经济发展的增长点。大力推进绿色食品原料标准化生产基地创建工作，加速优质果品规模化、专业化生产，抓好各特色果品基地团场建设，围绕环塔里木盆地特色林果产业带发展，按照基地建设要求，大力创建核桃、红枣、苹果、香梨、杏等生产基地，通过基地建设和企业带动，逐步培育特色林果产业带和产业加工集群，提升林果产业发展水平。进一步加强红色产品基地建设，确保红色产业原料供应，重点加强额敏县红花基地，玛纳斯县、呼图壁县、乌苏市、沙湾市番茄生产基地，精河县枸杞基地，石河子市胡萝卜生产基地的建设力度，提高基地综合生产能力。此外，还要加快培育和发展一批现代化养殖大户，建成重要的畜产品基地。依托口岸和国际市场，建起多村一品、区域连片、规模经营的果菜出口基地。

在加强优质特色农产品基地建设方面，各级政府应多方筹集资金，采取特殊的政策和措施，在技术、物资投入、金融信贷、政策保障等方面对优质特色农产品基地建设给予优惠。调整投资结构，建立财政支持特色农业发展的资金稳定增长机制，逐年增加各级财政的预算内投入，支持优质、高效特色农产品基地建设。深化农村金融体制改革，根据特色农产品基地建设周期长的特点，鼓励银行扩大对农户小额信用贷款，增加贷款额度，延长贷款期限。同时，自治区应加快建立特色农业产业化发展风险基金，增加特色农产品基地建设的政策性补贴，采取自治区财政补一点、地方财政筹一点、农民自己出一点的办法，鼓励农民参加保险。采取财政补贴的办法，支持特色农业主产区建设高标准优质苗木基地、畜种培育基地、优良品种采穗圃和种质资源汇集圃，加快优良品种培育和引进。积极实施特色农业区域布局优化工程，品种结构调优工程，产品提高品质、农民增收、农业增效工程。推进优质资源向优势区域集中。

第二节　进一步加大科技创新力度，增强特色农业产业化动力

新疆兵团农业发展属典型的绿洲农业，农业与工业、与生态争地争水的现象和矛盾突出。因此依靠科技进步，加快农业科技创新，提高特色农产品质量和效益及特色农业开发水平，对新疆兵团农业可持续发展非常重要与迫切。

第一，继续多渠道引进和推广优质、高效的优良种子、种畜、种苗，选育、引进和推广符合市场需求的优质、高效、抗病（虫）和具有新疆兵团特色的优良新品种，提高良种在增产、增收中的科技贡献率。

第二，加强和完善特色农业技术推广体系，积极推广农业先进实用技术，重点推广优质、特色农产品配套栽培技术和养殖技术，特色农产品精深加工及综合利用技术，特色农产品贮藏、保鲜、包装技术，以节水灌溉为重点的降耗、增效技术，以生物措施为重点的高效、安全、生物农药及生物防治技术和生态环境建设技术。加强农业高新技术的推广应用，重点是生物技术、信息技术、工程技术，加强特色农产品加工、包装、贮藏，提高科技含量，增强市场竞争力。

第三，建立以政府为主导、生产经营者为主体、社会力量广泛参与的多元化农业科技创新体系，提升发展特色农业的科技支撑能力。促进特色农业科技体制创新，鼓励农业科技人员承包、自办、领办特色农产品开发实体。鼓励龙头企业积极创办新产品、新技术研究所，新疆兵团科技"三项"费用要

给予大力支持，对取得重大成果的要给予奖励。建立高新特色农业科技引进、开发示范园（区），使之成为试验示范基地、优良种苗繁育基地、实用技术培训基地。

第四，加强农村科技培训，大力发展农村职业技术教育，形成高等农业职业教育、中等农业职业教育及农村实用技术培训的多层次农业职业教育体系。建立健全农业科技网络，稳定农业科技推广队伍，深化农技人员"捆绑式"蹲点服务，充分发挥农民技术员的作用。对农业产业化干部、龙头企业厂长（经理）、农村专业大户，以产业化知识、现代企业管理和推广实用技术为主要培训内容。对普通农民加强农民技术培训，充分利用农业广播电视教育实施"科技进村入户工程"，开展高素质农民培训、送科技下乡等活动，全面普及特色农业的种植、养殖、加工等实用技术，重点提高农民的劳动技能和科技素质，提高农民的自我发展能力。

第三节　发挥具有兵团特色的具体发展措施

新疆兵团地处新疆维吾尔自治区，经济社会的发展客观上要与自治区的发展相融合。但是，兵团又是一个特殊的组织，其使命和任务的特殊性决定了发展必须有自身的特色，因此，兵团特色农业的发展也要从兵团实际出发，制定出既与新疆维吾尔自治区的特色农业发展相联系，又具有兵团自身特点的特色农业发展措施。

一、夯实农业生产基础，提高农业综合生产能力

1. 严守耕地红线不动摇

耕地是粮食生产的重要前提与保障，要立足我国人多地少的基本国情，实行最严格的耕地保护制度，强化耕地管理，构建数量、质量、生态"三位一体"的耕地保护体系和激励机制，将耕地保护面积细化到每一个地块，将监督管理责任落实到每一个人，确保耕地数量不减少，质量有提升，2025 年全兵团耕地保有量不低于 1 637.85 万亩，永久基本农田保护面积不低于 1 362.15 万亩。

2. 加快建设高标准农田

大力推进中低产田改造升级和规模化土地整治行动，加快建成集中连片、设施配套、稳产高产、生态友好、旱涝保收、抗灾能力强、与现代农业生产和经营方式相适应的高标准农田。2025 年全兵团建成高标准基本农田 1 200 万亩，粮、棉、油高产高效创建示范片 100 个。

3. 提升农田基础设施水平

加强农田水利基础设施建设，提高灌溉、抗旱能力，重点推进农田水利设施建设与节水改造，改善农业用水条件，大力发展高效节水灌溉，提高水资源利用效率。到 2025 年，兵团农业用水比例降到 90％以下，农田灌溉水有效利用率提高到 0.58 以上，农业高效节水灌溉面积累计达到 2 000 万亩以上。

4. 实施耕地质量保护提升行动

以新建成的高标准农田、退化耕地为重点，开展退化耕地综合治理、土壤肥力保护提升、沙漠化水土流失综合治理，采取保护性耕作、秸秆还田、增施有机肥、种植绿肥等土壤改良方式，增加土壤有机质，提升土壤肥力。提高土壤生态水平，培肥地力，实现耕地资源永续利用。

5. 大力实施化肥使用量零增长行动

改进传统粗放的施肥方式，大力推广测土配方施肥、"水肥一体化"等精准施肥技术，大力实施有机肥替代化肥行动，加快推进畜禽养殖废弃物及农作物秸秆资源化利用。2025 年，全兵团农作物秸秆综合利用率达 86％以上，规模化养殖场粪便资源化利用率达 76％以上，地膜回收率达 80％以上，主要农作物测土配方施肥技术覆盖率达 90％，化肥使用量累计递减 5％，主要农作物肥料利用率达 46％以上。

6. 全面推进农药使用量零增长行动

改进传统粗放的农药使用方式，大力推广使用绿色防控、精准施药等新技术，推进统防统治和使用高效低残的新药、新器械，最大限度地减少农药使用量。2025 年，全兵团绿色防控覆盖率达到 55％以上，专业化统防统治覆盖率达到 65％以上，农药使用量累计递减 5％以上，农药利用率达到 42％以上。

二、强化科技支撑能力建设，提升农业科技创新水平

1. 增强农业自主创新能力

深化农业科技体制改革，优化农业科技创新与农业生产有效结合的体制机制，建立兵团现代农业科技创新服务中心（或公司），统筹兵团农业科研、技术推广资源，围绕主导产业和特色产业转型升级的需求，加强新品种、新技术、新模式的研发，开展关键技术联合攻关和多技术集成再创新，合力破解制约兵团农业创新发展的突出难题，推广最新的农业科研成果，提高土地产出率、资源利用率、劳动生产率，带动兵团农业科技整体跃升。

2. 加快农业科技成果转化

紧紧围绕农业现代化发展需要，营造良好的氛围、提供必要的基础条件，鼓励支持农业产业化龙头企业、科研单位、高等院校等发挥其在创新决策、研发投入、科研组织、成果转化等方面的主体作用，促进产、学、研一体化发

展，加快把农业科技创新成果转化为现实生产力。制定优惠的政策措施，完善成果转化激励机制，落实科技成果转化收益、科技人员兼职取酬等政策，吸引国内外优秀的科研人员到兵团创业，把新成果应用在团场、连队产业发展上。

3. 提升农业科技园区建设水平

突出农业科技园区"农、高、科"定位，着力促进园区向高端化、集聚化、融合化、绿色化方向发展，强化园区科技创新、研发应用、试验示范、科技服务与培训等功能。支持产、学、研合作在园区建立研发机构、测试检测中心、专家工作站等科研和服务平台，开展兵团特色优势产业关键共性技术研发和推广。把园区建成为农业科技新成果展示转化中心、科技人员创业平台、高素质农民的培训基地、农业创新驱动发展先行区、农业供给侧结构性改革试验区、农业高新技术产业集聚区、特色农业自主创新示范区。重点支持北疆农垦科学院、石河子大学和南疆塔里木大学建设农业科技创新中心，辐射带动兵团农业科技进步，提高科技创新水平，引领支撑兵团农业转型升级。

4. 实施现代种业提升行动

大力实施种子种苗提升工程，完善种子资源圃和种苗繁育基地建设，加强新疆兵团特色农作物、水果、蔬菜、畜禽、中药材等种子资源保护和开发利用，深度挖掘野生种、农家种等资源，着力解决地方品种退化难题。加快特色种业发展，强化特色作物种业创新，聚集优秀科研人员协同攻关，培育一批具有自主知识产权、本地特色、技术领先的新品种，重点做好棉花、粮食、畜禽、地方特色作物品种的选育和传统优势品种的改良推广，加强特色优质林果新品种的引进和示范推广，推动种业由产量数量型向绿色效益型、由资源驱动型向创新驱动型转变，加快新一轮绿色品种更新换代。

5. 健全农业技术推广体系

加强师、团、连队三级农业技术推广体系建设，健全适应现代农业发展要求的农业科技推广体系，改善农业推广条件，提高推广人员待遇，加强人才队伍建设，提高基层农技人员素质。创新农技推广服务方式，拓宽现代农业综合服务领域，激发农技人员推广活力。支持各类社会力量广泛参与农业科技推广，建立农科教产、学、研一体化农业技术推广联盟，鼓励农技推广人员与家庭农场、专业合作社、龙头企业开展技术合作。推行科技特派员制度，将新品种、新技术、新装备、新理念送到农工手中，围绕兵团主导产业发展需要，重点推广一批优质、高产、高抗、节水、节药、节肥的新品种及先进的栽培技术，使农业科技创新成果推广真正成为推动现代农业发展的新动能，促进农民增收的助推器。

6. 实施"人才振兴工程"

制定优惠政策，引进一批高科技人才和高水平创新团队，加强与科研院所、高新技术企业合作和高端人才引进工作，打造现代农业创新高地。鼓励有为青年回农村创业，大力培养本土人才，重点围绕高素质农民培育、农民工职业技能提升，整合各渠道培训资金资源，建立政府主导、部门协作、统筹安排、产业带动的培训机制，实施现代青年农场主、新型农业经营主体带头人轮训计划，培养一批适应现代农业发展需要的农业科技能手，造就一支新型的职业农工队伍。

三、建立现代农业经营体系，提高农业的综合效益

坚持家庭经营在农业中的基础性地位，构建家庭经营、集体经营、合作经营、企业经营等共同发展的新型农业经营体系，发展多种形式适度规模经营，提高农业的集约化、专业化、组织化、社会化水平，有效带动小农户发展。

1. 壮大新型农业经营主体

实施新型农业经营主体培育工程，鼓励通过多种形式开展适度规模经营。引导和支持团场职工大力发展各类新型农业经营主体，培育发展家庭农场，提升农工专业合作社规范化水平，鼓励发展农工专业合作社、联合社，为农工提供生产资料供应、信贷服务、生产技术、贮藏运输、市场等社会化服务。鼓励工商资本到农村投资适合产业化、规模化经营的农业项目，与当地农户形成互惠共赢的产业共同体。加快建立新型农业经营主体支持政策体系和信用评价体系，落实财政、税收、土地、信贷、保险等支持政策，扩大新型农业经营主体承担涉农项目规模。

2. 大力发展农业社会化服务组织

培育多元化农业服务组织，创新农业社会化服务方式，按照服务专业化、管理标准化、运作市场化的要求，加快发展"一站式"农业生产性服务业，构建全程覆盖、区域集成、配套完善的新型农业社会化服务体系。支持农业产业化龙头企业、农业经营公司、专业合作社、行业协会等社会组织为农户提供农资销售、农机作业、耕地托管、牲畜托养、产品营销、技术培训等系列化服务，集中连片地推进机械化、规模化、集约化的绿色高效现代农业生产方式，着力提高农业综合效益和竞争力，促进农业绿色发展和资源可持续利用。

3. 促进小农户生产和现代农业发展有机衔接

改善小农户生产设施条件，提高个体农户抵御自然风险能力。发展多样化的联合与合作，提升小农户组织化程度。鼓励新型农业经营主体与小农户建立契约型、股权型利益联结机制，带动小农户专业化生产，提高小农户自我发展能力。健全农业社会化服务体系，大力培育新型农业服务主体，加快发展"一站式"农业生产性服务业。加强工商企业租赁农户承包地的用途监管和风险防范，健全资格审查、项目审核、风险保障金制度，维护小农户权益。

4. 健全农产品质量安全保障体系，确保产品质量安全

牢固树立新发展理念，坚持质量兴农、绿色兴农战略，以农业供给侧结构性改革为主线，深入推进农业绿色化、优质化、特色化、品牌化发展，增加绿色优质农产品供给，满足市场对绿色优质农产品的需求。

（1）创新发展理念。坚持"创新、协调、绿色、开放、共享"的新发展理念，大力转变农业经营方式、生产方式、资源利用方式和管理方式，推动农业发展由数量增长为主转到数量质量效益并重上来、由主要依靠物质要素投入转到依靠科技创新和提高劳动者素质上来、由依靠拼资源和拼消耗转到可持续发展上来。坚持以消费需求为导向，在保障数量供给的同时，要更注重质量安全，满足消费者对品种和质量的需求，真正形成结构合理、保障有力的农产品有效供给。推进产业转型升级，满足消费者对优质、高效、特色农产品的消费需求。

（2）加强农产品质量安全科技创新。科学技术是提高农产品质量的关键因素，要适应农产品供求关系形势变化的需要，优化农业科技资源配置，调整科技创新工作重点，强化优质、高效农作物和畜禽、水产新品种培育，加快节本、增效、环保栽培和饲养技术研究，开展农产品产后保鲜、储运、深加工新技术研究，开展地力提升、农业面源污染治理联合攻关，为提高绿色优质农产品生产能力提供技术支撑。

（3）调整优化农产品结构。以满足市场需求为导向，树立大农业、大食物观念，推进结构调整，优化生产力布局，发挥区域比较优势，调减无效和低端供给，扩大有效和中高端供给，构建布局合理、结构合理、品质和循环利用水平更高的农业供给结构，增加市场紧缺的优质农产品生产，不断提升产品质量和产业水平，为消费者提供质量安全、品种多样的产品，使农业供需关系在更高水平上实现新的平衡。

（4）实施绿色高质高效创建。强化绿色引领，调整绿色生产方式，实施绿色高质高效创建，大力推广优质安全、生态环保型农业投入品，全面推行绿色、生态新品种和生产技术应用，深入开展化肥农药使用量零增长行动，兽用抗菌药使用减量化行动、水产业健康养殖行动，打造一批绿色、有机产品生产基地，适时开展良好农业规范（GAP）生产基地创建与认证工作。大力推进农产品安全团场工作，争创国家级农产品安全县（区）。

（5）加快实施农业标准化生产。加强农产品产地环境、生产过程、产品质量、收储运加销全程的质量标准体系建设，制定颁布一批有新疆兵团特色的农产品标准，做到农产品生产环境无污染、投入品有标准、生产有规范、产品有标志、市场有监测、质量有追溯。以绿色食品、有机农产品和地理标志农产品生产基地为引领，示范带动创建一批标准化生产基地，全面提升兵团农业生产标准化覆盖率。

（6）建立农产品质量安全追溯体系。强化"从农田到餐桌"全过程追溯管理，充分发挥绿色、有机农产品和农产品地理标志生产企业（组织）在生产过程质量控制方面的示范引领作用，带动生产经营者规范农业生产过程。按照"生产有记录、流向可追踪、信息可查询、质量可追溯"的工作目标，大力推动龙头企业、新型农业经营主体实施质量追溯管理。

四、开展农业品牌提升行动，提高农产品的竞争力

坚持以市场需求为导向，以特色主导产业为基础，以绿色食品、有机食品、地理标志农产品为核心，做大做强老品牌，培育塑造一批新品牌，着力构建具有兵团特色、全国领先的农业品牌新格局。

1. 筑牢品牌发展基础

质量安全是品牌生存发展的前提和基础，要严把农产品质量安全关，坚持质量第一、消费者至上，把生产安全、优质、营养、健康农产品作为品牌发展的首要任务。大力推进标准体系建设，建立健全农产品生产标准、加工标准、流通标准和质量安全标准，形成完整的标准体系。加强农产品质量安全检测机构为主体的认证管理机构建设，着力构建以品质特征、生产区域、品牌名称等为核心的认证体系。加快构建农产品质量安全追溯体系，强化农产品质量安全全程监管。加快推进农产品生产的规模化、产业化、标准化、集约化，建设一批规范标准、生态循环的农产品种养加基地，筑牢品牌发展基础。

2. 构建农业品牌发展体系

根据兵团的资源禀赋、产业基础、文化传承、消费者需求等因素，实施培育差异化竞争优势的品牌战略，加快构建以区域公共品牌、企业品牌、大宗农产品品牌、特色农产品品牌为核心的农业品牌格局，做大做强"兵团大地""兵团老农"等品牌，发挥引领示范作用，带动兵团农产品品牌发展。加快培育以新型农业经营主体为主要载体的名特优新品牌，创建一批地域特色鲜明的优质农产品品牌。支持农业产业化龙头企业发挥组织化、产业化优势，与原料基地建设相结合，加强自主创新、质量管理、市场营销，打造一批具有较强市场竞争力的企业品牌。

3. 创新品牌营销方式

以消费需求为导向，以优质优价为目标，推动传统营销和现代营销相融合，组建兵团品牌运营公司，统筹运作兵团公共品牌，实行兵团品牌农产品统一标准、统一包装、统一推介，建立市场准入、退出机制。以师为单位，整合品牌营销，实施"百库、千店、万园"品牌提升工程，大力支持龙头企业在大中城市"建库、开店、联园"。充分利用农业展会、产销对接会、产品发布会

等营销平台，开展兵团品牌农产品宣传推介和"全国知名品牌示范区"创建活动，引入现代要素提升传统名优品牌，借助大数据、云计算、移动互联等现代信息技术，大力发展农产品电子商务等新型流通业态，拓宽品牌流通渠道。支持有条件的企业"走出去"，让品牌走向全国，走向世界。

五、大力发展农业装备和信息化，提高农业生产效率

农业装备和信息化是建设现代农业的物质基础和科技保障，是提高资源利用率、劳动生产率、改善生态环境的重要措施，对于促进农业生产方式转变、高效使用自然资源和生产要素，实现农业可持续发展具有不可替代的重要作用。

1. 大力发展设施农业

把促进设施农业发展作为推进农业现代化的重要任务，大力发展集约化、设施化种养，种植业重点发展蔬菜、瓜果、花卉苗木、中药材等种植业的标准钢架大棚，山地、缓坡地、旱地的蔬菜、瓜果等经济型微灌溉及配套设施。养殖业重点发展规模化畜禽养殖场自动供料、供水、控温、控光、控湿、消毒及自备发电设施。水产养殖重点发展工厂化水产种苗养殖、底播增氧技术和自动投饵机等渔业机械、高标准生态型水产养殖塘改造等。建立一批高档次、高质量、高效益具有兵团特色的设施农业基地。

2. 大力推进农机装备转型升级

围绕推进农业机械化"全程、全面、高质、高效"发展，开展主要农作物生产全程机械化推进行动，推动粮油棉花、玉米、甜菜、番茄等主要农作物生产全程机械化，打造一批全程机械化示范基地。大力发展智能化、高端农机装备，促进农机农艺融合，提高农机装备智能决策和精准作业能力。推进粮食机械化干燥、林牧渔生产、病虫害防治、节水灌溉和农产品初加工机械化，大力推广智能催芽、测土配方施肥、水肥一体化精准灌溉、航空施药和大型植保机械等智能化技术和装备。积极推进果菜田间管理、采收转运、产地处理等薄弱环节机械化技术攻关和试验示范。开展畜禽养殖工程工艺、饲喂技术、废弃物资源化利用技术示范推广，促进畜禽养殖机械系统优化升级。

3. 加快推进信息化与农业深度融合

以建设智慧农业为目标，大力推进现代信息技术与种植业（种业）、畜牧业、渔业、农产品加工业生产过程的深度融合应用，在高标准农田、现代农业示范区等大宗粮食和特色经济作物规模化生产区域，加快发展精准农业，提升农业生产精准化、智能化水平。在设施农业领域，大力推广温室环境监测、智能控制技术和装备，加快推进水肥一体化智能灌溉系统的普及应用。在猪、牛、羊、鸡等主要畜禽规模化养殖场，大力推广养殖环境监控、畜禽体征监

测、精准饲喂、废弃物自动处理、智能挤奶捡蛋装置、粪便和病死畜禽无害化处理设施等信息技术和装备的应用。在水产规模化养殖区，推广应用水体环境实时监控、饵料自动精准投喂、水产类病害监测预警、循环水装备控制等信息技术和装备。

4. 加快发展团场和连队电子商务

实施"互联网＋农业"示范工程，将"互联网＋"新经济形态引入团场和连队，积极搭建网络营销平台，不断强化政策扶持力度，按照"政府推动、企业主导、协会引领、社会参与、品牌带动、产业支撑"的发展思路，立足团场区域优势和资源禀赋，综合施策，精准发力，创新流通方式，培育新经济，大力发展电子商务等"新零售"业态，推进农产品电商物流配送和综合服务网络建设，建立符合电商行业及消费需求的农产品供给体系。支持新型农业经营主体积极对接电商平台，开设地方特色馆，开展兵团特色农产品推介和网络促销活动。全面推进连队级益农信息社建设，开展电商示范团场创建，培育一批特色电商团场、连队，着力推动农产品上线，加快培育一批农产品电商平台企业和电商示范户，加快与快递企业、农村物流网络的共享衔接，打造工业品、消费品下乡和农产品进城双向流通渠道。

第四节　科学制定和正确运用发展新疆兵团特色农业的各项政策

保障新疆兵团农业区域主导功能实现与协调发展，关键是要调整完善或重新设计相关制度和政策，特别是产业、财政、投入、环境政策、绩效评价和政绩考核，以及规划体制要符合构建农业区域主导功能的要求。要处理好农业发展与生态保护、近期收益与长远目标、社会公平与经济效益的关系，不仅要科学划分各农业区域的主导功能，还要制定完善的政策保障体系。

一、宏观综合性政策

1. 产业政策

实行按农业功能区进行分类管理的产业政策，促进优势产业为载体的功能发挥。农业功能发挥和拓展应依托于市场经济体制，依靠市场运作来实现。而市场运作又建立在产业发展的基础之上。农业功能分区要发挥其作用，要求修改现行的产业结构调整的指导政策，改变各地农业结构雷同格局，重新按农业主体功能及综合功能定位来设计合理的农业结构，促进主导产业及其主导产品尽快形成。

（1）农产品供给主导功能区。科学确立各农产品功能区的优势产品，按照其区域特征，有效结合区域生产技术及生产方式，重点把产业结构调整、产业创新和产业配套相结合，促进产业集群的形成，延长产业链。在结构升级中扩大规模，提高效益，增强吸收资金、技术和劳动力集聚的能力。逐步淘汰不符合市场需求的农业产品，要在维持生态环境良性循环的条件下，大力发展循环经济，提高区域的社会经济环境等综合效益。对环境容量超载地区的发展，要通过有效的财政补贴等措施，逐步减轻环境压力，建立和谐的生产秩序。

（2）农业生态调节主导功能区。一方面，要有效利用区域内生态条件，适度发展具有区域特色的农产品，在开发数量和强度上以不超过生态环境容量为限。另一方面，要以区域内生态环境的保护与建设为主体，抓好对宏观环境有重要影响的生态环境因素的保护与建设，如保护和合理利用区域内有限水资源。建立和完善科学的灌溉体系，合理分配水资源，建立节水型的农业体系。必须积极推广应用节水技术，建立高效用水、科学灌溉的节水体系。严格遵循以水定地、量水种植的原则，使土地开发利用的强度要与水资源实际可能承担的灌溉能力相适应，以确定合理的农业发展规模，走节水农业和可持续发展的路子。要充分利用生态系统的自然恢复能力，实行封育，辅之一定的工程措施，保障该区内生态系统向良性化方向转变。限制人为经济活动对生态调节功能区的影响，如垦殖、放牧、采樵、开矿、捕猎等活动，使能够自然恢复的生态系统具有可持续性。加强科学技术在生态环境治理中的推广应用。农业生态环境治理是一项复杂而艰巨的系统工程，必须重视科学技术的作用。要坚持推广应用现有科研成果，使其尽快在土地生态环境治理中发挥作用。加强生态环境治理技术的研究，通过科学技术的研究与推广应用，使生态环境建设取得突破性进展。

（3）就业与生活保障主导功能区。就业和生活保障主导功能区其基本特征是产业结构特征不明显，同时由于土地承载大量的农业人口，劳动力转移方面的任务艰巨：一是就业和生活保障功能区产业政策制定与实施的侧重点主要为激活生产要素，发挥各区域当地农业的比较优势，提高农地的就业功能和生活保障功能。二是大力提高适龄劳动力的劳动技能培训，为易地劳动力转移创造条件。三是依照区域资源的开发、区域优势，选择适宜的产业方向，提高各类产品的商品优势和质量优势，逐步增加农民收入，改善民生。四是为确保就业和生活保障功能区的土地承载量与农地保有量，限制或禁止某些经济开发活动，继续退耕还林和天然林保护，禁止对该区的农地向其他用途的转化。

（4）屯垦文化和休闲主导功能区。一是要把屯垦文化开发、农业休闲旅游与农业生产有效结合起来，开发适宜区域能够提供、旅客易于接受的各类旅游项目，在有限的时间空间内拓展服务能力。二是重视不同消费档次的系列产品开发，要开发能满足基本市场需要的标准档次的产品，也要开发文化、农业旅游精品，更要开发适应中低收入家庭出游的短线经济旅游产品。三是重视不同消费时段的系列产品开发。休闲观光农业其产品开发可包括周末和"黄金周"休闲观光农业旅游产品、暑假休闲观光农业旅游产品，带薪假期休闲观光农业农产品等系列。四是禁止不符合休闲和文化传承功能定位的开发活动，加强该区生态的修复和保护。以保证适合该区休闲旅游资源的存续，发挥气候调节、水源涵养、土壤保持、生物多样性维护等适合于该区休闲旅游服务等功能。

（5）现代农业生产示范主导功能区。聚力建设规模化种养基地为依托、产业化龙头企业带动、现代生产要素聚集，"生产＋加工＋科技"的现代农业产业集群，围绕建设一批产业特色鲜明、要素高度聚集、设施装备先进、生产方式绿色、一二三产业融合、辐射带动有力的现代农业示范区，创新农民增收利益联结机制，培育农业农村经济发展新动能，形成兵团发展新动力、职工增收新机制、农业产业融合发展新格局，带动整个兵团农业现代化发展，推动兵团乡村产业振兴。

2. 财政政策

财政政策的制定与落实要坚持基本公共服务均等化的原则。进一步完善公共财政体系和财政转移支付制度。应当以功能区划分不同类型所承担的社会负责与义务来确定财政保障与转移的类型与额度，区别公共性与私利性。合理界定财政支出范围，减少市场可配置资源领域的支出，减少社会投资可进入领域的支出，增加用于公共服务和社会管理的支出。

（1）农产品供给主导功能区。新疆兵团和自治区财政政策制定与实施的侧重点：一是适合于各农产品供给功能区的农产品质量标准体系和质量监督检测检验体系建设的投入。支持实施绿色、有机产品发展，加快制定农产品品种、生产、加工、质量安全、包装、贮运等方面的标准；建设农产品及其加工品标准化生产综合示范区；建立和完善适合于新疆兵团各农业主导功能区的农产品质量认证体系；完善适合于新疆兵团各农业主导功能区的农产品质量安全执法体系。二是农产品市场信息体系建设的投入。支持建立以新疆兵团各农业主导功能区为主体，覆盖各师、团并延伸到绝大多数连队及农业产业化龙头企业、农产品批发市场、中介组织和经营大户的农业综合信息网络；建立健全新疆兵团各农业主导功能区农产品供求、价格、农业生产资料、农业生产和农业适用技术等信息采集系统，逐步建立新疆兵团级、师级、团级重点龙头企业信息处理系统；加强新疆兵团各农业主导功能区信息中心、媒体、广播电视学校等信息发布窗口建设。三是农产品批发市场建设。重点支持蔬菜、水果（干果）、奶制品、肉类、禽蛋等各农业主导功能区农产品集中产区，改建和扩建一批适合于新疆兵团各农业主导功能区区域性的大型农产品产地批发市场及扩大批发市场的信息网络和电子结算等现代交易方式的试点。四是农技推广体系和农业科技基础设施建设的投入。支持建设新疆兵团各级农技推广综合中心。重点扶持建设农技推广区域站和连队农技推广综合站，推进农业科技示范场建设。

(2) 生态调节主导功能区。新疆兵团和自治区财政政策制定与实施的侧重点：一是注重对各生态调节功能区水利建设的投入。支持生态调节功能区水资源优化配置，提高水资源的有效利用水平，从而加强生态系统建设；重点支持一批大中型水利枢纽工程建设和事关生态调节功能区经济社会发展、生态系统建设的一些面上工程，包括人畜饮水工程、雨水集蓄利用工程、灌区节水改造工程等。二是注重对水土保持生态系统建设的投入。通过退耕、禁牧、飞播等措施，支持植被的恢复建设；通过对农田基本建设、饲料基地建设及水利水保工程建设的投入，建立良好的水土生态保持系统。三是对野生动植物保护及自然保护区建设的投入。实施范围包括各农业主导功能区具有典型性、代表性的自然生态系统，珍稀濒危野生动植物的天然分布区、生态脆弱地区和湿地地区等。四是为生态调节主导功能区生态重建参与职工提供投入支持。生态调节主导功能区生态重建为职工提供了调整和改变生产结构的机会，使其由传统的以粮食种植为主转向经济作物种植、畜牧业等多种生产方式。可以考虑在现有投入政策支持下，利用现有的商业性保险公司来为退耕农户提供农业保险。五是鼓励企业或其他组织开展生态环境保护技术研究与开发。对高新生态环境保护技术的研究开发、转让、引进和使用予以税收鼓励，具体可以采取技术转让收入的税收减免、技术转让费的税前扣除，对引进生态环境保护技术进行税收优惠。此外，积极试点定向研制、开发控制污染及生态破坏新技术的企业或组织进行预算拨款；对生态环境保护单位的用房、生态环境保护部门的公共设施、环保车船给予一定的免税照顾，从而支持企业或其他组织开展生态环境保护技术研究与开发。

(3) 就业和生活保障主导功能区。新疆兵团和自治区财政政策制定与实施的侧重点：运用财政直接投资政策，强化就业和生活保障功能区基础性产业的发展。针对就业和生活保障功能区落后的交通状况、恶化的生态环境、薄弱的农业基础、闭塞的信息通信网现状，根据市场经济下政府职能的新要求，财政投资将侧重于具有公共产品性质的非竞争性领域，投资政策的制定集中于就业和生活保障功能区交通、水利、通信、农业等方面重大基础建设项目投资不足的问题；一是在投资的领域和重点上，侧重于资源优势转化经济优势的项目、生态保护及环境综合治理项目、产业结构调整和高科技项目的发展。二是用财政补贴的间接形式推进就业和生活保障功能区基础产业和重点企业的发展，为引导就业和生活保障功能区企业和外商投资企业到就业和生活保障功能区投资，特别是投资于电力、交通、水利、农业资源型及高新技术产业，应积极运用对产业发展具有直接导向的投资补贴政策，即对就业和生活保障功能区的基础类或高新技术类项目投资总额或固定投资总额的一定比例予以补贴，以降低企业在这一地区的投资成本，吸引更多的投资流入。而对于投资环境越差、外部经济性越大的项目给予的补贴比例相应越大，具体的实施可以根据投资环境的评价指标划分等级。三是教育和科技优先发展。确保财政科技投入的增幅明显高于财政经常性收入的增幅，形成多元化、多渠道、高效率的科技投入体系。把科技投入作为预算保障的重点，考虑加大对区域生产发展共性关键性技术科技攻关、科技基础条件平台和科学普及的支持力度，考虑提升企业自主研发科技投入的所得税扣除比例，积极推动科技进步和创新，形成合理的产业布局和就业分工。

（4）屯垦文化和休闲主导功能区。新疆兵团和自治区财政政策制定与实施的侧重点主要为：①提供适当的财政政策支持。由财政出资和一部分休闲娱乐税收收入组成屯垦文化和休闲主导功能区发展基金的启动资金，对于休闲和文化传承功能区的设计、开发、研究、使用、推广，单位给予一定的贷款贴息或配套资金支持，对于申请农村文化遗产的予以支持或资助。②设立基础设施建设基金。目前屯垦文化和休闲功能区旅游项目单一，旅游品种和旅游线路较少，旅游精品不突出，旅游业对地区经济的带动作用较少，在促进屯垦文化和休闲功能区发展的过程中，应通过一定的财政拨款修整、重建比较有民族特色能够吸引人的旅游胜地，为休闲和文化传承功能区的发展带来更大的空间。③设立培训基金。加强旅游从业人员培训工作，努力提高旅游从业人员素质，有力提升旅游服务质量；鼓励和支持旅游行政管理干部参加各类专题培训班，切实提升旅游管理干部的理论水平。

3. 人口政策

实行有序合理的人口流动和定居政策，优化区域综合功能发挥和调节人口承载力。区域的人口数量及质量水平与农业功能定位和功能发挥有密切的关系。为了使不同农业功能区的功能得到尽快发挥，对农产品供给功能为主的地区要稳定农业高素质队伍，通过劳务输出等方式扩大农业经营规模，促进专业化发展。对就业和生活生存功能为主的地区要加强教育培训，引进高端人才，创造新产业，吸纳更多人就业。在生态调节和恢复功能为主的地区应通过生态移民等方式，部分迁出人口或就地转化为非农业从业人员。在屯垦文化和休闲功能为主的地区可容纳较多的乡村人口，并还可部分吸纳其他城乡人员就业。根据农业功能分区的特点推进城乡户籍制度的改革，以及对与户籍挂钩的教育、医疗、社会保障、住房等领域的改革，引导农村人口有序流动和到城镇定居。通过发展职业教育和多层次技能培训，提高劳动者跨区域的转移和就业定居的能力，提高人口素质和减少人口对土地的依赖性。

4. 土地利用政策

实行差别化的土地利用政策，促进不同功能区实现集约用地和节约用地。土地是农业功能发挥和拓展的基本物质基础，也是我国经济社会发展中最珍贵的自然资源，尤其是耕地资源的稀缺性和不可替代性，使之在农业功能发挥中居重要位置。为了确保 2020 年兵团耕地保有量不低于 1 637.81 万亩的目标，有必要按不同功能区定位执行差别化土地政策，建立统筹城乡的土地利用制度。对农产品供给功能为主的地区，优化用地结构，确保基本农田总量不减少、用途不改变、质量有提高。对于就业和生活保障功能为主的地区，在适度增加城镇居住用地的同时，调整土地空间结构。对生态调节和恢复功能为主的地区，实行严格的土地用途管制，严禁林地、草地、湿地等生态用地改变用途，在确保耕地数量不减少的前提下，巩固退耕还林成果，使生态调节和恢复功能进一步发挥。对屯垦文化和休闲功能为主的地区，充分利用园地及农户宅基地和其他用地，合理布局和配置，在不改变土地基本用途的前提下合理置换，提高土地综合效益。

5. 环境保护政策

严格实行以环境容量和功能定位为主导的区域环境政策，保障食品安全和环境质量。农业多种功能的发挥和拓展都有赖于环境的基本条件改善。对于农产品供给功能为主的地区，要加强城乡区域的环境监测和保护，执行较高的污染物减排目标，全面扩大绿色食品、有机食品的推广面积和标准化生产规模。对就业和生活保障功能为主的地区，要改善农业耕作制度，增加有机投入物比例，加强乡村聚落生态环境和资源污染的治理。对生态保护重点区域，要严格限制污染性企业进入，确保环境质量提高。对于屯垦和休闲功能为主的地区，应考虑重点抓好休闲产业废弃物对环境的破坏问题，采取统筹管理等方式进行社会化处理。对消费型企业实行严格的准入制度和许可证发放制度，协调经营活动与生态环境保护的关系。

6. 建立科学考核制度

实行与农业功能配套的政府绩效考核制度，引导不同功能区的行政管理科学化。农业功能区的功能发挥和拓展很大程度上要依托兵团的行政管理来实现，而兵团管理的绩效考核导向因素十分明显。符合推进形成农业功能区要求的分类评价、分类考核的体系建立和完善，是在农业功能分区中落实科学发展观的关键。对于以农产品供给功能为主的地区团场，应重点评价其在重点农产品供给水平的工作绩效，以及在相关产品加工产业的发展等方面的成效，弱化对当地二、三产业发展、招商引资发展速度、规模评价内容；对就业和生活保障功能为主的团场，应重点评价农业的基本保障能力发挥及减轻土地人口承载负荷和劳务输出等业绩，不再考核投资、工业、财政收入、城镇化率及地区生产总值等指标。对生态保护和恢复功能为主的团场，不应对农业产值、财政收入等进行硬性要求，而应重点考核森林植被恢复、自然文化、遗产保护及公共服务等内容。对于屯垦文化和休闲为主的团场，管理者绩效评价应放在农业资源综合利用、农业结构优化和休闲产业发展及就业岗位提供等方面。通过上述绩效考核的分类评价标准的执行，引导不同农业功能区的主导功能充分发挥，综合功能作用加强，农业区域专业化和科学布局形成，使兵团农业实现由传统农业向现代农业全面转变。

二、具体政策措施

1. 健全资金投入优先保障机制

（1）确保财政投入持续增长。进一步完善财政支农资金稳定增长机制，按照事权划分原则，明确兵团各级"三农"投入主体责任，加大各级财政投入力度。鼓励各级财政支持农业团场连队发展及相关平台和载体建设，撬动更多社会资金投入。坚持把农业和团场连队发展作为财政优先保障领域，预算内投资继续向农业和团场连队倾斜。积极谋划、主动对接需要国家支持的政策、项目和资金。统筹整合涉农资金，集中财力支持实施乡村振兴战略。完善土地出让金使用范围，优先支持乡村振兴，提高投入比例。

（2）创新农业农村金融服务。鼓励商业银行创新"三农"金融服务，发展农村普惠金融。加快发展村镇银行、小额贷款公司等地方法人银行及地方金融组织，满足新型农业经营主体的金融需求。加快兵团农业信贷担保体系建设。综合运用奖励、补助、税收优惠等政策，鼓励金融机构与新型农业经营主体建立紧密合作关系。稳妥开展农工合作社内部资金互助试点。鼓励开展支持农村产业融合发展的融资租赁业务。积极推动涉农企业对接多层次资本市场。加强涉农信贷与保险合作，拓宽农业保险保单质押范围。探索大型农机具等抵（质）押贷款业务。

（3）完善农业农村保险制度。完善农业保险体系，扩大政策性农业保险覆盖面。扩大农业保险险种范围，创新农业农村保险产品，提高风险保障水平。探索发展收益保险、目标价格保险等新型农业保险品种，探索建立农业巨灾风险分担机制和风险准备金制度，探索农业补贴、涉农信贷、农产品期货和农业保险联动机制，推广普惠保险业务，提高财政保费补贴比例，建立政府引导、市场运作相结合的农业保险模式，支持成立农业互助保险组织，鼓励农业龙头企业资助订单农户参加农业保险。

（4）鼓励社会资本投入。建立涉农资金统筹整合长效机制，提高资金配置效率。转变投入方式，鼓励社会资本投资农业、团场连队。鼓励通过政府与社会资本合作（PPP）设立基金、购买服务、担保贴息、以奖代补、民办公助、风险补偿等方式，引导社会资本投入农业和团场连队基础设施建设。

2. 完善农业补贴政策体系

（1）优化完善惠农直接补贴制度。保持农业补贴政策的连续性和稳定性，落实中央农业支持补贴，完善粮油、生猪、蔬菜等生产扶持政策，提高农业补贴效能。优化补贴支持方向，完善补贴程序。支持家庭农场、农工合作社等新型经营主体高质量发展。稳定农机具购置补贴。实施贷款融资贴息试点。

（2）健全农业绿色补贴政策。实施保护性耕作补贴，支持退化耕地治理，完善退耕还林还草政策。支持开展地理标志农产品生产设施及品牌建设。开展高风险农药淘汰工作，支持农工使用高效、低毒农药替代高毒农药。支持推广减量化和清洁化生产模式，推进农药化肥减量增效，大力发展高效节水农业。构建农业废弃物资源化利用激励机制。

（3）完善利益补偿机制。逐步形成粮食生产功能区和重要农产品生产保护区差异化、精准化的支持政策体系。用好国家粮食产能大县等奖励资金，完善粮食、生猪、牛羊肉等重要农产品产区和销区利益关系。支持农业种质资源保护。健全耕地、渔业水域等重点农业生态系统的生态补偿政策体系。

3. 完善农产品市场调控政策

深化重要农产品收储制度改革，完善粮食等农产品最低收购价政策；深化棉花目标价格补贴改革，完善农产品价格形成机制；坚持市场调节和保护农工利益并重，完善农产品市场调控机制。

4. 优化人才发展的政策环境

以乡村人才引进机制创新，做大人才增量；以乡土人才培育机制创新，做优人才存量；以乡土人才评价机制创新，激发人才动力，建设"一懂两爱"的"三农"工作队伍，全面推动乡村人才振兴。完善创业扶持政策，引导返乡职工、大中专毕业生、科技人员、退役军人和工商企业等到团场连队创业兴业。支持科技人员以科技成果入股农业企业，支持农业企业人才培养，建设团场实用人才培训基地，加大贫困团场创业致富带头人培训力度。

5. 优化行政管理服务

（1）继续做好承接自治区行政职能授权工作。承接新疆维吾尔自治区授予的行政职能，强化社会管理和公共服务职能。按照优化协同高效的原则，优化农业农村机构和职能，合理配置团场农业农村行政资源。

（2）全面推进"放管服"改革。贯彻落实"放管服"改革部署，继续简政放权，优化营商环境。深入推进审批服务便民化、标准化、信息化建设。依托兵团农业农村政务服务云平台建设，让"信息多跑路"，让"群众少跑腿"。

（3）强化农业执法监督。深化农业综合行政执法改革，统筹推进机构改革、职能转变和作风建设。健全制度，规范执法行为。全面落实农业行政执法

"三项制度"、规范农业行政处罚自由裁量权办法、农业行政处罚程序规定。探索形成可量化的综合行政执法履职评估办法。畅通投诉受理、跟踪查询、结果反馈渠道，鼓励支持市场主体、群众和社会组织、新闻媒体对行政执法行为进行监督。

（4）加强涉农资金项目监管。严格执行《预算法》，完善涉农资金项目管理制度，全面推进资金项目绩效评价。强化规范管理，突出团场责任，合理界定新疆兵团范围内兵、师、团监管边际，创新连队议事决策机制。

附　录

附件 1　兵团农产品加工业发展综述

根据兵团农业局《关于开展农产品加工业发展和技术装备情况调研的通知》文件要求，按照兵团领导指示精神，为了准确和全面掌握各师农产品加工业发展和技术装备情况，兵团农业产业化办公室与新疆农垦科学院农产品加工研究所联合组成调研组，选取具有代表性的师进行实地调研，其他师上报调研材料，深入了解兵团农产品加工产业发展现状、分析存在的问题，提出进一步推进兵团农产品加工产业发展的思路和建议。

一、发展现状

1. 加工企业数量

兵团有农产品加工企业 1 115 家，加工企业在兵团和 13 个师中均有分布，且呈现分布不均匀、发展不均衡的态势，其中排名前 4 位的师分别为八师石河子市、一师阿拉尔市、四师可克达拉市、二师铁门关市，农产品加工企业数为 277 家、252 家、172 家、119 家，占全兵团企业数的比例为 24.84%、22.60%、15.43% 和 10.67%，四者合计占兵团农产品加工企业数量的 73.54%，其他 10 家单位合计仅占兵团农产品加工企业数量的 26.46%（表1）。加工企业数量的多少与各师的规模大小、资源禀赋、区位优势和发展定位相关。加工企业大多数成立于 2000 年以后，且企业种类较多，大多数为规模以下工业企业。

表 1　各师市加工企业数、企业数占全兵团的比例及排名情况统计

师市	企业数（家）	企业数占全兵团的比例（%）	排名
八师石河子市	277	24.84	1
一师阿拉尔市	252	22.60	2
四师可克达拉市	172	15.43	3
二师铁门关市	119	10.67	4
六师五家渠市	75	6.73	5

（续）

师市	企业数（家）	企业数占全兵团的比例（%）	排名
十师北屯市	47	4.22	6
五师双河市	39	3.50	7
十二师	36	3.23	8
七师	31	2.78	9
三师图木舒克市	22	1.97	10
九师	17	1.52	11
兵直企业	11	0.99	12
十三师	10	0.90	13
十四师昆玉市	7	0.63	14
合计	1 115	100	

2. 加工企业资产

（1）资产总额。随着兵团支持农产品加工业发展的政策力度不断加大，农产品加工企业数量和规模随之不断加大，民营资本也在不断进入，企业的总资产不断扩大。兵团农产品加工企业总资产为 15 459 620 万元，其中排名前 4 位的单位分别为八师石河子市、六师五家渠市、兵直企业和一师阿拉尔市，加工企业资产总额分别为 3 811 944 万元、2 830 115 万元、2 352 285 万元和 1 613 127万元，占全兵团资产金额的比例（占比）为 24.66%、18.31%、15.22% 和 10.43%，合计占兵团农产品加工企业资产总额的 68.62%，其他单位合计占兵团农产品加工企业数量的 31.38%（表 2）。

表 2　各师市加工企业资产总额、占比及排名情况

师市	资产总额（万元）	占比（%）	排名
八师石河子市	3 811 944	24.66	1
六师五家渠市	2 830 115	18.31	2
兵直企业	2 352 285	15.22	3
一师阿拉尔市	1 613 127	10.43	4
四师可克达拉市	1 315 268	8.51	5
三师图木舒克市	1 013 166	6.55	6
十二师	764 364	4.94	7
二师铁门关市	512 183	3.31	8
五师双河市	398 535	2.58	9
七师	322 733	2.09	10

（续）

师市	资产总额（万元）	占比（%）	排名
十师北屯市	207 168	1.34	11
九师	159 148	1.03	12
十三师	112 786	0.73	13
十四师昆玉市	46 798	0.30	14
合计	15 459 620	100	

（2）固定资产。兵团农产品加工企业固定资产为 6 552 732 万元，其中排位前 3 位的师分别为一师阿拉尔市、六师五家渠市和八师石河子市，企业固定资产分别为 1 591 035 万元、1 580 207 万元和 1 440 665 万元；占比分别为 24.28%、24.12%、21.99%，三者合计占兵团农产品加工企业固定资产的 70.39%，其他单位合计仅占兵团农产品加工企业固定资产的 29.61%（表3）。六师五家渠市虽然企业数量排名第五，但是有几家大型农产品加工企业，其企业固定资产投资在兵团排名第二。

表3　各师市加工企业固定资产、占比及排名情况

师市	固定资产（万元）	占比（%）	排名
一师阿拉尔市	1 591 035	24.28	1
六师五家渠市	1 580 207	24.12	2
八师石河子市	1 440 665	21.99	3
四师可克达拉市	501 943	7.66	4
三师图木舒克市	282 939	4.32	5
兵直企业	280 477	4.28	6
二师铁门关市	240 509	3.67	7
七师	174 602	2.66	8
十师北屯市	120 665	1.84	9
十二师	103 644	1.58	10
五师双河市	99 150	1.51	11
九师	89 803	1.37	12
十三师	32 740	0.50	13
十四师昆玉市	14 353	0.22	14
合计	6 552 732	100	

（3）固定资产占比分析。固定资产占总资产的比例超过 50％的单位有一师阿拉尔市、十师北屯市、九师、六师五家渠市、七师，分别为 99％、58％、56％、56％、54％，说明这 5 家单位企业投资主要用于建设厂房和购买设备等基础设施上；尤其是一师阿拉尔市固定资产占总资产的比例高达 99％。25％及低于 25％的单位有五师双河市、十二师、兵直企业，分别为 25％、14％、12％，说明这 3 家单位的加工企业在厂房和设备等基础设施上的投资不大，形成的资产大部分是流动资产（表 4）。在加工业的发展中，应该根据其固定资产占比的特点，制定相应支持政策，确保加工企业各取所需，快速发展。

表 4　各师市加工企业固定资产、占比及排名情况

师市	资产总额（万元）	固定资产（万元）	占比（％）	排名
一师阿拉尔市	1 613 127	1 591 035	99	1
十师北屯市	207 168	120 665	58	2
九师	159 148	89 803	56	3
六师五家渠市	2 830 115	1 580 207	56	4
七师	322 733	174 602	54	5
二师铁门关市	512 183	240 509	47	6
四师可克达拉市	1 315 268	501 943	38	7
八师石河子市	3 811 944	1 440 665	38	8
十四师昆玉市	46 798	14 353	31	9
十三师	112 786	32 740	29	10
三师图木舒克市	1 013 166	282 939	28	11
五师双河市	398 535	99 150	25	12
十二师	764 364	103 644	14	13
兵直企业	2 352 285	280 477	12	14

3. 加工企业原料

（1）加工量。兵团农产品加工企业原料加工量为 10 595 663 吨，其中排名前 3 位的单位分别为一师阿拉尔市、八师石河子市和四师可克达拉市，原料加工量分别为 2 705 872 吨、2 219 479 吨、2 219 270 吨；占比为 25.54％、20.95％、20.95％，合计占兵团农产品加工企业原料加工量的 67.44％，其他单位合计仅占兵团农产品加工企业原料加工量的 32.56％（表 5）。一师阿拉尔市加工的原料量最多，超过 2 700 000 吨，而十四师昆玉市的加工原料量不到 30 000 吨，这与不同单位间的加工企业数量的多少有关。还有 4 家单位没有提供加工原料量的数据。

表5　各师市加工企业加工原料量、占比及排名情况

师市	加工原料量（吨）	占比（%）	排名
一师阿拉尔市	2 705 872	25.54	1
八师石河子市	2 219 479	20.95	2
四师可克达拉市	2 219 270	20.95	3
二师铁门关市	1 200 665	11.33	4
九师	850 613	8.03	5
三师图木舒克市	448 935	4.24	6
兵直企业	436 849	4.12	7
十师北屯市	386 977	3.65	8
十三师	97 881	0.92	9
十四师昆玉市	29 122	0.27	10
五师双河市	0	0	11
六师五家渠市	0	0	12
七师	0	0	13
十二师	0	0	14
合计	10 595 663	100	

　　（2）兵团内采购量。兵团农产品加工企业原料兵团内采购量为8 307 066吨，其中排名前3位的单位分别为一师阿拉尔市、八师石河子市和四师可克达拉市，兵团内原料采购量分别为2 390 206吨、1 846 625吨和1 743 303吨；占比分别为28.77%、22.23%和20.99%，合计占兵团农产品加工企业原料兵团内采购量的71.99%，其他单位合计仅占兵团农产品加工企业原料兵团内采购量的28.01%（表6）。一师阿拉尔市加工的原料兵团内采购量最多，接近2 400 000吨，而十四师昆玉市和兵直企业的加工原料兵团内采购量均不到30 000吨。还有4家单位没有提供加工原料兵团内采购量的数据。

表6　各师市加工企业兵团内原料采购量、占比及排名情况

师市	兵团内采购原料量（吨）	占比（%）	排名
一师阿拉尔市	2 390 206	28.77	1
八师石河子市	1 846 625	22.23	2
四师可克达拉市	1 743 303	20.99	3
二师铁门关市	784 332	9.44	4

师市	兵团内采购原料量（吨）	占比（%）	排名
九师	770 885	9.28	5
三师图木舒克市	361 812	4.36	6
十师北屯市	274 589	3.31	7
十三师	94 195	1.13	8
十四师昆玉市	29 119	0.35	9
兵直企业	12 000	0.14	10
五师双河市	0	0	11
六师五家渠市	0	0	12
七师	0	0	13
十二师	0	0	14
合计	8 307 066	98	

（3）兵团内采购量与原料加工量占比分析。兵团内采购量占原料采购量的比例超过80%的单位有十四师昆玉市、十三师、九师、一师阿拉尔市、八师石河子市和三师图木舒克市，分别为100%、96%、91%、88%、83%和81%，说明这些单位的原料基地和原料来源主要是在兵团内部，对周边地方的原料生产加工不多，辐射带动作用有限；兵团内采购量占原料采购量的比例等于及低于65%的单位有二师铁门关市和兵直企业，分别为65%和3%，说明这两个单位有部分原料来自周边地方，辐射带动作用较强（表7）。还有4家单位没有提供加工原料量和加工原料兵团内采购量的数据。

表7　各师市加工企业兵团内采购量占比及排名情况

师市	加工原料量（吨）	兵团内采购量（吨）	占比（%）	排名
十四师昆玉市	29 122	29 119	100	1
十三师	97 881	94 195	96	2
九师	850 613	770 885	91	3
一师阿拉尔市	2 705 872	2 390 206	88	4
八师石河子市	2 219 479	1 846 625	83	5
三师图木舒克市	448 935	361 812	81	6
四师可克达拉市	2 219 270	1 743 303	79	7
十师北屯市	386 977	274 589	71	8
二师铁门关市	1 200 665	784 332	65	9

（续）

师市	加工原料量（吨）	兵团内采购量（吨）	占比（%）	排名
兵直企业	436 849	12 000	3	10
五师双河市	0	0	0	11
六师五家渠市	0	0	0	12
七师	0	0	0	13
十二师	0	0	0	14

4. 加工企业生产加工

（1）年设计加工能力。兵团农产品加工企业年设计加工能力为 90 973 263 吨，其中排名前4位的行业分别为一师阿拉尔市、四师可克达拉市、二师铁门关市和八师石河子市，加工企业年设计加工能力分别为 32 947 651 吨、31 941 255 吨、12 838 405 吨和 5 716 745 吨；占比为 36.22%、35.11%、14.11% 和 6.28%，这4家单位合计占兵团农产品加工企业年设计加工能力的 91.72%，其他单位合计仅占兵团农产品加工企业年设计加工能力的 8.28%（表8）。一师阿拉尔市的年设计加工能力最大，接近 33 000 000 吨；四师可克达拉市次之，接近 32 000 000 吨；十三师和十四师昆玉市年设计加工能力低于 50 000 吨。

表8　各师市加工企业年设计加工能力、占比及排名情况

师市	年设计加工能力（吨）	占比（%）	排名
一师阿拉尔市	32 947 651	36.22	1
四师可克达拉市	31 941 255	35.11	2
二师铁门关市	12 838 405	14.11	3
八师石河子市	5 716 745	6.28	4
六师五家渠市	2 433 527	2.67	5
三师图木舒克市	1 208 330	1.33	6
兵直企业	863 700	0.95	7
十师北屯市	852 404	0.94	8
七师	755 310	0.83	9
五师双河市	500 075	0.55	10
九师	476 400	0.52	11
十二师	348 636	0.38	12
十三师	46 025	0.05	13
十四师昆玉市	44 800	0.05	14
合计	90 973 263	100	

（2）实际产量。兵团农产品加工企业实际产量为 56 052 002 吨，其中排名前 3 位的单位分别为一师阿拉尔市、四师可克达拉市和二师铁门关市，加工企业实际产量分别为 22 294 382 吨、17 237 601 吨和 9 468 030 吨；占比为 39.77%、30.75% 和 16.89%，这 3 家单位合计占到兵团农产品加工企业实际产量的 87.41%，其他单位合计仅占兵团农产品加工业企业实际产量的 12.59%（表9）。一师阿拉尔市的实际产量最大，超过 22 000 000 吨；四师可克达拉市次之，超过 17 000 000 吨；十三师和十四师昆玉市实际产量低于 80 000 吨。

表 9　各师市加工企业实际产量、占比及排名情况

师市	实际产量（吨）	占比（%）	排名
一师阿拉尔市	22 294 382	39.77	1
四师可克达拉市	17 237 601	30.75	2
二师铁门关市	9 468 030	16.89	3
八师石河子市	2 446 486	4.36	4
六师五家渠市	1 717 582	3.06	5
兵直企业	790 439	1.41	6
三师图木舒克市	488 989	0.87	7
五师双河市	454 177	0.81	8
十师北屯市	313 454	0.56	9
七师	300 682	0.54	10
九师	249 131	0.44	11
十二师	186 007	0.33	12
十三师	75 923	0.14	13
十四师昆玉市	29 119	0.15	14
合计	56 052 002	100	

（3）实际产量与年设计加工能力占比分析。实际产量占年设计加工能力的比例超过 100% 的单位为十三师，占比为 165%，说明十三师生产的产品市场需求旺盛，加工企业满负荷生产。实际产量占年设计加工能力的比例超过 90% 的单位有兵直企业和五师双河市，分别为 92% 和 91%，说明这两家单位生产的产品市场需求较旺盛，加工企业 90% 以上加工能力释放出来；实际产量占年设计加工能力的比例低于 50% 的单位有八师石河子市、三师图木舒克市、七师和十师北屯市，分别为 43%、40%、40% 和 37%，说明这 4 家单位生产的产品市场需求极不旺盛，企业生产加工量有限，生产经营困难（表10）。

表 10　各师市加工企业实际产量占年设计加工能力比例及排名情况

师市	年设计加工能力（吨）	实际完成产品产量（吨）	占比（%）	排名
十三师	46 025	75 923	165	1
兵直企业	863 700	790 439	92	2
五师双河市	500 075	454 177	91	3
二师铁门关市	12 838 405	9 468 030	74	4
六师五家渠市	2 433 527	1 717 582	71	5
一师阿拉尔市	32 947 651	22 294 382	68	6
十四师昆玉市	44 800	29 119	65	7
四师可克达拉市	31 941 255	17 237 601	54	8
十二师	348 636	186 007	53	9
九师	476 400	249 131	52	10
八师石河子市	5 716 745	2 446 486	43	11
三师图木舒克市	1 208 330	488 989	40	12
七师	755 310	300 682	40	13
十师北屯市	852 404	313 454	37	14

5. 加工企业经营

（1）加工产值。兵团农产品加工企业加工产值为 10 696 625 万元，其中排名前 5 位的单位分别为八师石河子市、一师阿拉尔市、四师可克达拉市、二师铁门关市和十二师，加工企业加工产值分别为 2 786 810 万元、2 350 594 万元、1 290 421 万元、1 008 528 万元和 967 545 万元；占比为 26.05%、21.98%、12.06%、9.43%和9.05%，这 5 家单位合计占兵团农产品加工企业加工产值的 78.57%，其他单位合计仅占兵团农产品加工企业加工产值的 21.43%（表 11）。八师石河子市加工产值最大，接近 2 800 000 万元，一师阿拉尔市次之，超过 2 300 000 万元。九师、十三师和十四师昆玉市加工产值低于 80 000 万元。

表 11　各师市加工企业加工产值、占比及排名情况

师市	加工产值（万元）	占比（%）	排名
八师石河子市	2 786 810	26.05	1
一师阿拉尔市	2 350 594	21.98	2
四师可克达拉市	1 290 421	12.06	3
二师铁门关市	1 008 528	9.43	4

（续）

师市	加工产值（万元）	占比（%）	排名
十二师	967 545	9.05	5
六师五家渠市	770 753	7.22	6
兵直企业	374 469	3.50	7
三师图木舒克市	356 205	3.33	8
十师北屯市	244 448	2.28	9
七师	194 507	1.82	10
五师双河市	174 829	1.63	11
九师	76 258	0.71	12
十三师	65 918	0.62	13
十四师昆玉市	35 340	0.33	14
合计	10 696 625	100	

（2）主营业务收入。兵团农产品加工企业主营业务收入为 12 451 338 万元，其中排名前 5 位的单位分别为八师石河子市、兵直企业、一师阿拉尔市、四师可克达拉市、二师铁门关市，加工企业主营业务收入分别为 3 240 671 万元、2 301 323 万元、2 009 274 万元、1 193 344 万元和 893 985 万元；占比为 26.03%、18.48%、16.14%、9.58% 和 7.18%，这 5 家单位合计占兵团农产品加工企业主营业务收入的 77.41%，其他单位合计仅占兵团农产品加工业企业主营业务收入的 22.59%（表 12）。八师石河子市主营业务收入最大，超过 3 200 000 万元，兵直企业次之，超过 2 300 000 万元。十四师昆玉市主营业务收入低于 80 000 万元。

表 12　各师市加工企业主营业务收入、占比及排名情况

师市	主营业务收入（万元）	占比（%）	排名
八师石河子市	3 240 671	26.03	1
兵直企业	2 301 323	18.48	2
一师阿拉尔市	2 009 274	16.14	3
四师可克达拉市	1 193 344	9.58	4
二师铁门关市	893 985	7.18	5
六师五家渠市	886 871	7.12	6
五师双河市	459 356	3.69	7
三师图木舒克市	379 486	3.05	8
十三师	304 157	2.44	9

（续）

师市	主营业务收入（万元）	占比（％）	排名
十二师	240 363	1.93	10
十师北屯市	209 776	1.68	11
七师	177 592	1.43	12
九师	122 094	0.98	13
十四师昆玉市	33 046	0.27	14
合计	12 451 338	99	

（3）主营业务成本。兵团农产品加工业企业主营业务成本为 6 661 395 万元，其中排名前 4 位的单位分别为八师石河子市、一师阿拉尔市、四师可克达拉市和二师铁门关市，加工企业主营业务成本分别为 2 436 058 万元、1 860 327 万元、657 622 万元和 631 720 万元；占比分别为 36.57％、27.93％、9.87％和 9.48％，这 4 家单位合计占到兵团农产品加工企业主营业务成本的 83.85％，其他单位合计仅占到兵团农产品加工业企业主营业务成本的 16.15％（表 13）。八师石河子市主营业务成本最大，超过 2 400 000 万元；一师阿拉尔市次之，超过 1 800 000 万元；十四师昆玉市和七师主营业务成本低于 30 000 万元。五师双河市、六师五家渠市和十二师没有提供相关数据。

表 13　各师市加工企业主营业务成本、占比及排名情况

师市	主营业务成本（万元）	占比（％）	排名
八师石河子市	2 436 058	36.57	1
一师阿拉尔市	1 860 327	27.93	2
四师可克达拉市	657 622	9.87	3
二师铁门关市	631 720	9.48	4
三师图木舒克市	268 712	4.03	5
十三师	264 227	3.97	6
兵直企业	228 619	3.43	7
十师北屯市	171 930	2.58	8
九师	103 275	1.55	9
十四师昆玉市	29 025	0.44	10
七师	9 880	0.15	11
五师双河市	0	0	12
六师五家渠市	0	0	13
十二师	0	0	14
合计	6 661 395	100	

（4）增加值。兵团农产品加工企业增加值为 2 308 324 万元，其中排前 5 位的单位分别为四师可克达拉市、八师石河子市、一师阿拉尔市、二师铁门关市和六师五家渠市，加工企业增加值分别为 573 390 万元、469 036 万元、278 342 万元、260 174 万元和 196 587 万元；占比分别为 24.84%、20.32%、12.06%、11.27% 和 8.52%，这 5 家单位合计占兵团农产品加工企业增加值的 77.01%；其他单位合计仅占到兵团农产品加工企业增加值的 22.99%（表14）。四师可克达拉市增加值最大，接近 600 000 万元；八师石河子市次之，接近 470 000 万元；五师双河市、十三师、九师和十四师昆玉市增加值低于50 000 万元。

表 14　各师市加工企业增加值、占比及排名情况

师市	增加值（万元）	占比（%）	排名
四师可克达拉市	573 390	24.84	1
八师石河子市	469 036	20.32	2
一师阿拉尔市	278 342	12.06	3
二师铁门关市	260 174	11.27	4
六师五家渠市	196 587	8.52	5
三师图木舒克市	163 605	7.09	6
十二师	80 867	3.50	7
十师北屯市	79 333	3.44	8
兵直企业	69 708	3.02	9
七师	55 893	2.42	10
五师双河市	41 073	1.78	11
十三师	31 673	1.37	12
九师	6 389	0.28	13
十四师昆玉市	2 254	0.09	14
合计	2 308 324	99	

（5）净利润。兵团农产品加工企业净利润为 890 476 万元，其中排前 5 位的单位分别为四师可克达拉市、八师石河子市、一师阿拉尔市、二师铁门关市和十二师，加工企业净利润分别为 234 291 万元、190 570 万元、173 342 万元、91 422 万元和 79 019 万元；占比分别为 26.31%、21.40%、19.47%、10.27% 和 8.87%，这 5 家单位合计占兵团农产品加工企业净利润的 86.32%，其他单位合计仅占到兵团农产品加工业企业净利润的 13.68%（表15）。四师可克达拉市净利润最大，接近 240 000 万元；八师石河子市次之，接近

200 000万元。九师和十四师昆玉市净利润为负值。

表15　各师市加工企业净利润、占比及排名情况

师市	净利润（万元）	占比（%）	排名
四师可克达拉市	234 291	26.31	1
八师石河子市	190 570	21.40	2
一师阿拉尔市	173 342	19.47	3
二师铁门关市	91 422	10.27	4
十二师	79 019	8.87	5
六师五家渠市	32 150	3.61	6
三师图木舒克市	29 772	3.34	7
兵直企业	21 764	2.44	8
十师北屯市	21 367	2.40	9
十三师	9 963	1.12	10
五师双河市	7 357	0.83	11
七师	4 244	0.48	12
九师	−1 815	−0.20	13
十四师昆玉市	−2 970	−0.33	14
合计	890 476	98	

　　（6）上缴税金。兵团农产品加工企业上缴税金为333 347万元，其中排前3位的单位分别为四师可克达拉市、十二师和八师石河子市，加工企业上缴税金分别为126 303万元、63 851万元和43 359万元；占比分别为37.89%、19.15%和13.01%，这3家单位合计占兵团农产品加工企业上缴税金的70.05%，其他单位合计仅占到兵团农产品加工业企业上缴税金的29.95%（表16）。四师可克达拉市上缴税金最大，超过120 000万元；十二师次之，超过60 000万元。七师、十三师、五师双河市和十四师昆玉市上缴税金低于5 000万元。

表16　各师市加工企业上缴税金、占比及排名情况

师市	上缴税金（万元）	占比（%）	排名
四师可克达拉市	126 303	37.89	1
十二师	63 851	19.15	2
八师石河子市	43 359	13.01	3

师市	上缴税金（万元）	占比（%）	排名
六师五家渠市	24 471	7.34	4
兵直企业	20 965	6.29	5
一师阿拉尔市	18 697	5.61	6
二师铁门关市	9 369	2.81	7
三师图木舒克市	6 722	2.02	8
十师北屯市	6 484	1.95	9
九师	5 524	1.66	10
十三师	2 956	0.89	11
七师	2 480	0.74	12
五师双河市	2 107	0.63	13
十四师昆玉市	59	0.02	14
合计	333 347	100	

（7）出口创汇。兵团农产品加工企业出口创汇为 15 962 万美元，其中排前 3 位的单位分别为七师、八师石河子市和兵直企业，加工企业出口创汇分别为 5 160 万美元、5 039 万美元和 2 041 万美元；占比分别为 32.33%、31.57% 和 12.79%，这 3 家单位合计占兵团农产品加工企业出口创汇的 76.69%，其他单位合计仅占兵团农产品加工企业出口创汇的 23.31%（表17）。七师和八师石河子市出口创汇超过 5 000 万美元；三师图木舒克市、十四师昆玉市、四师可克达拉市和五师双河市出口创汇低于 100 万美元。十二师和十三师出口创汇为零。

表17　各师市加工企业出口创汇、占比及排名情况

师市	出口创汇（万美元）	占比（%）	排名
七师	5 160	32.33	1
八师石河子市	5 039	31.57	2
兵直企业	2 041	12.79	3
六师五家渠市	885	5.54	4
十师北屯市	877	5.49	5
二师铁门关市	725	4.54	6
九师	719	4.50	7
一师阿拉尔市	382	2.39	8
三师图木舒克市	82	0.51	9

(续)

师市	出口创汇（万美元）	占比（%）	排名
十四师昆玉市	26	0.16	10
四师可克达拉市	19	0.11	11
五师双河市	8	0.05	12
十二师	0	0	13
十三师	0	0	14
合计	15 962	100	

（8）职工工资总额。兵团农产品加工企业职工工资总额为 505 665 万元，其中排前 4 位的单位分别为一师阿拉尔市、八师石河子市、四师可克达拉市和三师图木舒克市，加工企业职工工资总额分别为 190 527 万元、124 068 万元、76 075 万元和 50 086 万元；占比分别为 37.68%、24.54%、15.04% 和 9.91%，这 4 家单位合计占兵团农产品加工企业职工工资总额的 87.17%，其他单位合计仅占兵团农产品加工企业职工工资总额的 12.83%（表18）。一师阿拉尔市职工工资总额最高，接近 200 000 万元；八师石河子市次之，超过 120 000 万元。十四师昆玉市和七师低于 1 000 万元。

表18　各师市加工企业职工工资总额、占比及排名情况

师市	职工工资总额（万元）	占比（%）	排名
一师阿拉尔市	190 527	37.68	1
八师石河子市	124 068	24.54	2
四师可克达拉市	76 075	15.04	3
三师图木舒克市	50 086	9.91	4
二师铁门关市	26 753	5.29	5
兵直企业	16 214	3.21	6
十师北屯市	7 807	1.54	7
十三师	5 266	1.04	8
九师	4 187	0.83	9
十二师	3 558	0.70	10
十四师昆玉市	934	0.18	11
七师	189	0.04	12
五师双河市	0	0	13
六师五家渠市	0	0	14
合计	505 665	100	

6. 加工企业带动能力

（1）年均就业人数。兵团农产品加工企业年均就业人数为 132 093 人，其中排前 4 位的单位分别为八师石河子市、五师双河市、十二师和一师阿拉尔市，加工企业年均就业人数分别为 28 120 人、21 644 人、19 130 人和 13 338 人；占比分别为 21.29%、16.39%、14.48% 和 10.10%，这 4 家单位合计占兵团农产品加工企业年均就业人数的 62.26%，其他单位合计仅占兵团加工业企业年均就业人数的 37.74%（表 19）；八师石河子市年均就业人数最多，超过 28 000 人。有 8 个单位年均就业人数低于 8 500 人。

表 19　各师市加工企业年均就业人数、占比及排名情况

师市	年均就业人数（人）	占比（%）	排名
八师石河子市	28 120	21.29	1
五师双河市	21 644	16.39	2
十二师	19 130	14.48	3
一师阿拉尔市	13 338	10.10	4
六师五家渠市	11 695	8.85	5
四师可克达拉市	11 639	8.81	6
二师铁门关市	8 230	6.23	7
三师图木舒克市	5 227	3.96	8
七师	4 199	3.18	9
兵直企业	3 490	2.64	10
十师北屯市	2 120	1.60	11
九师	1 919	1.45	12
十三师	899	0.68	13
十四师昆玉市	444	0.34	14
合计	132 094	100	

（2）带动农户数。兵团农产品加工企业带动农户数为 1 132 612 户，其中排前 3 位的单位分别为兵直企业、八师石河子市和六师五家渠市，加工企业带动农户数分别为 309 000 户、307 888 户和 204 411 户；占比分别为 27.28%、27.18% 和 18.05%，这 3 家单位合计占兵团农产品加工企业带动农户数的 72.51%，其他单位合计仅占兵团加工企业带动农户数的 27.49%（表 20）。兵直企业和八师石河子市带动农户数均超过 300 000 户。有 6 个单位带动农户数低于 30 000 户。

表 20   各师市加工企业带动农户数、占比及排名情况

师市	带动农户数（户）	占比（%）	排名
兵直企业	309 000	27.28	1
八师石河子市	307 888	27.18	2
六师五家渠市	204 411	18.05	3
四师可克达拉市	57 991	5.12	4
五师双河市	50 118	4.42	5
二师铁门关市	49 079	4.33	6
十三师	41 744	3.69	7
一师阿拉尔市	33 648	2.97	8
九师	28 523	2.52	9
三师图木舒克市	16 986	1.50	10
十二师	16 820	1.49	11
十师北屯市	11 275	1.00	12
十四师昆玉市	4 084	0.36	13
七师	1 044	0.09	14
合计	1 132 611	100	

7. 加工企业研发投入及品牌建设

（1）研发投入。兵团农产品加工业企业研发投入为 47 111 万元，其中排前 3 位的单位分别为八师石河子市、四师可克达拉市和一师阿拉尔市，加工企业研发投入分别为 17 573 万元、12 804 万元和 10 561 万元；占比分别为 37.30%、27.18% 和 22.42%，这 3 家单位合计占到兵团农产品加工企业研发投入的 86.90%，其他单位合计仅占到兵团农产品加工业企业研发投入的 13.10%（表 21）。八师石河子市研发投入最大，接近 18 000 万元；四师可克达拉市次之，接近 13 000 万元；五师、六师五家渠市、十二师和十四师昆玉市研发投入为零。

表 21   各师市加工企业研发投入、占比及排名情况

师市	研发投入（万元）	占比（%）	排名
八师石河子市	17 573	37.30	1
四师可克达拉市	12 804	27.18	2
一师阿拉尔市	10 561	22.42	3
三师图木舒克市	2 430	5.16	4

师市	研发投入（万元）	占比（%）	排名
十师北屯市	2 065	4.38	5
二师铁门关市	1 004	2.13	6
兵直企业	495	1.05	7
十三师	73	0.15	8
九师	55	0.12	9
七师	51	0.11	10
五师双河市	0	0	11
六师五家渠市	0	0	12
十二师	0	0	13
十四师昆玉市	0	0	14
合计	47 111	100	

（2）农产品加工企业商标与品牌。兵团农产品加工企业商标与品牌数为311个，其中排前5位的单位分别为一师阿拉尔市、四师可克达拉市、八师石河子市、二师铁门关市和六师五家渠市加工企业商标与品牌数分别为66个、50个、44个、27个和27个；占比分别为21.22%、16.08%、14.15%、8.68%和8.68%，这5家单位合计占兵团农产品加工企业商标与品牌数的68.81%，其他单位合计仅占兵团农产品加工企业商标与品牌数的31.19%（表22）。一师阿拉尔市商标与品牌数最多，为66个；四师可克达拉市次之，为50个。兵直企业、九师、十三师和十四师昆玉市商标与品牌数低于10个。

表22　各师市加工企业商标与品牌数、占比及排名情况

师市	商标与名牌数（个）	占比（%）	排名
一师阿拉尔市	66	21.22	1
四师可克达拉市	50	16.08	2
八师石河子市	44	14.15	3
二师铁门关市	27	8.68	4
六师五家渠市	27	8.68	5
七师	19	6.11	6
十师北屯市	18	5.79	7
三师图木舒克市	15	4.82	8
十二师	14	4.50	9

（续）

师市	商标与名牌数（个）	占比（%）	排名
五师双河市	11	3.54	10
兵直企业	8	2.57	11
九师	6	1.93	12
十三师	4	1.29	13
十四师昆玉市	2	0.64	14
合计	311	100	

二、存在问题

1. 产业链条短、企业规模不大、精深加工企业少、农产品加工转化率不高

农产品加工企业多为中小微企业，规模不大，体量小。初加工企业多，从事精深加工的少。产业链短，产品附加值低。农产品加工转化率不高。

2. 装备水平落后、研发投入不足、创新能力较低

（1）装备水平落后。农产品加工企业装备水平普遍不高，落后于全国平均水平 10～20 年，且涉农企业基本上都处于微利或亏损状态，无力进行装备改造与升级，从而导致产品技术水平不高、产品品质不佳、科技含量低。

（2）研发投入不足。农产品加工企业研发投入低，绝大部分企业投入不到销售收入的 2%，绝大多数的小微农产品加工企业根本无研发机构和投入。

（3）创新力低。企业创新能力低表现在产品研发水平不高，技术含量低，核心竞争力不强。

3. 品牌意识不强，品牌建设落后

企业的农产品加工企业商标及品牌数偏少，企业有建设品牌的意识，但是不是很强烈，办法与措施不多。由于产品标准缺失，品牌建设能力弱，内地二三线城市新疆兵团农产品经营网点不健全，现代网络营销跟进步伐落后，产品标识与产地消费者辨识难度大，品牌杂乱，市场产品良莠不齐。品牌建设工作整体落后，亟待加强。

4. 企业政策环境有待优化

农产品加工企业在发展过程中面临着融资难、贷款难，税赋、用电成本和物流成本高，园区建设投入严重不足等亟待解决的问题。

三、建议

1. 以农产品加工业发展为抓手，推进一二三产业融合发展

以农产品加工业发展为抓手，上游加强农产品原料基地建设，下游加强销售市场的建设。把产业链、价值链等现代产业组织方式引入农产品加工业，推动兵团一二三产业融合发展。

2. 大力推进农产品加工供给侧结构性改革，做大做强龙头企业

转变生产方式、调整产业结构、优化产品方案、突出发展重点，根据兵团农产品加工业发展现状、优势条件，制定兵团农产品加工业发展规划，有目的、有计划、有步骤地推进农产品加工供给侧结构性改革，发展特色农产品加工产业，做大做强农产品加工龙头企业。

3. 加大研发投入，加强品牌建设

进一步加大研发投入，提升特色农产品加工技术和水平；对农产品加工企业和高新技术项目进行专项扶持；建立人才引进或合作机制，帮助企业实施科技创新驱动。组织相关科研院所与兵团农产品加工企业进行技术对接，落实好有关企业技术研发政策，实行企业管理、技术人员和产业工人培训奖补政策。

进一步加强品牌建设，将兵团优质特色农产品推向更大市场。支持兵团特色农产品及加工品标准制（修）订，推进"三品一标"认证，培育区域品牌。实行产品进入商超、参加展示推介的有关费用补贴政策，开展名优产品公益宣传推介，积极组织电商平台与企业对接，加强电商业务的培训和推广。

4. 优化发展环境、落实扶持政策

贯彻落实《国务院办公厅关于进一步促进农产品加工业发展的意见》（国办发〔2016〕93号）精神和《兵团办公厅关于进一步促进农产品加工业发展的实施意见》，实行固定资产投资奖补政策，实行宽松金融政策。制定促进产业发展优惠政策及农产品出疆运费补贴政策。

附件2 兵团纺织加工业发展调研报告

一、兵团纺织业发展现状

1. 基地情况

兵团发展棉纺织业具有明显的资源优势,棉纺织业已成为兵团农产品加工业中加工产值和发展潜力最大的产业。2016 年,兵团棉花种植面积为 931.5万亩,占新疆兵团种植面积 3 232.36 万亩的 28.82%,棉花总产量为 149.57万吨,占新疆兵团棉花总产量 420 万吨的 35.61%,平均单产 160.57 千克/亩(表 1)。近年来,棉花产值占兵团农业总产值的比例稳步攀升,尤其是八师石河子市和一师阿拉尔市优势生产区,棉花收入已成为团场经济收入主要来源之一。

表 1 2016 年各师市植棉师棉花种植情况统计

指标	兵团	一师 阿拉尔市	三师 图木舒克市	六师 五家渠市	七师	八师 石河子市
面积（公顷）	621 000	141 400	58 180	53 180	78 830	188 320
总产量（吨）	1 495 700	329 859	139 648	113 359	178 558	451 968
单产（千克/亩）	160.57	155.52	160.02	142.11	151.01	160

2. 产业情况

兵团有 121 家纺织企业,规模以上纺织生产企业达 45 家(销售收入超过2 000 万元),占比为 37.19%。其中,兵团棉麻公司、西部银力、如意纺织销售收入分别突破 170 亿元、50 亿元和 20 亿元大关。目前兵团纺织服装业总生产能力达到:环锭纺 378.24 万锭、气流纺 6.99 万头、织机 2 963 台、服装900 万件;主要产品产量为:棉纱 27.24 万吨,布 6 400 万米,服装 550 万件。经营范围涉及棉纺织、毛纺织、人造纤维、服装家纺、编织刺绣等纺织各个领域,主导产品有棉纱、棉布、化纤、服装、毛纺、毛巾、袜子、床品等多个品种。经过多年发展,兵团纺织业基本形成了专业化生产、规模化经营的产业结构,基地规模、生产能力、产品质量等已为兵团纺织业做大做强奠定了基础。2019 年,纺织业加工总产值为 254 亿元,新增 65.7 亿元,同比增长 35%,占兵团农产品加工产值的 24.7%。"天彩"荣获"中国驰名商标","银力""新赛""芳婷"等获"新疆兵团著名商标"。2019 年,在全国纺织产业集群工作会议上,八师石河子市获得"2015 年度纺织行业创新示范集群"荣誉称号。

3. 纺织企业基本情况分析

（1）加工企业发展历程。兵团 121 家纺织企业中只有 6 家成立于 2000 年以前，说明兵团纺织企业起步较晚。但从 2000 年以来，尤其是"十二五"期间，在中央和自治区一系列政策的持续关怀和支持下，越来越多的国内、国外和个人到兵团来投资建厂，兵团纺织业发展迅速，迸发强大活力。

（2）加工企业分布。据调研，兵团 121 家纺织企业，其中八师石河子市 58 家，一师阿拉尔市 32 家，七师 6 家，二师铁门关市 5 家，六师五家渠市 4 家，兵直企业、三师图木舒克市、五师双河市、十三师各 3 家，四师可克达拉市 2 家，十师北屯市、十二师各 1 家。兵团纺织企业分布较不均衡，主要集中在优势产棉区八师石河子市和一师阿拉尔市，两个师占兵团纺织企业总数的 74.38%（图 1）。

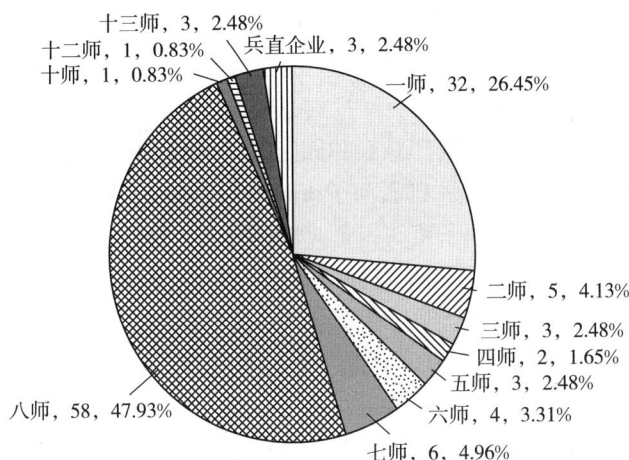

图 1　兵团纺织企业分布情况

（3）加工企业性质情况。从企业性质来看，兵团纺织企业有私营公司 53 家，国有公司 42 家，有限公司 18 家，这 3 类企业占全部纺织企业的 93.4%（表 2）。私营企业数量最多，占比 43.8%，说明纺织产业市场经济比较活跃，民营资本投入市场较多。

表 2　各师市纺织加工企业性质统计

师市	国有公司	私营公司	有限公司	股份公司	全民所有	专业合作社	合资公司
一师阿拉尔市	2	24	4	0	2	0	0
二师铁门关市	0	4	1	0	0	0	0
三师图木舒克市	2	1	0	0	0	0	0
四师可克达拉市	0	2	0	0	0	0	0

（续）

师市	国有公司	私营公司	有限公司	股份公司	全民所有	专业合作社	合资公司
五师双河市	2	1	0	0	0	0	0
六师五家渠市	1	3	0	0	0	0	0
七师	5	0	0	0	0	0	1
八师石河子市	24	17	13	3	1	0	0
十师北屯市	0	2	0	0	0	0	0
十二师铁门关市	1	0	0	0	0	0	0
十三师	2	0	0	1	0	0	0
兵直企业	3	0	0	0	0	0	0
合计	42	53	18	4	3	0	1

（4）加工企业资产。兵团纺织服装业资产总额达到369亿元，其中固定资产投资达178亿元，占全疆固定资产投资总额455亿元的39.12%。除兵直企业外，八师石河子市纺织企业资产总额和固定资产遥遥领先，分别为97.6亿元和31.2亿元，分析原因：一是八师石河子市有纺织企业58家，是兵团纺织企业数量最多的师；二是八师石河子市纺织企业规模较大，资产总额超过1亿元的企业就有14家；三是八师石河子市棉花种植面积282.48万亩，是兵团棉花种植面积最大的师，良好的棉花资源优势吸引了全国各地纺织服装企业来投资兴业。

（5）加工企业主营产品。兵团纺织企业的主营产品主要是短绒、棉纱和棉布，生产这3类产品的纺织企业一共有83家，占兵团纺织企业的68.59%，其中短绒加工企业40家、棉纱加工企业30家、棉布加工企业13家，服装成衣企业仅4家，占比约3.31%（图2）。说明兵团纺织业缺乏中间印染环节及

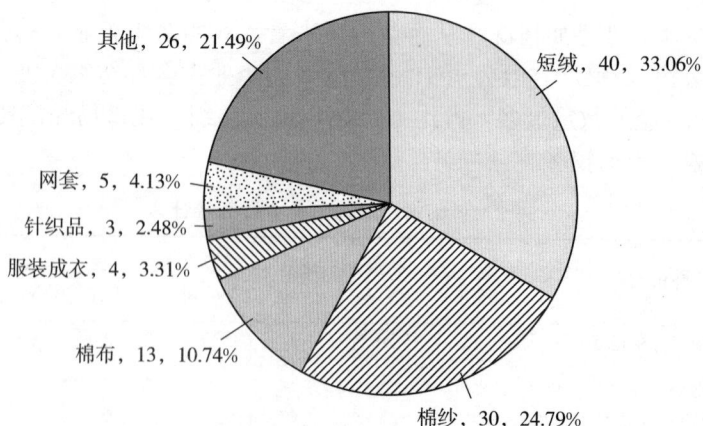

图2 兵团纺织企业主营产品分布

后整理发展，产业链条不完整，产品主要以中低档为主，结构比较单一，缺乏高附加值、差异性的产品。

（6）加工企业设计生产能力及实际完成。近年来，随着中央和自治区发展纺织服装产业带动就业政策的落实和实施，兵团纺织行业发展较快，各师纺织企业数量和产能都有所提升。由于棉纺织业产品种类较多，且单位不一，因此采用实际完成产品产量与年设计生产能力的比值来分析兵团棉纺织企业的实际生产情况（表3）。从企业实际完成产品产量与年设计生产能力的平均比值来看，除了一师阿拉尔市的比值1.17大于1外，其他各师、兵直企业比值均小于1，其中二师铁门关市、三师图木舒克市、四师可克达拉市、七师、十二师5个师的比值小于0.6，说明企业设计产能利用不足，开工率普遍较低。分析原因：可能是受整个棉纺市场行情的影响，企业为了减少亏损而减少生产。

表3　各师市纺织企业实际完成产品产量与年设计生产能力比值

师市	统计企业数量（家）	比值
兵直企业	2	0.69
一师阿拉尔市	23	1.17
二师铁门关市	4	0.59
三师图木舒克市	3	0.51
四师可克达拉市	1	0.54
五师双河市	2	0.86
六师五家渠市	4	0.96
七师	6	0.57
八师石河子市	13	0.65
十二师	1	0.13
十三师	2	0.61

注：比值为各师市纺织企业平均比值。

（7）加工企业的产值及经营。目前兵团的14个师中，有11个师都有纺织企业，但各师农产品加工产值情况差异比较大，其中八师石河子市和一师阿拉尔市农产品加工产值比较高，分析原因：一是这两个师纺织企业数量较多；二是由于八师石河子市有西部银力、如意纺织两个大型龙头企业。主营业务收入方面，兵团纺织企业主营业务收入过亿元的有26家企业，其中八师石河子市7家、一师阿拉尔市5家，其中西部银力、如意纺织主营业务收入分别突破50亿元、20亿元大关。增加值方面，兵直企业和各师均有不同幅度的增长，四师可克达拉市、二师铁门关市增长率最高，分别为 48.45％和 31.22％，八师石河子市纺织企业绝对数量多，因此增加值绝对数最大，为 11.5 亿元，但增长率较低，为 15.34％。净利润方面，五师双河市、七师为负利润状态，十二师无利润，兵直企业和其他各师均有盈利，其中八师石河子市、一师阿拉尔市、二师铁门关市净利润过亿元。全兵团负利润纺织企业一师阿拉尔市、八师石河子市各 3 家，三师图木舒克市、五师双河市、七师、十三师各 1 家。上缴税金方面，兵直企业、一师阿拉尔市和八师石河子市是上缴税金最多的 3 个师，分别为 17 107 万元、4 221 万元和 7 736 万元，分别占整个兵团的 48.81％、12.04％、22.07％（表 4）。

表 4　各师市纺织企业农产品加工产值及经营情况统计

单位：万元

师市	加工产值	主营业务收入	主营业务成本	增加值	净利润	上缴税金
兵直企业	297 076	2 023 599	12 416	32 426	8 606	17 107
一师阿拉尔市	1 077 007	1 073 574	1 031 276	37 972	16 980	4 221
二师铁门关市	112 831	111 581	84 244	34 832	13 324	266
三师图木舒克市	39 999	37 587	37 029	7 343	2 655	508
四师可克达拉市	19 473	17 655	12 359	8 554	4 417	1 023
五师双河市	23 174	167 650		7 699	−368	1 092
六师五家渠市	16 755	14 016		1 350	1 122	273
七师	56 401	54 508		12 936	−2 837	1 380
八师石河子市	292 752	752 798	943 957	115 464	71 815	7 736
十二师	4 422	4 861		0	0	0
十三师	20 683	135 558	128 291	14 428	4 141	1 442

（8）加工企业年均就业人数和带动农户数。兵直企业辐射带动能力较强，总计带动农户数 265 500 户，原因可能是兵直企业设计生产能力规模大，加工原料量多；八师石河子市企业年均就业人数和带动农户数均远远超过其他师；三师图木舒克市、四师可克达拉市和七师年均就业人数和带动农户数相对较小，分析原因：可能是八师石河子市纺织企业绝对数量多，且企业规模相对较大；而三师图木舒克市、四师可克达拉市企业数量较少，七师企业规模偏小，因此其带动当地就业能力相对较弱（表 5）。

表 5　各师市纺织企业年均就业人数和带动农户数

师市	年均就业人数（人）	职工工资总额（万元）	带动农户数（户）
兵直企业	1 251	4 527	265 500
一师阿拉尔市	3 324	88 437	7 271
二师铁门关市	888	3 793	2 015
三师图木舒克市	1 773	5 859	40
四师可克达拉市	42	343	82
五师双河市	391		14 214
六师五家渠市	308		1 625
七师	1 664		414
八师石河子市	7 294	29 256	73 943
十二师	910		
十三师	345	2 538	20 030

（9）加工企业资产负债率及银行信用等级。资产负债率方面，兵团现有纺织企业中存在资产负债的企业有 54 家，占兵团纺织企业总数的 44.62%，其中超过 100% 的企业有：阿拉尔新农化纤有限责任公司 104%、图木舒克市永安棉纺织有限责任公司 106%、新疆兵团石河子银河纺织有限责任公司 104%、石河子西营棉纺织厂 173%。银行信用等级分析方面，兵团纺织企业中获得银行信用等级在 AAA 级及以上的企业有 9 家，AA＋、AA、AA－企业有 13 家，A＋、A、A－企业有 11 家。

（10）加工企业品牌建设。目前，兵团纺织企业在品牌建设方面比较缺乏，就目前统计资料显示，在行业内取得的商标主要有"天源""华贸""天丰""前海""新赛""香博尔""锦棉""如意""银力""雪狐""芳婷""信合""天彩"等。

（11）加工企业出口创汇。统计显示，兵团纺织企业中只有新疆兵团如意纺织服装有限公司、中国彩棉（集团）有限公司实现出口创汇，分别为 308 万美元、5 万美元。

二、兵团纺织业发展中取得的成效

1. 新建和技术改造初见成效，生产能力逐步提高

在国家大力扶持新疆兵团发展纺织服装业的各项政策的带动下，各纺织企业积极新建和技术改造，加大皮棉的采购，生产能力逐步提高。位于国家级阿拉尔经济技术开发区内的阿拉尔新越丝路有限公司高档毛巾生产基地项目，由浙江洁丽雅集团投资建设，是目前新疆在建规模最大的纺织全产业链项目，前期建设 30 万锭毛巾特种用纱、2 万吨中高档毛巾及染整全产业链生产线，配

套建设 5 万吨印染污水处理车间，计划投资 35 亿元；后期将根据市场形势的实际需要进一步扩大毛巾、纺纱的产能规模，并逐步形成完整的配套产业链。项目全部建成后，能够带来 10 000 个左右的就业岗位，年产值达 50 亿元，利税 5 亿元，同时，公司将成为世界上单体规模最大的毛巾生产企业。兵团最大的纺织企业八师石河子市如意纺织公司在收购盘活天盛纺织的基础上，通过技术改造新增了毛巾和布匹染色后整理生产能力，启动了全部纺纱和织布生产线，2020 年预计新增产值 20 亿元。

2. 招商引资，纺织产业门类逐步增加

近几年，兵团以市、开发区、工业园区为平台，以招商引资为重要手段，以兵团农业规模化、标准化优势，吸引了浙江洁丽雅、山东如意、江苏华芳、安徽华茂等国内知名的大型纺织企业前来投资建厂。到 2016 年末，国内（含台湾地区）、国外企业或个人到兵团投资的纺织企业达到 39 家，占兵团纺织规上企业数量的 80%；累计建成纺织生产能力达到棉纺环锭纺 298 万锭、气流纺 5 万头、织机 1 400 台，它们分别占兵团纺织总生产能力的 78%、72% 和 48%。兵团纺织业产业链条不断延伸，逐步从最初的棉花原料基地开始涉及最终的后整理和服装加工等门类的产业集群，其内容已涵盖针织、毛纺、印染、服装加工等重要的纺织领域。

三、存在问题

兵团纺织业近年来实现了长足的发展，具备了一定的规模，但也存在着一些比较突出的问题。

1. 产业结构不尽合理

前纺大而不强，后纺弱而不优。中间环节印染及后整理发展滞后，产业链条不完整，产品仍以中低档为主，结构比较单一，缺乏高附加值、差异性的产品。

2. 产能利用不足

鉴于市场较差，纺织产业收益不佳，常规产品竞争异常激烈等原因，2016 年棉纺产业整个用棉量只占到兵团棉花总产量的 30% 左右，棉纺行业开工率不足 90%，大部分企业都没有满负荷生产，产能利用严重不足。

3. 装备水平和产品技术含量虽然有所提高但仍然偏低

近年来，虽然全行业加快了先进生产线的引进和改造，但行业的装备水平和技术含量，以及装备材料、加工手段和精度、处理技术等方面与内地纺织业发达省市、国外相比仍有不小的差距，亟须加快产品创新和技术升级步伐。

4. 质量意识和品牌建设有待加强

对产品认证、质量管理、著名品牌、著名商标的培育重视不够。品牌是企业的命脉，是竞争的灵魂，能否培育出企业自己的强势品牌，是企业素质和综合实力的集中体现。

四、建议

1. 加大政策扶持力度

引导企业尤其是有影响力的龙头骨干企业做好各自战略发展规划，形成区域规划与企业规划之间的良性互动，设立发展基金。采取措施，各部门通力协作，尽快落实国家对发展新疆兵团纺织服装业的各项优惠政策。将农业产业化专项资金向纺织服装产业倾斜，主要用于扶持龙头骨干企业、特色工业园区建设，用于重大技术改造项目和招商引资项目，用于研发新产品、创名牌、引进人才、出口等项目的奖励和补贴（贴息）。

2. 实施大企业培育，扩大产业集聚效应

选择部分规模大、效益高、成长性好的企业，整合各方面资源，推动企业扩大规模，着力打造纺织服装"领头雁"。进一步加大对国内外知名纺织服装企业，尤其是浙江、广东等对口援建省市知名纺织服装的攻坚力度，力争每年引进一批投资规模大、带动作用强的旗舰型项目落户兵团，提升纺织服装企业的整体水平。

3. 加快技术创新和产品结构调整

对于兵团棉纺企业来说，获得优质棉花资源还只是第一步，如何借助产业政策加快转型升级，寻找更广阔的销售市场和走差异化的路线应对市场激烈竞争也至关重要。企业必须考虑差异化发展，创新产品开发，向多功能精品发展，在考虑向国内销售的同时，积极利用国家建设丝绸之路经济带的契机将产品销往国外。纺织企业还须组建棉纺织产业技术协同创新联盟，加入联盟的企业生产目标明确，市场定位准确，避免一窝蜂地陷入无序竞争。

4. 提高开工率，有效利用现有产能条件

当前棉纺产业要紧紧抓住兵团优质棉生产基地的有利条件，进一步提高棉纺织业开工率，促进棉纺企业的发展。棉纺产业具有产业链长、增值大、就业岗位多、原料有保障、带动产业面宽，相比其他产业有着突出的优势。实施棉纺织产业优势资源转化战略是兵团农业产业化发展中的一项重要任务。

5. 注重人才培养，加快推进技术进步

纺织业不是劳动密集型，而是技术密集型产业，要注重人才培养，包括对技术人才和管理人才的培养。鼓励企业实施技术改造和技术创新，利用兵团棉花质量较高的优势，加大对具有自主知识产权技术研究的投入，提升创新水平，提高产品技术含量，扩大适销对路的产品，同时提高高支纱的占比，多生产高档产品，提高单位纤维制品的附加值，挖掘科技对纺织染整经济增长的贡献率，提高企业的核心竞争力，保持行业稳定发展。

附件3　兵团果蔬加工业发展调研报告

一、兵团果蔬加工产业发展现状

1. 基本情况

兵团拥有果蔬加工企业209个，主要分布在一师阿拉尔市、二师铁门关市和四师可克达拉市。其中一师阿拉尔市113个、二师铁门关市28个、四师可克达拉市14个。资产总额超1亿元的企业27家，占企业总数的12.9%；资产总额为5 000万元到1亿元的有16家，占企业总数的7.6%；其他家企业固定资产均在5 000万元以下。兵团果蔬加工企业的主营产品为干制红枣、蔬菜加工、辣椒加工、饮料、葡萄加工、干制枸杞等，以干制红枣为主营产品的企业有79家，占兵团果蔬加工企业的37.8%，主要集中在一师阿拉尔市；以蔬菜加工为主营产品的企业有16个；以辣椒加工为主营产品的企业有16个，主要集中在二师铁门关市、八师石河子市和十师北屯市；以饮料为主营产品的企业有10个，主要集中在三师图木舒克市和八师石河子市；以葡萄为主营产品的企业有8个，主要集中在五师双河市、六师五家渠市和七师；以枸杞为主营产品的企业有5个，集中在二师铁门关市、七师和十师北屯市。经过几年的发展，果蔬加工企业已经初具规模，形成了自己的品牌，如天山雪、高泉红、塔河源、天昆百果等。

2. 加工企业发展历程

据不完全统计，兵团现有209家果蔬加工企业大部分成立于2000年以后，2000年以前成立的企业只有2家，2000—2010年（含）成立了32家，2010年之后成立了138家，说明兵团果蔬加工产业在2010年之后进入快速发展时期。

3. 加工企业分布

截至2016年，兵团果蔬加工企业有209家，就调查统计结果看，主要集中在一师阿拉尔市、二师铁门关市和四师可克达拉市，其中规模以上企业（主营业务收入在2 000万元以上）一共有95个，规模以上企业占整个企业比例的45.45%，详见图1。

兵团果蔬加工企业中一师阿拉尔市最多，共有113个，主营产品除红枣、干果和辣椒加工外，二师铁门关市还有两家企业生产黑枸杞；就主营产品特色来看，四师可克达拉市有6家企业生产树上干杏，其他师企业没有此类产品。

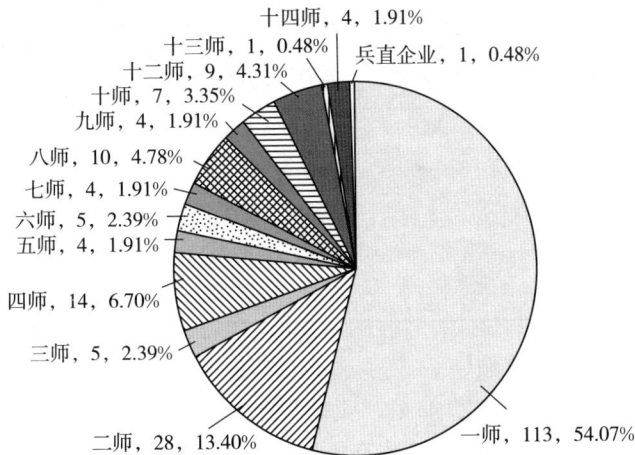

图1　兵团各师果蔬加工企业数量分布情况

4. 加工企业性质

目前兵团果蔬加工企业主要分为私营公司、国有公司、有限公司、股份公司、专业合作社、合资公司6种。从表1来看，除了七师和九师以外，各师均有国有公司。一师阿拉尔市和二师铁门关市共有141家企业，国有企业只有20家，只占14.2%，其余的全部为私有企业。说明一师阿拉尔市和二师铁门关市市场经济相对比较活跃，民营资本投入市场较多。除六师五家渠市和十四师昆玉市有专业合作社外，其他师均无专业合作社，仅八师石河子市有一家合资企业。

表1　各师市兵团果蔬加工企业性质统计

师市	规上企业	规下企业	国有公司	私营公司	有限公司	股份公司	专业合作社	合资公司
一师阿拉尔市	31	82	14	38	72	0	0	0
二师铁门关市	9	19	6	12	8	5	0	0
三师图木舒克市	5	0	4	1	1	2	0	0
四师可克达拉市	4	10	2	10	2	0	0	0
五师双河市	3	1	2	2	0	0	0	0
六师五家渠市	4	1	2	2	2	0	1	0
七师	0	4	0	4	0	0	0	0
八师石河子市	5	5	4	0	9	1	0	1
九师	3	1	0	4	0	0	0	0
十师北屯市	5	2	4	1	3	1	0	0

（续）

师市	规上企业	规下企业	国有公司	私营公司	有限公司	股份公司	专业合作社	合资公司
十二师	5	4	3	0	0	0	0	0
十三师	1	0	1	6	0	0	0	0
十四师昆玉市	1	3	1	0	0	3	1	0
兵直企业	1	0	1	0	0	0	0	0
合计	77	132	44	80	97	12	2	1

5. 加工企业资产总额

2000 年以后，兵团果蔬加工产业发展迅速，由原来的 2 家企业迅速发展到目前的 209 家，企业的总资产也在不断增加，其中资产总额排在前 3 名的分别是十二师、四师可克达拉市、一师阿拉尔市，固定资产排名前 3 位的是一师阿拉尔市、四师可克达拉市、三师图木舒克市。各师资产总额及固定资产见图 2。

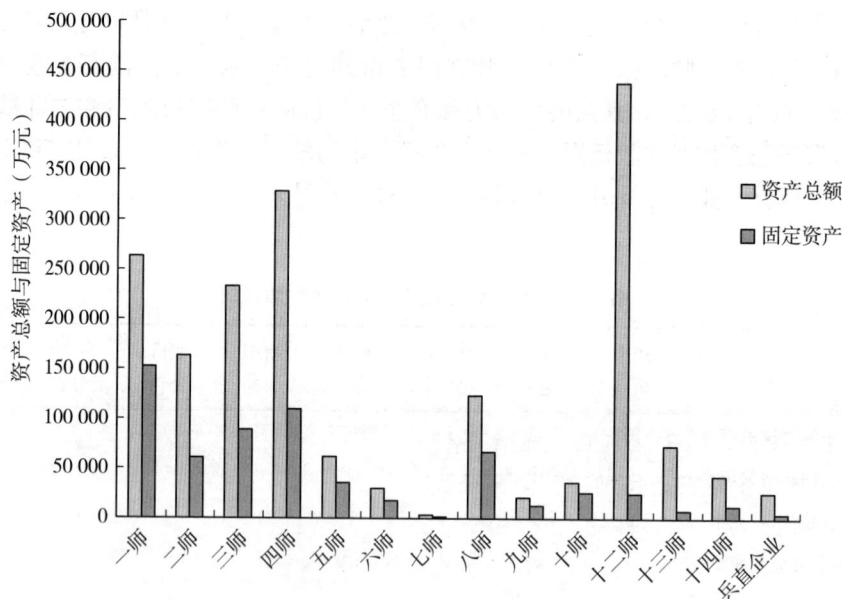

图 2　各师市果蔬加工企业资产总额及固定资产

6. 加工企业主营产品

各师果蔬加工企业中，红枣加工企业数量最多，高达 40%，干鲜果品、蔬菜加工销售占 31%，辣椒和蔬菜加工各占 8%，饮料果汁加工占 5%，树上干杏、淀粉加工各占 3%，枸杞加工占 2%。枣树是兵团第一大果树树种，已是南疆支柱性产业（图3）。据统计，兵团红枣种植规模至2015年总面积达162.51万亩，占兵团果树总面积的54.52%，2015年兵团红枣总产量达130.87万吨，占兵团果品总产量276.74万吨的47.3%。"十二五"期间红枣产值占兵团农业总产值的比例稳步攀升，尤其是兵团南疆师市、团场地处环塔里木红枣优势生产区，红枣已成为团场经济收入主要来源。

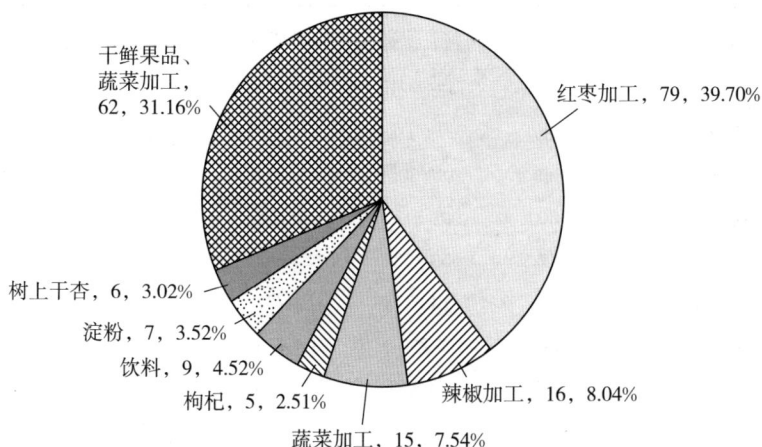

图3　各师市果蔬加工企业主营产品

7. 加工企业设计生产能力及完成

近年来，兵团对农产品加工业越来越重视，果蔬加工企业发展迅速，各师企业数量和产能都有所提升。就设计产能来看，一师阿拉尔市和八师石河子市企业最大，七师和十三师最小。从实际完成情况来看，八师石河子市完成率最高，超额完成（237.6%），三师图木舒克市完成率为147.9%，兵直企业完成率为123.1%，四师可克达拉市设计生产能力与实际完成能力相同（100%）；其他各师除五师双河市、十二师外，均完成50%以上。由于七师与十三师未设计生产能力，故无法判断完成情况。

8. 加工企业农产品加工产值及经营

各师农产品加工产值情况差异比较大，一师阿拉尔市、二师铁门关市、八师石河子市加工产值较高。一师阿拉尔市虽然总加工产值较高，但由于其企业数量较多，平均加工产值较低，说明一师阿拉尔市大部分为小型果蔬加工企业，二师铁门关市与八师石河子市均为大型果蔬加工企业，产值较高。各师销售收入：销售收入基本上和农产品加工产值成正比，产值越高，销售收入也越大。增加值：各师的增加值均为正值，说明各师的果蔬加工企业总体上比上一年度是增加的，其中一师阿拉尔市增加值的绝对数排名第一，二师铁门关市紧随其后。净利润：以师为单位来看，各师果蔬加工企业除十四师昆玉市外都有利润，一师阿拉尔市净利润排名第一，且远远超过其他各师。上缴税金：一师阿拉尔市和十二师是上缴税金较多的两个师，分别为7 113万元和6 097万元，分别占整个兵团的21.89％和18.76％（表2）。

表2　各师市果蔬加工企业农产品加工产值及经营情况统计

单位：万元

师市	加工产值	主营业务收入	增加值	净利润	上缴税金
一师阿拉尔市	564 248	435 721	101 741	81 812	7 113
二师铁门关市	404 889	372 048	83 641	43 323	4 942
三师图木舒克市	183 893	190 305	54 268	17 735	449
四师可克达拉市	92 160	91 511	36 701	20 917	1 936
五师双河市	57 467	53 102	8 654	2 668	46
六师五家渠市	10 348	13 917	1 797	1 249	193
七师	5 798	5 798	1 739	171	5 798
八师石河子市	262 601	544 158	16 232	3 242	4 374
九师	2 071	27 581	1 210	499	115
十师北屯市	53 980	54 139	20 028	1 832	957
十二师	17 613	51 913	2 116	2 513	6 097
十三师	22 860	23 423	2 200	77.6	86
十四师昆玉市	31 323	29 029	2 000	−3 540	56
兵直企业	32 000	42 000		91	330
合计	1 741 251	1 934 645	332 327	172 589.6	32 492

9. 加工企业年均就业人数和带动农户数

五师双河市果蔬加工企业就业人数最多，其次是一师阿拉尔市，其他各师企业就业人数相对较少。五师双河市有两家较大规模的果蔬加工企业，分别是"新疆兵团金沙山果业有限公司、博尔塔拉蒙古自治州帝泓果业有限责任公司"，日产能力分别为1 000吨和500吨，属于大型果蔬加工企业，需要的员工数量较多，且能带动周边的果蔬种植农户。一师阿拉尔市企业数量较多，能带动较高的就业人数。这些大型的果蔬加工企业能够提高当地就业率，带动周边农户的发展，具有较强的社会影响力。

10. 加工企业资产负债率及银行信用等级

兵团现有果蔬加工企业中存在资产负债的企业有119家，占兵团果蔬加工企业总数的56.9％，其中一师阿拉尔市资产负债率最高，其次是二师铁门关市（图4）。银行信用等级方面，兵团果蔬加工企业中获得银行信用等级为A

的企业有 36 家，其中一师阿拉尔市最多，有 10 家，其次是十师，有 5 家，其他企业信用等级情况见图 5。

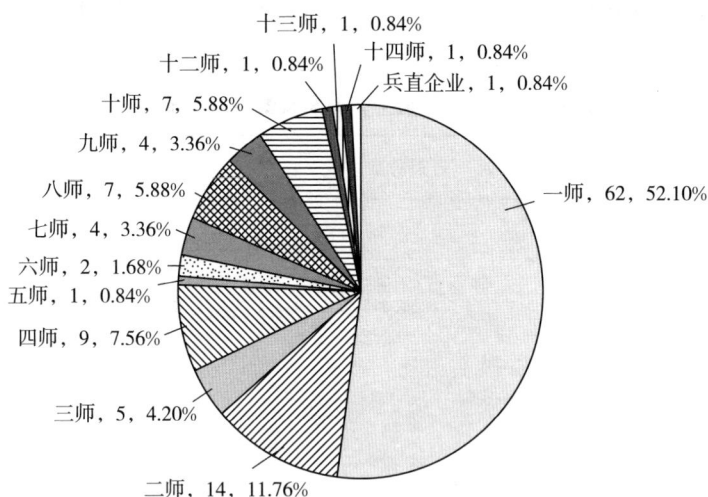

图 4　各师市负债果蔬加工企业数

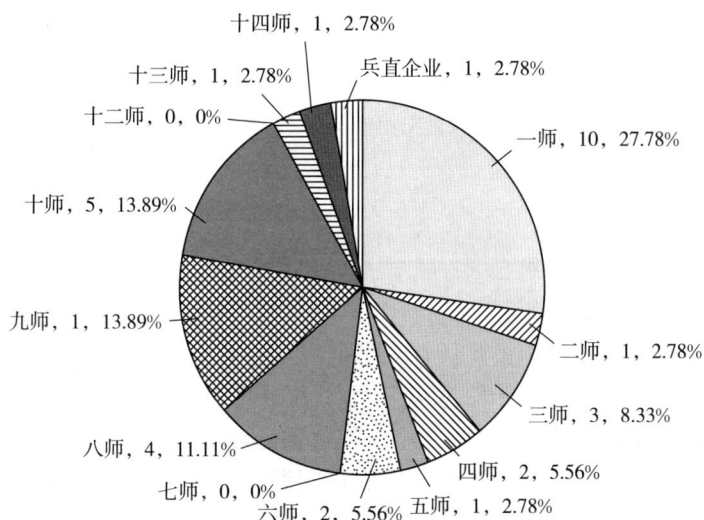

图 5　各师市银行信用为 A 级的果蔬加工企业数

11. 加工企业品牌建设

兵团果蔬加工企业除九师外，均有自己的名优品牌，其中，一师名优品牌数量最多，其他各师有各类名优品牌 1～6 个（表 3）。兵团果蔬加工企业的品牌意识普遍还比较淡薄，产品销售大部分以原料果为销售途径，采取批发零售的模式，没有自己"叫得响"的品牌，新疆地区红枣、葡萄、干果资源丰富，品质良好，但由于缺乏品牌意识，在国内市场上没有一席之地，如在红枣企业中，为人熟知的"好想你"枣业来自河南，又如目前市面上较为流行的"三只松鼠"干果为电商经营，新疆地区的果蔬加工企业没有知名品牌，在市场上没有占有率，这是导致兵团果品滞销的一大原因。

表3　各师市果蔬加工企业品牌数量及品种一览

师市	品牌数量	产品品种
一师阿拉尔市	37	红枣
二师铁门关市	4	红枣
三师图木舒克市	3	红枣、枣酒、浓缩果汁
四师可克达拉市	6	树上干杏、脱水蔬菜、淀粉
五师双河市	2	葡萄
六师五家渠市	4	葡萄、淀粉
七师	3	葡萄、枸杞
八师石河子市	4	辣椒、饮料
九师	0	果蔬销售
十师北屯市	1	淀粉、辣椒
十二师	4	鲜食玉米、蔬菜加工
十三师	1	哈密瓜、葡萄、红枣
十四师昆玉市	1	红枣
兵直企业	1	红枣、核桃、葡萄干
合计	71	

12. 加工企业出口创汇

兵团209家果蔬加工企业只有7家企业实现了出口创汇，其中，四师可克达拉市2家，八师石河子市2家，三师图木舒克市、九师、十四师昆玉市各1家，这说明目前兵团的果蔬加工企业销售渠道较窄，仅停留在本地区和国内市场，且由于果蔬的加工层次与产品质量问题，达不到国际要求，难以出口，这是制约兵团果蔬加工行业发展的一大瓶颈问题。

二、存在的问题

1. 产业重复建设，缺少精深加工产品

由于中央、地方、兵团三大体系共存等因素，容易形成一定的盲目投资、低水平重复建设、无序甚至恶性竞争现象，产业趋同化现象比较严重。新疆兵团是全国最好的果蔬原料基地，产品却是以附加值低的初级产品为主，如：仅

一师就有果蔬加工企业 93 家，大部分以红枣初加工为主，生产干制红枣等产品，现有的农产品加工企业，大部分为"原"字号，缺少精深加工企业。与兵团丰富的果蔬资源相对应的是果蔬加工业发展滞后，深加工少，产业链短。资源丰富与加工滞后的矛盾，制约了兵团果蔬业向精、深方向发展。

2. 农业产业化龙头企业普遍规模较小，带动能力不强

现阶段团场的龙头企业大多处于发展的初期，规模小以及产品结构都很单一，吸引的外来资本和社会投入不多，规模效益低，带动能力不强，带动面窄，产生的经济效益和社会效益很有限。虽然在推进农业产业化的初期阶段起到了重要作用，但无法带动农业生产化经营向纵深发展。而且有的龙头企业没有配套的生产场地及设备，对职工的带动作用很小。目前重点龙头企业主要分布在一师、三师、八师，辐射范围也仅限于这些师市的周边团场和地方乡村，大部分师没有国家级重点龙头企业或较少受其辐射带动。相对应地，全兵团75％以上的农产品加工企业属于规模小、经营分散、产品档次低、研发能力差、出口创汇能力和辐射带动能力弱的民营、私营企业，很难形成整体竞争优势。很多果蔬加工企业能力远不能适应生产发展，很多企业技术及装备水平还停留在初级加工水平，缺乏深加工和新产品系列开发能力，附加值低，产业链太短，难以延伸至附加值较高的果蔬产品销售环节，在很大程度上影响了兵团果蔬加工产业的竞争力

3. 农业产业化利益联结机制还不健全

龙头企业、基地（团场）、农工是兵团农业产业化经营中的经营主体和利益主体，由于经营主体之间的责、权、利不明确，原料购销合同不规范，以农工专业合作组织为主的各类中介服务组织发展缓慢，加之社会信用体系不健全，诚信意识淡薄，订单履约率较低，合同兑现不及时，利益纠纷时有发生。加工企业没有比较稳定的原料生产基地，加工原料的质量和供应没有保障；农工的农产品销售渠道和收入不稳定，龙头企业、基地（团场）、农工之间还未真正形成利益共享、风险共担、经营一体化的利益共同体，特别是基地（团场）、农工的积极性受挫，这是影响兵团农业产业化经营健康快速发展的主要因素。

三、建议

1. 重点产业选择与资源优势相结合

努力实现特色农产品生产优势转换成市场优势和经济优势。瞄准国际国内市场，充分利用新疆兵团富足的光热资源，在适宜区大力发展有优势的加工番茄、红枣、核桃、葡萄、哈密瓜等地域特色果蔬。充分结合资源禀赋和区域比较优势，依托优势特色农产品基地发展农产品加工业，实现果蔬加工与原料基

地及目标市场的有机结合，使重点产业的选择和发展能够充分与当地资源优势相结合。通过资源的深加工，延长产业链，增加产业的附加价值。新疆兵团果蔬加工业重点产业选择应依托具有显著区域特色和优势的"红、白、绿"资源优势，立足于产品比较优势，合理开发、深度综合利用，通过市场化运作，大力引进技术、资金和人才，努力延长相关产业链，增加产品品种，提升产业深加工力度，培养以资源为基础、加大中间产品和最终产品的比例，努力创造特有的产品和品种，不断提高质量，以独具特色和质量可靠的产品积极参与全国市场乃至世界市场的竞争。

2. 培育原料基地，保证果蔬加工原料的质量

有了好的基地，才能迎来好的龙头企业，形成基地与龙头企业良性互动的产业化发展格局。一是围绕区域优势农产品产业和现有加工业基础，建立专用加工原料基地，发展优良加工品种，建立健全良种苗木体系，注重培育早、晚熟品种，以延长加工期，提高设备利用率，降低生产成本，为果蔬加工产业带的发展夯实基础。另外，要适应国际国内市场对无公害、绿色食品的需求趋势，大力发展无公害、有机、绿色农产品基地，为加工企业提供安全、优质的加工原料。南疆各师要重点发展以红枣为主，兼顾核桃、杏等特色干鲜果品，着力提高香梨、苹果的质量档次。北疆各师重点发展鲜食、酿酒葡萄和特色园艺作物。在城郊团场、边境口岸团场、冬季光照条件好的垦区，积极发展日光温室大棚等设施农业，提高单位面积的产出效益。二是鼓励果蔬加工企业通过对原料基地定向投入、定向服务、定向收购等方式，与种植户建立稳定的合同关系和利益连接机制，形成真正的利益共同体。三是支持果蔬加工企业建立订单农业风险基金制度，规范订单文本，货号合同的签证、公证等服务工作，加强对《合同法》等有关法律法规和诚信守法意识的宣传教育，增强企业和种植户的契约观念，提高订单农业履约率。

3. 继续培育和扶持农业产业化重点龙头企业做强做大

根据兵团的特殊体制、地处内陆和资源禀赋的特点，实行龙头企业带农户，生产加工销售有机结合的农业产业化经营，能在更大范围和更高层次实现资源的优化配置，是对兵团统分结合的双层经营体制的充实、完善和发展，是兵团特殊体制和特色农业有效的结合形式。按照特色农产品基地建设目标和布局，围绕主导产业、特色产品基地和现有企业基础，按照"扶强扶优"的原则以及"用工业化理念谋划农业"的思路，重点培育和扶持能带动本地区支柱产业发展、辐射面广、带动力强、有较强市场竞争力的加工型骨干龙头企业。每个优势特色产业要精心培育1~2家具有市场竞争力、科技创新能力强、品牌塑造好的龙头企业，带动特色产业发展，增强龙头企业对基地和农户的带动作用。

附件 4　兵团葡萄酒加工业发展调研报告

一、兵团葡萄酒加工业发展现状

1. 基本情况

兵团拥有葡萄酒企业 36 个，主要分布在二师铁门关市、四师可克达拉市、六师五家渠市、八师石河子市和十二师。其中八师石河子市和四师可克达拉市各 11 个、十二师 6 个、二师铁门关市和六师五家渠市各 4 个。资产总额超 1 亿元（含）的企业 7 家，占企业总数的 19.4%；5 000 万元到 1 亿元的有 4 家，占企业总数的 11.1%；其他家企业固定资产均在 5 000 万元以下。兵团葡萄酒企业的主营产品为葡萄酒、葡萄蒸馏酒、果酒、葡萄酒原汁等，以葡萄酒为主营产品的企业有 27 个，占兵团葡萄酒生产企业的 75%；以果酒为主营产品的企业有 1 个（二师铁门关市）；以葡萄蒸馏酒为主营产品的企业有 2 个，全部集中在四师可克达拉市；以葡萄酒原汁为主营产品的企业有 6 个，主要集中在四师可克达拉市和八师石河子市。经过多年的发展，葡萄酒产业已经初具规模，形成了自己的品牌，如天伊、伊囍、伊犁农场、唐庭霞露、中粮长城、梅卡庄园、伊珠、西域明珠等。

2. 加工企业发展历程

兵团现有 36 家葡萄酒企业大部分成立于 2000 年以后，2000 年（含）以前成立的企业只有 2 个，2000—2010 年（含）成立了 8 个，2010 年后成立了 19 个，其余 7 家企业成立时间统计表中未列示。说明兵团葡萄酒产业在 2010 年后进入快速发展时期。

3. 加工企业分布

截至 2016 年，兵团葡萄酒企业有 36 个，就调查统计结果来看，主要集中在二师铁门关市、四师可克达拉市、六师五家渠市、八师石河子市和十二师，其中规上企业（主营业务收入在 2 000 万元以上）一共有 10 个，规下企业 26 个；规上企业占整个企业比例的 27.8%（表 1）。

兵团葡萄酒企业中八师石河子市和四师可克达拉市最多，各有 11 个，主营产品除葡萄酒和葡萄酒原汁外，四师可克达拉市有两家企业还生产葡萄蒸馏酒；就主营产品特色来看，二师铁门关市有 1 家企业生产果酒，其他师企业没有相关的产品。

4. 加工企业性质

目前，兵团葡萄酒加工企业主要分为国有公司、私营公司、有限公司、股

份公司。从调查表看，除了八师石河子市以外，各师均有国有公司。四师可克
达拉市和八师石河子市共有 22 家公司，国有公司只有 1 家，只占到 4.5%，
说明四师可克达拉市和八师石河子市市场经济相对比较活跃，民营资本投入市
场较多；从公司类型看，八师石河子市有限公司较多，并有 1 家股份公司，其
余各师只有国有公司和私营公司，说明八师石河子市所辖葡萄酒公司现代化管
理理念比其他师先进（表1）。

表 1　各师市兵团葡萄酒加工企业性质统计

师市	规上企业	规下企业	国有公司	私营公司	有限公司	股份公司	专业合作社	合资公司
二师铁门关市	0	4	2	2	0	0	0	0
四师可克达拉市	5	6	1	10	0	0	0	0
六师五家渠市	2	2	2	2	0	0	0	0
八师石河子市	3	8	0	0	5	1	0	0
十二师	0	6	2	4	0	0	0	0
合计	10	26	7	23	5	1	0	0

5. 加工企业资产总额

2000 年以后，兵团葡萄酒业发展迅速，由原来的 2 家企业发展到目前的
36 家，企业的总资产也在不断增加，其中资产总额及固定资产总额排在前 3
名的分别是八师石河子市、四师可克达拉市、六师五家渠市。各师市资产总额
及固定资产总额见图 1。

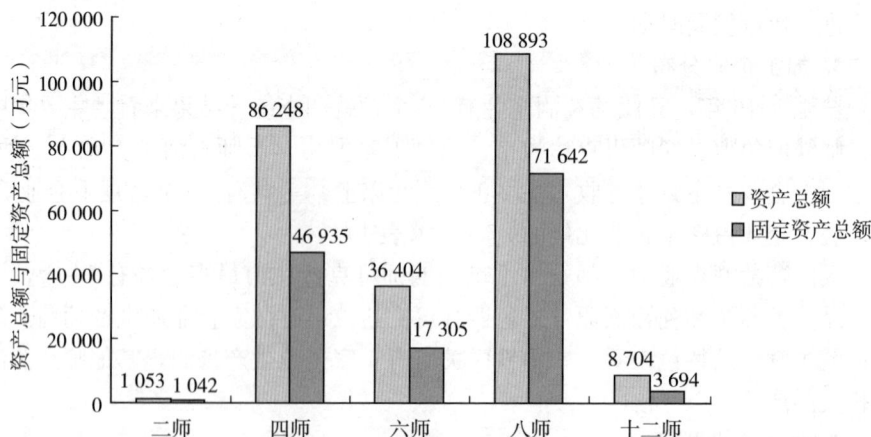

图 1　各师市葡萄酒企业资产总额及固定资产总额

6. 加工企业主营产品

就葡萄酒企业的主营产品来看，主要是葡萄酒、葡萄蒸馏酒、果酒、葡萄酒原汁等。兵团以葡萄酒为主营产品的企业有 27 个，占兵团葡萄酒企业的 75%；以果酒为主营产品的企业有 1 个（二师铁门关市），占兵团葡萄酒产业的 2.78%；以葡萄蒸馏酒为主营产品的企业有 2 个，占兵团葡萄酒产业的 5.56%，全部集中在四师可克达拉市；以葡萄酒原汁为主营产品的企业有 6 个，占兵团葡萄酒产业的 16.66%，主要集中在四师可克达拉市和八师石河子市。其中四师可克达拉市由于气候环境因素，一直以来都是传统的酿酒基地，酒的品质也非常好，八师石河子市则经济较好，加工业相对发达，产业布局相对多样。各师葡萄酒企业主营产品及占比见图 2。

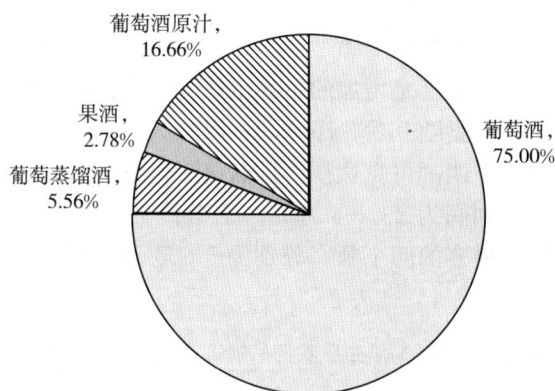

图 2　各师市葡萄酒企业主营产品及占比

7. 加工企业设计生产能力及完成情况

近年来，兵团对农产品加工业越来越重视，葡萄酒企业发展迅速，各师企业数量和产能都有所提升。就设计产能来看，四师可克达拉市和八师石河子市最大，二师铁门关市和十二师相对较小（图 3）。从实际完成情况来看，四师可克达拉市完成率最高，达 81.3%，十二师次之，为 71.5%；二师铁门关市（43.8%）、六师五家渠市（53.4%）、八师石河子市（57.3%）均完成一半左右。

8. 加工企业农产品加工产值及经营情况

截至 2016 年，兵团有 5 个师有葡萄酒企业。各师农产品加工产值情况差异比较大，四师可克达拉市各项指标均比较高，是由于四师可克达拉市葡萄酒企业绝对数量较多，达到 11 个。各企业农产品加工产值都比较高，30 000 万元以上的有 2 家，而同样有 11 个企业的八师石河子市产值 30 000 万元以上的企业却没有。各师销售收入：销售收入基本上和农产品加工产值成正比，产值越高，销售收入也越大。增加值：各师的增加值均为正值，说明各师的葡萄酒

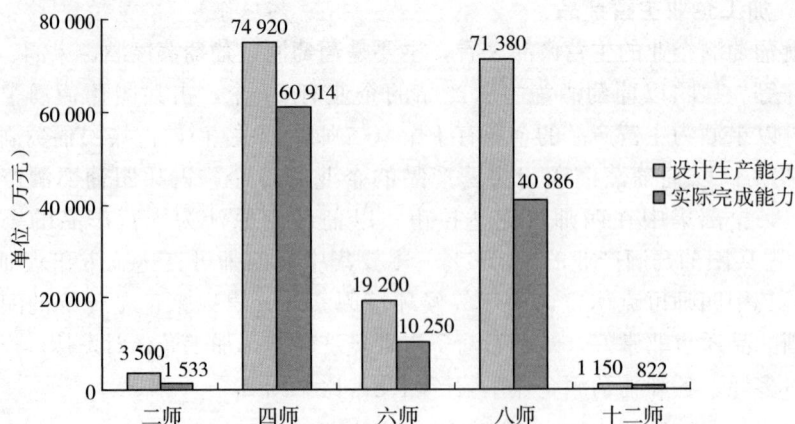

图3 各师市葡萄酒企业设计生产能力及实际完成能力

企业销售收入相比上一年度是增加的，其中四师可克达拉市增加值的绝对数排名第一，八师石河子市紧随其后。净利润：以师为单位来看，各师葡萄酒企业都有利润，各师利润中四师可克达拉市排名第一，且远远超过其他各师，其中四师可克达拉市的净利润为 25 306 万元。上缴税金：四师可克达拉市和八师石河子市是上缴税金最多的两个师，分别为 6 600 万元和 7 632 万元，分别占整个兵团的 45.3% 和 52.4%（表2）。

表2 各师市葡萄酒企业农产品加工产值及经营情况统计

单位：万元

师市	加工产值	销售收入	增加值	净利润	上缴税金
二师铁门关市	5 842	5 582	2 079	8	25
四师可克达拉市	138 818	125 678	51 353	25 306	6 600
六师五家渠市	11 350	11 017	920	273	218
八师石河子市	70 062	39 523	19 195	5 113	7 632
十二师	10 003	4 623	1 146	990	90
合计	236 075	186 423	74 693	31 690	14 565

9. 加工企业年均就业人数和带动农户数

八师石河子市和四师可克达拉市企业年均就业人数和带动农户数均远远超过其他师，二师铁门关市、六师五家渠市、十二师年均就业人数和带动农户数都很少（图4）。

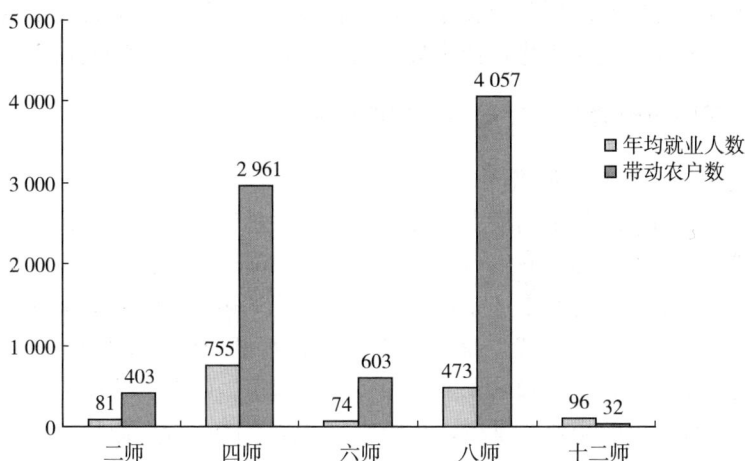

图 4　各师市企业年均就业人数和带动农户数

10. 加工企业资产负债率及银行信用等级

根据调查表显示，兵团现有企业中存在资产负债的企业有 14 家，占兵团葡萄酒企业总数的 38.9%，调查表中有 21 家企业资产负债情况没有列示。银行信用等级方面，兵团葡萄酒企业中获得银行信用等级为 A 的企业有 4 家，其中，八师石河子市 3 家，六师五家渠市 1 家，银行信用等级为 4 星的有 1 家（二师铁门关市），其他企业信用等级情况在统计表中未显示。

11. 加工企业品牌建设

2016 年，兵团葡萄酒企业在品牌建设方面比较缺乏，统计资料显示，在该行业内取得的商标主要有"天伊""伊囍""伊犁农场""伊珠""中粮长城""梅卡庄园""唐庭霞露""西域明珠""军燕""天沐九谷"等，品牌较多，但是没有特别有名的品牌，品牌缺乏文化内涵。目前兵团葡萄酒企业数量及品牌数量见表 3。

表 3　各师市葡萄酒企业数量及品牌数量

师市	企业数量	品牌数量	产品品种
二师铁门关市	4	1	葡萄酒、果酒
四师可克达拉市	11	4	原汁、葡萄酒、葡萄蒸馏酒
六师五家渠市	4	3	葡萄原酒、葡萄酒
八师石河子市	11	5	葡萄酒、葡萄原酒、干红
十二师	6	0	葡萄酒、饮料酒
合计	36	13	

12. 加工企业出口创汇

目前统计的兵团 36 家葡萄酒企业均未实现出口创汇，这也是下一步的目标。四师可克达拉市的葡萄酒企业多，品牌多，效益较好，又紧邻霍尔果斯口岸，因此应该利用这些优势，让优势产品出口到国外，获得创汇收入。

二、兵团葡萄酒产业发展中存在的问题

1. 葡萄酒产品附加值低

北疆沿天山一线是全国最大最好的葡萄酒原料生产基地，是兵团腹心团场所处区域。目前世界葡萄酒生产大国都在盯着中国这个潜在的庞大的葡萄酒消费市场，国内知名葡萄酒生产企业进驻新疆尤其是兵团，产能扩张迅猛。这些企业大多是将新疆兵团的优质酿酒原料生产葡萄酒原酒，运回内地后进行灌装，形成终端产品，贴上知名企业的商标进行销售。而在当地加工终端产品的兵团自身培育发展的企业数量少，规模小。就整个产业看，葡萄酒的价值主要体现在终端产品上，是形成价值和税收的主要环节，兵团以生产附加值低的初级产品原酒为主，是造成目前葡萄种植业的职工收入低、企业无盈利、政府无税收的主要原因之一。

2. 产业缺乏统一规划，自主品牌较少

兵团酿酒葡萄产区 70％以上都是赤霞珠品种，80％酒品为干红葡萄酒，有少量干白葡萄酒和白兰地，葡萄酒品种谱系不全，且主要为中低档原酒，缺乏中高档酒品种的终端产品。葡萄和葡萄酒品种不丰富，产品结构单一，同质化现象严重，缺少优质品种导致葡萄酒企业在国内市场缺乏竞争力，无法形成有影响力的葡萄酒品牌。在核心基地建设、优质品种基地布局、葡萄栽培管理技术、品牌培育、创建等方面缺乏引导和规划。葡萄酒庄发展具有潜力，但投资大、周期长、见效慢，同时也缺乏支持葡萄酒（酒庄）产业发展的政策。

3. 葡萄酒产业的经营发展机制有待完善

企业市场意识不强，缺乏市场条件下对（企业经营管理）、市场开拓和市场营销的现代理念，企业产品营销滞后，市场开拓力度不够，影响企业效益，也间接影响到种植户收益。企业与基地葡萄种植户的利益联结不紧密，双方缺乏诚信意识，加之劳动力价格越来越高，大幅增加了葡萄园管理成本，从而影响种植户的生产积极性，更影响到先进科学技术的推广应用。

三、建议

1. 政策引导及科技创新

针对葡萄酒附加值低的问题，鼓励出台企业在新疆兵团当地进行酿酒葡萄的精深加工等方面的政策支持，兵团重点在科技创新、产品质量提高、品牌创建打造、市场开拓、宣传等方面给予补助和奖励，在基地建设、小酒庄建设等方面的项目给予引导支持。推进葡萄栽培管理技术标准化，创建优质葡萄示范

园，树立葡萄标准化生产示范片区，开展葡萄标准化生产示范，加强技术培训和指导，加快葡萄园升级改造实现提质增效目标，积极探索适宜酿酒葡萄特点的产业化组织模式，创新和规范龙头企业、团场和农户的利益联结机制，建立风险基金、利润二次分配和农工投保制度。

2. 市场导向、龙头带动、产业化经营

坚持市场导向、因地制宜，通过龙头企业带动酿酒葡萄种植结构调整，坚持用产业化的理念经营葡萄酒，推动生产基地向规模化、专业化、标准化、产业化发展，推动葡萄酒加工、销售、酒庄、旅游各环节有机结合，形成农户、基地、龙头企业互惠互利、相互依存、和谐发展的产业化格局。

3. 强化宣传、大力推介、树兵团品牌

充分发挥行业组织在政府与企业之间的桥梁纽带作用，积极倡导行业自律和诚信经营。以促进兵团葡萄酒产业发展为战略目标，积极组织企业参加全国各类展会，展示兵团葡萄酒产业资源优势，推介兵团酿酒葡萄及葡萄酒产品品牌，搭建与国内外客商之间的交流、洽谈、合作、共赢的平台，进一步提高兵团葡萄酒在全国的知名度和影响力，助推企业更好发展。

附件 5 兵团油脂加工业发展调研报告

一、兵团油脂加工业发展现状

1. 基本情况

兵团拥有油脂加工企业 97 家，上市公司有 2 家为汇昌和新赛股份。2019年油脂加工企业资产总额为 33.95 亿元，其中固定资产总额为 13.34 亿元；企业的年生产能力为 125 万吨，实际生产量为 49.9 万吨，没有实现满负荷运营。油脂加工企业产值为 62.1 亿元，新增 17.2 亿元，同比增长 38.3%；净利润达到 4.2 亿元，上缴税金 1.2 亿元，年均就业人数为 4 067 人，产业带动农户69 855 户。

2. 加工企业发展历程

兵团油脂加工企业于 2000 年以后成立的有 56 家，成立于 2000 年以前的有 24 家。20 世纪 90 年代中后期，尤其是新疆兵团兴修的水利工程逐步完善，"矮、密、早、膜"栽培模式的推广，新疆兵团的植棉面积迅速增长。植棉面积不断增长，但棉花副产物棉籽的加工能力却没有跟上，因此，在 2000 年以后兴起了一大批最初以棉籽油加工为主的油脂加工企业。

3. 加工企业总体布局

截至 2019 年，兵团油脂加工企业有 97 个，主要集中在四师可克达拉市、一师阿拉尔市和八师石河子市（图 1）。

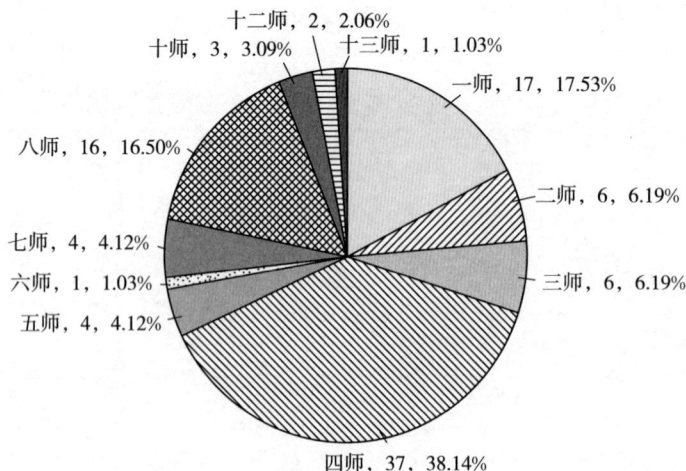

图 1 各师市加工企业布局

兵团油脂加工企业中四师可克达拉市和一师阿拉尔市市最多，分别为37家和17家，主营产品主要是食用植物油，四师可克达拉市的个体榨油坊较多，有27家，生产规模都很小，年生产能力为100~300吨。

4. 加工企业性质

兵团的97家油脂加工企业中国有企业18家，规上企业有37家，主要集中在一师阿拉尔市、四师可克达拉市、八师石河子市、三师图木舒克市（表1）。

表1　各师市加工企业性质统计

单位：家

师市	加工企业	规上企业	规下企业	国有企业	私营企业
一师阿拉尔市	17	9	8	6	11
二师铁门关市	6	1	5	1	5
三师图木舒克市	6	6	0	3	3
四师可克达拉市	37	8	29	1	36
五师双河市	4	1	3	2	2
六师五家渠市	1	0	1	0	1
七师	5	2	3	2	3
八师石河子市	15	7	8	3	12
十师北屯市	3	3	0	0	3
十二师	2	0	2	0	2
十三师	1	0	1	1	0
合计	97	37	60	19	78

5. 加工企业资产总额和固定资产分析

一师阿拉尔市、三师图木舒克市、八师石河子市、十师北屯市油脂加工企业的资产总额和固定资产较多（图2），说明以上各师对于企业的资本投入较多，较活跃；其中三师图木舒克市的资产总额与固定资产的差额较大，流动资产较多，净流动资金越多表示企业的净流动资产愈多，其短期偿债能力较强，因而其信用地位也较高，在资金市场中筹资较容易。

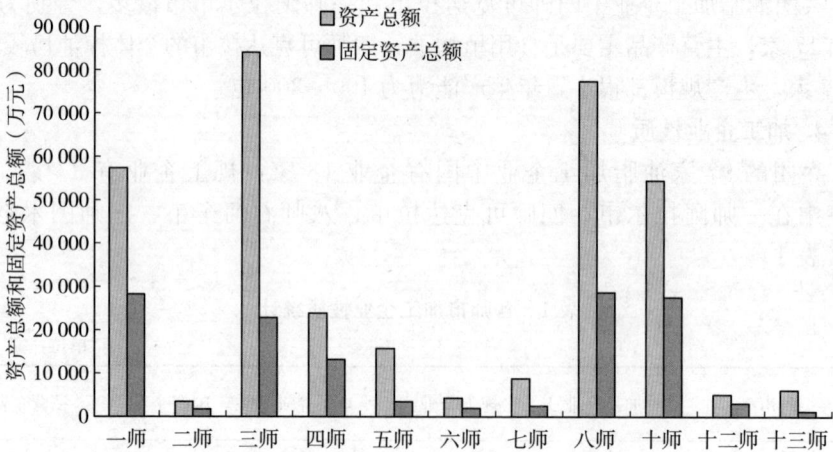

图 2　各师市加工企业资产总额和固定资产总额对比

6. 加工企业主营产品

食用油生产企业有 83 家，规上企业有 19 家，小规模企业和作坊较多，尤其在四师可克达拉市葵花和菜籽榨油坊较多，主要生产食用油的品种有花生油、葵花油、菜籽油、植物调和油等（图3）。

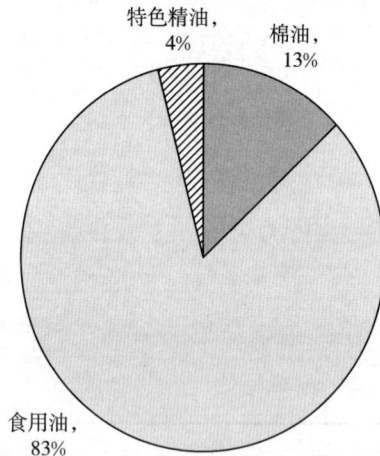

图3　各师市加工企业主营产品及占比

生产棉籽油的企业有 10 家，规上企业有 8 家，棉籽油企业在一、二、三、六、七、八、十、十三师里均有分布，在以上各师里棉花种植面积较大，棉籽产量高，原料成本低，棉籽油加工自然成为油脂加工企业的主营产品。生产特色精油加工企业 4 家，分布在二师铁门关市和四师可克达拉市，二师铁门关市生产番茄籽油，四师可克达拉市生产薰衣草精油。

7. 加工企业年生产能力和实际生产量

各师油脂加工企业设计年生产能力均大于实际年生产量，没有达到满负荷运营，同时八师石河子市的油脂企业的实际生产量仅为设计年生产能力的19.3%，企业的加工生产量提升空间较大。六师五家渠市和十三师的企业实际生产量为零（图4）。

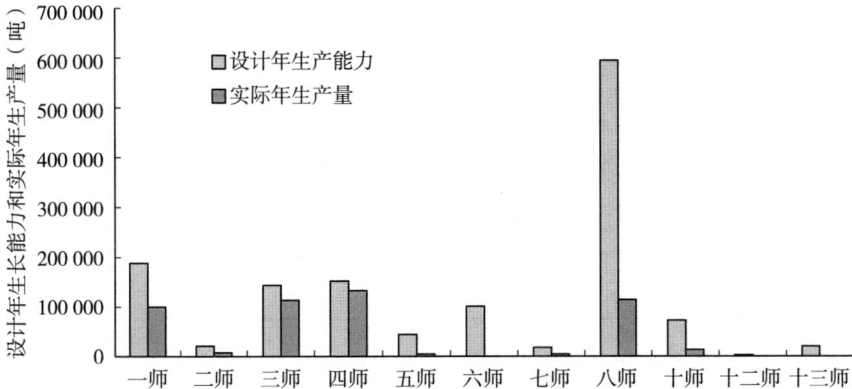

图4　各师市加工企业设计年生产能力和实际年生产量

8. 加工企业加工产值及经营情况

至2019年，兵团的14个师中有11个师都有油脂加工企业。各师农产品加工产值情况差异比较大，八师石河子市、一师阿拉尔市、三师图木舒克市稳居前三，六师五家渠市的新疆兵团新光油脂有限公司芳草湖分公司近年没有生产，各项指标为零。增加值：除五师双河市、六师五家渠市、十三师以外，各师的增加值均为正值，其中增加最多的为一师阿拉尔市，其次为四师可克达拉市。净利润：五师双河市、六师五家渠市、十师北屯市、十三师利润为负值或零，其余各师的油脂加工企业均有利润，其中最多的是四师可克达拉市，其次为一师阿拉尔市。五师双河市的新疆乌苏市新赛油脂有限公司、新疆兵团博乐新赛油脂有限公司、伊犁恒信油脂有限责任公司的净利润均为负，共计为－4 190万元。上缴税金：四师可克达拉市、三师图木舒克市是上缴税金最多的两个师，分别占到兵团油脂加工企业上缴税金的52.17%，32.92%，四师可克达拉市的油脂加工小企业多，上缴税金最多（表2）。

表2　各师市加工企业加工产值及经营表情况统计

单位：万元

师市	加工产值	主营业务收入	主营业务成本	增加值	净利润	上缴税金
一师阿拉尔市	158 787	119 151	117 533	55 875	13 994	457

（续）

师市	加工产值	主营业务收入	主营业务成本	增加值	净利润	上缴税金
二师铁门关市	17 888	15 749	12 827	5 104	1 938	34
三师图木舒克市	113 089	83 333	49 977	22 201	8 171	3 965
四师可克达拉市	98 627	115 330	49 501	41 529	18 108	6 284
五师双河市	4 612	6 274	0	−2 092	−3 894	74
六师五家渠市	0	0	0	0	0	0
七师	8 574	9 367		809	369	433
八师石河子市	173 125	95 789	71 070	21 755	4 130	764
十师北屯市	43 173	18 315	16 852	10 105	−1 116	21
十二师	3 389	2 542		775	446	2
十三师	0	437	415	0	−15	12

9. 加工企业年均就业人数和带动农户数比较

八师石河子市企业带动农户最多，十师北屯市次之，三师图木舒克市和五师双河市带动农户也较其他师多（图5）。

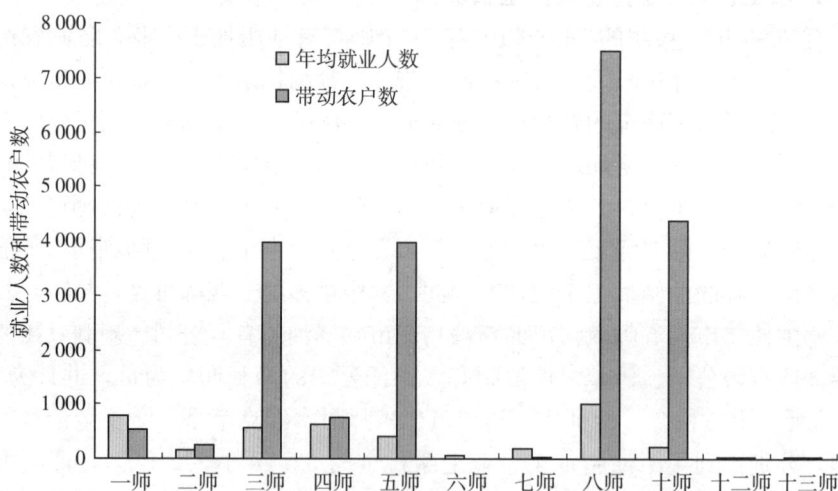

图5　各师市加工企业年均就业人数和带动农户数

10. 加工企业品牌

兵团的油脂加工企业很多，但拥有自己品牌的企业只有16家，其他近83.5%油脂加工企业没有自己的品牌，主要作为内地企业的原油供给。油脂加工中叫得响的品牌更少，如羚羊咩品牌获"新疆兵团著名品牌商标"。汇昌牌葵花籽油被中国绿色食品发展中心认定为"绿色食品A级产品""全国葵花籽油知名品牌"殊荣。汇昌牌食用植物油系列产品被授予"中国优质产品"称号（表3）。

表3 各师市加工企业品牌一览

师市	企业名称	企业品牌	主营产品品种
一师阿拉尔市	七团加工厂	新农	植物油加工
	阿拉尔市金象油脂有限公司	冰山轿子	食用油
	阿拉尔市昌平油脂有限责任公司	昌平	食用油
三师图木舒克市	新疆兵团前海天昆生物科技股份有限公司	前海	棉籽油
	新疆兵团新天泉生物科技有限公司	新天泉	棉籽油
四师可克达拉市	新疆兵团四木王油脂有限公司	四木王油脂	棉籽油
	77团新疆兵团五合农业科技有限公司	伊昭	菜籽油
	伊宁县清香粮油制品有限公司	清香	食用油
五师双河市	新疆兵团博乐新赛油脂有限公司	羚羊咩	食用油
六师五家渠市	新疆兵团新光油脂有限公司芳草湖分公司	智育	棉籽油
七师	新疆兵团保康油脂有限公司	保康	花生油
八师石河子市	石河子汇昌豆业有限责任公司	汇昌	葵花油
	新疆兵团石河子康隆油脂工贸有限公司	玉龙康、盛优滋	食用油
十师北屯市	新疆兵团北屯油脂化工有限责任公司	金屯	葵花油、南瓜籽油
	新疆兵团汇祥农业发展有限公司	汇祥、鑫北屯	花生油、大豆油
十二师	乌鲁木齐市头屯河区迪诺精炼油厂	往日印象、迪祥	食用植物油

11. 加工企业资产负债率及银行信用等级

兵团现有企业中存在资产负债的企业有54家，各师都有企业资产负债情况，占兵团油脂加工企业总数的44.7%，且都在合理的负债范围之内，没有资不抵债的企业，其他43家企业没有显示有负债情况。银行信用等级方面，兵团粮食加工企业中获得银行信用等级为3A的企业有4家，占贷款企业总数的14.3%；获得等级为2A级的企业有5家，占贷款企业总数的17.8%；获得信用等级为A级的企业有16家，占贷款企业总数的57.1%；获得信用等级为B级的企业有3家，占贷款企业总数的10.7%。

二、存在问题

1. 油脂加工企业以初加工产品为主，产业链条短、产品同质化严重

兵团以棉籽为原料进行棉油加工的企业分散于各个师和团场，基本形成了种—收—储—加工模式，节省运输成本。但加工企业较分散，很多企业没有自主品牌，只能代加工做初级产品，造成了加工油脂产品同质化竞争，精深加工产品少，产业链条短，企业获利有限。

2. 特色油料品牌优势不突出

兵团的特色油料有很多，如红花籽、沙棘、葡萄籽、番茄籽、薰衣草、亚麻籽等，红花籽油、番茄籽油有两家企业在生产，如新疆兵团百禾晶生物科技有限责任公司、十二师的新疆兵团西域金锄生物工程有限公司，八师石河子市的汇昌油脂也有涉猎，四师可克达拉市的薰衣草精油品质好，初步形成品牌，作为旅游产品，但产品种类较少。

3. 企业自主创新能力低

兵团 97 家油脂加工企业只有 11 家有研发投入，研发投入总额占企业总产值的 11.34%。其他企业每年只是重复性的生产，产品技术革新慢，没有建立以企业为主体的创新体系。同时高端人才匮乏，尤其是高端技术带头人缺失，也制约了企业的创新发展。

三、建议

1. 有机整合、突出特色，延长产业链发展

遵循兵团优势农产品区域规划，响应"一带一路"的产业集群发展，整合资源，统筹安排，重点扶持典型油脂加工企业，实现作为龙头企业培养和成为同行业标杆。

2. 注重创新、激发活力，提高企业集成创新能力

兵团在招商引资中给予政策支持，多与油脂加工的研究单位开展合作，注重产、学、研协调发展。同时对于企业的技术员工多开展油脂加工的技术培训和指导。注重更新生产设备，提高企业集约化水平，提高企业的集成创新能力。

3. 立足地域特色，树立自主品牌

新疆兵团的红花籽、葡萄籽、番茄籽的品质和含油量较其他地方有原料优势。同时应大力宣传四师可克达拉市的薰衣草精油品牌，利用油脂研究领域的新技术和新成果，将原料优势转变为品牌优势，树立兵团企业自主品牌。

附件6　兵团肉品加工业发展调研报告

一、兵团肉品加工业发展现状

1. 基本情况

截至2019年底，兵团拥有肉品加工企业46家，主要分布在四师可克达拉市、八师石河子市、六师五家渠市和十师北屯市，国有独资（国有控股）企业10家，占企业总数的21%；资产总额超1亿元的企业6家，占企业总数的13%；企业总资产为5 000万元到1亿元的有4家，占企业总数的8.7%；其他家企业固定资产均在5 000万元以下。全部企业资产总值为568 917万元，其中固定资产总值为157 985万元，占资产总值的27.8%；加工产值为244 539万元；主营业务收入为226 522万元；净利润为22 175万元；上缴税金1 892万元；年均就业人数为3 662人；研发投入为2 584万元（其中西部牧业2 100万元、汉高食品350万元）。

2. 加工企业发展历程

据不完全统计，兵团现有46家肉品企业大多都成立于2000年以后，2000年以前成立的企业只有1家，2000—2010年（含）成立了19家，2010年之后成立了15家，剩余1家（148团屠宰场）成立时间不详。说明兵团肉品产业在2000年前基本没有形成产业，2000年后进入较为快速发展时期。

3. 加工企业分布

2019年，兵团肉品加工企业有46个，就调查统计结果看，如图1所示，主要集中在八师石河子市、四师可克达拉市、六师五家渠市、十师北屯市，南疆4个师占有比例较低，其中四师可克达拉市11家、八师石河子市8家、六师五家渠市5家，十师北屯市5家、五师双河市4家、十三师3家、一师阿拉尔市3家、二师铁门关市2家、九师2家、三师图木舒克市和十二师及十四师各1家、七师没有。其中规上企业（销售收入在2 000万元以上）一共有12家，规下企业34个；规上企业占整个企业比例的26.09%。

兵团肉品加工企业中四师可克达拉市最多，有11家，主营产品除屠宰鲜、冻肉外，还涉及生产风干肉、卤制品和其他熟肉制品；就主营产品特色来看，部分企业加工风干肉、熏马肠等具有地域特色的产品，二师铁门关市有一家企业生产风干鹅，其他企业没有此产品。

4. 加工企业性质

兵团肉品加工企业主要分为国有企业和私营企业两种。从调查数据来看，

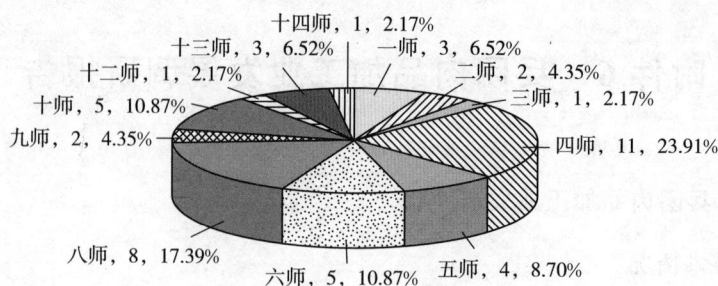

图1　各师市肉品企业分布

国有企业有 10 家，一师阿拉尔市、五师双河市、十二师、十三师全部为私营企业，而二师铁门关市、三师图木舒克市全部为国有企业，四师可克达拉市和八师石河子市共有 19 家企业，国有企业只有 2 家，只占到 10.5%，其余的全部为私营企业（表1）。

表1　各师市肉品加工企业统计

师市	加工企业（家）	国有企业（家）	销售收入＞2 000 万元
一师阿拉尔市	3	0	0
二师铁门关市	2	2	2
三师图木舒克市	1	1	0
四师可克达拉市	11	1	1
五师双河市	4	0	0
六师五家渠市	5	2	3
七师	0	0	0
八师石河子市	8	1	5
九师	2	1	1
十师北屯市	5	1	1
十二师	1	0	1
十三师	3	0	0
十四师昆玉市	1	1	1
合计	46	10	15

5. 加工企业资产总额

2000 年以后，兵团肉品加工业发展迅速，由原来的 1 家企业发展到目前的 46 家，企业的总资产也在不断增加，其中资产总额排在前 3 名的分别是八师石河子市、六师五家渠市、三师图木舒克市，固定资产总额排名前 3 位的是八师石河子市、六师五家渠市和兵直企业。各单位资产总额及固定资产总额见图2。

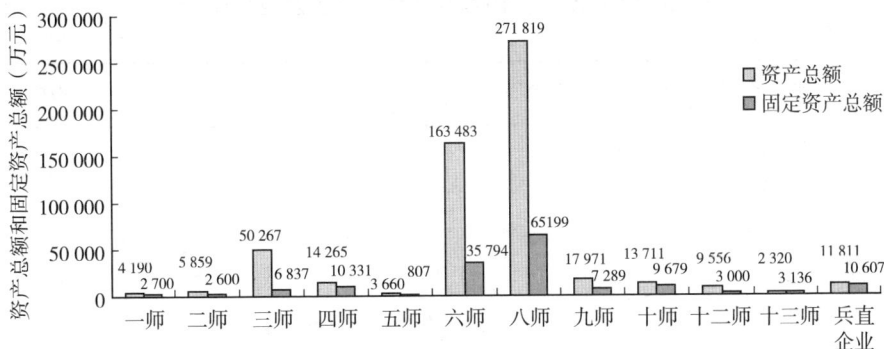

图 2　各师市加工企业资产总额及固定资产总额

6. 加工企业主营业务

兵团肉品加工企业的主营业务为屠宰、肉加工，以屠宰为主营业务的企业有 25 家，占兵团肉品加工企业的 54.3%；以肉品加工为主营业务的企业有 21 家。经过这些年的发展，兵团肉品加工企业大约一半以上还是以屠宰为主营业务，精深加工还不到一半，但部分生产企业已经初具规模，形成了自己的品牌，如绿翔、香巴拉、蓝希络、汉高地等。

7. 加工企业设计生产能力及完成情况

近年来，兵团对农产品加工业越来越重视，肉品加工企业发展迅速，各师企业数量和产能都有所提升。就设计产能和实际完成情况来看，大部分企业实际生产量远远没有达到设计生产能力，二师铁门关市完成率最高，达 92.3%。

8. 加工企业加工产值及经营情况

统计资料显示，截至 2019 年兵团有 11 个师有肉品加工企业，兵直企业单位有 1 个肉品加工企业。各师农产品加工产值情况差异比较大，农产品加工产值在 20 000 万元以上的有 4 个师，分别是四师可克达拉市、六师五家渠市、八师石河子市和十二师。各师主营业务收入：主营收入基本上和农产品加工产值成正比，产值越高，主营收入越大，其中兵直企业的主营收入比农产品加工产值要高，这可能是该企业中存在别的渠道增加了企业的收入。增加值：各师的增加值均为正值，说明各师的肉品加工企业总体上相比上一年度是增加的，其中八师石河子市增加值的绝对数排名第一，四师可克达拉市、二师铁门关市和十二师紧随其后。净利润：以师为单位来看，各师利润中四师可克达拉市和六师五家渠市相当，排名第一；十二师次之，且远远超过其他各师。四师可克达拉市、六师五家渠市的净利润分别为 8 495 万元和 8 476 万元。上缴税金：四师可克达拉市和八师石河子市是上缴税金最多的两个师，分别为 560 万元和439 万元，分别占整个兵团的 29.6% 和 23.2%（表 2）。

表 2　各师市肉品加工企业农产品加工产值及经营情况统计

单位：万元

师市	农产品加工产值	主营收入	增加值	净利润	上缴税金
一师阿拉尔市	3 283	3 165	985	738	0
二师铁门关市	18 812	18 498	5 164	370	0
三师图木舒克市	1 995	1 895	0	−1 660	3
四师可克达拉市	29 379	41 499	14 885	8 495	560
五师双河市	3 161	3 131	1 140	0	0
六师五家渠市	22 644	42 482	3 651	8 476	0
八师石河子市	95 671	69 618	28 182	726	439
九师	14 943	5 924	328	−1 226	81
十师北屯市	14 001	10 912	4 111	1 231	277
十二师	27 000	23 410	4 732	5 000	167
十三师	12 692	2 381	760	484	0
兵直企业	2 953	3 607	887	−458	365
合计	246 534	226 522	64 825	22 176	1 892

9. 加工企业年均就业人数和带动农户数

八师石河子市企业年均就业人数和带动农户数均远远超过其他师，一师阿拉尔市、二师铁门关市、三师图木舒克市、五师双河市、十二师和兵直企业年均就业人数和带动农户数都很小（图3）。

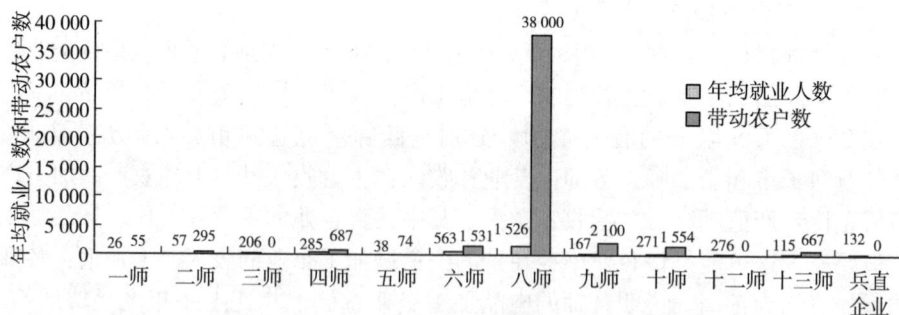

图 3　各师市企业年均就业人数和带动农户数

10. 加工企业资产负债率及银行信用等级

根据调查显示，兵团现有企业中存在资产负债的企业有 22 家，占兵团肉品加工企业总数的 47.8%，有 24 家企业资产负债情况没有列示。银行信用等级方面，兵团肉品加工企业中获得银行信用等级为 3A 的企业有 2 家，等级为

2A 的企业有 6 家，等级为 A 的企业有 7 家，其他企业表 3 中未显示。

11. 加工企业品牌建设

目前，兵团肉品加工企业在品牌建设方面比较缺乏，据 2019 年统计，在该行业内取得的商标主要有"绿翔""天山草鹅""忆江南""乡伯佬""汉高地""旺月""天山鸡""姑娘追""蓝希络""红山魂""天山大草原"等，品牌较多，但不是特别有名，品牌缺乏文化内涵（表 3）。

表 3　各师市肉品加工企业商标及品牌数量统计

师市	企业数量	品牌数量	品牌名称
一师阿拉尔市	3	0	
二师铁门关市	2	2	天山草鹅、香风王
三师图木舒克市	1	2	忆江南、叶河胡杨
四师可克达拉市	11	3	乡伯佬、汉高地、旺月
五师双河市	4	5	天山北园、天山鸡
六师五家渠市	5	2	天山大草原、正大
八师石河子市	8	1	雨润
九师	2	2	绿翔、姑娘追
十师北屯市	5	2	阿吾勒、胜鸿
十二师	1	1	蓝希络
十三师	3	1	红山魂
兵直企业	1	1	香巴拉
合计	46	22	

12. 加工企业出口创汇

截至 2019 年调查显示，统计的兵团 46 家肉品加工企业均未实现出口创汇，如何突破出口创汇是下一步的目标。

二、存在问题

1. 兵团南北疆发展不平衡，南弱北强发展格局不变

2016 年，兵团南疆地区肉制品加工有了一定的发展，拥有 8 家企业，销售收入在 2 000 万元以上的企业有 2 家，但由于基础薄弱，南疆地区肉制品加工企业的数量、资产总额、固定资产、加工产值等都远远落后于北疆地区。

2. 大多企业是以初加工产品为主，利润低，实力不强

兵团肉品加工企业生产量稳中有升，但大部分企业以屠宰、分割后的初级产品（甚至可以说是原料）出售，利润较低，全兵团肉制品加工企业利润仅有

22 174 万元，基本与 2015 年持平，同时缺少规模以上肉制品精深加工企业，产品也仅限于香巴拉、绿翔、蓝希络等 20 个左右在新疆地区较为知名的品牌。

3. 企业研发费用投入严重不足

2019 年，全兵团肉品加工企业投入研发费用约为 2 584 万元（西部牧业 2 100万元，所有研发投入并非全部投入到肉品加工上，并未详细区分投入方向；汉高食品 350 万元），仅占产值的 0.9%；平均到各师、各企业所剩无几，很多企业研发经费投入都为 0，研发投入的经费来源大多是从兵团各部门申报项目所得的经费支持，很多企业不愿在研发上投入经费。

三、建议

1. 统筹南北疆发展规划、突出地域特色

遵循兵团优势畜产区域规划，向南发展，统筹安排，形成协调发展的产业布局，积极鼓励和推动兵团南疆地区肉品加工的发展；应该找准定位，突出地域和民族特色，使具有民族特色的肉制品向着产业化、规模化和标准化的方向努力。

2. 积极发展肉制品精深加工

兵团肉品加工发展缓慢，利润低的一个重要原因就是缺少精深加工的规模化企业，目前兵团大部分企业都是以初加工为主，产品附加值低，企业利润提高慢，规模也发展不起来；今后兵团肉品加工企业应该向规模化、集约化发展，从初加工向精深加工发展。

3. 提高研发投入，技术引进和自主研发两条腿走路

研发经费投入严重不足，导致部分企业产品更新换代跟不上，产品缺少市场竞争力，今后应该在增加政府投入的同时让企业积极配套，同时加强研发资金的监管力度。新疆兵团肉制品加工技术落后，在加强自我研发的同时，应注重引进国内外先进的生产加工技术，走引进吸收和再创新的道路。

附件 7　兵团乳品加工业发展调研报告

一、发展现状

1. 基本情况

兵团上图 1 中的乳品加工企业 19 家分布在一、二、四、六、七、八、十和十二师，上市公司有 4 家，分别是一师阿拉尔市的新农乳业、七师的银桥乳业、八师石河子市的西部牧业和十二师的天润乳业，四师可克达拉市的伊力特乳业和七师的天天乳业在当地也有一定的影响力，主营产品为液态奶、全脂乳粉和一些休闲乳制品。其中这 19 家乳品企业中，南疆只有 2 家，其余的 17 家全部在北疆，这是由地理环境和当地政策原因导致的。

2. 加工企业发展历程

兵团主要乳品加工企业成立于 2000 年以后的有 16 家，3 家企业成立于 2000 年之前，且大部分乳品企业成立于 2003 年以后，这是由于 2003 年兵团在奶牛养殖业上给予了优惠政策并拨付专门的资金从澳大利亚和新西兰引进了大量的奶牛，因此乳品企业也逐渐成立。

3. 加工企业分布

兵团的 19 家乳品企业分布在南疆的有两家，其余分布在北疆各师，其中八师石河子市较多，有 7 家，四师可克达拉市有 4 家；其中规模较大的有一师阿拉尔市的新农乳业、七师的银桥乳业、八师石河子市的西部牧业和十二师的天润乳业（图 1）。

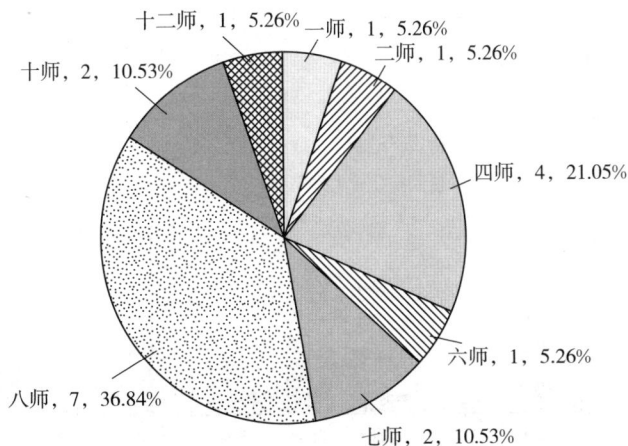

图 1　各师市乳品企业分布情况

4. 加工企业性质

兵团 19 家乳品企业中，国有企业有 6 家，占兵团乳品企业的 31.6%，阿克苏新农乳业、天润乳业、花园乳业都是当地的知名企业，且都是国有资产控股企业，说明国有资本在乳品加工企业中占有绝对的优势（表 1）。

表 1 各师市乳品加工企业规模及企业性质统计

师市	企业数量	规上企业	规下企业	国有企业	私有企业
一师阿拉尔市	1	1	0	1	0
二师铁门关市	1	1	0	0	1
四师可克达拉市	4	1	3	1	3
六师五家渠市	1	0	1	1	0
七师	2	1	1	0	2
八师石河子市	7	4	3	1	6
十师北屯市	2	0	2	1	1
十二师	1	1	0	1	0
合计	19	9	10	6	13

5. 加工企业资产总额

近年来，基于兵团对畜牧业的重视，奶牛养殖业不断扩大，乳品加工企业数量和规模也在不断加大。再加上兵团招商引资上的一些优惠政策，使得民营资本和一些外资企业加大了对兵团乳品企业的投资力度。企业的总资产不断扩大，固定资产也水涨船高。十二师的天润乳业资产总额达到 114 273 万元，在兵团排名第一位；八师石河子市位列第二，其中西牧乳业和花园乳业两家企业的资产总额占八师石河子市资产总额的 80.7%；十师北屯市的乳品加工企业较少，只有 2 家，资产总额仅为 2 675 万元（图 2）。

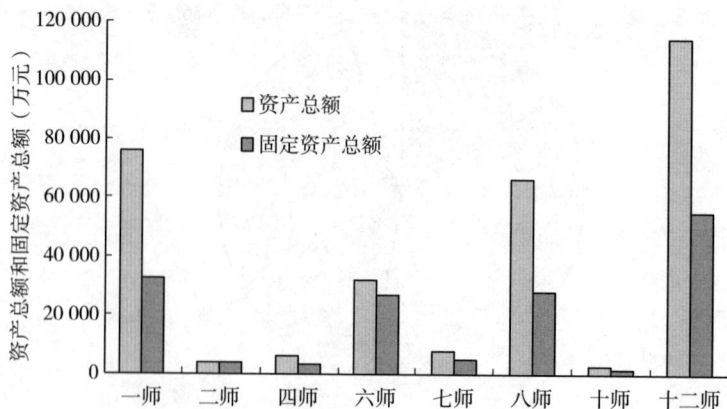

图 2 各师市加工企业资产总额及固定资产总额

6. 加工企业主营产品

2019年，兵团19家乳品企业中，主要以奶粉和液态奶为主，其中奶粉有全脂奶粉、脱脂奶粉、奶茶粉、婴幼儿配方奶粉和中老年奶粉等，液态奶主要有酸奶、UHT奶、含乳类饮料及生鲜乳，另外还有部分固态乳制品（奶酪）（图3）。就乳制品的品种而言，兵团乳品企业所涉及产品比较广，基本涵盖了所有乳制品品种。其中，2019年天润的浓缩型酸奶系列又出了新产品，如冰淇淋化了、巧克力碎了等，使得消费群体进一步扩大，企业在快速稳步发展。西部牧业公司和新农乳业则利用其婴幼儿配方奶粉、中老年全脂乳粉等增大了其在新疆奶粉市场的占有率。

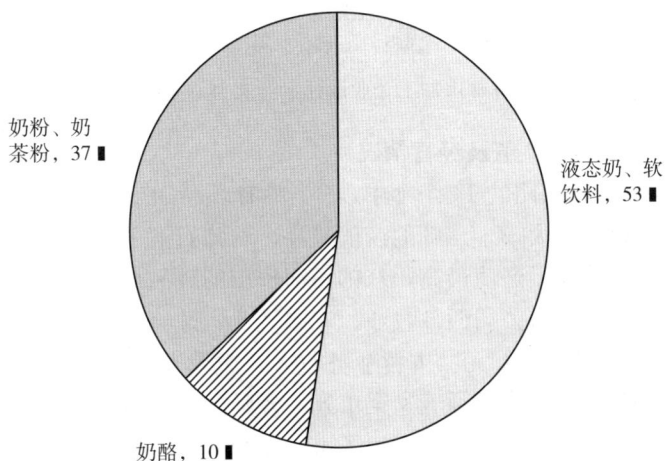

奶粉、奶茶粉，37
液态奶、软饮料，53
奶酪，10

图3　各师市加工企业主营产品及占比

7. 加工企业设计生产能力及完成情况

近年来，兵团对农产品加工业越来越重视，乳品加工企业也在这个大环境下不断壮大，各师企业数量和产能都有所提升。就设计产能来看，八师石河子市企业最大，十二师和一师阿拉尔市紧随其后，十师北屯市最小。十师北屯市的乳品企业主要是生产奶酪，奶酪是每10千克牛奶出1千克奶酪，所以十师北屯市的设计生产能力和实际生产量都较其他液态奶的乳品企业低（图4）。整个兵团除一师阿拉尔市新农乳业外，其余各师都没能完成设计产能，这可能跟市场大环境有一定的关系，2016年国内市场上的乳品企业都不景气，由于兵团乳品企业中50%涉及奶粉加工，且大部分奶粉都是以原料的形式运往内地，受外部环境影响较大；液态奶主要在疆内销售，市场有限，产品量基本上不会有太大变化，由此可认为出现这种情况仍然是国内大的市场环境造成的。

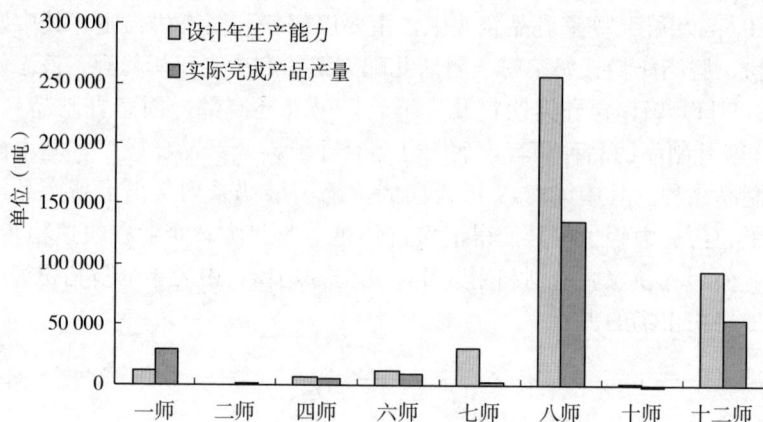

图 4   各师市加工企业设计生产能力及完成情况

8. 加工企业加工产值及经营情况

截至 2019 年，兵团的 14 个师中，8 个师有乳品加工企业。各师农产品加工产值情况差异比较大，十二师的产值最高，八师石河子市次之。十二师的天润乳业发展较快，加工产值最高，八师石河子市的乳品加工企业不仅数量多而且体量大，主要是上市公司西部牧业、花园乳业、娃哈哈等企业，仅花园乳业的加工产值就达 33 933 万元。主营业务收入：主营业务收入与农产品加工产值呈正相关。增加值：除六师五家渠市外，各师的增加值均为正值，其中增加值最大的为十二师，其次为八师石河子市。净利润：一师阿拉尔市、七师、八师石河子市的乳品企业净利润为负值，一师阿拉尔市的新农乳业利润为－11 499 万元，七师的银桥乳业利润－583 万元、八师石河子市的新疆兵团西牧乳业有限责任公司利润为－292 万元。其他各师各家乳品加工企业都有利润，十二师的天润乳业利润最大，为 64 829 万元。上缴税金：十二师的天润乳业上缴税金最多，为 56 878 万元，占乳品企业所缴税金的 97.10%；八师石河子市乳品企业所缴税金为 1 391 万元，占 2.37%，其他各师企业上缴税金仅占 0.53%（表 2）。

表 2   各师市乳品加工企业农产品加工产值及经营情况统计

单位：万元

师市	加工产值	主营业务收入	增加值	净利润	上缴税金
一师阿拉尔市	24 627	23 360	369	－11 499	0
二师铁门关市	831	852	211	0	0
四师可克达拉市	8 382	8 868	3 521	1 836	283

（续）

师市	加工产值	主营业务收入	增加值	净利润	上缴税金
六师五家渠市	300	7 200	0	351	0
七师	11 128	10 697	304	−583	1
八师石河子市	53 299	57 762	13 905	−292	1 391
十师北屯市	1 115	1 058	335	141	27
十二师	871 648	99 603	65 572	64 829	56 878

9. 加工企业带动农户和就业人数

八师石河子市乳品企业数量多、体量大，相应地带动养殖农户数最多，这种合作社和农户的自行养殖降低了企业的成本和风险，但造成了原料奶在一定程度上存在差异，建议乳品企业进一步整合，建立自己的奶牛养殖基地。十二师天润乳业年均就业人数为 15 753 人，远超过其他师的乳品企业年均就业人数（图5）。

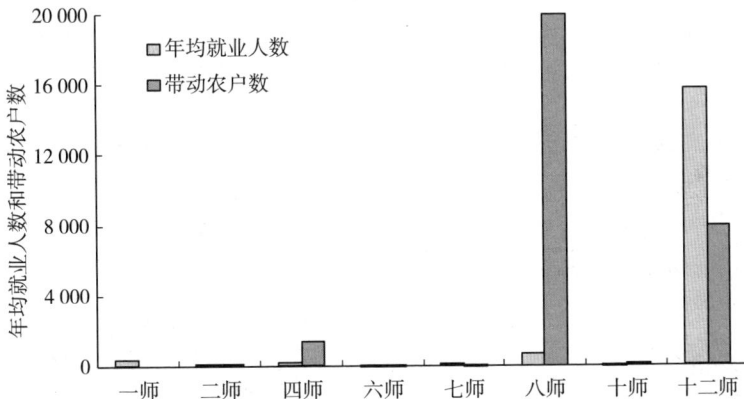

图5　各师市企业年均就业人数和带动农户数

10. 加工企业品牌

兵团乳品加工企业在品牌建设方面比较欠缺，据统计资料显示，在该行业内取得的主要乳品企业商标有"新农""鸿枫乳业""天润""花园""奥利亚""西悦"等，疆内液态乳品市场上销售的产品基本上都是新农、天润、花园和西悦。新疆兵团原料乳品质好，通过品牌宣传，各大企业积极建立内地销售渠道。自主品牌的液态奶部分通过电商平台销往内地市场。奶粉主要分两种：一种是以原料形式销往内地（附加值低），另一种是以配方奶粉的形式销售（附加值高）（表3）。

表3　各师市乳品加工企业品牌一览

师市	企业数量	企业品牌	产品品种
一师阿拉尔市	1	新农	液态奶、乳粉
二师铁门关市	1	香格尔	酸奶
四师可克达拉市	4	鸿枫乳业、康苏牌、团结、唐布拉	酸奶、奶粉茶粉
六师五家渠市	1	无	奶粉
七师	7	奥利亚、高泉	奶粉
八师石河子市	7	花园、西悦、娃哈哈	液态奶、奶粉
十师北屯市	2	美织牧场	鲜乳、奶酪
十二师	1	佳丽\天润	奶啤、酸奶

11. 加工企业的资产负债率及银行信用等级

截至 2019 年统计表显示，兵团现有乳品企业中存在资产负债的企业有 12 家，各师都有企业有资产负债情况，占兵团乳品加工企业总数的 63.2%（图 6）。银行信用等级方面，兵团乳品加工企业中获得银行信用等级评价的企业有 10 家，占兵团乳品企业的 53%，其中，AAA 级企业 3 家，在 A 级到 AA 级企业有 6 家，B 级的 1 家，其他企业未获得过银行信用等级评价（图 7）。

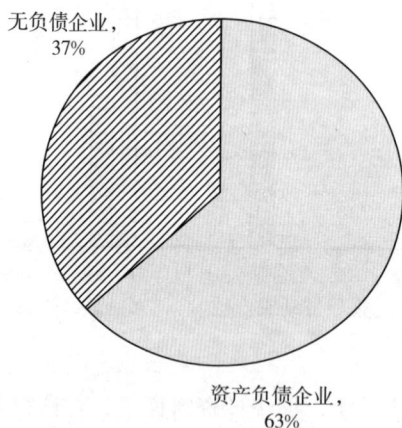

图 6　各师市资产负债情况

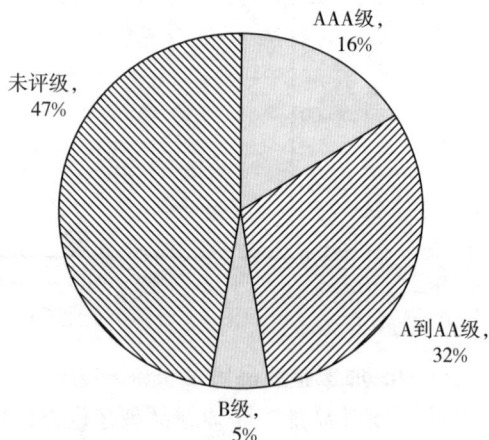

图 7　各师市银行信用等级情况

12. 兵团乳品加工企业出口创汇情况

目前统计的兵团 19 家乳品加工企业均未实现出口创汇，新疆兵团地处中亚腹地，宗教信仰与新疆维吾尔自治区少数民族一致，因此，应该利用这些优势，让兵团的优势产品出口到国外，实现创汇收入。

二、存在问题

1. 初加工产品占比过大

随着近几年兵团对畜牧业的投入增加，兵团各师尤其是一师阿拉尔市、七师和八师石河子市新建奶源基地，乳品加工企业迎来了春天，但是随着市场的发展，原料相对充足，但消费量仍旧得不到提升，因此很多乳企都将剩余的鲜奶直接喷粉做成原料奶粉，这些企业只是将液态奶变成固态奶，运出新疆兵团，当作原料卖给其他的乳品加工企业，原料乳粉的附加值极低，不仅损害了企业的利益也使得新疆兵团的优质乳资源不能转化为经济优势，仅这两家企业加工原料就占整个兵团的48%。

2. 企业研发投入严重不足，产品单一，缺乏竞争优势

乳品加工企业目前的产品形式主要是奶粉、纯牛奶和酸奶，技术含量相对较低，就目前收集的兵团乳品加工企业来看，只有西部牧业的两家乳品公司有研发投入（总计：292万元），近两年效仿蒙牛特仑苏也推出了花园"有机牧场"系列液态奶和"黄金牧场"婴儿奶粉的高端产品。经调查，企业的研发投入主要出自兵团经费投入，而大部分用于设备的升级换代，很少用于真正的新产品开发中，其他企业更是没有体现，因此企业创新活力不够，竞争优势不足，产品在市场上的占有率起伏较大。

3. 缺乏先进的物流系统

国外乳品巨头的分销一般通过第三方物流或第四方物流以外包形式进行，但目前中国的现代化物流发展尚处于起步阶段，企业不可能将所有渠道功能都外包给第三方，新疆兵团更是如此。新疆兵团的乳品市场如果想占领内地市场，企业的物流配送是关键，但就目前内地市场占有率来看，兵团的乳品仅局限在固态奶粉。提高内地市场占有率，快速、安全的物流配送是关键，而现在兵团很缺乏这种物流配送系统。

三、建议

1. 通过技术引进，提高乳企加工水平

通过对国内外乳企加工企业的技术引进，使得兵团乳品加工企业，尤其是以液态奶为主要品种企业的技术水平得到提高，从产品口感、性状以及包装形式等多方面进行创新，提升企业竞争力。加大在设备上的投入，提高自动化水平，降低劳动成本。

2. 统筹规划，围绕龙头，外引内联，提高创新

首先要对现有停产、半停产的中小型乳品加工企业进行整合和扩建，让其尽快运营起来，并提高加工能力和产品质量。其次是对乳品龙头企业如新农、

天润、西部牧业等给予政策、资金倾斜，重点培植建立一流奶源基地，规范基地建设，同时依托区域内资源优势，引进先进技术和科研成果，生产高附加值的乳制品。

3. 加大品牌宣传力度，建立完善的物流系统及客户信息管理系统

乳品尤其是低温乳品保质期短，对环境、温度要求较高，因此乳品企业建立一个完善、先进的物流系统对其产品销售至关重要，这也是保证乳品质量、避免乳品变质的重要环节之一。同时企业可以密切关注消费者的购买量、购买频率、产品评价等信息，定期进行科学系统的信息分析，及时掌握消费者消费行为的变化。

附件8　兵团粮食加工业发展调研报告

一、兵团粮食加工业发展现状

1. 基本情况

兵团拥有粮食加工企业93家，其中四师可克达拉市粮食加工企业数量最多，企业的总资产最大，加工原料量达49万吨，农产品加工产值也排在全兵团第一位。资产总额超1亿元的企业只有10家，其中四师可克达拉市占3家、六师五家渠市2家，5 000万元到1亿元的有13家，其他71家企业固定资产均在5 000万元以下。截至2019年，兵团粮食加工企业的主营产品主要是面粉、白酒和大米，这3类企业一共有67家，占兵团粮食加工企业的71.3%，其中面粉加工企业有16家，主要集中在八师石河子市、四师可克达拉市、五师双河市和十师北屯市；大米加工企业25家，主要集中在一师阿拉尔市和四师可克达拉市；白酒企业有16家，主要集中在八师石河子市、四师可克达拉市、二师铁门关市和十师北屯市。经过12年的发展，粮食加工企业有的已经初具规模，在各个领域内也逐步形成自己的品牌，像面粉加工企业的"福乐麦客""天山"等，白酒企业的"伊力特"，大米企业的"伊香"以及六师五家渠市的氨基酸品牌"梅花"等，在新疆范围内甚至国内都是知名品牌。

2. 加工企业发展历程

兵团现有93家粮食加工企业大部分成立于2000年以后，2000年以前成立的企业只有7家，所涉及的粮食加工范围主要是大米、面粉和白酒，也是目前兵团粮食加工的主要带动点，这7家企业中，有2家是国有企业，5家是私营企业，且企业的资产都相对较小，这说明兵团在2000年以前粮食加工业相对落后。

3. 加工企业分布

兵团粮食加工企业中四师可克达拉市粮食加工企业最多，有32家，但是其主营产品种类少，仅限于大米、白酒、面粉和淀粉，且大部分为初加工企业。八师石河子市有粮食加工企业14家，虽然在企业数量上少于四师可克达拉市，但是主营产品品种多，除了白酒、面粉和淀粉外，还包括方便面、挂面、调味品、糕点类食品等。其次是一师阿拉尔市和二师铁门关市。地理位置对粮食加工企业多少的影响比较重要，四师可克达拉市气候环境比较适宜农作物生长，粮食作物产量高，企业相对较多，八师石河子市距离新疆首府乌鲁木齐相对较近，市场经济发达，粮食加工企业多（图1）。

　　截至 2019 年兵团粮食加工企业有 93 家，就调查统计结果看，兵团 14 个师中只有十三师和十四师没有粮食加工企业，其中，规上企业（主营业务收入在 2 000 万元以上）一共有 43 家，规下企业 50 家，规上企业占整个粮食加工企业比例的 46.2%（图 2）。

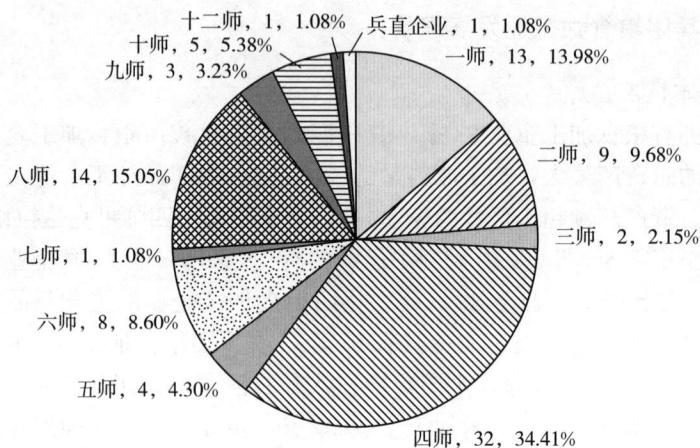

图 1　各师市规上加工企业分布

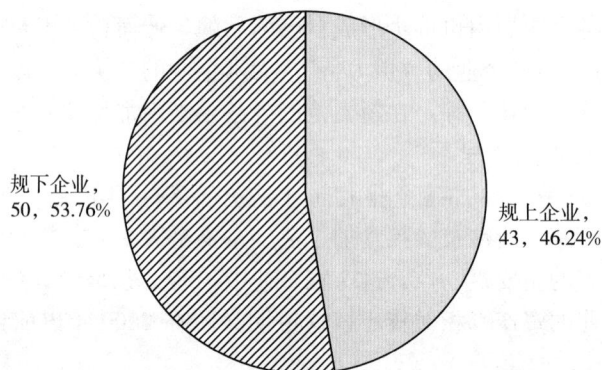

图 2　各师市规上加工企业占比

4. 加工企业性质

　　据不完全统计，兵团有粮食加工企业 93 家，企业性质主要有国有资本控股和私有资本控股两种。随着经济的发展，兵团各团场对粮食加工更加重视，合作社也逐渐在团场兴起，基本上每个师都有，但仍以股份制为主。目前，每个师都有国有控股的粮食加工企业（表 1），除了十二师以外，国有控股企业在各师占比都是少数。尤其是四师可克达拉市和八师石河子市一共有 46 家企业，国有企业只有 9 家，只占到 15%，其余的全部为私有企业，这就说明，在四师可克达拉市和八师石河子市，市场经济相对比较活跃，民营资本投入市场较多，但四师可克达拉市仍是以当地的优势资源（大米）为主的粮食初加工企业，八师石河子市更多的民营资本则是投入粮食深加工企业。

表 1　各师市企业数量及企业性质统计

师市	企业数量	国有控股	私有控股	合作社
一师阿拉尔市	13	3	10	0
二师铁门关市	9	2	7	0
三师图木舒克市	2	2	0	0
四师可克达拉市	32	4	26	2
五师双河市	4	2	2	0
六师五家渠市	8	1	6	1
七师	1	1	0	0
八师石河子市	14	3	11	0
九师	3	1	2	0
十师北屯市	5	5	0	0
十二师	1	1	0	0
兵直企业	1	1	0	0
合计	93	26	64	3

5. 加工企业资产总额

2000 年以后，兵团粮食加工业蓬勃发展，由原来的 7 家企业发展到 93 家，企业的总资产也在不断增加，其中排在前 3 名的师分别是四师可克达拉市、六师五家渠市和八师石河子市，其中十二师虽然只有 1 家企业，但企业体量相对较大，资产总额达 13 316 万元，固定资产达 6 771 万元。

6. 加工企业主营产品

就粮食加工企业的主营产品来看，主要是面粉、白酒和大米，这 3 类企业一共有 57 家，占兵团粮食加工企业的 71.3％，其中面粉加工企业有 16 家，主要集中在八师石河子市、四师可克达拉市、五师双河市和十师北屯市；大米加工企业 25 家，主要集中在一师阿拉尔市和四师可克达拉市；这些师都是原料主产地，其中一师阿拉尔市和四师可克达拉市是大米主产区，三师图木舒克市、五师双河市、九师等是冬小麦和春小麦的主产区。兵团目前白酒企业有 16 家，主要集中在八师石河子市、四师可克达拉市和二师铁门关市，其中四师可克达拉市是由于气候环境因素，一直以来都是传统的酿酒基地，酒的品质也非常好，八师石河子市经济较好，加工业相对发达，产业布局相对多样。面粉、大米和白酒企业相对较多，但是其主营业务收入只有 148 511 万元，只占约 20%，相对其他类型的加工产值，初加工的产值相对较小，所带来的附加值也低（图 3）。

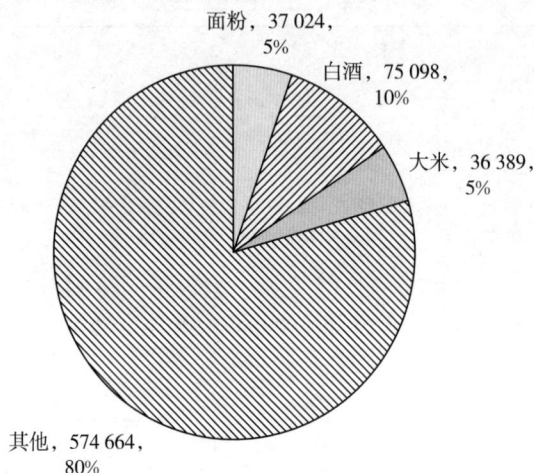

面粉，37 024，5%
白酒，75 098，10%
大米，36 389，5%
其他，574 664，80%

图 3　各师市加工企业主营产品收入占比

7. 加工企业加工原料量和兵团内采购量

目前兵团仍以农业为主，其中粮食种植基本在各师都有，三师图木舒克市以冬小麦为主，四师可克达拉市以水稻为主，十师北屯市以春小麦为主，各师都有粮食加工企业，原料基本上属于就近收购，但四师可克达拉市的酒厂和八师石河子市的粮食深加工产品原料限制相对较小，兵团内采购量也相对较少。五、六、七、十二师未提交统计数据。

8. 加工企业设计生产能力及完成

近年来，兵团对农产品加工业越来越重视，粮食加工企业也在这个大环境下不断壮大，各师企业数量和产能都有所提升。就设计产能来看，四师可克达拉市和六师五家渠市企业最大，五师双河市、十二师和二师铁门关市相对较小。其中四师可克达拉市和十二师实际完成量都超过了其原始设计的生产能力，这说明四师可克达拉市和十二师近年的粮食加工企业效益较好。

9. 加工企业产值及经营

统计资料显示，目前兵团的 14 个师中，有 12 个师都有粮食加工企业，但各师农产品加工产值情况差异比较大，四师可克达拉市各项指标均比较高，一方面，由于四师可克达拉市粮食加工企业绝对数量较多；另一方面，由于四师可克达拉市的伊力特酒业公司是兵团最有名的白酒企业，一个企业的农产品加工产值达 169 323 万元，远高于其他各师粮食加工企业的综合产值。各师销售收入：销售收入基本上和农产品加工产值成正比，产值越高，销售收入也越大，其中九师的销售收入比农产品加工产值要高，这可能是该师企业中可能存在有流通企业和加工企业并存的业务，其中流通企业带来的销售收入被统计进去而造成的。增加值：各师的增加值均为正值，说明各师的粮食加工企业总体上比上一年度是增加的，其中四师可克达拉市增加值的绝对数排名第一，这是由于四师可克达拉市的粮食加工企业中有白酒企业，且体量较大，利润相对较高，附加值较大，十师北屯市和二师铁门关市都有粮食深加工企业，企业效益相对较好，因此其粮食加工企业增加值相对较高，排名仅次于四师可克达拉市。净利润：以师为单位来看，各师粮食加工企业都有利润，但是各师中仍有部分企业利润为负，其中四师可克达拉市 1 家、五师双河市 2 家、八师石河子市 3 家、十师北屯市 1 家。各师利润中四师可克达拉市排名第一，且远远超过其他各师，其中四师可克达拉市的净利润为 77 698 万元，伊力特酒业一家企业净利润就有 27 000 万元，比其他各师之和都要多。上缴税金：四师可克达拉市和十师北屯市是上缴税金最多的两个师，分别为 5.35 亿元和 3 860 万元，分别占整个兵团的 86.9％和 6.3％，其他各师之和只占 6.8％（表 2）。

表 2　各师市粮食加工企业农产品加工产值及经营情况统计

单位：万元

师市	加工产值	销售收入	增加值	净利润	上缴税金
一师阿拉尔市	51 098	45 092	8 618	6 282	1 868
二师铁门关市	42 347	39 530	13 906	4 785	390
三师图木舒克市	7 836	13 753	4 378	0	122
四师可克达拉市	381 359	385 902	212 372	77 698	53 466
五师双河市	5 384	3 011	626	24	0
六师五家渠市	52 575	38 929	9 151	458	380
七师	2 496	2 496	250	21	21
八师石河子市	67 724	60 801	4 770	816	979
九师	16 833	17 848	1 286	663	91
十师北屯市	27 345	24 567	10 351	3 893	3 860
十二师	13 006	13 006	1 892	389	−389
兵直企业	9 800	9 800	200	256	753
合计	677 803	654 735	267 800	95 285	61 541

10. 加工企业年均就业人数和带动农户数

四师可克达拉市企业年均就业人数和带动农户数均远远超过其他师，五师
双河市、七师和十二师年均就业人数和带动农户数都很小，究其原因可能是四
师可克达拉市企业数量多，且有些规模相对较大，像伊力特酒业公司，而七师
和十二师的都只有一家粮食加工企业，因此其带动当地就业能力就相对较弱。

11. 加工企业资产负债率及银行信用等级

兵团现有企业中存在资产负债的企业有 27 家，且在各师都有分布，占兵
团粮食加工企业总数的 28.7%，且都在合理的负债范围之内，没有资不抵债
的企业；其他 67 家企业没有显示有负债情况（图 4）。兵团粮食加工企业中获
得银行信用等级为 AAA 的企业有 18 家，等级为 A 到 AA＋的企业有 21 家，
其他企业未获得过银行信用等级评价（图 5）。

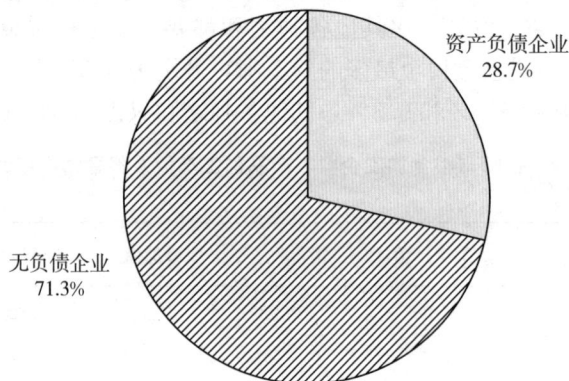

图 4　各师市资产负债情况

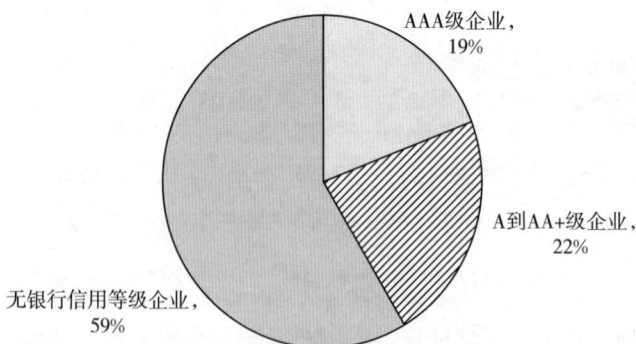

图 5　各师市银行信用等级情况

12. 加工企业品牌建设

2019 年，兵团粮食加工企业在品牌建设方面比较欠缺，据统计资料显示，

在该行业内取得的商标主要有面粉企业的"福乐麦客""韵达""天山""大力"等，大米企业的"天山雪""伊香"等，白酒有"伊力特""白杨"等（表3），其品牌定位模糊，兵团企业中几乎没有一个能做到定得到位、做得到位、行得到位，品牌缺乏文化内涵。企业在品牌宣传过程中做得也不够，其销售人员销售产品的过程其实也是一种品牌宣传的过程。

表3　各师市加工企业商标及品牌一览

师市	企业数量	品牌数量	产品名称
一师阿拉尔市	13	6	金稻丰、发强、托木尔峰、华康、禾禾、天山雪
二师铁门关市	9	3	绿宝、章良、开都河
三师图木舒克市	2	1	东方红
四师可克达拉市	32	15	伊河双六、伊和众、伊香、伊星、伊力特、金粮源、天香、清香、新沅、疆粮
五师双河市	4	1	川北
六师五家渠市	8	2	芮芮、天山健客
七师	1	1	前山雪
八师石河子市	14	3	韵达、天山、大力
九师	3	1	天山面粉
十师北屯市	5	3	阜北麦客、新丰、额河
十二师	1	1	麦客
兵直企业	1	0	
合计	93	37	

13. 加工企业研发投入

兵团93家粮食加工企业中只有12家企业有研发投入，占比不到13%。其中一师阿拉尔市有5家企业、二师铁门关市有1家、三师图木舒克市有1家、四师可克达拉市有3家、十师北屯市有2家，研发投入总计7 103万元，其中，四师可克达拉市的伊力特酒业集团2019年研发投入达3 635万元，占兵团粮食加工企业研发投入的50%还多。由于兵团粮食加工企业大部分仍以简单的初加工为主，研发投入对企业经济效益影响不大，因此，企业对研发投入积极性不高。

14. 加工企业出口创汇

兵团93家粮食加工企业均未实现出口创汇，这也是下一步的目标。四师可克达拉市的大米品质优良，又紧邻霍尔果斯口岸，因此，兵团应该利用这些优势，让优势产品出口到国门以外，实现创汇收入。

二、存在问题

1. 兵团企业规模小，数量少，经营品种单一

兵团的粮食加工企业数量相对较少，且都规模不大。统计资料显示，兵团粮食加工企业 93 家，资产总额在 1 亿元以上的企业只有 10 家，只占整个粮食加工企业的 10.75%，其中南疆地区只有 2 家（一师阿拉尔市、二师铁门关市各 1 家），其他 8 家都在北疆（四师可克达拉市 3 家、六师五家渠市 2 家、八师石河子市 1 家、十二师 1 家、兵直企业 1 家），这 10 家大型粮食加工企业中大米加工企业 3 家、白酒企业 1 家、面粉加工企业 1 家、氨基酸生产企业 1 家、方便面企业 1 家。

2. 初加工企业多，精深加工企业少且小

新疆兵团有着丰富的光热资源，其农产品品质优良，但是目前兵团的粮食加工企业大部分仍是以简单的初加工为主（面粉、大米有 43 家），占整个兵团粮食加工企业的近 50%，剩余的企业中，除了一家氨基酸企业和一家方便面企业相对较大外，其他的深加工企业大部分集中在八师石河子市，且规模都比较小，其主营产品加工产值仅为 56 亿元。

3. 同质化产品多，品牌意识淡薄

粮食加工本身就是一项技术含量相对较低的产业，准入门槛相对较低，尤其对于初加工产品来说，产品的质量很大程度取决于原料，如果一个地区同类企业过多则会给竞争带来很大的劣势，一师阿拉尔市和四师可克达拉市是新疆兵团主要的大米产地，但当地的大米加工企业也相对较多，在国内叫得响的品牌却没有。

三、建议

1. 统筹规划、合理布局、突出特色

遵循兵团优势粮食产品区域规划，整合资源、统筹安排、科学布局，形成区域内分工合理、优势互补、协调发展的产业布局。生产基地突出特色，规模经营，形成特色产业带。粮食加工按照集中布局、节约土地、保护环境，围绕城市（镇）形成特色产业集群，发挥产业集聚功能。

2. 行业指导、政策引导、多方支持

针对粮食加工企业在原料收购、仓储设施建设、加工、销售以及技术研发、基地建设等方面的资金需求，以及投资资金量大、周转慢、期限长等特点，与金融机构共同探索开发与之相适应的融资。制定鼓励国内外企业在疆内建设粮食精深加工企业优惠政策，提升粮食产品的附加值，兵团还要在科技创新（兵团粮食加工企业有研发投入的只有 8 家，仅占 17%）、品牌建设和宣

传、市场开拓上给予一定的补助和奖励，在金融政策方面也可以适当给予优惠。坚持市场导向，因地制宜，通过龙头企业带动粮食种植结构调整，坚持用产业化的理念经营粮食产品，推动生产基地向规模化、专业化、标准化、产业化发展，形成农户、基地、龙头企业互惠互利、互相依存、和谐发展的产业化格局。

3. 强化宣传、大力推介、树兵团品牌

充分发挥行业组织在政府与企业之间的桥梁纽带作用，积极倡导行业自律和诚信经营。以促进兵团粮食加工产业发展为战略目标，积极组织企业参加全国各类展会，展示兵团粮食加工产业资源优势，推介兵团产品品牌，搭建与国内外客商之间的洽谈、合作、共赢的平台，进一步提高兵团粮食加工产品在全国的知名度和影响力，助推企业更好发展。

附件9 兵团饲料加工产业发展调研报告

一、发展现状

1. 基本情况

兵团拥有饲料生产企业46个，主要分布在四师可克达拉市、五师双河市、八师石河子市、六师五家渠市和一师阿拉尔市。其中四师可克达拉市9个、五师双河市和八师石河子市各7个、六师五家渠市5个、一师阿拉尔市和二师铁门关市各4个、三师图木舒克市3个、七师和十二师各2个、九师和十师北屯市及兵直企业各1个。资产总额超1亿元的企业4家，占企业总数的8.7%；5 000万元到1亿元的有10家，占企业总数的21.74%；其他家企业固定资产均在5 000万元以下。兵团各师饲料加工企业的主营产品90%以上为配合饲料。经过多年的努力与发展，饲料加工企业已初具规模，形成了自己的品牌，如天康、泰昆、康地、泉牲、习旺等。

2. 加工企业发展历程

据不完全统计，兵团现有46家饲料加工企业大部分成立于2000年以后，2000年以前成立的企业只有5个，2000—2010年（含）成立了15个，2010年后成立了26个，说明兵团饲料加工产业在2010年后进入快速发展时期。

3. 加工企业分布情况

截至2019年，兵团饲料加工企业有46家，其中四师可克达拉市最多，有9家。

饲料加工企业主要集中在四师可克达拉市、五师双河市、八师石河子市、六师五家渠市、一师阿拉尔市和二师铁门关市，其中规模以上企业（主营业务收入在2 000万元以上）一共有23家，占整个企业比例的52.27%，规模以下企业21家，其余2家企业的主营业务收入在表中无列示（图1）。

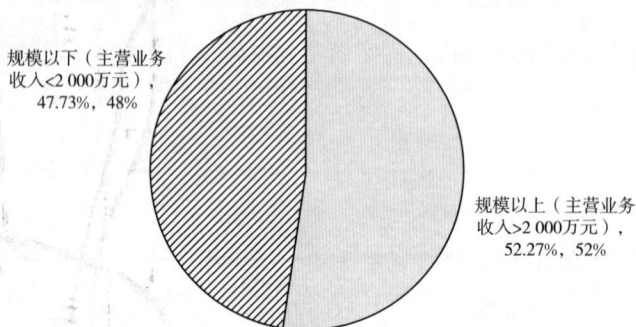

规模以下（主营业务收入<2 000万元），47.73%, 48%

规模以上（主营业务收入>2 000万元），52.27%, 52%

图1 不同规模饲料加工企业占比

4. 加工企业性质

2019 年，兵团饲料加工企业主要分为国有公司、私营公司、股份公司、专业合作社、合资公司、有限责任公司和有限公司。私营公司数量最多，达 21 家，占企业总数的 45.65%，其中四师可克达拉市和六师五家渠市分别达 8 家和 3 家，一定程度上反映了这两个师的市场经济相对比较活跃，民营资本投入市场较多；有限责任公司 11 家，占比为 23.91%；国有公司共有 6 家，占比为 13.04%，其中八师石河子市国有企业最多，有 2 家（表 1）。

表 1　各师市加工企业性质统计

师市	国有公司	私营公司	股份公司	专业合作社	合资公司	有限责任公司	有限公司
一师阿拉尔市	1	1	0	0	0	2	0
二师铁门关市	1	2	0	0	0	0	1
三师图木舒克市	1	1	0	0	0	1	0
四师可克达拉市	0	8	0	0	0	1	0
五师双河市	0	2	1	0	0	4	0
六师五家渠市	0	3	1	1	0	0	0
七师	0	0	0	0	1	1	0
八师石河子市	2	1	1	0	0	2	1
九师	0	1	0	0	0	0	0
十师北屯市	0	0	1	0	0	0	0
十二师	0	2	0	0	0	0	0
兵直企业	1	0	0	0	0	0	0
合计	6	21	4	1	1	11	2

5. 加工企业资产总额

2000 年以后，兵团饲料加工业发展迅速，由原来的 5 家企业发展到 46 家，企业总资产也在不断增加，其中资产总额排在前 3 名的分别是兵直企业、八师石河子市和六师五家渠市，固定资产排在前 3 位的是八师石河子市、六师五家渠市和兵直企业。

6. 加工企业主营产品

从饲料加工企业的主营产品来看，主要是配合饲料、苜蓿颗粒饲料、棉粕饲料、鱼饲料和青贮饲料等。兵团以配合饲料为主营产品的企业有 41 个，占兵团饲料加工企业的 89.13%；以苜蓿颗粒饲料为主营产品的企业有 1 个（一师阿拉尔市）；以棉粕饲料为主营产品的企业有 2 个，主要集中在二师铁门关市和六师五家渠市；以鱼饲料为主营产品的企业有 1 个（四师可克达拉市）；

以青贮饲料为主营产品的企业有 1 个（六师五家渠市）。总体看来，六师五家渠市饲料加工企业的饲料种类相对丰富（图 2）。

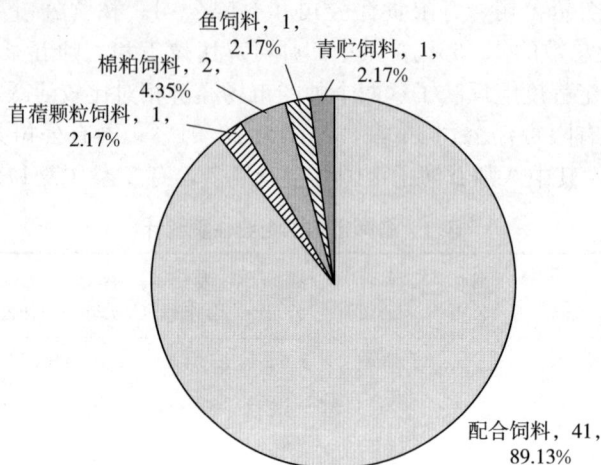

图 2　各师市加工企业主营产品占比

7. 加工企业设计生产能力及完成情况

近年来，兵团对农产品加工业越来越重视，饲料企业发展迅速，各师市企业数量和产能都有所提升。就设计产能来看，二师铁门关市和四师可克达拉市企业最大，九师和十二师相对较小。从完成情况来看，三师图木舒克市、五师双河市、六师五家渠市、七师和八师石河子市均超额完成；二师铁门关市完成率为 66.78%、四师可克达拉市完成率为 57.48%、九师完成率为 75%、十师北屯市完成率为 32.57%、十二师完成率为 59.9%。

8. 加工企业加工产值及经营情况

各师农产品加工产值：八师石河子市农产品加工产值最高，因为八师石河子市饲料加工企业绝对数量较多，达到 7 个。另一方面，各企业农产品加工产值都比较高，有 2 家企业在 50 000 万元以上，四师可克达拉市虽拥有 9 家饲料加工企业，但 30 000 万元以上的企业并没有。销售收入：销售收入和农产品加工产值基本成正比，产值越高，销售收入也越大，其中三师图木舒克市、六师王家渠市和九师等师市的销售收入地农产品加工产值要高，可能是因为企业存在其他产品销售增加了企业的收入。增加值：各师的增加值均为正值，说明各师的饲料企业总体呈上升趋势，其中八师石河子增加值排名第一，二师铁门关市、五师双河市和兵直企业紧随其后。净利润：各师饲料加工企业净利润虽有明显差异，但其他各师均有利润，这与各师饲料加工企业数量、规模等密切相关。其中二师铁门关市利润排名第一，且远远超过其他各师。上缴税金：八师石河子市饲料加工企业上缴税金最多，占整个兵团的 35.21%（表 2）。

表 2　各师市加工企业产值及经营情况统计

单位：万元

师市	加工产值	销售收入	增加值	净利润	上缴税金
一师阿拉尔市	15 988	14 788	2 464.6	640	59
二师铁门关市	114 912	114 838	30 430	12 692	1 126
三师图木舒克市	1 898	24 418	67 315	450	919
四师可克达拉市	26 084	25 174	4 157	1 418	41
五师双河市	34 363	34 620	8 982	5 090	333
六师五家渠市	9 305	12 136	3 825	3 267	
七师	7 065	8 082	739	123	
八师石河子市	169 760	172 074	51 404	8 039	1 984
九师	2 203	2 541	89	124	47
十师北屯市	9 771	9 298	2 931	782	274
十二师	404	242	115	81	7
兵直企业		164 387	8 695	7 692	844

9. 加工企业年均就业人数和带动农户数

八师石河子市和兵直企业年均就业人数超过其他师，二师铁门关市和六师五家渠市企业带动农户数远超过其他师。

10. 加工企业资产负债率及银行信用等级

根据调查显示，兵团现有饲料企业中存在资产负债的有 20 家，占兵团饲料加工企业总数的 43.48%，调查表中另有 26 家企业资产负债情况没有列示。兵团饲料加工企业中获得银行信用等级为 A 的企业有 8 家，等级为 AA 的企业有 2 家，分别在七师和八师石河子市，获得 AAA 等级的是二师铁门关市 1 家企业。

11. 加工企业品牌建设

兵团饲料加工企业在品牌建设方面比较缺乏，统计资料显示，在该行业内取得的商标主要有天康、泰昆、伊环、康地、泉牲、浩祥、习旺等，品牌较多，但是没有特别有名的品牌，市场竞争力较弱，企业研发能力不足，缺乏创新产品，各师市加工企业数量及品牌数量见表 3。

表3　各师市加工企业数量及品牌数量一览

师市	企业数量（家）	品牌数量（个）	产品
一师阿拉尔市	4	0	配合饲料、苜蓿颗粒饲料
二师铁门关市	4	0	配合饲料
三师图木舒克市	3	1	配合饲料
四师可克达拉市	9	2	配合饲料、鱼饲料
五师双河市	7	0	配合饲料
六师五家渠市	5	1	棉粕饲料、青贮饲料
七师	2	1	配合饲料
八师石河子市	7	1	配合饲料
九师	1	0	配合饲料
十师北屯市	1	0	配合饲料
十二师	2	0	配合饲料
兵直企业	1	1	配合饲料
合计	46	7	

12. 加工企业出口创汇

调查表中统计的兵团46家饲料加工企业均未实现出口创汇。实现饲料出口创汇"零突破"将是我们下一步奋斗目标。虽然兵团饲料品牌也有不少，但没有叫得响的饲料品牌，我们更需要通过饲料的品牌建设来提升饲料出口的形象。

二、存在问题

1. 饲料加工产业的经营发展机制有待完善

综合部分企业提供的资料，企业流动资金不足，初期投入大，企业回报率相对较低，回报周期长、风险大，农产品原料季节性收购，收购时现款现货，流动资金相对短缺等现象屡屡发生。此外，有些企业还处在发展的初级阶段，规模不大，带动力不强，精深加工能力不强，质量体系不健全，发展所需的项目、资金、技术普遍缺乏，制约了企业的发展。

2. 品牌建设意识不强，创新能力不足

企业饲料产品同质化日趋严重，不同公司在细分市场出现重叠局面，很多中小饲料加工企业在市场发展的过程中，往往忽略了对于品牌的构建，总觉得大企业才有必要建立自己的品牌，而且行业信息资源掌握少，创新能力薄弱，

品牌培育、创建等方面缺乏引导和规划，导致市场竞争力弱。

3. 研发能力薄弱，对外交流少，信息闭塞

多数企业在技术、人才、项目等方面条件落后，科研投入少甚至零投入，缺乏与政府、高校、科研机构及外界企业等的交流与合作。

三、建议

1. 进一步完善企业发展机制

通过优化布局和发展环境，政府给予一定政策、资金扶持和重点支持等多种举措，促进饲料加工企业发展机制完善。优化生产布局，提高饲料有效供给和储备能力，推进饲料行业科技进步，实现饲料品种系列化、结构多元化；建立健全饲料产品质量监督检测体系，加大秸秆、粮油加工副产品和林果业副产品等非粮食饲料资源的开发利用，建立专业饲草生产体系；重点建设饲料玉米、优质苜蓿、玉米青贮等为主的饲草料产业基地，扶持建立一批大中型饲料加工生产企业，提高产业集中度；支持开发秸秆颗粒料研发生产，推广颗粒饲料和秸秆加工机械应用。

2. 加强品牌建设意识，提高创新能力

全方位部署企业战略、企业宣传，以及增强企业信誉度和开发饲料新品种等方面，大力创造更多国家和省级品牌，扩大重点企业和重点产品品牌影响力，提升品牌产品对经济发展的贡献率。进一步完善以企业为主体、市场为导向、产学研相结合的技术创新体系。

3. 促进交流，加大科技投入

加强与高校、科研院所、外界企业的交流和合作，全面提高从业人员整体素质水平，加大科技研发投入。以安全、高效、生态发展为引领，紧紧抓住"自主创新"这个牛鼻子，在精准配方、资源高效利用、抗生素减量使用、粪污减量排放等方面加大技术攻关力度。

附件 10　兵团番茄加工业发展调研报告

一、发展现状

1. 加工企业数量、成立时间及性质

兵团拥有番茄企业 49 家，绝大多数是 2000 年之后建立的，其中，2000—2005 年建立的有 9 家、2006—2010 年有 22 家、2011—2015 年有 10 家。主要集中在二师铁门关市、六师五家渠市、八师石河子市 3 个师，占番茄企业总数的 77.5%。按企业的性质划分，其中国有企业 15 家，非国有企业（有限公司和股份制企业 25 家、私营 9 家）34 家。

2. 加工企业资产总额

番茄加工企业资产主要集中在二师铁门关市、六师五家渠市、七师、八师石河子市，4 个师合计总资产为 69.3 亿元，其中固定资产为 29.8 亿元，分别占总资产和固定资产的 91.7%、92.6%。

3. 加工企业主营产品

加工企业主营产品有番茄酱、番茄干、番茄红素、番茄籽油等，其中番茄酱占番茄制品总量的 98% 以上，番茄干所占份额非常小，其他制品可以忽略不计（表 1）。

表 1　兵团加工企业主营产品及产能

主营产品	设计产能		实际产能	
	产能（吨）	占比（%）	产能（吨）	占比（%）
番茄酱	991 582	98.4	577 032	98.2
番茄干	16 000	1.6	10 600	1.8
番茄籽油	200	0	39	0
番茄红素	5	0	3	0
合计	1 007 787		587 674	

4. 加工企业加工原料量

按实际生产 57.7 万吨番茄酱推算，加工原料量在 450 万吨左右，其中兵团内采购量为 350 万吨，占总量的 78%。

5. 加工企业设计年生产能力与实际生产量

截至 2019 年末，兵团番茄企业年设计产能合计近 100 万吨，实际完成产

品产量 57.7 万吨，占年设计产能的 58.2%，除十二师、八师石河子市外，总体表现为产能相对原料过剩（图 1）。

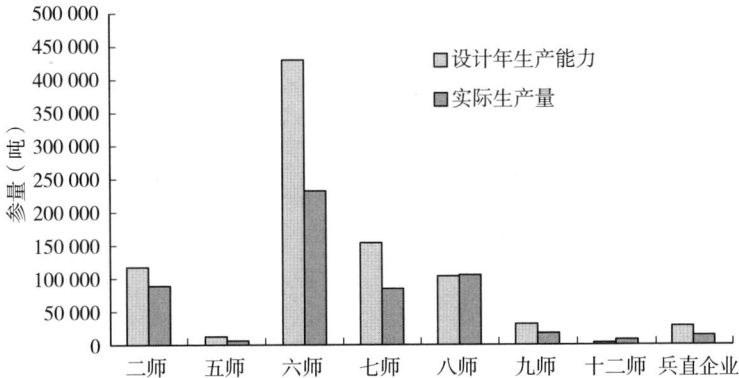

图 1　加工企业设计生产能力与实际生产量

6. 加工企业加工产值、主营业务收入与成本

兵团番茄企业加工产值为 36.46 亿元，主营业务收入为 29.37 亿元，二师铁门关市、六师五家渠市、七师、八师石河子市 4 个师分别约占兵团加工产值的 93.1% 和主营业务收入的 86.2%，其中二师铁门关市分别占兵团加工产值的 36.8% 和主营业务收入的 15.7%。各师成本与主营业务收入之比为 64.3%～74.7%，在兵团各师中二师铁门关市的生产成本相对较低（表 2）。

表 2　各师市加工企业加工产值、主营业务收入与成本统计

单位：万元

师市	加工产值	主营业务收入	成本	成本/收入
二师铁门关市	134 037	46 195	29 702	64.3
五师双河市	4 365	3 997	—	—
六师五家渠市	109 085	95 293	—	—
七师	32 691	45 138	—	—
八师石河子市	63 610	66 515	49 686	74.7
九师	10 304	12 392	9 058	73.1
十二师	3 962	3 388	—	—
兵直企业	6 540	20 801	—	—
总计	364 594	293 719		

7. 加工企业增加值

截至 2019 年末，各师番茄加工企业增加值以二师铁门关市增幅最大，其

次是七师，再次是六师五家渠市和八师石河子市（图2）。

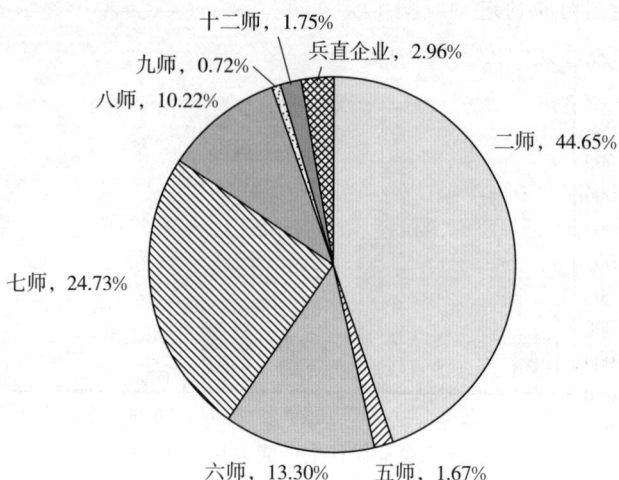

图 2　各师市加工企业增加值占比

8. 加工企业净利润与上缴税金

兵团番茄加工企业总体亏损1.68亿元。亏损单位为五师双河市、六师五家渠市、八师石河子市和九师4个师，共亏损2.58亿元，亏损最多的六师五家渠市亏损2.15亿元，占总亏损额的83%；盈利单位为二师铁门关市、七师、十二师和兵直企业，共盈利0.89亿元。其中七师和二师铁门关市分别盈利0.44亿元和0.37亿元，占盈利总额的91%。

据不完全统计，兵团番茄加工企业上缴利税合计3 435万元，上缴利税较多的是八师石河子市和兵直企业，分别为1 081万元和1 088万元，占上缴利税总额的63.1%（表3）。

表3　各师市加工企业净利润与上缴税金统计

单位：万元

师市	净利润	上缴税金
二师铁门关市	3 693	656
五师双河市	−358	83
六师五家渠市	−21 486	339
七师	4 371	154
八师石河子市	−472	1 081
九师	−3 442	32
十二师	402	2
兵直企业	447	1 088
合计	−16 845	3 435

9. 加工企业出口创汇

兵团番茄产业出口创汇总额为 4.7 亿美元，创汇最多的是八师石河子市，其次是七师和六师五家渠市（表 4）。

表 4　各师市加工企业出口创汇统计

师市	出口创汇（万美元）	占比（%）
二师铁门关市	725	1.5
五师双河市	—	—
六师五家渠市	10 263	21.9
七师	10 280	21.9
八师石河子市	22 934	48.9
九师	684	1.5
十二师	—	—
兵直企业	2 036	4.3
合计	46 921	100

10. 加工企业资产负债率

资产负债率超过 60% 的师为七师、五师双河市和兵直企业，分别为 95%、78%、61%。负债率较低的师为二师铁门关市和十二师，分别为 11% 和 7%（图 3）。

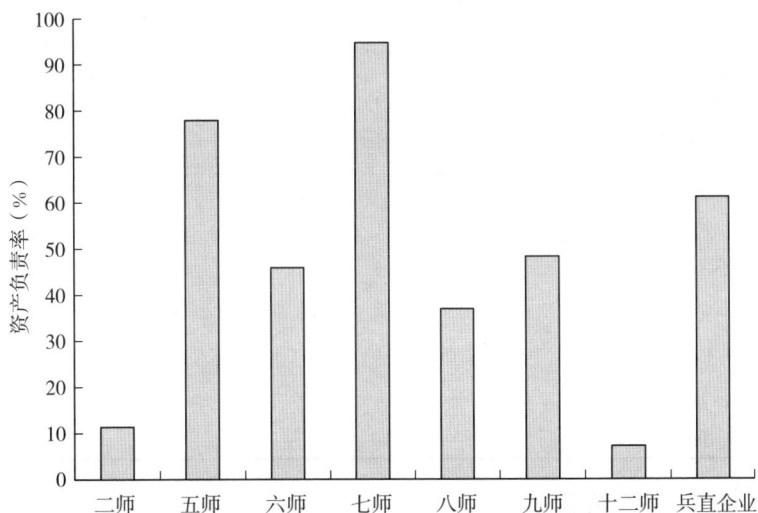

图 3　各师市加工企业资产负债率

11. 加工企业年均就业人数、职均工资、带动农户数（户）

兵团番茄产业年均就业人数、带动农户数（户）分别为 6 324 人和 18 575 户。带动农户数较多的是二师铁门关市、六师五家渠市和八师石河子市（表 5）。

番茄企业员工平均年薪为 39 246.5 元，合月薪 3 270.5 元，减去扣除，每月实发不足 3 000 元。

表 5　各师市加工企业年均就业人数和带动农户数

师市	年均就业人数	排名	带动农户数（户）	排名
二师铁门关市	1 597	2	7 851	1
五师双河市	120	7	120	7
六师五家渠市	2 969	1	3 531	3
七师	519	4	129	6
八师石河子市	652	3	5 251	2
九师	134	6	641	5
十二师	32	8	52	8
兵直企业	301	5	1 000	4
合计	6 324		18 575	

12. 加工企业商标

各师市加工企业商标数及占比见表 6。

表 6　各师市加工企业商标数及占比

师市	商标及名优名牌（个）	占比（%）
二师铁门关市	6	30
五师双河市	0	0
六师五家渠市	6	30
七师	1	5
八师石河子市	4	20
九师	1	5
十二师	1	5
兵直企业	1	5
合计	20	100

13. 加工企业研发投入

除二师铁门关市对研发有一定投入外，各师在研发上的投入几乎为 0（表 7）。

表 7　各师市加工企业研发投入

师市	研发投入（万元）	占比（%）
二师铁门关市	488	98.4
五师双河市	0	0
六师五家渠市	0	0
七师	0	0
八师石河子市	8	1.6
九师	0	
十二师	0	0
兵直企业	0	0
合计	496	100

二、存在问题

（一）番茄原料的供给存在质量问题

1. 原料基地品种不合理的布局与搭配造成番茄集中成熟来不及加工导致原料质量下降和腐烂

番茄加工装备全球大同小异，唯一能体现番茄酱质量的就是番茄原料。原料的田间质量与交售质量是两个概念，适时成熟并及时交售，两种质量的差异就较小；反之，原料的质量就大打折扣，一流的原料到酱厂就可能变成三流的原料。尤其是在番茄交售高峰，番茄发酵长霉的现象非常常见，用这样的原料加工就会导致番茄酱产品乳酸菌含量和含沙量超标，这些不合格产品不仅影响新疆兵团番茄制品的总体质量，也直接影响新疆兵团番茄制品在国际市场的竞争地位。因此，番茄产业的效益不好实则是原料的供给存在质量问题。

2. 原料的采运交售存在交售时间过长问题

目前采运交售过程所花费的时间普遍较长，据测算，番茄在车载（袋内）堆积状态下，腐烂呈几何级数增加，每 12（16）小时腐烂翻一番。据调查，中基在采运交售过程中平均用时在 21 小时，是采运交售时间控制较好的企业。其他企业一般在 24～48 小时，而美国可控制交售时间在 6 小时。据理论测算，按白天采收、夜晚休息的采收模式，白天采运交售时间理论上只需要 2～3 小时，晚上需要 13～14 小时。由此可见采运交售的时间还可大幅压缩，原料损失还可大幅减少。

3. 超高运输造成番茄压烂问题

超高运输造成人为"压烂"也是原料品质下降的重要原因。据测算，番茄装载超高一倍，压烂增加 4～7 倍。压烂一是造成腐败菌滋生。二是造成可溶性固形物流失。据测定，压烂番茄在卸料池浸泡半小时，可溶性固形物损失 2.2%。三是造成含沙量超标（压烂番茄裂口处的泥沙很难洗净）。在解决番茄压烂问题上美国采用的是专用运输车斗，限高 80 厘米；我国一直没有研发专用运输车斗。其原因一是专用车斗投资大、利用率低；二是闲置时需要占用大量场地。因此，对现有运输车辆进行双层改造是解决上述问题的唯一途径。

4. 原料的质量无法实现追溯

原料基地碎片化的品种布局与一家一户的种植模式使得加工制品的质量无法实现追溯，致使"农残"超标的风险加大。加之生产企业普遍缺少全程质量监控手段，造成"农残"超标的检出率大幅上升，导致产品难以出口，给企业造成较大经济损失。近年来，欧盟和日本实施了新的食品安全法规标准，特别是日本对番茄农药残留项目检测已经增加到 328 项，再次抬高了番茄制品进入国际市场的门槛。兵团番茄产业无疑将面对国际市场更加严峻的考验。

5. 番茄原料供给缺乏稳定性保障

一方面番茄产业表现为总体产能过剩，另一方面一些企业收不到原料表现为吃不饱。番茄原料的供应量一般取决于上一年各种经济作物（棉花、番茄、辣椒）的比较收益。在番茄种植面积下降的年份，番茄企业为了保持正常生产，往往会降低番茄收购的质量标准，由此造成番茄制品质量波动。二是企业与基地之间缺少利益联结机制。虽然有一纸合同，但在原料过剩时，农民可以用合同约束企业；但在原料紧俏时，企业无法凭借合同约束农民，农民可以根据企业出价的高低决定把原料卖给谁，此时企业若不改变收购策略则收不到原料。

（二）产品结构单一，对国外市场高度依赖

番茄加工产品有番茄酱、番茄干、番茄籽油、番茄丁、番茄红素、番茄粉、番茄汁、番茄沙司、去皮番茄等，目前番茄酱占番茄制品总产量的 98.2%，番茄干占 1.8%，其他产品几乎可以忽略。近年来受国际市场的影响，番茄酱出口呈现大幅萎缩的势头，而适于国内市场需求的番茄制品所占份额很小，加之行业内部恶性竞争，导致番茄产业效益下滑。

兵团番茄酱以大桶番茄酱出口为主，再由进口国分装销售到终端用户。就整个产业看，番茄制品的价值主要体现在终端产品上，制造终端产品是形成价值和税收的主要环节，兵团以生产附加值低的初级产品大桶酱为主，这是造成企业效益差、职工收入低的主要原因。

（三）兵团番茄产业缺乏系统、持续的科技支撑

从各师研发的投入看，除冠农有一定投入外，其他各师均没有投入。番茄

产业的创新活动主要集中在大学、科研院所和农技推广站。这些创新活动主要针对番茄产业某个时段、某个局部进行研究，没有形成番茄全产业链与科技支撑链的完整、持续对接。

三、建议

1. 重视番茄减损、提质、增效技术的推广和应用

做好番茄原料减损提质，既可满足农民增收的需要，又可满足企业节本增效、增强国际竞争力的需要。做好这方面的工作一是对国内外适于机采的番茄品种进行梳理，筛选出适于本地区种植的早中晚品种各 1 个，并且把这些品种尽可能固定下来。二是做好早中晚品种的科学布局与搭配，使原料供给符合企业的加工需求，防止番茄集中成熟。三是利用信息技术实施番茄采运交售直通车，大幅压缩采运交售时间。四是对现有的运输车辆进行改造，大幅减少番茄在运输途中产生的破损。五是实施番茄种植加工全程质量追溯。六是大力推进机械采收技术的推广应用。

2. 改善产品结构，减少对出口的依赖

改善产品结构，减少番茄制品对出口的过度依赖最有效的方法是开发内需，目前番茄加工制品主要是满足西餐的消费方式，若能开发适于中餐消费方式的终端产品，其市场将是巨大的。一旦在该方面研发有重大突破，番茄产业的规模和效益将发生质的变化。

3. 高度重视科技创新在番茄产业转型升级中的作用

一是依托大型企业建立兵团番茄全产业链科技创新平台。二是以创新平台为基础启动关乎番茄产业长远性、战略性的大型项目。三是以平台、项目和优惠的政策、待遇吸引和凝聚国内外创新人才。

总之要构建与番茄全产业链相适应的科技支撑链，为番茄产业发展提供永不枯竭的创新驱动力。

附件 11　兵团制糖业发展调研报告

一、发展现状

1. 基本情况

兵团拥有制糖企业 6 家，主要分布在二师铁门关市、四师可克达拉市、七师和九师。其中二师铁门关市 3 家、四师可克达拉市、七师和九师各 1 家。资产总额超 5 亿元的企业有 2 家，占企业总数的 33.3％；3 亿～5 亿元的有 1 家，占企业总数的 16.7％；5 000 万元（含）到 1 亿元的企业有 2 家，占企业总数的 33.3％；500 万元以下的企业 1 家，占企业总数的 16.7％。兵团制糖企业的主营产品为白砂糖和甜叶菊糖，以白砂糖为主营产品的企业有 4 家，占兵团制糖企业的 66.7％，其中二师铁门关市 1 家，四师可克达拉市 1 家，七师 1 家，九师 1 家；以甜叶菊糖为主营产品的企业有 2 家，均在二师铁门关市。经过这些年的发展，制糖企业已经初具规模，形成了自己的品牌，如绿原、霍尔果斯、雪屯、西沁等。

2. 加工企业发展历程

据统计，兵团现有 6 家制糖企业均成立于 2000 年以后，2000—2006 年（含）成立了 4 家，占企业总数的 66.7％；2007—2015 年没有制糖企业新建，这主要是受到国际糖价的影响；2016 年成立了 2 家，主营产品不再是传统的白砂糖，而是适合糖尿病人服用的甜叶菊糖。这说明制糖企业的主营产品随着人们的需求正在发生转变。

3. 加工企业分布

截至 2019 年，兵团制糖企业有 6 家，就调查统计结果看，集中在二师铁门关市、四师可克达拉市、七师和九师，其中规上企业（主营业务收入在 2 000 万元以上）有 4 家，规下企业 2 家；规上企业占整个企业比例的 66.7％（图 1）。

4. 加工企业性质

目前兵团制糖企业主要分国有、全民所有和有限责任公司 3 种。国有企业有 3 家，全民所有制企业有 1 家，有限责任公司有 2 家，国有企业占 50％（表 1）。

5. 加工企业资产总额

兵团制糖企业资产总额最高的为九师，尽管该师只有 1 家制糖企业。其次为二师铁门关市、四师可克达拉市和七师。固定资产最高的依然是九师，其次为二师铁门关市、四师可克达拉市和七师（图 2）。

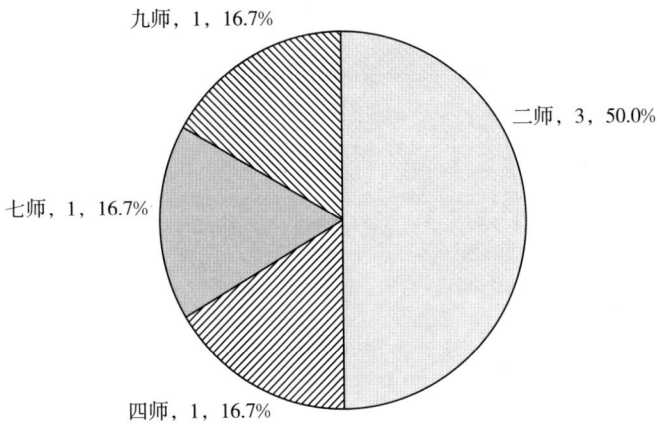

图 1　制糖企业分布

表 1　各师市兵团制糖企业性质统计

师市	规上企业	规下企业	国有企业	全民所有企业	有限责任公司
二师铁门关市	1	2	1	1	1
四师可克达拉市	1	0	1	0	0
七师	1	0	0	0	1
九师	1	0	1	0	0
合计	4	2	3	1	2

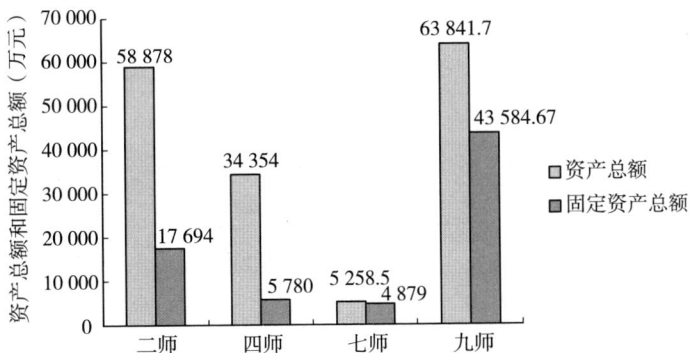

图 2　各师市加工企业资产总额及固定资产总额

6. 加工企业主营产品

就制糖企业的主营产品来看，主要是白砂糖和甜叶菊糖。兵团以白砂糖为主营产品的企业有 4 家，占兵团制糖企业的 66.7％；以甜叶菊糖为主营产品的企业有 2 家（二师铁门关市），占兵团制糖企业的 33.3％（图 3）。

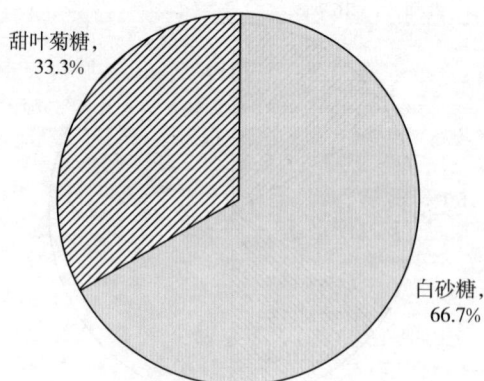

图 3　各师市加工企业主营产品占比

7. 加工企业设计生产能力及完成情况

就设计产能来看，九师企业最大，二师铁门关市、四师可克达拉市和七师相对较小。从完成情况来看，二师铁门关市完成率最高，达 91.7%，其次为七师（76.9%）、九师（62.5%）和四师可克达拉市（56.7%）。

8. 加工企业产值及经营情况

截至 2019 年兵团有 4 个师有制糖企业。各师农产品加工产值情况差异比较大，二师铁门关市最高，达到 36 662 万元。其次为九师、七师和四师可克达拉市。各师销售收入：九师最高，其次为四师可克达拉市、七师和二师铁门关市。增加值：最高的是二师铁门关市。净利润：除四师可克达拉市外，其他师均有利润，其中二师铁门关市最高，达 1 506 万元。上缴税金：九师上缴税金最多，为 5 001 万元，其次为四师，为 1 354 万元，分别占整个兵团的66.4%和 18.0%（表 2）。

表 2　各师市加工企业加工产值及经营

单位：万元

师市	加工产值	销售收入	增加值	净利润	上缴税金
二师铁门关市	36 662	18 532	9 356	1 506	1 053
四师可克达拉市	16 173	21 365	0	−787	1 354
七师	18 087	19 364	3 799	921	126
九师	23 287	39 536	678	1 039	5 001
合计	94 209	98 797	13 833	2 679	7 534

9. 加工企业年均就业人数和带动农户数

九师企业年均就业人数和带动农户数均最高。其次为四师可克达拉市和二师铁门关市，七师最低。

10. 加工企业资产负债率及银行信用等级

兵团现有企业中存在资产负债的企业有 4 家，占兵团制糖企业总数的66.7％。银行信用登记方面，兵团制糖企业中获得银行信用等级在 A 及以上的企业有 4 家，其中二师铁门关市、四师可克达拉市、七师和九师各 1 家。

11. 加工企业品牌建设

兵团制糖企业在品牌建设方面比较缺乏，统计资料显示，在该行业内取得的商标主要有"绿原""霍尔果斯""雪屯""西沁"等，尚没有特别出名的品牌，品牌缺乏文化内涵。制糖企业数量及品牌数量见表3。

表 3　各师市制糖企业数量及品牌数量一览

师市	企业数量（家）	品牌数量（个）	产品品种
二师铁门关市	3	3	白砂糖、甜叶菊糖
四师可克达拉市	1	1	白砂糖
七师	1	1	白砂糖
九师	1	1	白砂糖
合计	6	6	

12. 加工企业出口创汇

6 家制糖企业只有新疆兵团伊力特糖业有限公司实现了出口，创汇87.6万美元，其他 5 家企业均未实现出口创汇。

二、存在问题

1. 企业盈利能力普遍偏弱

近年来，受到国际糖价影响，兵团制糖企业盈利能力普遍偏弱，甚至有严重亏损的现象。兵团现有的制糖企业中，实现盈利的有 3 家，分别是新疆兵团冠农绿原糖业有限公司、新疆兵团伊力特糖业和新疆兵团绿翔糖业有限责任公司，但盈利率不高，分别为 8.1％、4.76％和 2.6％。

2. 优质原料紧缺

优质原料是企业生产的基础，原料基地是企业生产的第一车间。经过近30 年的发展，原料基地的甜菜含糖呈现逐年下降趋势，特别是团场甜菜含糖下降尤为明显。究其原因，主要是由于重产量轻糖度和较为落后的栽培模式所致。

3. 制糖副产品开发利用程度较低

甜菜制糖的副产品主要是糖蜜、湿粕和酒精醪液。目前，尚未有一家企业可以实现对三者的全利用，如新疆兵团冠农绿原糖业有限公司与科研院校联合申报了酒精醪液研发生物肥项目。

三、建议

1. 降低生产成本，增强国际国内市场竞争力

在目前国际市场糖价萎靡不振的情况下，降低生产成本是增强国际市场竞争力的主要措施之一。在不改变当前生产线的条件下，成本与甜菜的含糖量和产糖率相关。因此，若要降低成本，一方面要引进选育甜菜优良品种，推广先进的栽培模式，另一方面要优化生产工艺，将甜菜尽可能充分利用。

2. 努力拓展制糖副产品利用途径，提高制糖业附加值

拓展制糖副产品如糖蜜、湿粕和酒精醪液的利用途径，提高制糖产业附加值，是制糖企业增强国际市场竞争力的又一举措，如以糖蜜为原料可生产酒精或酵母等产品。

附件 12　兵团种子加工业发展调研报告

一、发展现状

1. 基本情况

兵团拥有种子加工企业 27 家，主要分布在六师五家渠市、四师可克达拉市、八师石河子市、五师和二师铁门关市。其中，六师五家渠市 10 家、四师可克达拉市 4 家、八师石河子市 3 家、五师 2 家、二师铁门关市 2 家，一师阿拉尔市、三师图木舒克市、七师、九师、十师铁门关市和十二师各 1 家。资产总额超 1 亿元的企业 7 家，占企业总数的 25.9％；5 000 万元到 1 亿元的有 4 家，占企业总数的 14.8％；其他家企业固定资产均在 5 000 万元以下。兵团种子加工企业的主营产品为棉花种子、小麦种子、玉米种子、葵花籽和辣椒种子等。经过这些年的发展，种子加工企业已经初具规模，形成了自己的品牌，如新农、前海、金红安、惠远、绿翔等。

2. 加工企业发展历程

据不完全统计，兵团现有的 27 家种子加工企业大部分成立于 2000 年以后，2000 年以前成立的企业只有 4 家，2000—2010 年（含）成立了 5 家，2010 年之后成立了 13 家，其余 5 家在表中没有列示。说明兵团种子加工业在 2010 年之后进入快速发展时期。

3. 加工企业分布

截至 2019 年兵团种子加工企业有 27 家，就调查统计结果看，主要集中在六师五家渠市、四师可克达拉市、八师石河子市、五师和二师铁门关市，其中规上企业（主营业务收入在 2 000 万元以上）一共有 10 家，规下企业 17 家；规上企业占整个企业比例的 37％。兵团种子加工企业中六师五家渠市最多，有 10 家；其次是四师可克达拉市，有 4 家（图 1）。

4. 加工企业性质

目前兵团种子加工企业主要分为国有企业、私营企业和有限责任公司 3 种。六师五家渠市最多，有 10 家，其中国有企业只有 1 家，占 10％，私营企业有 6 家，占 60％（表 1），说明六师五家渠市民营资本投入市场较多。

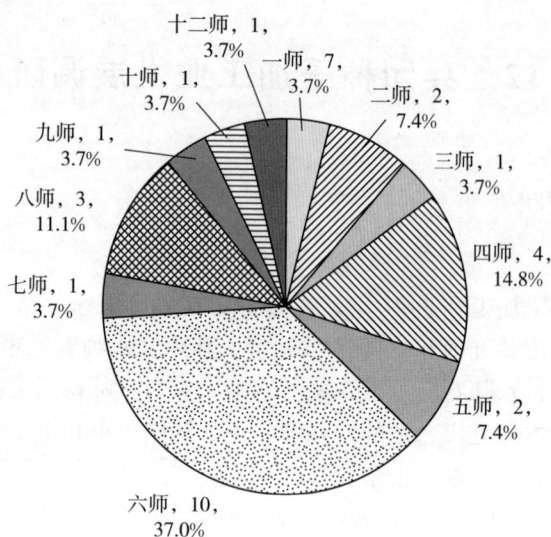

图 1   各师市加工企业分布

表 1   各师市加工企业性质统计

师市	规上企业	规下企业	国有企业	私有企业	有限责任公司
一师阿拉尔市	0	1	1	0	0
二师铁门关市	0	2	1	1	0
三师图木舒克市	1	0	1	0	0
四师可克达拉市	0	4	2	2	0
五师	2	0	1	1	0
六师五家渠市	2	8	1	6	3
七师	0	1	1	0	0
八师石河子市	2	1	0	1	2
九师	1	0	1	0	0
十师铁门关市	1	0	0	0	1
十二师	1	0	1	0	0
合计	10	17	10	11	6

5. 加工企业资产总额

2000 年以后，兵团种子加工业发展迅速，由原来的 4 家企业发展到 2019 年的 27 家，企业的总资产也在不断增加，其中资产总额排在前 3 名的分别是六师五家渠市、一师阿拉尔市和八师石河子市，固定资产排名前 3 位的是六师五家渠市、一师阿拉尔市和五师。

6. 加工企业主营产品

就种子加工企业的主营产品来看，主要是棉花种子、小麦种子、玉米种子、葵花种子和辣椒种子等。兵团以棉花种子为主营产品的企业有 10 家，占兵团种子加工企业的 37%，主要集中在一师阿拉尔市、二师铁门关市、三师图木舒克市和八师石河子市；以小麦种子为主营产品的企业有 4 家，主要集中在三师图木舒克市和六师五家渠市；以玉米种子为主营产品的企业有 5 家，主要集中在四师可克达拉市、五师和十师铁门关市；以葵花种子为主营产品的企业有 6 家，主要集中在六师五家渠市；以辣椒种子为主营产品的企业有 2 家（图 2）。

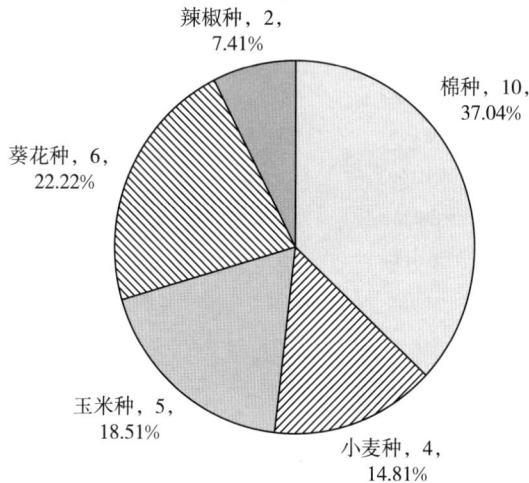

图 2　各师市加工企业主营产品占比情况

7. 加工企业设计生产能力及完成情况

就设计产能来看，八师石河子市和四师可克达拉市企业最大，七师和二师铁门关市相对较小，六师五家渠市和十二师在表中没有列示。从完成情况来看，一师阿拉尔市完成率最高，达 110.5%，七师完成率为 100%，四师可克达拉市完成率为 76.7%，二师铁门关市完成率为 50.0%、九师完成率为 46.7% 和十师铁门关市完成率为 54.0%，均完成一半左右。

8. 加工企业加工产值及经营

目前兵团 11 个师有种子加工企业。各师农产品加工产值情况差异比较大，四师可克达拉市最高。各师销售收入：销售收入最高的为六师五家渠市，达到 77 953 万元，是因为六师五家渠市拥有种子加工企业绝对数量较多，达 10 个。增加值：各师的增加值均为正值，说明各师的种子加工企业总体上比上一年度增加了，其中六师五家渠市增加值的绝对数排名第一，八师石河子市、五师紧随其后。净利润：以师为单位来看，除五师外其他各师种子加工企业均有利润，各师利润中六师五家渠市排名第一，且远远超过其他各师，其中一师阿拉尔市的净利润为 20 000 万元。上缴税金：六师五家渠市和八师石河子市是上缴税金较多的两个师，分别为 1 252 万元和 769 万元，分别占整个兵团的 44％和 27％（表2）。

表2　各师市加工企业农产品加工产值及经营情况统计

单位：万元

师市	加工产值	销售收入	增加值	净利润	上缴税金
一师阿拉尔市	20 791	1 390	2 482	20 000	69
二师铁门关市	2 042	1 682	602	263	0
三师图木舒克市	3 273	5 280	1 498	889	162
四师可克达拉市	70 543	530	270	949	226
五师	16 100	13 377	3 065	−1 416	177
六师五家渠市	3 020	77 953	79 701	23 967	1 252
七师	1 017	0	189	47	51
八师石河子市	24 130	25 617	4 231	1 873	769
九师	0	9 218	578	106	95
十师铁门关市	3 240	3 240	1 004	236	0
十二师	4 900	3 850	1 200	750	45
合计	147 022	139 357	94 820	26 093	2 846

9. 加工企业年均就业人数和带动农户数

六师五家渠市在年均就业人数和带动农户数方面远远领先于其他各师。

10. 加工企业资产负债率及银行信用等级

兵团现有企业中存在资产负债的企业有11家，占兵团种子加工企业总数的40.7％，调查表中有16家企业资产负债情况没有列示。银行信用登记方面，兵团种子加工企业中获得银行信用等级在 AAA 的企业有4家，AA＋的企业有1家，AA−的企业有3家，A＋＋的企业有1家，A 的企业有1家，优的企业有6家。

11. 加工企业品牌建设

兵团种子加工企业在品牌建设方面比较缺乏，加工企业品牌情况见表3。据统计资料显示，在该行业内取得的商标主要有新农、前海、金红安、惠远、绿翔等。

表3　各师市加工企业品牌情况

师市	企业数量	品牌数量	产品品种
一师阿拉尔市	1	1	棉种
二师铁门关市	2	0	棉种、辣椒种
三师图木舒克市	1	1	棉种、小麦种
四师可克达拉市	4	0	玉米种
五师	2	1	棉花种、玉米种
六师五家渠市	10	0	玉米种、小麦种、
七师	1	0	棉花种
八师石河子市	3	2	棉花种、辣椒种
九师	1	1	玉米种
十师铁门关市	1	0	玉米种
十二师	1	0	棉花种
合计	27	6	

12. 加工企业出口创汇情况

截至2019年，统计的兵团27家种子加工企业中只有新疆兵团塔里木农业综合开发股份有限公司和新疆兵团隆平高科红安种业有限责任公司实现了出口外汇，创汇额分别为92万美元和1 747万美元，其他25家企业均未实现出口创汇。

二、存在问题

1. 种子加工单机使用广泛，加工设备成套性不足

目前兵团种子经营企业多为团级种子公司，由于资金不足，大多公司的种子加工设备主要以小型单机为主，对小麦、玉米等常规农作物种子进行初级简单加工，而进行种子精选分级的企业很少。而且，许多种子公司为了降低价格进行市场竞争，靠采用单机加工方法来减少加工工序，以降低成本。单机加工使种子进行基本清选后，虽然质量有所提高，但还达不到精量播种的质量要求，影响种子加工的整体水平，如某些合作社和私营企业加工产值较低。而相对的一些国有企业投入资产较多，购置设备完善，企业产值相对较高。

2. 研发合作力度和科技创新能力较弱

兵团种子加工企业中，除金博种业外，其他企业对科研投入几乎为零，自主研发能力薄弱，发挥科技前沿优势不足。缺乏技术人才尤其是高端技术带头人，没有建立以企业为主体的创新体系，严重制约了企业的创新发展。

3. 品质意识较差，没有树立正确的品种认识

品种不是越"新"越好，品种的生命力主要在纯度，竞争力在品质。品种过多过杂，品种更换过快，必然导致按正规三圃制种子繁育的速度赶不上品种更换的速度，导致生产用种质量总体不高，制约作物产量和品质的提高。

三、建议

1. 加快加工工艺与设备的开发，提高种子加工技术

兵团种子加工起步较晚，无论是技术理论，还是工艺设备都落后于农业先进国家。因此，要加快种子加工工艺与设备的开发，首先企业应加强自身科研队伍建设，同时以多种形式加强同大学、科研院所的合作，重视研制与开发适合我国种子特点的技术和设备，积极转化科研成果。

2. 重视培养种子加工技能型人才，提高种子加工水平

种子加工是一种跨行业、跨学科的技术，它要求从业人员既要有一定的农业专业知识，又要有机械、化学、物理、电子、计算机等方面的知识。各级种子部门要高度重视加工技术人员的培养工作，提高人员素质和技能水平。

3. 完备种子加工体系，加强种子质量管理，树立正确的品种意识

按生态区域科学规范区域主栽品种，保持优质品种的相对稳定，系统做好良繁工作，保持优良种性不退化，才能保证种子加工产业的健康发展。

附件 13　兵团农特产品加工业调研报告

一、发展现状

1. 基本情况

兵团共有 369 家农特产品加工企业，其中国营企业 66 家，占比 17.89%，其余各师企业均为私营或自然人出资、控股的有限责任公司，资产总额达 605.65 亿元，固定资产投资达 231.39 亿元。目前兵团农特产品加工业涉及的主营产品包括棉短绒、食葵、打瓜籽、木材、有机肥、化肥、白酒、棉花及棉花机械、滴灌带、塑料制品、纸制品等 28 种产品，加工产值达 241.00 亿元，实现销售收入 497.62 亿元，净利润 29.15 亿元，上缴税金 11.73 亿元，出口创汇 1.98 亿元。随着兵团农特产品加工业的不断发展，年均就业人数达 2.84 万人，带动农户数 55.97 万户，实现商标及名优品牌 62 个，平均资产负债率为 21.45%。

2. 加工企业分布

兵团拥有农特产品加工企业 369 家，主要集中在一师阿拉尔市、二师铁门关市、四师可克达拉市和八师石河子市（图 1），企业分布极不均衡，4 个师占兵团农特产品加工企业总数的 76.96%，其中八师石河子市占比达 35.50%。另外，在兵团农特产品加工企业中，国有控股企业较少，占比仅 17.89%，私营企业数量较多，占比为 82.11%，说明农特产品产业市场经济比较活跃，民营资本投入市场较多。

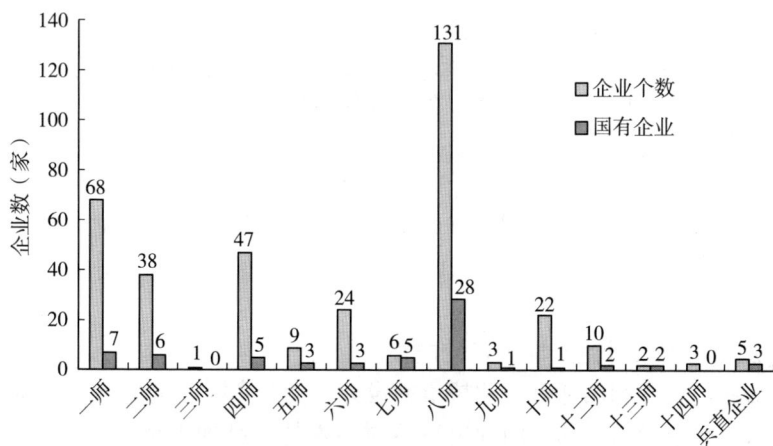

图 1　各师市加工企业分布

3. 加工企业资产

据统计，2016 年末，兵团农特产品加工企业资产总额为 605.7 亿元，固定资产总额约为 231.2 亿元，其中一师阿拉尔市、四师可克达拉市和八师石河子市的企业数较多，相应的资产总额和固定资产也较多；而六师五家渠市和兵直企业的企业数少，资产总额反而多，说明六师五家渠市和兵直企业的农特产品加工企业规模较大（图 2）。

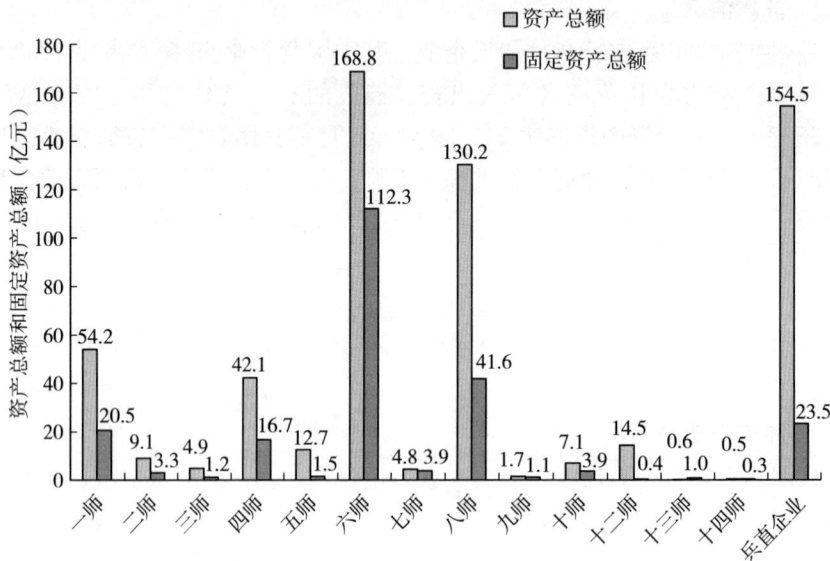

图 2　各师市加工企业资产总额及固定资产总额

4. 加工企业主营产品

兵团农特产品加工业主营产品包括棉短绒、食葵、打瓜籽、木材、纸制品、肥料（有机肥、生物菌肥、化肥、滴灌肥）、甘草及其制品、滴灌带（节水器材）、饮用水、棉花（棉花机械）、高低密度纤维板、塑料制品、发泡网和白酒、食用菌等。棉短绒主要分布在一师阿拉尔市、七师和八师石河子市；食葵、打瓜子等主要分布在六师五家渠市、十师北屯市；木材加工主要分布在一师阿拉尔市、二师铁门关市、四师可克达拉市、八师石河子市和九师，其中四师可克达拉市分布最广；肥料主要分布在一师阿拉尔市、二师铁门关市、六师五家渠市和八师石河子市，其中八师石河子市分布最广；塑料制品主要分布在一师阿拉尔市。

5. 加工企业设计生产能力及完成情况

二师铁门关市和四师可克达拉市的设计产能与实际产量是相对较高的，其他师和兵直企业较低。其中四师可克达拉市农特产品加工企业数不是最多的，反而设计产能与实际产量是最高的；八师石河子市加工企业数最多，资产排名前三，但设计产能与实际产量比较低，说明产能利用严重不足（图3）。

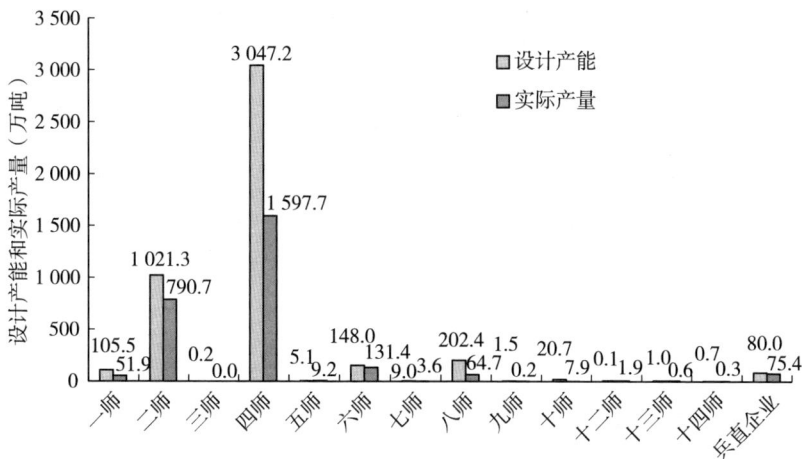

图3　各师市加工企业设计产能与实际产量

6. 加工企业加工产值及经营情况

各师农特产品加工产值情况差异较大，六师五家渠市的农特产品加工产值最高，其次为八师石河子市、一师阿拉尔市、四师可克达拉市和兵直企业单位，其余各师加工产值都比较低（图4）。

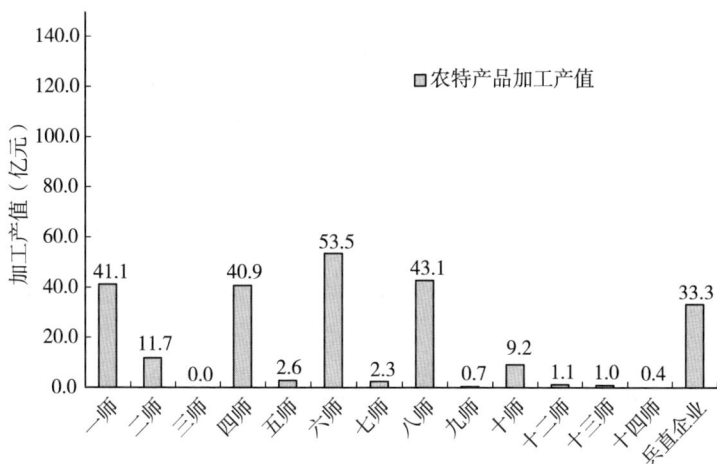

图4　各师市加工企业农特产品加工产值

7. 加工企业经营

销售收入与利润：据统计，各师农特产品在销售收入很高的情况下，虽然净利润均为正值，但是净利润都处于较低水平，且各师间的差异性较大（图5）。兵直企业、八师石河子市和六师五家渠市的销售收入较高，四师可克达拉市和八师石河子市的利润相对较高，其中兵直企业的企业数少、规模大，销售收入最高，八师石河子市企业数多销售收入也多；四师可克达拉市的主要农特产品为木材，其销售收入与利润的差异最小。

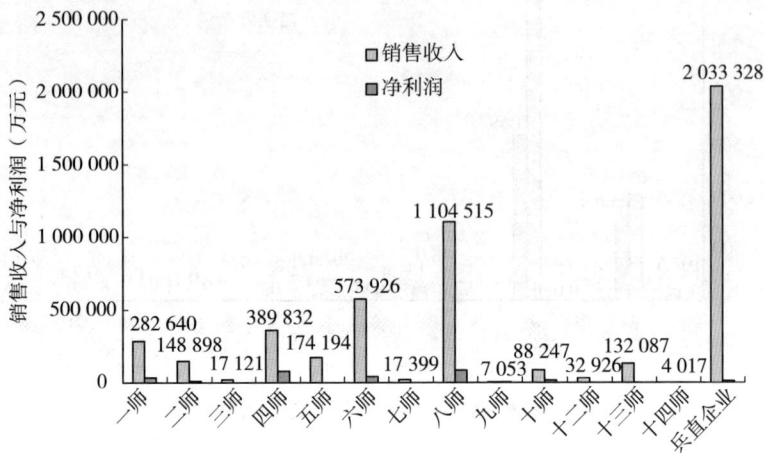

图 5　各师市加工企业销售收入与净利润

上缴税金：四师可克达拉市上缴税金最多，达到 54 529 万元，其次是六师五家渠市、兵直企业、八师石河子市和一师阿拉尔市，4 个师和兵直企业的上缴税金占总税金的 95.53%（图 6）。

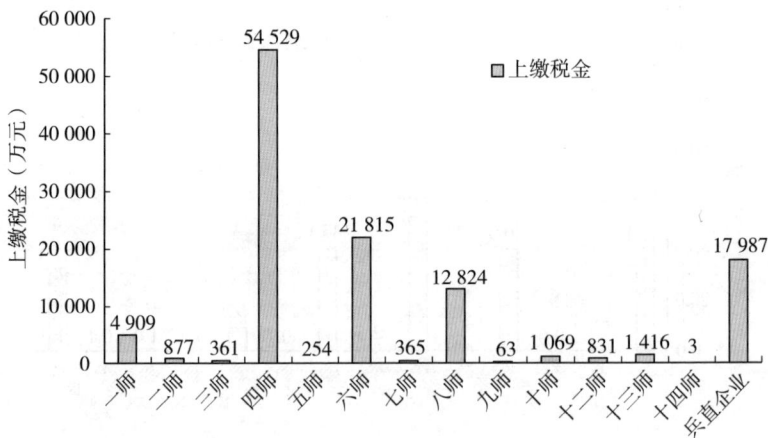

图 6　各师市加工企业上缴税金

8. 加工企业年均就业人数和带动农户数

兵团农特产品加工企业年均就业人数 2.84 万人，带动农户数达 55.97 万户，具有较强的社会影响力。其中一师阿拉尔市、四师可克达拉市、六师五家渠市和八师石河子市企业就业人数也较多；就带动农户数来看，兵直企业带动农户数最多，占比达 52.79%，其次为六师五家渠市和八师石河子市（图7）。

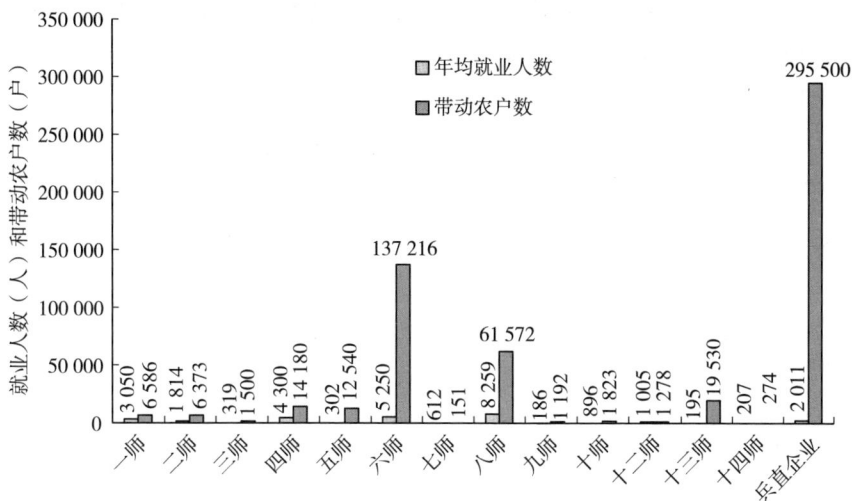

图 7　各师市加工企业年均就业人数和带动农户数

9. 加工企业资产负债率及银行信用等级

　　各师和兵直企业总体平均负债率达 21.45%，除十二师和十四师昆玉市外，其余各师和兵直企业均存在负债情况，其中五师双河市、九师和兵直企业的平均负债率超过 50%（图8），说明兵团农特产品加工业负债较重，生产经营情况令人担忧。就银行信用等级而言，兵团农特产品加工企业中获得银行信用等级在 AAA 及以上（含"优"）的企业有 26 家，其中一师阿拉尔市最多有 10 家。

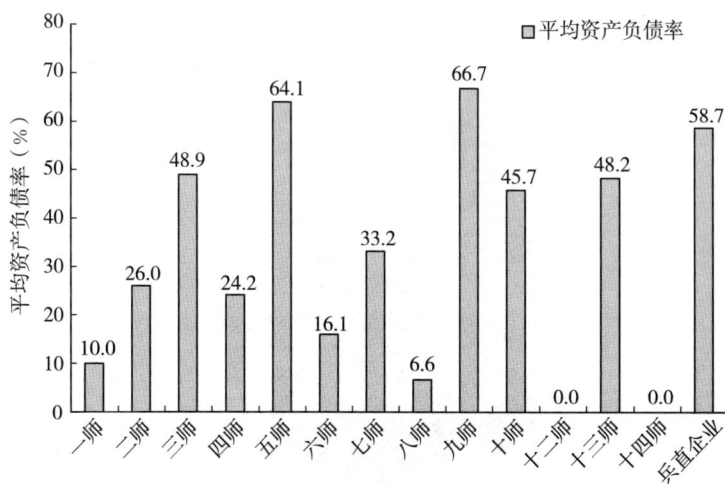

图 8　各师市加工企业平均资产负债率

10. 加工企业品牌建设

截至 2016 年，兵团农特产品加工企业商标及名优品牌数量共 62 个，具体品牌建设情况见表 1，品牌较多，较出名的有"傻老大""冠农""伊力"等，但具有国内和兵团影响力的品牌较少。

表 1　各师市农特产品加工企业数量及品牌数量统计

各师市	企业数量	品牌数量
一师阿拉尔市	7	9
二师铁门关市	5	5
三师图木舒克市	1	1
四师可克达拉市	12	13
五师双河市	2	2
六师五家渠市	7	8
七师	4	4
八师石河子市	7	8
十师北屯市	8	8
十三师	1	1
十四师昆玉市	1	1
兵直企业	2	2
合计	53	62

11. 加工企业出口创汇

兵团农特产品加工企业出口创汇 1.98 亿元，统计显示兵团 4 个师和兵直企业实现出口创汇，其中六师五家渠市出口创汇 1.49 亿元，占比 75%；四师可克达拉市次之，出口创汇占比 9%（图 9），图中未列师出口创汇均为零。

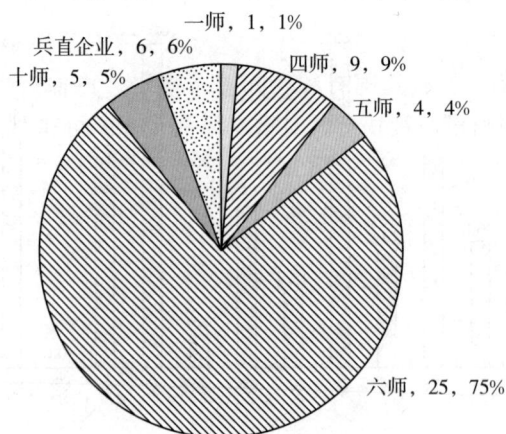

图 9　各师市加工企业出口创汇

二、存在问题

1. 精深加工薄弱，发展水平较低

目前农特产品加工业主要以涉农项目为主，产业链短，大多企业受传统工艺和技术装备差的限制，精深加工程度仍然较低，大部分为"原"字号，多层次开发的产品少，创新能力不强，无法适应农特产品市场的快速发展。

2. 知名品牌少，市场占有率不高

现代市场是知名品牌的市场，兵团农特产品加工业品牌62个，多而杂，虽然近年来各师团也孕育了像"傻老大""冠农""伊力"等农特产品品牌，但缺乏叫得响的品牌，市场占有率均不高。

3. 负债率高，企业发展艰难

各师和兵直企业农特产品加工企业总体平均负债率达21.45%，除十二师和十四师昆玉市外，其余各师和兵直企业均存在负债情况。说明兵团农特产品加工业负债较重，生产经营情况令人担忧。

三、建议

1. 出台相应政策，鼓励深层次加工，开发多层次产品，延长产业链，提升产品价值，增加市场占有率，不断适应快速发展的消费市场需求，以保持兵团农产品加工业的均衡发展。

2. 在科技政策上扶持龙头企业，对与龙头企业相关的农产品和加工制品的生产技术，要给予科研攻关支持和技术推广服务。

3. 加强品牌建设，根据兵团特殊的地理和资源优势，将产品与特色农业有效结合，按照"扶强扶优"的原则，重点培育和扶持能带动本地区农特产品的支柱产业的发展，培养带动力强、有较强市场竞争力的龙头企业，引领其发展塑造质优品牌。

4. 加强政策引导，鼓励国有和民间资本投资，以促进兵团农产品加工业的均衡发展；给予财税政策扶持，对重点龙头企业，可在财力和政策允许的范围内给予一定年限的税费减免；在信贷政策上给予扶持，金融部门应按照上级精神，继续适当安排专项资金用于扶持龙头企业。

附件 14　兵团奶业"十三五"发展规划

奶业是现代农业的重要组成部分，是优化农业结构、引导农业职工转移就业、促进职工多元增收、改善居民膳食结构、增强国民体质的需要。根据兵团畜牧业"十三五"发展规划，为进一步贯彻落实《兵团关于加快奶业持续健康发展的意见》，促进兵团奶业持续健康发展，特制定本规划。

一、兵团奶业发展现状及面临的形势

近十年来，在国家、兵团政策及项目资金推动下，兵团积极发展奶业，通过大力引进国外优良奶牛，加快奶牛品种改良，推进规模化养殖，实施优势产业布局，奶业发展方式得到了转变，产业规模、产业结构和生产水平得到了大幅提升，奶牛数量、牛奶产量逐年增加，兵团奶业实现了持续快速的发展。

（一）发展现状

1. 奶牛存栏快速增长，奶产量持续增加

2014 年末，兵团奶牛存栏数 24.18 万头，牛奶产量 59.07 万吨，分别较 2010 年增长了 29.5％、34％，奶牛数量、牛奶产量均呈持续上涨趋势。规模化养殖场已成为乳制品加工品质安全可靠生鲜乳的主要来源，70％的规模化养殖场牛奶乳脂率高于 4％，乳蛋白高于 3.1％，乳固体物达 13％，细菌数平均小于 40 万个，乳品质量超过国家生鲜乳标准；有 21 家规模化养殖场成为新疆兵团主要的学生饮用奶源基地，占全疆学生饮用奶奶源的 80％。

2. 奶牛优势主产区初步形成，产业集中度明显提高

围绕乳制品加工龙头企业布局，积极加快奶源基地建设，初步形成了以一、七、八、十二师为主的优势奶业产业带。该产区荷斯坦奶牛存栏量 14.5 万头，占兵团奶牛存栏量的 60％；牛奶总产量 42 万吨，占兵团牛奶产量的 70％。

3. 奶牛规模养殖加快推进，生产水平进一步提升

2014 年末，兵团区域内 100 头以上奶牛规模场（小区）150 个，其中：500～1 000 头规模场 52 个，千头以上规模场 48 个。规模化养殖水平为 63％，高于全国平均水平 18％。规模化牛场成母牛年产奶平均水平达到 7 吨，高产水平达到 8 吨以上，接近全国平均水平。规模化牛场挤奶机械化水平显著提高，达到 100％。

4. 乳制品加工业快速发展，乳制品产量持续增加

近年来，兵团乳制品加工企业快速发展。兵团辖区有天润、花园、新农、旺旺、娃哈哈等乳制品加工企业 16 家，日单班加工处理鲜奶能力突破 3 000 吨，年设计加工能力达到 90 万吨以上。2014 年，实现年加工量约 35 万吨，较 2010 年增长了 365％。生鲜乳加工产品以奶粉、液态奶和酸奶等为主，具有"天润""佳丽""盖瑞""花园""新农"5 个主要品牌，100 余种产品，产品种类齐全，占疆内市场份额的 40％以上，基本满足了城乡居民多样化的消费需求。

（二）奶业发展的有利条件

1. 自然环境条件优越，土地资源丰富

兵团奶牛养殖区在北纬 45°世界黄金奶源区，具有饮用雪水、无重工业、土壤及空气质量好等适宜发展高端的绿色和有机奶业的自然条件；另外，区域内不存在类似南方高温高湿的同步环境，奶牛热应激程度影响较低。

兵团现有耕地面积 1 872 万亩，每年可生产各类作物秸秆 1 300 万吨，苜蓿 60 万吨，玉米青贮 150 万吨。畜牧业作为兵团农业结构调整的主攻方向，按照种植业结构向"粮经饲"三元结构转变的要求，次宜棉区、低产棉区的退出，发展畜牧业的耕地资源较为丰富，将为兵团奶业的发展奠定良好的物质基础。

2. 奶牛品质资源优良，养殖基础条件较好

兵团主要的奶牛品种有：荷斯坦、西门塔尔和新疆兵团褐牛。近十年来，为加速改良和提高品质，扩大良种奶牛基数，一、七、八师等奶业主产区从新西兰、加拿大、美国引进荷斯坦良种母牛 8 万余头。荷斯坦及其高代杂种牛集中在一、七、八、十二师；西门塔尔奶牛及高代杂种牛分布在南北疆，新疆兵团褐牛主要分布在四、九、十师。

兵团规模化养殖水平有所提高，已建成了一大批规模化养殖基地，也培育了一批稳定的、从事奶牛养殖技术水平高的养殖管理队伍。兵团规模化奶牛场已全面应用奶牛标准化饲养技术，并积极推广应用胚胎移植、性控繁殖、全混合日粮饲喂等新技术，普及推广了奶牛品种改良、饲草料加工调制利用、机械化挤奶等重点技术。这些基础性工作和适用新技术的推广，为奶业进一步发展奠定了扎实基础。

3. 乳制品市场日趋成熟，消费潜力巨大

2014 年，我国人均占奶量 27 千克，约为亚洲平均水平的 1/2，世界人均水平的 1/3，若达到亚洲平均水平，乳制品消费需要增长 1 倍；我国婴幼儿奶粉市场总容量约为 100 万吨，市场总值在 700 亿元左右；我国奶粉需求约在

30万吨，但年产量在10万吨左右，有20万吨的缺口，主要依靠进口奶粉填充。我国现已成为世界第三大乳品消费市场，预计未来5年，我国液态奶销量复合增长率将达到8％～10％，其中，低温巴氏奶将达到10％以上，预示未来中国市场低温产品的比例将越来越大。随着消费的持续刚性增长，我国乳业未来发展空间及潜在市场巨大。

新疆兵团作为少数民族地区，牛奶消费市场具备很大的发展潜力和空间。随着自治区实施"学生饮用奶计划"，用UHT灭菌工艺生产的学生饮用纯牛奶和调味奶进入学校市场，正在培育一代人的乳品消费习惯。同时，随着对口援疆工作的深入及旅游业的发展，新疆兵团常住和流动人口不断增长，新疆地区的牛奶消费空间也将不断拓展。

4. 乳品加工技术不断提升，初显品牌效应

兵团90％以上的加工能力和技术创新均按新国标要求，对液体奶和乳粉制品的生产线进行了全面升级改造，关键设备为国外进口先进设备，配套设备均为国内先进设备，整体技术装备水平结构紧凑；已建立较完善的乳制品在线检测技术和三聚氰胺的定量测定体系。

以兵团乳业（天润乳业）、西部牧业（花园乳业）和新农乳业三家上市企业为平台的兵团乳业龙头企业占加工能力的50％以上，已形成乳制品加工龙头企业围绕奶源基地的优势奶产业布局。兵团乳业龙头企业充分发挥自然环境、资源及原奶品质优势，依据市场需求，已逐步建立了各自的产品品牌，如兵团乳业（天润乳业）的奶啤、酸奶，西部牧业（花园乳业）的婴幼儿配方奶粉，新农乳业的高品质纯牛奶等均初显品牌效应。

因此，总体上兵团是我国的优质奶源基地，在饲草饲料种植及加工、规模化牧场建设、奶牛养殖、乳制品加工等方面拥有得天独厚的优势。

（三）奶业发展的制约因素

1. 乳业发展环境日益恶劣，市场竞争压力巨大

目前，国内乳业表现为养殖成本上升，奶价下跌，乳企压价伤农，过多使用进口奶粉而减少使用本地奶源，导致养殖亏损；但商品奶价格上升，乳品加工企业获利丰厚等不正常产业发展态势，已严重影响了乳产业的可持续发展。

未来国内奶业竞争核心将集中在鲜奶的成本和质量上，谁拥有鲜奶的竞争优势谁就拥有乳业市场的竞争优势。国内外生鲜乳成本，由于土地资源、饲养方式（放牧、圈养）、单产水平差异，国外生鲜乳成本为2～2.6元/千克，国内生鲜乳成本为3.5～3.7元/千克，每千克成本较国外高75％～42％。品质方面：兵团生鲜乳在乳脂率和乳蛋白率方面优于欧盟控制指标，但细菌数、体细胞数高于欧盟控制指标。降低养殖成本、提高乳品品质已成为兵团乳业提升市场竞争力的关键。

另外，兵团乳制品加工企业以生产大包装奶粉为主，生产比例高达 60% 以上，导致产品附加值低、成本高、产品同质化严重；缺乏在全国范围内具有影响力的品牌，市场核心竞争力弱。除"天润"的奶啤实现出疆，拓展至江浙市场外，酸奶、奶酪、婴儿配方奶粉等其他高端乳制品均没有走出疆外，乳品企业市场开拓力度不够，品牌认知度不高，消费引导不足，乳制品市场竞争压力巨大。

2. 奶牛养殖标准化、管理水平仍待提升

从单产、饲料利用率、劳动产出率、科技贡献率、规模化和产业化程度等重要指标来看，我国养殖业整体发展水平只相当于欧美等养殖业发达国家 20 世纪 80 年代的水平。兵团的奶牛单产水平约 5.4 吨，欧洲、美国奶牛单产水平是兵团的 1.7 倍。随着兵团奶牛存栏量的不断增加，兵团奶牛群体结构、品质、单产水平等差异较大，专业化生产、疫病防控、牛场精细化管理等方面存在一定的问题，现代化牛场综合管理技术应用仍薄弱。尤其是管理队伍水平有待进一步提高，缺乏能够充分发挥牛群生产性能的高水平管理人才。一些散养户规模小、养殖分散、产业化程度低，缺乏规模经济和抗风险能力，养殖水平不高，比较效益低，也影响了兵团奶业的整体发展水平。

3. 企农利益联结的新型经营主体经济发展模式尚未形成

2014 年，兵团乳品产值与乳品加工产值比为 0.78∶1，远低于全国农业产值与农业加工总产值比 1.6∶1 的水平。目前，兵团大部分乳品企业与基地养殖户还没有建立具有利益均沾、风险共担的新型农业经营主体共生关系，没有建立稳定的奶源生产基地，没有形成"种养加一体化"；此外，社会化服务体系不健全，企业与奶站、奶农之间的矛盾日益突出，乳品加工企业与奶农没有结成稳定的产销关系和紧密的利益联结机制。奶农组织化程度低，乳制品企业单方面决定生鲜乳价格，奶农利益难以得到保障，淡季压价、旺季争抢奶源现象时有发生。原料乳交售无最低保护价或指导价，规避养殖风险机制不健全，易形成奶牛养殖业的较大波动。

4. 奶牛业发展投融资渠道不畅，后续发展资金投入紧缺

尽管近年奶业市场出现较大波动，但兵团奶牛养殖经营总体保持了盈利，各地发展奶牛养殖积极性较高，产销两旺，市场前景仍然看好。由于奶牛养殖为高投入、高产出的畜牧产业，生产规模扩张需要较大的资金投入，原有奶牛场也面临升级改造、骨干技术队伍的培养等方面的问题，而兵团自身实力不强，农牧工资本积累也有限，资金短缺成为制约养殖规模扩大的主要因素，个人养殖贷款办理难度较大，政府扶持政策相对不足。

二、指导思想、基本原则和主要目标

（一）指导思想

以提高乳制品品质，降低生产成本为核心，以职工增收为目标，以种养加、产加销一体化经营为突破口，充分发挥兵团资源和集团化组织优势，做强做大龙头企业，完善利益联结机制；大力实施养殖基地、饲草料基地、乳制品加工三大工程建设，着力完善良种繁育、疫病防控及质量监管三大体系；加快建立现代奶业体系；立足绿色、差异化营销，创造需求，推进兵团奶业提质增效，成为国家主要的优质生鲜乳基地及国产乳制品竞争力的中坚力量。

（二）基本原则

1. 坚持统一规划与合理布局相结合的原则

结合区域资源禀赋、生产基础和发展环境，打破传统以地域和自身资源现状为基础的布局方式，以现有的奶产业布局为基础，坚持统一规划、合理布局、立足资源和区位优势，发挥重点龙头企业的辐射带动作用，逐步形成奶业相对集中、连片发展的产业格局。

2. 坚持抓龙头与建基地相结合的原则

坚持乳制品龙头企业建设与奶源基地、饲草料基地建设并重发展，鼓励龙头企业建设基地，实施种养加一体化建设模式，大力发展规模化、标准化养殖，实现奶业的专业化生产、社会化服务、一体化经营。

3. 坚持经营自主与多元投入相结合的原则

提升企业自主经营能力，建立多种形式的利益联结机制，保证乳制品加工企业的生鲜乳自供率。坚持资金投入多元化，形成以"乳品加工企业＋团场＋养殖户"的多元化投资体制，兵团各级资金支持为辅的多元化投资渠道，提质增效，增强企业发展潜力，实现奶产业效益提升。

4. 坚持市场主导与政策扶持相结合的原则

充分发挥市场在资源配置中的决定作用，引导资金、技术、人才等多种要素进入奶牛业，提升产业发展能力。强化政策扶持和行政引导，打破地域界限，通过资产优化组合，建立以兵团乳业为核心的企业集团，扩大品牌影响，提高整体竞争能力，推动奶产业健康、持续、稳定发展。

（三）主要目标

2020 年，兵团奶牛存栏达到 40 万头，年均增长 10.9%；牛奶产量达到 140 万吨，年均增幅 22.8%；以千头奶牛场为主建设规模化养殖场 168 个，规模化养殖水平达到 85%；良种覆盖率 95% 以上。

规模化养殖场荷斯坦成母牛平均单产水平达到 8 吨，培育产奶量在 8 吨以上的高产荷斯坦奶牛核心群 10 万头，全混合日粮饲喂全覆盖。兵团主要乳品加工企业原料乳 50% 达到欧盟标准（细菌总数＜10 万 CEU/毫升，体细胞数＜40 万个/毫升）。

饲草料基地配套面积 120 万亩。

乳品加工企业日处理鲜奶能力 4 000 吨，加工率≥85%，原料奶加工量 120 万吨；商品奶 60% 实现疆内消费，40% 外销疆外市场。

三、产业区域布局

根据市场需求、资源环境、消费习惯和现有产业基础等因素，以加快奶牛品种改良，加强优质饲草料生产，提高成母牛单产水平，规模标准化养殖为重点，不断提高奶牛生产水平和养殖效益；合理布局加工企业，加大乳制品产品结构调整力度，全面提升乳制品质量，不断提高乳制品企业自主创新能力。跨师市域、跨省域进行奶业资源整合，创造需求，引导消费，强化品牌建设，大力拓展国内外市场，形成种、养、加、销协调发展的产业格局。

（一）奶源基地布局

1. 六、七、八、十二师天山北坡奶源优势区

该区域奶牛存栏 26 万头，占兵团存栏总数的 65%；牛奶产量 102 万吨，占兵团牛奶总产量的 73%；该区域是兵团的主要奶源优势发展区。1 000 头以上规模化奶牛场 139 个，规模化水平 98.2%。养殖品种以荷斯坦牛为主，采取标准化规模养殖舍饲，饲草料主要为农区饲草（青贮、苜蓿），奶牛成母牛单产水平达到 8 吨以上。建立 20 个以荷斯坦为主的高产奶牛核心群（存栏 1 000 头以上），以发展现代化养牛业和以城带乡为主攻方向，通过建设和完善大规模、高水平养殖体系与龙头加工业相匹配，并通过产、供、加、销一体化的办法，加快城乡融合，带动区域经济的协调发展。

2. 一、二、三、十三、十四师南疆奶源产区

奶牛存栏 6.3 万头，占兵团存栏总数的 15.7%；牛奶产量 19.6 万吨，占兵团牛奶总产量的 14%；养殖品种以荷斯坦和西门塔尔为主，南疆地区日照充足，农作物秸秆资源丰富，且青贮玉米可一年两次种植，供应充足。一师、二师奶牛品质较高，乳品加工企业对奶牛业的市场带动能力强，建立 10 个以荷斯坦为主的高产奶牛核心群（存栏 1 000 头以上），推动奶牛业的发展。三师、十三师、十四师以现有规模围绕城市发展，促进现有奶牛散户联合向奶牛养殖合作社发展，以存栏 100～500 头规模化奶牛养殖发展为主。

3. 四、五、九、十师北疆边境区奶源产区

奶牛存栏 7.7 万头，占兵团存栏总数的 19.3％；牛奶产量 18.4 万吨，占兵团牛奶总产量的 13％；养殖品种以新疆兵团褐牛、西门塔尔乳肉兼用牛为主，该区域天然草原面积广阔，以放牧为主，饲草料主要为粮食秸秆。该区域以发展适度规模养殖为主，充分发挥草原型乳业的优势，以打造高蛋白的优质绿色有机奶、发展特色乳制品及高端牛肉为发展方向，建立 18 个高产乳肉兼用牛养殖场，保障边境地区少数民族职工乳肉供应。

（二）乳品加工企业布局

乳品加工企业的布局要与奶源生产基地的布局相衔接，按照奶源基地与市场的远近，依据新疆兵团区域内现有的消费市场需求，发展生产规模。

兵团乳业（天润乳业）以低温奶（酸奶、巴氏奶）、高端乳为主，充分整合南北疆乳品企业，在南疆一、二、三师和东疆十三师建立乳品加工厂，生产低温奶，覆盖周边城市市场。在四师、十师整合一些小的乳品企业，发展优质高端乳及乳饮料，产品销往全疆，利用"一带一路"逐步出口到中亚地区。日处理鲜奶生产能力达到 1 200 吨，占兵团乳业加工能力的 33％。

西部牧业（花园乳业）以常温奶（百利包、利乐枕、利乐砖）和奶粉为主，利用原料乳高品质的优势，做大奶粉市场，加大内地奶粉市场占有率。充分利用媒体宣传，打造新疆兵团绿色品牌，挖掘婴幼儿配方奶粉的市场潜力，在新疆兵团婴幼儿配方奶粉市场中占有一席之地，并借助"一带一路"进军中亚地区。日处理鲜奶生产能力达到 1 000 吨，占兵团乳业加工能力的 25％。

新农乳业以常温奶（百利包、利乐枕、利乐砖）和奶粉为主，发挥自有的经过国家认证的有机奶奶源基地优势生产高端常温奶，抢占新疆兵团高端常温奶市场，进而逐步加大内地高端常温奶市场占有力度，借助"一带一路"出口奶粉到中亚地区。日处理鲜奶生产能力达到 500 吨，占兵团乳业加工能力的 12.5％。

其他乳品企业，以常温奶（百利包、利乐枕、利乐砖）和奶粉为主。日处理鲜奶生产能力达到 1 300 吨，占兵团乳业加工能力的 29.5％。

四、重点任务

（一）三大工程建设

1. 以示范场建设为重点，推进规模化、标准化奶牛养殖基地工程建设

扶持鼓励有条件的团场和乳品企业建立规模化、标准化奶牛场及股份合作奶牛场、养殖专业合作社，以规模化牛场为依托，不断扩大饲养规模，提升饲

养水平，加快奶牛饲养业的专业化、集约化、组织化和现代化水平，提升产业化经营层次。实现畜禽良种化、养殖设施化、生产规范化、防疫制度化、粪污处理无害化和监管常态化等"六化"。

（1）2016—2020年，在兵团优势区域的团场扶持建设120个存栏1 000头以上规模的养殖基地（天山北坡奶业产区100个、北疆边境区奶业产区2个、南疆奶业产区18个），重点支持20个示范场建设。

（2）规模化、标准化养殖场均采用TMR饲喂技术，做到畜禽养殖排泄物无害化、资源化利用，配套建设治污设施（按照规范建设堆肥场、尿液收集池、化粪池或沼气等设施），实现粪便全部综合利用（堆肥、生产有机肥或复合肥），废水不外排，粪便堆场配套建设围堰和防雨棚。按照每5万头奶牛建设一个有机肥厂的原则，在主产区建设有机肥厂，做到粪污资源化利用。

（3）规模化、标准化养殖场实施病死畜禽无害化处理工作，结合防疫条件审核工作，配套建设病死畜禽无害化处理化尸窖等设施。

2. 饲草料基地工程建设

按照"以畜定草、就近配套、就近消耗"原则，配置饲草料基地，纳入农作物种植计划；加大推广优质高产饲草模式化栽培（正复播），在试点经验的基础上，大力推进饲草收购"以质论价"机制，充分利用各种可降低成本的农副产品来源，加大对农田秸秆及棉副产品、林果、园艺业副产品等加工利用力度；鼓励支持草料资源富集区建立饲草料交易集散中心，调剂草畜平衡，发展饲草料产业。

（1）推动优质高产饲草料配套基地建设。到2020年，确保每头奶牛有配套青贮2亩、苜蓿1亩的饲料地。六、七、八、十二师天山北坡奶业产区种植青贮52万亩，苜蓿26万亩；四、五、九、十师北疆边境区奶业产区种植青贮16万亩，苜蓿8万亩；一、二、三、十三、十四师南疆奶业产区种植青贮12万亩，苜蓿6万亩。

（2）饲草料基地均使用滴灌技术，严格按照种植技术规范种植青贮玉米及苜蓿，支持饲草良种引进推广、配套农艺试验推广、机械收获、牧草产量测定、品质测定等饲草料加工利用技术，对收获机械等给予一定的农机购置补贴。

（3）积极支持畜牧业龙头企业、合作社或养殖公司采取租赁或长期承包、反租倒包方式获得土地使用经营权，推进种养一体化经营。

（4）提高配合饲料的入户率，加大新型安全饲料添加剂及农作物秸秆颗粒饲料的推广力度，加强奶牛专用预混料、浓缩料、精料补充料的开发，制定与推广适应不同地区、不同养殖类型和水平的奶牛饲料配方，推广提高原料奶质量的技术。

3. 乳制品加工营销提升工程建设

针对乳制品消费需求的多元性、多变性和求异性等"无主流化"趋势特征，以提高品质为核心，加大产品创新力度，由"适应需求"转变为"创造需求"，注重"以新产品领导消费大众"，实施绿色、差别化等现代营销策略，大力发展乳制品精深加工产品，延长产业链。整合疆内、国内的乳品资源，积极开拓国内外市场，提高竞争能力。

（1）整合"天润""佳丽""盖瑞""花园""新农"等兵团自主品牌资源，以兵团乳业集团为核心的乳制品龙头企业带动效应，形成合力，集中力量办大事，提高国内市场占有率。

（2）以企业为主，以政府支持、科研院校为支撑，建立兵团畜牧技术研发中心（西部牧业）和兵团乳业技术研发中心（兵团乳业）。加强人才培训，实现乳品全产业链的质量安全检测；产品的研发和中试（饲料营养、乳制品的研发、发酵乳、菌种、功能性和特色乳品的研发，实现产品的中试），打造新疆兵团奶业创新平台。

（3）充分利用"一带一路"建设的发展契机，建立"互联网＋"营销网络，加强品牌销售网络建设，疆内加强小城镇和农村销售网络建设，保证各种乳制品顺畅便捷的销售渠道；疆外注重兵团各种乳品的宣传策划和配送网点建设，获取消费者认可，拓展市场，引导消费。

（4）围绕市场进行产品结构升级，重点支持兵团乳业（天润乳业）、新农乳业、西部牧业（花园乳业）3家乳品企业关键设备的改造升级、高新技术应用、新产品研发，提升企业技术与装备水平。

（5）完善冷链物流配送体系。配套冷藏车、冷库、冷风柜、叉车等，积极进行物联网服务体系建设；大力开展市场渠道合作，实施品牌建设（广宣、新媒体）、市场开拓（展销、推广）等工作。

（6）功能性乳品饮料、固体乳产品生产，加大奶啤及其他功能性乳酸饮料、固体乳产品的生产能力，为500吨/日。

（7）低温奶生产线。扩建酸奶、低温奶生产线设计能力，为500吨/日。

2020年，日处理生鲜乳能力由3 000吨增至4 000吨，低温产品冷链体系配置比例达到90%以上，配送网络覆盖区域内中小城市和90%以上乡村。

（二）三大体系建设

1. 良种繁育体系建设

引进优良品种奶牛，选用优质冻精，扩大高产奶牛核心群体；强化标准化规模奶牛场、奶牛合作社的标准化人工授精站建设，完善液氮罐、液氮运输车、改良配种器材配置以及基础设施配套建设。以自繁为主，逐步提升兵团奶牛良种率，奶牛良种率达到 95%。2020 年末，自繁母畜约 23.6 万头。

（1）扩繁场体系建设。以种牛引进、遗传资源开发利用、基础设施建设为重点，加强原奶牛良种场建设，选育高产奶牛核心群，提高核心场的生产水平和供种能力。建立 2 个兵团级的良种繁育场（存栏 3 000 头以上），建立 3 个师级的良种繁育场（存栏 2 000 头以上），在奶牛主产区建立 40 个团级良种繁育场（存栏 1 000 头以上）。

（2）奶牛高产核心群基地建设。2016—2020 年，在奶牛优势产区，以优质高产荷斯坦牛为主，提高奶牛生产能力；科学配置牛群结构，选育优质高产奶牛；推行"种养一体"模式，以粪污处理和沼气的综合开发利用等为目标，建立高产奶牛核心群（存栏 1 000 头以上，单产 8 000 千克以上）现代化奶牛场 100 个，形成规模化奶牛场全程机械化、自动化和管理信息化的技术示范型奶牛场。

（3）生产性能测定体系建设。加强奶牛生产性能测定中心、奶牛改良中心基础设施建设和仪器设备更新；完善有关奶牛生产性能测定、品种登记和改良的技术及管理标准，奠定奶牛品种改良的技术基础，加强对奶牛改良工作的指导。依托兵团奶牛生产性能测定中心，在主产区建立生鲜乳质量检测中心及第三方检测体系，在兵团奶业主产区开展奶牛生产性能测定，到 2020 年，参加奶牛生产性能测定的奶牛由目前每年的 5 000 头逐步扩大到每年 5 万头。加大骨干人才引进和培养力度，加强相关技术人员的培训，为测奶指导养牛生产管理，为提质增效提供技术支撑平台。

（4）冻精推广体系建设。加强奶牛配种站点液氮罐、液氮运输车、改良配种器材配置以及基础设施配套建设，进一步完善奶牛优质冻精推广体系。到 2020 年，建设奶牛配种站点 100 个，全面推广使用人工授精技术；使用冻精 200 万剂，其中，性控冻精 120 万剂，乳肉兼用型冻精 40 万剂。每年引进一定数量的优质高产奶牛胚胎，采用现代生物技术加快良种牛的研究和培育进程。同时加快以良种牛冷冻精液人工授精技术为主的良种奶牛扩繁步伐，充分利用全国最大的北京良种种公牛站种质资源，实现兵团高产奶牛群体的低成本快速扩张，加快奶牛良种化进程，奶牛单产提高 15%～20%。

（5）繁育人才体系建设。依托兵团畜牧技术研发中心、兵团乳业技术研发中心及大专院校和相关事业单位，培养适应规模化、标准化奶牛场所需的管理技术人才队伍。规模化、标准化管理技术人才每年培训不少于 3 000 人次，每两年轮训一次。重点是利用和引进高水平繁殖管理人才、培养大量合格人工授精员，打造职业化、专业化的技术人才梯队，形成强有力的育种、繁殖配种技术支撑体系，尤其在标准化人工授精、B 超的推广应用、奶牛场的繁殖管理等方面要加大力度、深度和覆盖面。加强对技术人才的管理，实行考核评定，并授予证书。

2. 疫病防控体系建设

坚持生产发展和免疫并重的方针，强化奶牛疫病预防。重点加强规模奶牛场兽医诊疗实验室设施建设，健全执业兽医及防疫员队伍，强化并提升疫病预测预报能力，完善疫情预警和应急处置机制及重大动物疫病防控责任制，确保奶牛健康和原料奶的质量安全。

（1）兽医诊疗实验室建设。依托兵、师、团动物疫病预防控制中心兽医实验室技术力量，加强规模奶牛场兽医诊疗实验室建设，到 2020 年，在全兵团完成 100 个规模奶牛场兽医诊疗实验室建设，建设标准和人员配置要达到能够开展奶牛常规疫病监测和诊断工作。并通过提升动物疫病检测诊断能力，全面加强口蹄疫、布鲁氏杆菌病、牛结核等重大烈性传染病定期检疫和预防免疫工作，逐步降低奶牛常见病的发病率。

（2）疫病防控人才队伍建设。健全基层动物防疫员队伍，逐步推行执业兽医进入规模养殖场服务制度。规模养殖场要按照实际工作需要，设立相应的执业兽医和动物防疫员岗位，承担动物疫病强制免疫、诊疗、疫情报告及协助产地检疫等工作。规模养殖场的基层动物防疫员要纳入团级兽医主管部门业务管理，要定期加强专业技术培训，逐步提高动物疫病防控人员的科学免疫、疫病监测、综合防控、畜产品安全快速检测等专业技术水平。

（3）疫病预测预报网络建设。完善动物疫情预警预报网络。按照国家及兵团中长期动物疫病防治规划的要求，规模奶牛养殖场要依托兵、师、团完善的疫情报告、疫病控制和扑灭体系，设立以动物防疫员作为疫情观察员的奶牛疫病报告观测点，负责疫情信息的收集和上报，规模奶牛养殖场兽医诊疗实验室要及时分析、预测预报疫情动态。到 2020 年，规模奶牛场口蹄疫达到免疫无疫标准，布鲁氏杆菌病和结核病维持净化标准。

（4）疫情应急处置机制建设。按照国家及兵团重大动物疫情应急预案的要求，规模奶牛养殖场要建立突发疫情应急预案及重大动物疫病防控责任制，及时指导采取综合性措施控制疫情发生，避免造成重大经济损失。完善 100 个规模奶牛场动物防疫物资储备库及冷链体系建设，实现紧急防疫疫苗、检测试剂、防护物资、消毒用品、突发疫情扑杀等所需应急物资的储备。

3. 乳品质量安全监管体系建设

继续推进生鲜乳收购站清理整顿，规范生鲜乳收购站建设，改善基础设施条件，推行标准化、规范化经营。完善乳品质量安全标准体系，建立健全检验检测和监管体系，提高执法能力，严厉打击违禁添加行为，保障乳品质量安全。

（1）加强奶站标准化改造。对现有奶站进行规范化改造，主要包括机械挤奶、收储设备配套和基础设施改造 3 部分，挤奶厅安装快速制冷设备。支持乳制品企业、奶农专业合作社、奶牛养殖场对个体和流动生鲜乳收购站点进行改造、合并或重组，加大生鲜乳收购站挤奶设备、专用生鲜乳运输车等设施设备的更新改造力度。推进生鲜乳收购站标准化管理，配备必要的检验检测仪器设备、监控设备和人员。到 2020 年，兵团生鲜乳收购站标准化达标率达到 95% 以上，奶站全部纳入动态监管范围。

（2）第三方监测体系建设。以兵团 DHI 为中心，建立和完善兵、师、团三级检验检测体系，提高检测能力。实施生鲜乳质量安全监测计划，开展质量安全监测和风险评估，严厉打击生鲜乳收购环节进行违禁物添加，建立全国生鲜乳收购站监督管理信息系统。到 2020 年，依托兵团畜牧兽医工作总站，建立 1 个兵团级的第三方乳制品质量监测中心，建立 6 个师级的第三方乳制品质量监测中心，建立 20 个团级的第三方乳制品质量监测中心，承担当地生鲜乳质量纠纷仲裁任务。主要建设内容包括房舍建设、测试仪器设备购置以及人员培训、检测技术研究与开发等。依托各级第三方监测中心，建立生鲜乳第三方检测制度，形成生鲜乳按质论价公平交易体系和运行的技术基础。

（3）乳制品检验制度建设。乳品加工企业根据原料检测、生产过程动态检测、产品出厂检测的需要，配置在线检测、快速检测及其他先进检验设备。建立和完善乳制品检验制度、产品质量可追溯制度。企业人员派驻人员监督奶源基地牛场生产，适时掌握牛场生产情况，加强对投入品使用的监督、检测，保障原料乳质量安全。到 2020 年，重点在兵团乳业、西部牧业和新农乳业 3 个乳制品加工企业全面建立乳制品检验制度，配套完善相关检验设备。

五、资金匡算

多渠道筹集资金，逐步构建以国家、兵团投资为引导，龙头企业和团场、养殖户投资为主体的多元投入机制。采取多种方式吸引社会资金发展奶产业，确保规划实施取得明显成效。纳入本规划资金测算范围的项目由规模奶牛场建设、饲草料种植基地建设、乳制品加工能力提升建设、良种繁育体系建设、疫病防控体系建设、乳品质量安全监管体系建设等 6 部分组成，初步测算规划期为 2015—2020 年，全部社会投资累计约 78.68 亿元，其中，规划财政资金约 18.99 亿元，自筹资金约 59.69 亿元。具体为：

养殖基地建设投资约 12 亿元，其中财政资金约 3 亿元，自筹资金约 9 亿元。

饲草料基地建设投资 2.8 亿元，其中财政资金约 1.68 亿元，自筹资金约 1.12 亿元。

乳制品加工能力建设投资约 17.95 亿元，其中财政资金约 2.03 亿元，自筹资金约 15.92 亿元。

良种繁育体系建设投资约 45.26 亿元，其中财政资金约 11.79 亿元，自筹资金约 33.47 亿元。

疫病防控体系建设投资约 0.41 亿元，其中财政资金约 0.26 亿元，自筹资金约 0.15 亿元。

乳品质量安全监管体系投资约 0.27 亿元，其中财政资金约 0.23 亿元，自筹资金约 0.04 亿元。

六、效益分析与环境影响评价

(一) 社会效益

1. 符合兵团农业结构调整，充分发挥发展奶产业的区域优势

随着兵团"稳粮、优棉、精果、强畜"农业产业结构调整步伐的推进，国内市场奶源基地向新疆兵团转移，实施兵团奶产业现代化是发展必然，且可突出土地经营规模化、农业机械化水平高等农业基础优势和发展安全、优质的乳制品生产条件优势，推动兵团成为全国奶业优质后备奶源基地建设进程。

2. 推动奶业升级，壮大规模化养殖

规划实施后，采取种养结合生产模式，从源头上保证投入品品质，降低成本；依靠科技进步提高生产效率，提高单产水平；加强标准化规模养殖场和良种繁育体系建设；全面推广应用高效繁殖新技术和饲养管理技术；实现标准化、规模化、良种化、专业化水平的提高，促进奶牛养殖由传统粗放式向标准化规模养殖发展，降低成本，提高单产水平，走质量效益内涵式道路，为发展现代奶产业和畜牧业现代化奠定坚实基础。

3. 有利于增加农牧工收入，实现多方共赢

鼓励和支持龙头企业（包括乳品加工企业、饲料生产企业等相关行业）加强自有或参股奶源基地建设，成立养殖专业合作社。健全产业链，加强产销衔接，完善原料奶定价机制和风险控制，全面实施按质论价；并积极推进种养加、产加销全产业链一体化经营。如按照"团连引导、干部带头、能人牵头、职工入股、统一经营、按股得利"加快提高农牧职工的组织化经营水平和应对市场的能力，降低了农户养殖风险，拓展了农牧工增收渠道。充分发挥龙头企业在加工、市场、资金、技术等方面的优势和养殖专业合作社组织化作用，实现多方共赢，社会效益突出。

(二) 经济效益

通过规划实施，推行标准化规模养殖，推广良种良法，提升奶牛养殖数量及单产水平，将取得良好的经济效益。2020 年末，奶牛规模化养殖场存栏 40 万头，能繁母畜比例为 59%，牛奶产量为 140 万吨，生产产值 24 亿元，是 2014 年的 237%。与此同时，随着专业合作社的发展和产业化经营的推进，奶牛生产水平和生产效益得到提高，有利于进一步增加农牧工收入。

依托产品结构调整和加工转换率的提高，乳制品加工企业单位产值由 2014 年的 3 845 元/吨增至 2020 年的 14 000 元/吨，乳制品加工生产产值达到 55 亿元。乳制品产值与牛奶产值之比由 2014 年 0.78：1 增至 2020 年的 2.0：1，促进奶产业的产业化发展水平快速提升。

此外，通过规划实施，规模化养殖场、乳制品加工厂等建设将加快，有利于进一步增加就业岗位和扩大就业渠道，促进富余劳动力就业和劳动力就地转移；有利于带动建筑业、设备制造等相关行业的发展，带来良好的间接经济效益。

（三）生态效益

1. 有利于促进农区生态环境的改善

规划的实施使得奶牛养殖实行了种养结合，饲草料基地配套得到完善，促进了兵团耕地的土地轮作，改善了长期种植棉花、白色污染严重的局面，有助于农区土壤养分的积累。

2. 有利于促进草场改良

规划实施后，通过人工高效优质饲草基地建设等，有利于促进牧区草原的禁牧、休牧、轮牧，缓解草原载畜压力，促进草原休养生息，减少草原沙化退化和水土流失，不断改善牧区草原生态环境，避免开荒种地破坏生态。

3. 有利于奶牛废弃物的集中处理和资源化利用

规划合理布局奶牛养殖规模，农户散养比例逐步下降，减少了因散养带来的团场连队面源污染。规划推行标准化生产，支持规模养殖场的标准化改造，加大规模养殖场粪污无害化处理设施的建设力度，实现粪污的集中处理。同时，大力推进种养结合和粪污还田利用，实现了粪污资源化利用，为种植业提供了有机肥源，减少了化肥对生态环境的污染。

（四）环境影响评价

奶产业发展对生态环境有较大影响，通过采取有效应对措施可以降低影响程度。

1. 规模养殖粪污的局部富集将造成环境压力

大力鼓励奶牛的规模化养殖，可能会出现局部地区养殖的大幅增长，造成区域内养殖粪污的局部富集，使生态环境的局部压力加大。一个标准的千头奶牛场（全群 1 000 头，其中，成年母牛 600 头），全年排粪量 10 800 吨，尿 9 000 立方米，全年氮素排放量约 90 吨，若每年只种一茬蔬菜和谷物，需要 9 000 亩耕地进行粪污消纳；种植果树，需要 4 500 亩果园进行配套。奶牛场的粪污既是严重的污染源，同时又是可利用资源。各区域规模化养殖场按照粪污排放量配套消纳面积。提倡种养平衡模式，不在环境敏感区发展规模化养殖场，新建、改扩建规模养殖场项目应依法进行环境影响评价，落实环境保护"三同时"要求。奶牛养殖粪污处理进行好氧堆肥、生产有机复合肥、沼气工程、氧化塘加水生植物塘等方式进行粪污无害化处理后，促进养殖粪污的就近、就地无害化和资源化利用，实现奶牛养殖和生态环境的协调发展。

2. 病畜处理不当将危害生态环境和人体健康

奶牛养殖生产过程中会产生一定量的病害或死淘畜只，作为细菌、病毒的重要携带者，若控制不力，病原体会通过水、空气、直接接触等途径感染畜群甚至人体。应加强奶牛重大动物疫病和重点人畜共患病的防治，进一步完善病害畜只的扑杀和无害化处理机制，配套建设病死畜禽无害化处理化尸窖等设施，保障畜群和人体的健康和安全。

七、保障措施

（一）加强组织领导及协调配合

兵团各级要充分认识加快发展的重大意义，切实把奶业的发展作为一项重要民生工程、职工增收工程纳入重要议程，加强行政组织引导，利用 19 个省区援疆机遇，整合有利资源，凝聚力量，做大做强兵团奶业。各级各部门要明确职责分工，加强协调配合，发挥各自职能作用，形成合力，推动各项政策措施落到实处。兵团要强化对规划实施的监督、检查、考核、评估和指导，按照规划目标，分解任务，落实责任，建立上下衔接、互为支撑的奶业发展规划体系。

（二）加强政策扶持，建立多元化投融资机制

出台兵团关于加快现代畜牧业发展的指导意见，积极争取落实中央投资支持，整合各类涉农资金，突出重点，集中使用，用于奶产业发展资金实现"加法"。兵、师、团三级安排专项资金引导扶持奶产业加快发展。创新投融资体制，发挥公共财政资金的引导作用，吸引乳制品龙头企业及大型饲料等企业和社会资本投资养殖，建立多元化投融资机制，为奶产业持续健康发展注入活力。加强政策配套完善，优化发展环境，在养殖用地、饲草料供给、规模养殖场建设、良种补贴、饲草料加工和养殖机械购置补贴、养殖信贷贴息、保险和

税收等方面出台优惠政策，做强做大奶产业。建立市场风险的规避机制。创建"奶业风险准备金"，按照"多方支持、分别筹集、分别使用、滚动发展、服务奶牛养殖户和企业"的原则，由兵、师、团每年安排相当规模的专项资金，形成奶业发展风险准备金，适当收取乳品加工企业、奶站、奶牛养殖场（户）风险金，分别构成各地奶业发展风险准备金，主要用于奶价最低保护，弥补企业因维护奶牛养殖场（户）利益和产业协调发展而出现的亏损，化解供需矛盾。倡导鼓励企业采用"四位一体"（师团＋企业＋合作社＋银行）运营模式，将四方利益联系在一起，形成利益共同体。

（三）强化科技推广，增强核心竞争力

一是大力提高畜禽养殖机械化、自动化、信息化装备水平，鼓励支持建立畜牧机械专业服务公司或合作社，培育健全畜牧机械作业、销售、维修服务专业队伍。二是支持奶产业龙头企业联合科研院校建立集"产、学、研"一体化的科研开发机构，针对饲草料种植、奶牛养殖、产品质量检测、新产品研发等全过程，瞄准国内外先进技术开展研发工作，增强核心竞争力。三是强化高产奶牛技术推广，突出对重点标准化规模奶牛场的扶持，提升优质高产核心群建设；结合规模养殖场建设，给予师团良繁体系配套完善相关仪器设备，大力推进人工授精改良工作；鼓励科技示范场和养殖大户开展技术示范，加快推广优质饲草生产、舍饲、良种繁育、疫病防控等先进适用技术的推广。四是开展好多层次继续教育培训、岗位培训和养殖企业培训，创建基于手机、互联网、管理软件、现场等的咨询和技术服务平台，使服务的信息渠道更加畅通，专家的资源利用效果放大，覆盖面更广，更加重视、鼓励和支持各类专业技术人员、专业化的技术服务公司等深入基层开展科技服务，提高各级技术推广部门的服务意识和水平，为基层做好各项服务；加强养殖户技术培训，提高生产技术水平。

（四）培育新型经营主体，形成产业集聚优势

培育新型经营主体，提高农牧工进入市场组织化程度，尽快形成产业集聚优势。如：进一步深化农业生产经营管理体制改革，加快探索完善以龙头企业为引领，种、养、加、销一体化奶产业链利益联结机制。推进奶产业生产经营方式转变，建立以规模化、标准化、种养结合为主的生产方式，由养殖专业合作社、奶业协会和乳制品加工龙头企业共同参与的现代畜牧业生产经营体系。坚持兵团特殊体制与市场机制的有效结合，充分发挥兵团组织化、集团化优势，组建兵团控股或优势企业控股、各师团参股的产业化大企业集团，形成有利于提升整体竞争力、充满活力、富有效率、更加开放的经营管理体制。

（五）做好奶产业发展的调控和引导服务

加强生鲜乳生产、乳品市场和乳制品进出口等预警预测系统建设，强化信息发布，引导奶牛养殖场户和乳制品加工企业适时调整生产结构。采取多种措施支持奶农专业生产合作社建设，通过引导散养户"进区入社"等方式，适度发展规模化生产。完善生鲜乳价格协调机制和收购合同制度，鼓励推行生鲜乳第三方检测和按质论价。及时收集分析各地饲养成本，计算盈亏平衡点价格，及时发布指导性收购原料奶价，建立对其定期风险评估制度，降低矛盾风险，保证企业和奶牛场的生产的稳定。严格执行鲜乳、纯乳和复原乳标识制度，规范液态奶生产经营秩序。充分发挥龙头企业、奶业协会的作用，加强行业自律，推动企业诚信体系建设。

兵团"十三五"奶产业规划目标见表1，奶牛养殖基地"十三五"发展规划目标见表2，兵团"十三五"奶牛养殖畜群发展周转见表3，兵团规模化奶牛基地"十三五"建设布局见表4，兵团"十三五"重点项目投资见表5。

表1　兵团"十三五"奶产业规划目标一览

项目	2020 年	备注
养殖基地		
单位产值（万元/头）	2.8	
建设规模（万头）	21.6	
总产值（亿元）	60	
其中：牛奶产值	53	牛奶价格 3.5 元/千克
其他产值	7	淘汰牛 1.2 万元、公牛犊 0.3 万元出售
生产总值（亿元）	27	
乳制品加工		
建设规模（吨/日）	4 000	
原奶加工量（万吨）	120	
单位产值（元/吨）	14 000	
总产值（亿元）	171	
生产总值（亿元）	55	
农产品加工转化水平		
乳制品产值：牛奶产值	2.0：1	乳制品加工生产总值/基地生产总值

表2　兵团奶牛养殖基地"十三五"发展规划目标一览

单位	2020 年				
	奶牛养殖		牛奶		饲草料基地
	存栏量	（2014 年末为基数）年均增长率	产量	年均增幅长率	
	（头）	（%）	（万吨）	（%）	（万亩）
兵团	400 000	10.9	140	22.7	120
天山北坡奶牛主产区	260 000	13.3	102	26.4	78
六师	30 000	6.9	9.0	39.9	9.0
七师	60 000	14.1	27.0	19.2	18.0
八师	160 000	15.0	60.8	31.9	48.0
十二师	10 000	7.9	5.0	8.0	3.0
北疆边境区奶牛产区	77 000	3.9	18.3	14.5	24
四师	65 000	4.1	14.3	14.9	20.0
五师	5 000	5.9	0.6	20.4	1.5
九师	4 000	2.1	2.0	13.6	1.2
十师	3 000	0.9	1.4	6.3	0.9
南疆奶牛产区	63 000	13.5	19.6	16.3	18
一师	45 000	18.4	15.3	20.0	13.5
二师	8 000	9.0	2.8	11.9	2.4
三师	8 000	1.9	1.6	18.8	2.4
十三师	1 500	10.8	0.6	7.7	0.5
十四师	500	55.8	0.0	35.0	0.2

备注：2020 年能繁母畜比例为 59%，平均繁殖成活率为 72.7%。成年乳牛年产奶量 7.5～8 吨/年；饲草料测算饲养 1 头奶牛配套 1 亩苜蓿、2 亩青贮。

表 3 兵团"十三五"奶牛养殖畜群发展周转

年份	奶牛存栏数(头)	能繁母牛(头)	受胎率(%)	产仔率(%)	成活率(%)	繁育成活率(%)	产犊牛			出栏数			能繁母牛比例(%)
							小计(头)	母牛犊(头)	公牛犊(头)	小计(头)	公牛犊(头)	淘汰母牛(头)	
2013	193 000	110 010				70	77 007	38 503.5	38 503.5	60 506	38 504	22 002	0.57
2014	209 502	120 508	84.0	92.0	92.0	71.1	85 678	42 839.1	42 839.1	66 941	42 839	24 102	0.58
2015	228 239	140 000	85.0	92.0	92.0	71.9	100 722	50 360.8	50 360.8	78 361	50 361	28 000	0.61
2016	250 596	151 396	85.0	92.0	93.0	72.7	110 105	55 052.3	55 052.3	85 332	55 052	30 279	0.60
2017	275 369	164 185	85.0	92.0	93.0	72.7	119 405	59 702.7	59 702.7	92 540	59 703	32 837	0.60
2018	302 236	179 488	85.0	92.0	93.0	72.7	130 534	65 267.2	65 267.2	100 267	65 267	35 000	0.59
2019	332 503	196 825	85.0	92.0	93.0	72.7	143 143	71 571.5	71 571.5	109 952	71 572	38 381	0.59
2020	365 693	215 515	85.0	92.0	93.0	72.7	156 736	78 367.9	78 367.9	120 393	78 368	42 026	0.59
2021	402 003	236 013	85.0	92.0	93.0	72.7	171 643	85 821.4	85 821.4	133 024	85 821	47 203	0.59

表 4 兵团规模化奶牛基地"十三五"建设布局一览

单位	2020 年末						
	奶牛存栏数(头)	2 000 头以上	1 000~2 000 头	500~1 000 头	100~500 头	规模化总数(个)	规模化水平(%)
兵团	400 000	10	158	75	89	332	85.1
天山北坡奶牛主产区	260 000	6	133	49	16	204	98.2
六师	30 000	2	12	7	4	25	97.5
七师	60 000	2	26	20		48	98.3
八师	160 000	2	92	18	6	118	98.8
十二师	10 000		3	4	6	13	90.0
北疆边境区奶业产区	77 000	0	5	10	45	60	30.8
四师	65 000		4	5	22	31	23.5
五师	5 000		1	2	8	11	90.0
九师	4 000			1	10	11	81.3
十师	3 000			2	5	7	91.7
南疆奶业产区	63 000	4	20	16	28	68	92.7
一师	45 000	3	18	12	7	40	98.0
二师	8 000	1	2	2	4	9	96.3

（续）

单位	2020 年末						
	奶牛存栏数（头）	2 000 头以上	1 000～2 000 头	500～1 000 头	100～500 头	规模化总数（个）	规模化水平（%）
三师	8 000			2	12	14	56.3
十三师	1 500				4	4	66.7
十四师	500				1	1	50.0

表 5　兵团"十三五"重点项目投资一览

建设内容	实施单位	规模数量	单位投资	资金支持（万元）		
				总资金	财政资金	自筹资金
三大工程建设				327 500	67 150	260 350
规模场建设				120 000	30 000	90 000
标准化、规模化养殖基地	兵团范围内奶牛养殖团场	120 个	1 000 万元/个	120 000	30 000	90 000
饲草料基地建设				28 000	16 800	11 200
苜蓿种植	兵团范围内奶牛养殖团场	40 万亩	0.03 万元/亩	12 000	7 200	4 800
青贮玉米种植	兵团范围内奶牛养殖团场	80 万亩	0.02 万元/亩	16 000	9 600	6 400
乳制品加工能力提升建设				179 500	20 350	159 150
兵团乳业技术中心项目	兵团乳业、西部牧业	2 家	4 500 万元/家	9 000	2 700	6 300
功能性乳品饮料扩能	兵团乳业、西部牧业、新农乳业	200 吨/日	100 万元/吨	20 000	2 500	17 500
酸奶及乳品生产线改造	兵团乳业、西部牧业、新农乳业	300 吨/日	43 万元/吨	13 000	1 300	11 700
鲜奶及奶粉加工扩能	兵团乳业、西部牧业、新农乳业	500 吨/日	150 万元/吨	75 000	7 500	67 500
乳品市场体系建设	兵团乳业、西部牧业、新农乳业			62 500	6 350	56 150
三大体系建设				459 350	122 790	336 560
良种繁育体系建设				452 550	117 870	334 680
奶牛高产核心群基地	一、六、七、八、十二师奶业主产区重点团场	100 个	4 000 万元/个	400 000	100 000	300 000
扩繁场体系建设	兵团奶业主产区重点团场	45 个	1 100 万元/个	49 500	14 850	34 650
荷斯坦奶牛冷冻精液	兵团范围内奶牛养殖场	200 万剂	15 元/剂	3 000	3 000	0
配种站点建设	兵团范围内奶牛养殖团场	100 个	0.5 万元/个	50	20	30
疫病防控体系建设				4 100	2 600	1 500
兽医诊疗实验室建设	100 个规模奶牛养殖场	100 个	30 万元/个	3 000	2 000	1 000

(续)

建设内容	实施单位	规模数量	单位投资	资金支持（万元）		
				总资金	财政资金	自筹资金
奶牛疫病预测预报点建设	兵团范围内奶牛养殖团场	20个	30万元/个	600	200	400
动物防疫物资储备库	100个规模奶牛养殖场	100个	5万元/个	500	400	100
乳品质量安全监管体系建设				2 700	2 320	380
奶站标准化改造建设	兵团范围内奶牛养殖团场	100个	20万元/个	2 000	2 000	0
第三方监测体系建设	兵团范围内奶牛养殖团场	27个	15万元/个	400	200	200
乳制品检验制度建设	兵团乳业、西部牧业、新农乳业	3家	100万元/家	300	120	180
合计				786 850	189 940	596 910

附件 15　兵团果蔬园艺业"十三五"发展规划

按照中央第二次新疆兵团工作座谈会提出的发挥兵团"大熔炉、稳定器、示范区"三大作用的新要求，深入贯彻落实兵团党委提出的加快"三化"同步协调发展的战略部署，稳步构建棉花种植业、畜牧养殖业、果蔬园艺业"三足鼎立"大农业格局的部署，园艺业作为兵团农业现代化发展的支柱性产业之一，正面临着前所未有的机遇和挑战。科学制定"十三五"园艺业发展规划，对推动兵团现代农业发展建设，促进农业增效、团场增盈、职工增收意义重大。根据《新疆生产建设兵团国民经济和社会发展"十三五"规划纲要》《新疆生产建设兵团农业现代化建设中长期规划（2011—2020 年)》的指导精神编制本规划。

一、现状与形势

(一)"十二五"期间发展成效

"十二五"期间，兵师团三级认真贯彻兵团党委的决策部署，落实各项发展园艺产业的政策，有效应对市场变化、农资及劳动力成本增加、多种自然灾害频发等不利因素，实现种植规模快速扩大、园艺产品连年增产、质量效益逐年提升，为维护兵团改革发展和稳定大局、保持经济平稳较快发展发挥了重要作用。

1. 规模产量快速增长

到 2015 年兵团园艺业总面积、总产量分别达到 500 万亩和 910 万吨，其中瓜菜面积达到 180 万亩，产量 630 万吨；果树保存面积达到 320 万亩，果品总产量达到 290 万吨。"十二五"期间园艺业净增面积 184 万亩，净增园艺产品产量 658 万吨，较"十一五"末分别增长 58.2％、261％。

2. 基础条件明显改善

"十二五"期间，园艺业节水灌溉、道路、围栏、防护林、园艺装备等基础设施建设进一步加大，园艺生产条件明显改善。节水灌溉配套率达到 80％以上，机械化率达 52％，果品贮藏加工规模达到 40％。

3. 质量和效益逐年提升

2015 年实现产值 335 亿元以上，比 2010 年增长 3 倍，年均增长 41％；园艺业产值占农业总产值的比例由 2010 年的 11.5％提高到 2015 年的 38％，增长近 26.5 个百分点；果品总产量为 290 万吨，比"十二五"增长 2.3 倍，优质商品果率达 85％，比"十二五"末大幅提高。亩纯收入 2 000 元以上的果园面积比 2010 年增长 2.5 倍，园艺业已经成为兵团继棉花之后又一个重要产业，也成为兵团职工增收的重要途径。

4. 优势区域基本形成

"十二五"期间，兵师团继续深入实施优势园艺产品区域规划布局，大力推进园艺产业向优势区集中，形成了优势突出、布局合理、协调发展的优势产业带和优势产业区。以一、二、三、十三、十四师为主要区域的红枣产业带；以二师、十三师和天山北坡各师为主要产区的鲜食、加工葡萄产业带；以南疆一、二、三、十四师和北疆四师苹果、香梨、核桃、杏等果品为主的特色干鲜果品产业带已基本形成，规模面积分别达到 165 万亩、75 万亩和 62 万亩，生产集中度分别达到 98％、94％、98％；以六师、八师为主的优质哈密瓜产业区，以二师、七师、八师、九师、十二师等为主的蔬菜产业区框架已经建立，规模面积分别达到 22 万亩和 82 万亩，生产集中度分别达到 96％和 97％。

（二）基本经验

1. 领导重视，是规划顺利实施的重要前提

"十二五"期间，兵团各级领导十分重视园艺产业，一是兵团制定了《兵团现代农业建设中长期规划（2011—2020 年）》和《兵团园艺产业"十二五"建设规划》；二是将园艺产业作为优化农业结构的突破口，变资源优势为经济优势，每年建园均在 10 万亩以上；三是将园艺产业纳入各级绩效考核目标任务，强化落实。

2. 加大投资，是规划顺利实施的根本保障

一是充分利用国家巩固退耕还林资金用于兵团果树发展。二是国家林业贴息贷款为兵团果品发展大开绿灯。"十二五"期间，国家林业局每年下达兵团林业贴息贷款指标 6 亿元，累计达 30 多亿元，财政贴息 1 亿多元。三是农业部、国家林业局农业综合开发项目支持兵团园艺产业发展，累计投入 5 000 万元。四是农业部园艺作物标准园创建资金累计支持兵团 1 000 万元，创建国家级园艺作物标准园 21 个，面积 2 万亩。五是国家"兴边富民"工程资金用于兵团发展果蔬园艺业，累计资金达 2 亿元。六是国家农机购置补贴支持兵团园艺业资金累计 6 000 万元，用于设施园艺、果树作业机械的购置补贴。七是各师每年从本级财务中拿出一定资金支持园艺业发展。八是积极拓宽投融资渠道，引进非公有制经济成分和个人投资开发园艺业。

3. 龙头带头公司化运作，是规划顺利实施的重要载体

一是在兵团园艺业规模迅速扩大的基础上，以市场为导向，以效益为中心，积极培育和扶持龙头企业，聚天红果业、冠农股份、叶河源果业、叶河阳光、伊珠酒业、北疆红提、西部果蔬、九鼎农业、哈密瓜乡、昆仑山枣业等10 余家企业已经成为兵团果蔬产品加工销售的龙头企业，拥有 20 多个知名品牌产品，涵盖了兵团主要园艺作物。兵团"十二五"末农业产业化加工贸易企业共 722 家，其中：果蔬加工贸易企业 159 家，占农业产业化加工贸易企业总数的 22.02%；完成工业总产值 90.90 亿元，占加工总产值的 19.2%；销售收入 73.84 亿元，增加值为 43.1 亿元，分别占总数的 19.53%、15.72%，带动了包装材料、加工设备、贮运保鲜等相关产业的快速发展。二是深化改革，转变各地龙头企业经营理念，实行最低保护价收购与加工销售利润再分配的运营机制，使兵团龙头企业引领作用更加凸显。

4. 依靠科技，是规划顺利实施的重要支撑

"十二五"期间，科技攻关和推广应用取得新突破。一是重点突破了红枣直播建园、葡萄高效栽培等多项关键技术，红枣、葡萄产业实现了超常规发展，从而带动了园艺业规模迅速扩张；二是果树园艺业"十大主体技术"推广力度进一步加大，举办"十大主体"技术培训班 1 000 多期，受训人员 10 万余人次，"十大主体技术"推广应用覆盖率达到 80% 以上；三是标准化生产、采后处理、综合防控等技术集成应用进一步扩大，创建国家级标准化果园 21 个、2 万亩，兵团标准化果园 135 万亩，占兵团果园总面积的 42%，优质商品果率达到 85% 以上，使兵团园艺业持续发展的能力进一步增强；四是引进人才、引进技术卓有成效，"十二五"期间兵团先后引进国内行业知名专家 4 人，引进"三优"苹果、"厂"字型葡萄、红枣、梨和核桃等省力简化密植栽培等技术 5 项，试验示范面积 5 000 亩，推广辐射面积 10 余万亩，为兵团园艺产业实现栽培管理的现代化奠定了良好的基础。

5. "十三五"发展机遇与挑战

（1）发展机遇。一是国家倡导的"一带一路"倡议为兵团园艺产业发展提供了良好的机遇，必将推动兵团园艺产业的大发展。二是对口援疆工作进一步深化，特别是产业援疆，推进项目、资金、人才向兵团流入。三是兵团党委将园艺业作为现代农业发展的重要内容，把园艺业打造成现代农业的支柱产业之一，为园艺业发展提供了良好的政策环境。四是随着加快兵团城镇化建设和居民消费方式的转变，城镇职工对优质、安全园艺产品的消费需求呈刚性增长，为园艺业持续发展提供了强劲动力。五是随着科技创新能力的不断提高，新技术、新装备、新材料层出不穷，为园艺业稳步发展提供更加有力的技术支撑。

（2）面临挑战。一是从供求形势看，园艺产品供需的结构性矛盾仍然突出，市场波动越来越大，种植收益提升趋势不明显。"十三五"期间园艺产业内部优化结构的压力明显，在现有条件下通过规模扩大促进增收的难度不断增大。二是从发展的环境看，长期积累的问题依然突出，新的不利因素不断叠加，资源性约束更加突出，园艺生产正逐步进入一个高成本时代，比较效益下降的问题将日益凸显。三是气候变化的影响更加突出，对园艺产业生产造成的影响尤为严重。四是经营体制、机制不活,与市场不相适应的问题仍然存在。五是资金投入需求增大。现代园艺栽培模式对品种、苗木要求很高,培育周期长,花费资金量大;产后冷链建设、设施农业前期建设等都要求大量投入。六是人才匮乏,兵、师、团三级农业管理部门人员十分紧缺,师团缺"兵"少"将"的问题比较普遍,技术队伍的数量、素质、能力亟待提高。七是生产技术体系不完善,栽培模式缺乏创新,沿用传统技术与兵团农业现代化进程不相适应。

二、指导思想与基本原则

(一)指导思想

深入贯彻党的十八大精神,准确把握经济社会发展新常态,全面落实中央第二次新疆兵团工作座谈会议精神,按照兵团党委提出的"稳粮、优棉、精果、强畜、促加工"的方针,以巩固园艺产业支柱地位和促进职工增收为主要任务;以转变园艺业发展方式、建立健全现代园艺产业体系、增强园艺业综合生产能力为主线;以提升产品品质和提高经济效益为主攻方向;以加强基础设施建设、加快科技创新和提升现代物质装备水平为支撑;以全面推进园艺作物标准园创建为抓手;依靠科技进步,优化区域布局,提高土地产出率、资源利用率、劳动生产率,进一步提升园艺业产业化水平和市场竞争力,促进园艺产业持续稳定发展。

(二)规划依据

(1)习近平总书记提出:使兵团真正成为安边固疆的稳定器、凝聚各族群众的大熔炉、先进生产力和先进文化的示范区。

(2)新疆生产建设兵团党委六届十四次全委(扩大)会议精神。

(3)《新疆生产建设兵团国民经济和社会发展"十三五"规划纲要》。

(4)《新疆生产建设兵团统计年鉴(2011—2014 年)》。

(5)《兵团现代农业建设中长期规划(2011—2020 年)》。

(6)《兵团园艺业"十二五"时期建设规划评估报告》。

(三)基本原则

1. 因地制宜、协调发展

根据各师团自然和经济条件发展园艺产业,正确处理发展速度与质量、效益的关系,科学规划,合理布局,协调发展。

2. 科技创新、重点突破

围绕生产实际需求,以突破园艺产业发展技术瓶颈为重点,大力提高原始创新、集成创新和引进消化吸收再创新能力，全面提升园艺业管理技术水平。

3. 示范带动、注重实效

通过对先进适用技术和装备的集成示范，辐射带动园艺业技术装备普及应用，提高园艺业的综合生产能力、市场竞争力和经济效益。

4. 市场导向、行政引导

以市场需求为导向，鼓励、支持和引导社会资本、技术和人才等要素投入，规范公司化运作；加大行政对相关政策的补贴力度、技术研发投入力度和示范推广支持力度。

5. 质量为重，效益优先

始终把提高园艺产品质量、安全作为农业增效、团场增盈、职工增收的出发点，坚持经济效益优先，兼顾生态效益和社会效益并进，增强园艺业可持续发展能力。

三、发展目标

（一）总体目标

至 2020 年，兵团园艺业在第一产业的主导地位凸显，园艺总产值占农业总产值的比例达到 45% 以上，实现区域布局优势明显，加工转化能力增强，市场竞争力提高，质量效益提升；进一步完善园艺产业生产体系、经营体系和科技支撑体系，使园艺产业在调整优化农业产业结构、促进区域经济发展、提高职工收入、推进兵团新型团场建设等方面发挥更加显著的作用。

（二）具体目标

"十三五"期间实现"一个确保、三个力争"。"一个确保"，即确保园艺产业支柱地位稳定，实现园艺产业总面积达到 730 万亩，其中果树面积达到 500 万亩；综合生产能力达到 1 275 万吨，其中果品总产量达到 560 万吨；实现总产值 450 亿元。"三个力争"：一是力争园艺业产值年增长速度达到 10% 以上；二是力争设施园艺规模实现较大突破，规模面积力争达到 30 万亩；三是力争园艺产品加工产值与园艺业总产值的比例达到 2∶1。具体指标如下：

四、主要任务

1. 优化布局，巩固提升质量效益

按照"巩固四大果树主体地位、丰富特色树种品种结构、提高优势区域集中度"的要求，坚持因地制宜、宜果则果、宜菜则菜、宜花则花，逐步建立园艺业生产力与资源环境承载力相匹配的新格局，建成"两大聚集区""七大特色产业基地"。"两大聚集区"即红枣、葡萄聚集区;"七大特色产业基地"即香梨、苹果、核桃、吊干杏、樱桃、蔬菜、设施农业等特色产业基地。同时,更加注重质量控制,通过提升果菜品质,提高市场竞争力和种植效益。"十三五"末,园艺业土地生产率达 8 000 元/亩,职均园艺业增加值达 15 万元。兵团园艺业"十三五"规划具体指标及权重见表 1。

表 1　兵团园艺业"十三五"规划具体指标及权重

一级指标	权重(%)	二级指标	完成目标		权重(%)
			2015 年	2020 年	
经济效益	30	园艺业产值占农业总产值的比例(%)	38	45	12
		职均园艺业增加值(元/人)	9.2 万	15 万	10
		园艺业土地生产率(元/亩)	3 500	8 000	8
产业化	27	园艺产品加工产值与园艺业总产值的比	0.72∶1	2∶1	12
		定单收购占比和企业销售产品占比(%)	70	50	8
		"三品"认证基地面积比例(%)	50	60	7
科技水平	25	主推技术覆盖率(%)	80	90	10
		科技示范户占园艺业职工总数百分比(%)	小于 1	3	9
		园艺生产技术人员		果树每 2 000 亩 1 人,设施类 200 亩 1 人	6
物质装备	18	标准化果园占果园总面积比例(%)	40	80	8
		果园机械化程度(%)	52	70	6
		果园节水面积占果园总面积比例(%)	80	90	4

2. 开拓市场,提升产业化水平

进一步扩大果品加工能力,由初加工向深加工迈进。加强预冷保鲜和分级包装能力建设,改善园艺产品储运条件。以师为单位,整合品牌销售,启动"百库、千店、万园"品牌提升工程,重点支持龙头企业在大中城市"建库、开店、联园",提高兵团园艺产品影响力和知名度。加快电子商务信息体系建设,通过"互联网+兵团园艺"带动园艺业实施标准化、规模化、订单式生产,以网络、展览为手段,重点开展优质果品展示、宣传和推广,建设以产地市场和销售网点为基础的市场体系。

3. 龙头带动,推进集团化、专业化运作

围绕兵团园艺业优势和主导地位,重点培育和打造兵团级果业集团,构建以龙头企业集团为核心的产加销一体化现代园艺产业体系，提高园艺业的规模化、专业化、标准化水平和防范抵御市场风险的能力，以此带动园艺产品加工转化能力和基地生产能力的全面提升。"十三五"期间，重点打造销售收入过10亿元的龙头企业1～2家；销售收入过5亿元的龙头企业2～3家；订单收购占比达70%以上，龙头企业销售产品占比达70%以上。

4. 整合资源，建立技术创新平台

充分调动兵团科技创新资源，建立完善兵、师和龙头企业重点实验室、工程研究中心，组建兵团园艺业技术创新联盟；进一步完善科技创新机制，加强研发机构基础设施建设，提高园艺业的研发能力；加强园艺业生产能力建设，力争在种苗业和资源高效利用等领域率先突破，加大兵团园艺业"十大主体技术"集成创新，提高技术成果的集成化、标准化和轻简化水平；注重农机与园艺的融合与配套，促进园艺业装备的结构升级；组建以国家首席或岗位专家为主的兵团现代园艺科技支撑体系，大力引进、吸收、消化、再创新先进适用技术，如新品种引进、果树省力简化密植栽培管理技术、水肥一体化技术、设施园艺基质栽培、采后处理新技术和新工艺等，加快兵团园艺产业现代化发展步伐。

5. 加快创新，提高标准化生产水平

以提高品质和效益为中心，加快良种繁育、栽培模式、水肥一体化、有害生物绿色防控、采后处理等技术标准的制定，围绕园艺业"高产、优质、高效、生态、安全"的目标，着力加强"三品一标"认证，逐步建立园艺产品质量追溯体系，提高园艺业标准化生产水平，把"兵团果园"打造成为全国最大的优质安全果品生产基地；完善园艺业技术推广体系，创新推广模式和机制；加快实现红枣、葡萄等园艺作物生产的机械化；着力加强园艺业基础设施建设和物资装备，提高抗御自然灾害的能力。

6. 加强培训，提高从业人员素质

结合科技之冬、职业技能培训等，分层次、有类别、多渠道地开展教育培训活动，"十三五"期间培训50万人次以上，以科技示范户和科技示范区建设为抓手，主推技术覆盖率达到80%，进而促进和提高园艺业从业人员的技术水平、经营管理能力和安全操作水平。

五、重点工程

（一）现代种苗繁育基地建设工程

1. 现代果树种苗繁育基地建设工程

根据区域优势和产业布局，建设果树种苗繁育基地3处：在一师阿拉尔市10团现代农业示范区建设以果树（包括苹果、红枣、核桃、樱桃）、设施蔬菜和花卉为主的现代园艺业种苗繁育基地，在二师 29 团铁门关市建设以香梨、花卉、设施蔬菜为主的现代园艺业种苗繁育基地，在新疆农垦科学院建设以葡萄为主的果树种苗繁育基地。

2. 设施农业蔬菜种苗繁育基地建设工程

在南疆三、十四师；北疆四、五、六、七、八、九、十、十二、十三师建立师域设施蔬菜工厂化育苗中心 11 处。

(二) 现代园艺示范区建设工程

坚持规模范围合理、主导产业清晰、先进性突出的原则，加强现代园艺示范区建设，使园区具备示范推广、产业孵化、加工贸易、旅游观光、科普培训和服务组织六大功能。同时，强化政策扶持、强化科技支撑、强化社会服务，保障现代园艺示范区健康发展，提升现代园艺产业的综合实力和市场竞争力。"十三五"末，根据南北疆不同区域和不同产业，在进一步完善和提升五家渠、阿拉尔和图木舒克国家现代农业示范区的基础上，结合八师现代农业园区，按照成熟一个、发展一个的原则，"十三五"期间重点扶持建设现代种苗繁育示范区 2 个，现代设施农业示范区 2 个，葡萄、红枣、苹果、香梨、核桃产业示范区 7 个，红枣、葡萄、设施农业标准化栽培管理示范区 11 个，兵地融合设施农业示范区 1 个。具体见表 2。

(三) 标准园提升完善工程

标准园提升完善工程，重点提升完善："以主干结果为主"的（省力密植高效）栽培管理模式，配套水肥一体化、病虫害绿色防控、采后处理、质量可追溯技术等。

1. 标准园提升完善工程

"十三五"期间，新建园及标准园规模 210 万亩，保存面积达到 180 万亩，其中红枣 33 万亩、葡萄 20 万亩、香梨 25 万亩、苹果 21 万亩、核桃 27 万亩、吊干杏 5 万亩，樱桃、西梅等其他果品面积 28 万亩。

表 2　现代园艺业示范区建设明细

示范区名称	示范内容	建设地点
现代种苗繁育示范区	现代智能温室、组培快繁技术体系、优良品种资源、公司化运作模式、采摘观光休闲景观等	一师 10 团
现代香梨产业示范区	现代智能温室设施、优质香梨、设施蔬菜和花卉良种快繁体系等	二师 29 团

（续）

示范区名称	示范内容	建设地点
现代设施农业示范区	现代智能温室设备、基质栽培、智能水肥一体化管理、公司化运作模式、采摘观光休闲等	三师叶河阳光农业公司、六师共青团农场
葡萄产业链示范区	现代标准园模式、分级包装、冷链系统、公司化运作模式等	五师83团、八师石总场、十三师哈密瓜乡果业公司
红枣产业链示范区	现代标准园模式、分级包装、冷链系统、公司化运作模式等	三师叶河源果业
核桃产业链示范区	现代标准园模式、分级包装、冷链系统、公司化运作模式等	一师3团
苹果产业链示范区	现代标准园模式、分级包装、冷链系统、公司化运作模式等	一师5团、6团
香梨产业链示范区	现代标准园模式、分级包装、冷链系统等	二师铁门关市29团
红枣标准化栽培管理示范区	树体管理、节水灌溉、病虫害综合防治、机械化作业标准化管理	一师、二师、三师、十四师224团
葡萄标准化栽培管理示范区	树体管理、节水灌溉、病虫害综合防治、机械化作业标准化管理	四师62团、六师101团、七师131团
设施蔬菜标准化栽培管理示范区	设施结构、栽培模式、病虫害综合防治、水肥一体化、熊蜂授粉、优质高效栽培管理	十二师104团、九师团结农场、183团
设施果树标准化栽培管理示范区	设施结构、栽培模式、病虫害综合防治、水肥一体化、熊蜂授粉、优质高效栽培管理、公司化运作模式等	十三师
兵地融合设施农业示范区	标准化育苗、标准化栽培、水肥一体化、病虫害综合防治、分级包装、贮藏加工、公司化运作模式等	47团

2. 中幼龄果园提质增效改造工程

重点是红枣和葡萄提质增效改造工程242万亩，其中红枣167万亩、葡萄75万亩（包括酿酒葡萄），每年实施48万亩，其中葡萄2016—2018年全面完成，红枣力争"十三五"期间完成。

3. 老果园更新改造建设工程

重点是香梨和苹果，合计约50万亩，每年更新改造5万亩，力争五年完成。

到 2020 年，果品总面积达到 500 万亩，其中红枣 200 万亩、葡萄 100 万亩，香梨 50 万亩、苹果 50 万亩、核桃 50 万亩；吊干杏 15 万亩、樱桃、杏、西梅等其他果品面积 35 万亩。

（四）设施园艺建设工程

进一步扩大设施生产规模，"十三五"末净增设施园艺 20 万亩。其中，南疆一、二、三、十四师建设 10 万亩；北疆四、五、六、七、八、九、十、十二、十三师建设 10 万亩。设施结构优化配套，引进优良品种工厂化育苗，强化节能保温，加大卷帘机、热风炉、基质栽培、水肥一体化等先进实用技术推广，集成果菜类"春提秋延"关键技术，加快标准化栽培模式与技术的普及应用，提升设施农业综合效益。

2020 年，设施园艺基地面积 30 万亩，实现设施园艺总产量 90 万吨，实现产值 30 亿元。

（五）采后处理建设工程

建立较为先进、完善的采后清选、分级、包装、预冷、保鲜、贮运、加工技术体系，大力推广应用机械化清选分级，标准化、精细化包装，冷链保鲜贮运技术，统一规范产品质量标准，全面提升采后处理能力和水平；积极引进开发园艺产品系列加工技术，提高园艺产品附加值。"十三五"期间，在一、二、三、六、七、八、九、十、十二、十四师各建设年生产能力 1 万吨、生产面积 5 000 亩的蔬菜分级包装加工基地；在一、二、三、十四师建设年生产能力 5 万吨、在十三师建设年生产能力 2 万吨的红枣分级包装基地 5 处；在一、三、十四师建设年生产能力 1 万吨核桃的分级包装基地 3 个，在一、二、三、四、五、六、七、八、十二、十三、十四师建设现代水果冷链系统 11 处，规模 50 万吨。

（六）"向南发展"推进工程

全力支持一、二、三、十四师扩建团场，利用好对口援建、兵地融合、扶贫、新一轮退耕还林政策和资金，重点发展苹果、核桃、梨、西梅等果树 100 万亩和设施农业 10 万亩，扩大南疆团场少数民族群众的就业率，不断提高职工收入水平，促进南疆师团经济发展和社会稳定。

（七）园艺业"走出去工程"

围绕"丝绸之路"经济带核心区三大通道口岸地缘优势，加大优质瓜果蔬菜出口贸易，进一步开拓中亚市场；挖掘园艺业发展潜力，充分利用现有技术、装备优势，发挥各种营销渠道的作用，在境外建立现代园艺示范区。

（八）科技支撑工程

大力增强农业科技创新能力，围绕兵团园艺业现代化的难点、热点技术问题，与国内外农业科研机构合作，开展技术攻关，破解关键问题；重点开展新品种引进培育、果树以"主干结果为主"（省力密植高效）的栽培管理模式、设施农业基质栽培、优质高产、冷链储运、机械装备等重大技术攻关和集成配套的研究。以兵、师、团三级农业技术推广站和科技示范户为主体，充分发挥科技特派员的作用，重点突破果蔬优异种质资源利用及品种培育技术，进一步增强农业科技创新能力和科技成果转化应用水平。

六、保障措施

（一）加强组织领导，确保政策落实到位

进一步提高对兵团园艺业发展工作的认识，切实加强对园艺业发展规划的组织实施。加快转变发展方式，积极创新体制机制，建设现代园艺产业体系，促进园艺业技术现代化、制度现代化和装备现代化，努力将园艺业建设成为兵团高效农业第一产业、现代农业先行产业和团场转型发展主力产业。进一步完善管理体系，建立通畅的信息沟通渠道和科学的工作考核机制，认真落实各项扶持政策，确保园艺业又好又快发展。

（二）加大投入力度，提高资金使用效率

充分利用国家对口援疆、农业基础设施建设、农业产业化、扶贫、代赈、综合开发、生态建设等方面的优惠政策和资金投入，加强财政资金整合，确保各级财政扶持资金每年有一定比例的增长，重点用于果蔬产品加工及品牌、冷链、技术支撑三大体系建设。加大对园艺业良种繁育、标准化果园、质量安全、检验检测、科教服务和网络信息等体系的建设投入力度。设立园艺业专项资金，积极扶持带动力强、辐射面广、经济社会效益明显的示范项目。积极拓宽投融资渠道，鼓励非公有制经济成分和个人投资开发园艺业，坚持谁投资、谁决策、谁受益、谁承担风险的原则，形成多元化投入机制。

（三）强化科技服务，推动健康持续发展

充分利用兵团"两校一院一站"科技与资金优势，加强产、学、研联合，力争在节水灌溉、新品种选育与推广、优质高效栽培、标准化果园建设、园艺生产机械化等方面实现突破；建设园艺业现代化示范园区，加快推动兵团园艺

业现代化建设进程；切实加强对兵团现代园艺业发展的指导与服务，针对现代园艺生产重点领域聘请国内外知名专家建立技术指导组，组建师团级技术创新团队，针对实施过程中碰到的技术难题开展联合攻关。兵团成立专家咨询队伍，设立研发专项资金，为重点项目、关键技术制订实施方案、跟踪指导等提供咨询和技术服务。进一步加强团场、企业管理人员、技术人员、职工的实用技术培训，建立健全培训机制，提高园艺管理者和生产者科技素质。

（四）强化人才建设，巩固完善推广体系

建立科学、合理、完善和可持续的果蔬园艺业技术培养体系，充分发挥科研、教学和各级园艺技术推广部门的积极性，根据兵团园艺业发展规划和各地园艺业技术支撑工作的重点，各级园艺主管部门要制订培训计划和目标，落实培训经费，形成兵团、师、团、科研院校共同参与的科技培训机制。科技培训重点和方向要以提高果品的品质和效益为中心，根据不同的果树种类和品种生长发育特性，结合果树肥水管理、修剪技术、灾害防治、产后加工技术等为主，以技能培训和现场操作为主，全面提高果农的科技意识和实际操作技能，不断扩大果树园艺业技术人员和果农的技术培训覆盖面，实现每 2 000 亩果园配备 1 名技术员，每 200 亩设施农业配备 1 名专业技术员的指标。

（五）创新体制机制，激发调动发展动力

进一步完善龙头企业、团场、职工三者利益联结机制，形成多方共赢的利益机制；不断总结完善"龙头企业＋银行＋团场＋职工"的融资模式，培育壮大专业公司、合作社等新型经营主体；积极探索职工小额贷款、承包权抵押贷款等方式，支持鼓励职工创新创业，为园艺业发展不断注入新活力。

（六）加强宣传推介，提升品牌影响力

充分利用现代发达的宣传媒体，大力推介兵团园艺业，扩大知名度和影响力。建立团场、连队园艺信息员队伍，定期交流产业动态、项目进展、重大活动情况，增加兵团农业信息网上园艺业信息密度；主动邀请、积极配合电视以及新闻媒体对兵团园艺生产新技术、新产业、新成果的报道，加强市场推销。树立和宣传产业发展优秀典型，激发全兵团园艺系统的热情，营造积极进取的工作氛围。大力开展园艺品牌宣传推介，以园艺产品评比为基础，节庆活动为平台，积极参与农产品展示展销活动，继续加大园艺产品疆内外促销力度，扩大兵团园艺产品市场占有率。

"十三五"期间园艺业产值见表 3。

表3　"十三五"期间园艺业产值一览

项目	基地面积（万亩）		总产量（万吨）		单价（万元）		产值（亿元）	
	2015 年	2020 年	2015 年	2020 年	2015 年	2020 年	2015 年	2020 年
果品生产基地	340	500	278	560				450
红枣产业	167	200	200	270		10 000		260
葡萄产业	80	100	140	127		6 000		72
苹果	29	50	85	75		6 000		45
香梨	25	50	90	75		5 000		37.5
核桃	22	50	2	2		40 000		20
吊干杏	10	15	1	1				
其他干鲜果品	7	35	25	10				15.5
瓜菜类	180	180	630	630				150
瓜类		40						
加工蔬菜		120						
露地蔬菜		20						
设施园艺产业	10	30	33	90				30
特色园艺作物	16.5	20	10	12				20
总计		730		1 275				550

附件 16　兵团农业产业化"十三五"发展规划

"十三五"时期是兵团率先在全国实现小康社会建设目标的冲刺期，是大力推进农业现代化建设的攻坚期，也是从农业经济转向一二三产业融合发展的创新期。农业产业化作为有力推进兵团"三化"建设的有效手段，是更好发挥"稳定器、大熔炉、示范区"作用的有效途径，并将发挥出前所未有的影响力和带动力。

农业产业化是农业生产与大市场链接的有效方式，是兵团经济发展转型升级和构建现代产业体系的重要力量。加快推进农业产业化，不仅有利于破解当前农产品价格"天花板"与成本"地板"双重挤压的困境，促进农业提质增效，而且对带动就业、让农工更多分享农业全产业链和价值链增值收益具有现实意义。一个国家农业产业化水平是其经济发展水平、居民消费水平的风向标，从国际发展经验看，当一个国家或地区的人均生产总值超过 3 000 美元时，农业产业化进入快速发展期；当人均生产总值超过 5 000 美元以后，农业产前、产中和产后的结构会发生根本性变化，尤其是产后的农产品加工业（包括保鲜、物流等）则进入近似指数增长的井喷式高速发展时期，进而成为农业产业化的主体和支柱。

"十二五"期间兵团人均生产总值由 2010 年的 29 948 元（4 680 美元）提高到 2014 年的 63 989 元（10 000 美元），大宗农产品基本实现了专业化生产、区域化种植、集约化经营和企业化管理的经营模式；在农业结构优化的过程中，建立了一批规模化的棉花、加工番茄、酿酒葡萄、果品生产基地，培育了一批有一定市场竞争力和辐射带动能力的龙头企业，各类专业合作经济组织竞相发展，农业正在向现代化方向发展，生产基地由规模化、标准化向更加重视质量和效益方向转变，农业产业化已成为现代农业发展的战略支撑。

为贯彻落实第二次中央新疆兵团工作座谈会会议精神，紧抓"丝绸之路经济带"核心区建设的战略机遇，进一步加快转方式、调结构、稳增长、促就业、增效益，推进兵团农业产业化，厚植农业发展优势。依据《兵团农业现代化建设中长期规划（2011—2020 年）》提出的到 2020 年成为全国农业现代化排头兵的总目标，编制兵团"十三五"农业产业化发展规划。

一、继续加快推进兵团农业产业化的必要性和紧迫性

农业产业化是农业实现现代化的重要标志，实现农业现代化首先要实现农业产业化，没有农业产业化就不算实现农业现代化。虽然"十二五"期兵团农

业特色优势产业进一步发展，装备技术升级加快，发展动力增强，但受制于市场价格、生产成本的双重挤压，持续增效难度加大，与全国发达省市相比仍有较大差距。按照《兵团农业现代化建设中长期规划（2011—2020 年）》提出"2016—2020 年，要整体推进农业现代化建设，基本实现农业现代化"的总目标，农业产业化是兵团农业实现现代化的必然选择。

"十二五"期间兵团现代农业在全国、自治区的示范作用充分发挥，现代农业联动着二三产业，为近 40 万职工提供就业岗位，保障了边疆各族人民群众的生活生产需求。随着国内经济增速回落，经济发展步入新常态，表现出外需下降、内需不足的特点，兵团传统农业优势在减弱，要保持农业经济持续稳定健康发展的任务更加艰巨。兵团农业要主动适应新常态，加快转型升级步伐，开发农业多种功能，提升产业质量和效益，有利于重塑兵团农业新优势。农业产业化是兵团农业转变发展方式的必然选择。

农业产业化通过延伸产业链、打造供应链、形成全产业链，形成加工引导生产、加工促进消费的格局，不仅可为农产品加工业提供稳定的原料，而且通过龙头企业、新型农业经营主体的带动作用，有效转移富余劳动力使之成为产业工人，促进城镇化、新型工业化和信息化同步发展。当前兵团城市、城镇建设加快，但产业"空心"化现象普遍存在，农业产业化有利于发挥各城市、城镇的已有资源优势，为城镇发展加工业、服务业创造条件，为创业创新提供更加广阔的平台。农业产业化是兵团继续推进"三化"建设的必然选择。

兵团农业基本实现规模化、标准化，加快推进农业产业化，不仅促进种、养、加、流通一体化，联动加工业和服务业发展，加快构建现代农业产业体系、生产体系和经营体系，推动行业、企业科学分工协作，特别是机制体制创新，将会为农工带去新观念与新思想的渗透和影响，释放创新创业活力，推进生产方式和营销模式变革，培育新型业态，进一步增强兵团农业可持续发展能力。农业产业化是兵团农业创新发展、可持续发展的必然选择。

二、兵团农业产业化发展现状与面临的发展环境

（一）发展现状

"十二五"期间兵团实施优势资源转换战略，农业产业布局向优势产区集中，以农产品为原料的加工企业迅速发展，初步形成了棉纺、粮油、番茄酱、葡萄酒、饲料加工等一批特色资源优势产业，2014 年农副产品加工业增长 28.3%，食品制造业增长 26.2%。农业产业化已成为兵团结构优化调整的重要带动力量，为兵团"三化"建设奠定良好的产业基础，现已经形成了向优势产区集中的布局，特色农业已成为农工增收的主要渠道。

1. 企业集团建设取得突破

重点支持了比较优势明显的龙头企业，形成了一批具有产加销一体化等产业化水平较高、在全国具有较大影响力的企业集团。如兵团果业集团、棉花机械收获集团、乳业集团和农资集团。龙头企业产值超30亿元5家，超10亿元18家。

2. 产业集聚发展态势已经形成

制定相关鼓励性政策，引导兵团龙头企业围绕发展农产品精深加工，延长产业链，提高产品附加值，增强产业带动能力。到2015年兵团本级已累计支持财政性项目资金3.6亿元，形成了纺织业、果蔬加工业等12个主导产业。形成了以"伊力特"系列白酒、和田玉枣、银力棉花等品牌为代表的产业集群。围绕兵团农业现代化示范区和20个重点示范团场建设，集中建设果蔬、畜产品精深加工示范基地15个；建成冷鲜肉、奶制品和禽蛋加工企业33个。

职工创业园建设取得进展，实施"大众创业、万众创新"工程，促进了职工的多元增收。

3. 基地建设得到加强

兵团纺织业、果蔬加工业、肉类加工业等12个主导产业累计投入10亿元用于基地建设；通过国家农业农产品基地建设资金项目，对符合条件的龙头企业原料生产基地予以支持，累计支持项目50余项；通过政策和资金支持，以龙头企业为动力，建成国家级农业标准化示范农场15个；龙头企业推广应用番茄、甜菜和棉花收获机械，提升了农业机械化装备水平。

建成全国一村一品示范村镇31个；国家级休闲农业及乡村旅游示范县2个，示范点5个。

4. 利益联结机制和新型经营模式得到完善

通过政策引导，支持龙头企业参与团场基地建设，鼓励发展农业专业公司，规模以上农业产业化龙头企业达到476个。兵团和大部分师出台了相关政策，引导龙头企业与团场和农工专业合作社签订统一的农产品购销合同，鼓励龙头企业与团场（农业经营公司）建立紧密型利益联结机制。

重点扶持团场职工兴办特色种植业、特色养殖业、设施农业方面的专业合作社，在登记注册、专项资金扶持等方面提供指导和服务。截至2020年已发展1 900余家，入社成员总数达6万余人，并创建国家级示范社8家、兵团级示范社36家，"农业经营公司＋合作社＋职工"的新型经营模式得到进一步推进。

5. 市场开拓能力进一步增强

建设了现代化农产品专业批发市场1个、综合交易市场和物流园区1个、物流配送中心1个，培育发展11个物流大企业和大集团。鼓励龙头企业在内地的专业批发市场和物流中心建立销售平台，实行农超对接，积极探索新型业态、开展网上销售等形式开拓市场。

加强了"三品一标"产地认证工作。无公害农产品认证114个，绿色食品证书产品60个，有机产品认证32个，农产品地理标志认证9个。

兵师团三级农产品质量监管体系已初步形成。已建成农产品检测机构51家，其中兵团级1家，师级13家，区域性重点团场37家。完善了检测技术手段，提升了农产品检验检测能力和水平。

扶持兵团龙头企业开展对外贸易，出口的农产品遍及中亚、南亚和俄罗斯等33个国家。

依托兵团农业优势，龙头企业实施"走出去"战略，索马里马兰热农场、吉尔吉斯斯坦农垦科学院现代农业展示中心等项目已建成并投入运行。支持了3家龙头企业申请商标国际注册，已培育出口产品品牌5个。

6. 科技支撑作用得到强化

构建了以龙头企业为主体、产学研相结合的新型农业科技创新体系，引导龙头企业开展技术研发、引进，加强技术指导及培训工作。支持建设了"特色果蔬栽培生理与种质资源利用兵团重点实验室"等26家兵团工程技术研究中心、1家国家工程技术研究中心、44家自治区企业技术中心、4家国家级企业技术中心。

7. 进一步完善农业产业化工作推进机制

兵团进一步完善了农业产业化工作领导小组工作机制，由兵团分管领导任组长，相关部门为成员单位，办公室设在农业局。各师市也分别成立了农业产业化工作领导小组，形成了农业产业化的工作机制。

（二）兵团农业产业化发展面临的形势与环境

"十三五"是我国如期全面建成小康社会目标实现的关键时期，也是兵团农业实现现代化的决胜期，兵团农业经济面临着提质增效、转型升级以及绿色发展的艰巨任务，农业产业化是"十三五"期农业现代化实现总目标的关键点。

从国际环境来看，全球金融危机以后，国际经济增长格局正发生变化，发展中国家占全球经济的比例不断上升，但是发达国家实施工业4.0和"再工业化"战略，吸引高端制造不断回流，将会继续对中国形成高压效应。部分中低收入国家利用劳动、土地、环境资源和汇率，继续大力发展劳动密集型制造业，吸引纺织、食品加工等向本国转移，而我国劳动力成本优势正在丧失，对我国农产品加工业形成较大威胁。

从国内形势看，我国经济增长正处于换挡期，经济增速放缓、消费市场低迷等使农业产业化推进工作面临着严峻挑战，同时，农业产业化发展也面临着难得的机遇，一是世界人口刚性增长，未来消费市场对质优、安全产品需求持续增长，国家倡导的"一带一路"倡议使我国农业在更广阔范围内配置要素、资源，更大范围融入国际经济大循环中，将会拥有更多机会参与国际分工。二是新技术革命和产业变革加快了培育和发展新的生产方式、产业形态、商业模式和经济增长点，为我国产业转型和创新发展带来了新机遇。三是城乡一体化进程将加剧推动农产品加工等传统产业的结构升级，国家支持新疆兵团，兵团的发展政策同样发挥助推作用。

从新疆兵团情况看，第二次中央新疆兵团工作会议进一步统一了对新疆、兵团稳定和发展的认识，各对口援疆省市支持新疆和兵团发展的力度更大，促进人口、就业、消费向城市（镇）转移聚集，尤其是"丝绸之路经济带"的战略构想为新疆和兵团开放型经济发展拓展了空间。但是，近几年多发的各类暴恐案件加大了招商引资工作的难度。

从兵团内部看，一是中央明确支持兵团与自治区共建丝绸之路经济带核心区，兵地融合发展，共建美好新疆，为特色农产品输出到内地、中西亚国家创造了良好条件。二是兵团各级党委高度重视农业产业化发展，出台了一系列政策措施支持农业产业化发展，将农业产业化作为现代农业发展的方向，以及农工多元增收的关键措施之一。三是农业现代化为产业化经营创造了优越的原料供应条件，辖区内未发生过大的农产品质量安全事件，品质在国内外市场享有盛誉。

（三）兵团推进农业产业化发展的潜力和优势

1. 农业现代化水平为产业化经营创造了优越的条件

兵团"十二五"期间全力打造现代农业发展体系，现代农业发展水平有较大提高，农业保持了平稳发展的良好势头，农业综合生产能力逐年提升。兵团建成了五家渠、阿拉尔、石河子、图木舒克4个国家级现代农业示范区，作物精量半精量播种面积1 340万亩，测土配方施肥面积1 290万亩，高新节水面积1 410万亩，农作物耕种收综合机械化率为93%，畜禽良种覆盖率为95%，畜禽粪污资源化利用率为65%。兵团农业物质装备水平、科技水平、经营管理水平、可持续发展水平高于新疆、全国水平，具备通过产业化将资源优势转化为产业优势、经济优势、竞争优势的条件。

2. 绿洲农业生产特点具备提供规模大、质量有保障的工业化生产条件

兵团现有2 000亩以上灌区109处，2 000亩以上灌区中，干、支、斗渠长度3.76万千米，总灌溉面积2 284万亩，农牧团场从业者人均耕地面积23.3亩。人均粮食产量820公斤，是全国平均水平的1.84倍；人均棉花产量

601 公斤，是全国平均水平的 120.2 倍；人均水果产量 1 018 公斤，是全国平均水平的 5.3 倍；人均肉类产量 139 公斤，是全国平均水平的 2.17 倍。建有各类农产品市场 142 个，其中批发市场 57 个，年交易额超过 866.3 亿元，占整个农业总产值的 95.9%。由于优越的自然条件和生态环境，兵团所产棉花、红枣、香梨、葡萄、牛羊肉等优质农产品已在全国闻名遐迩，绿洲农业具备计划性强、灌溉有保障、单产水平高等特点，可为工业化生产提供稳定的原料保证。

3. 兵团组织化程度高，利于形成农业产业链

兵团农业建有专业比较齐全、布局相对合理、具有区域特征的农业研究与开发、科技推广与经营管理体系，集团化优势明显，组织严密、调控能力强，尤其是农业装备和技术现代化后，大量富余劳动力可为产业化运营提供人力资源保障，2011—2014 年兵团转移富余劳动力 10.4 万人。兵团拥有 8 个城市和 6 个建制镇，预计"十三五"期间还会增加，城镇化建设为产业劳动力提供安居乐业的生活环境。建有 2 个国家级经济特区、29 个兵团级工业园区，有利于产业集聚、集群发展，形成相互配套、分工协作的产业链。

4. 兵地合力推进丝绸之路经济带核心区建设，融合互补共同发展

兵团作为陆上丝绸之路经济带的核心区，已有 17 个一类口岸对外开放。在经济全球化进程中，兵团主动融入新疆发展格局中，构建优势互补、合作共赢、共同发展的区域产业体系，携手向西开放、向内地开放，合力打造现代农业技术输出、食品和纺织进出口基地，提升兵团国际影响力。

（四）兵团农业产业化发展存在问题

一是农产品精深加工比例偏小。棉花、果品、畜产品等初级品占比大，产品附加值不高。兵团农产品加工业产值与农业产值之比仅为 0.85：1，远低于全国平均水平（2：1），与沿海发达地区 2～3：1、发达国家 4：1 相比差距更大。

二是大企业、大集团战略推进缓慢。兵团党委确定的培育组建的农业八大产业集团，除乳业、果业、农机装备集团已组建成立外，其他集团还在调研、方案谈判过程中。由于缺少引领市场的大企业、大集团，造成加工企业规模小而分散，优质产业无法做大做强。

三是品牌建设滞后。农产品有市场影响力的品牌数量很少，产地批发市场建设相对滞后，电子商务、网上交易等新型业态和物流专业化水平偏低，尚未真正形成统一市场，难以实现均衡供应。

四是社会化服务体系不完善。新型农业社会化服务体系在经营风险保险、农产品流通信息服务、市场销售和投融资担保等方面服务功能不完善，有待进一步改善和提高。

三、指导思想、规划原则和发展目标

（一）指导思想

全面贯彻落实党的十八大和十八届三中、四中、五中全会精神以及中央新疆兵团工作座谈会议及习近平总书记考察兵团时的重要讲话精神，在《兵团农业现代化中长期规划（2011—2020）》总体部署下，坚持创新、协调、绿色、开放、共享的新发展理念，以科学发展为指导，以农业一二三产业融合发展为目标，以构建现代农业经营体系、生产体系和产业体系为重点，着力转变农业经营方式、生产方式、资源利用方式和管理方式。以兵团特色优势资源为依托，加大农业供给侧结构性改革，培育和壮大龙头企业（集团），提升农产品加工业、休闲农业的发展规模与水平，引导农工创业创新。以市场为导向，以完善利益联结机制为核心，支持农业经营公司和农工专业合作社发展，培育新型经营主体和新业态，延伸农产品加工产业链和价值链。以体制机制创新为突破口，促进职工增收、团场增效，全面提升兵团农业竞争能力、带动能力、创新能力、资源利用能力和贮运销售能力，实现农业发展方式根本性转变，为兵团"三化"建设拓展新的发展空间、增添新的发展动力。

（二）规划原则

1. 突出特色、转型发展

以比较效益突出、有市场的优势农产品为重点，大力发展现代农产品加工业，实现布局园区化、基地标准化、企业集群化、经营市场化、服务社会化，加快转变农业发展方式。

2. 龙头带动、高效发展

支持实力强、效益好、带动力强的产业化龙头企业，充分利用丝绸之路经济带核心区建设机遇和对口援疆政策，加强合作，以打造全产业链为目标，促进产业链、创新链、资金链"三链融合"。

3. 优势优先、开放发展

重点产业优势区域优先发展，大力推进龙头集聚、产业集群、品牌整合；鼓励团场、新型经营组织要建好基地引龙头、围绕龙头建基地，以开放的主动赢得发展的主动。

4. 创新驱动、融合发展

不断创新发展理念，优化存量引增量，做大总量提质量，引导生产要素向优势产业集中，积极探索适合不同区域的发展途径和发展模式，促进农业一二三产业融合发展以及各师、垦区均衡发展。

5. 资源节约、绿色发展

按照兵团主体功能区规划，着力扶持发展资源节约型、环境友好型现代农业产业，提高水资源利用率、土地产出率和劳动生产率，实现科学发展、绿色节能发展。

（三）发展目标

通过本规划实施，到 2020 年，兵团农业产业化形成农业生产区域化、基地标准化、经营集团化和产销一体化的新格局，全面提升兵团农产品加工水平，兵团农业产业化水平达到全国先进水平。

具体目标：

产业链不断完善。形成纺织、果蔬加工、葡萄酒、乳品加工等 12 个在国内市场有一定影响力的优势产业链，培育标准化、规范化的农产品批发市场 30 个，创建旅游名团（镇）60 个；50％以上农产品、生产资料通过电子商务进行流通，打造 10 家智慧景区和智慧旅游团场、连队。农产品加工产值与农业总产值之比为 1.72∶1（2020 年农业总产值预测值为 1 200 亿元，农产品加工产值为 2 065 亿元）。

基地布局进一步优化。根据优势企业以及农业产品需要，建设一大批高标准农产品生产和加工基地，高标准农田、园地面积达到 80％以上。建设一批有军垦特色、乡土记忆、地域特色的旅游特色示范连队，100 家星级农家乐。

龙头企业集群发展壮大。到 2020 年，各类新型经营组织发展到 2 000 家，培育发展国家级、兵团级龙头企业 200 家以上，其中年销售收入 10 亿元以上的达到 50 家，年销售收入 50 亿～100 亿元以上的达到 5 家；85％以上的农户加入专业合作经济组织。

品牌建设更加有力。培育一批优质、高效、安全、生态名牌产品，兵团级以上龙头企业食品类产品达到无公害或绿色食品标准，知名品牌要突破 100 个，其中培育国家驰名品牌 10 个以上。

市场竞争力切实增强。到 2020 年，农业生产全部实现标准化；"三品"认证面积达到 1 000 万亩以上，肉蛋奶等食品生产初步建立可追溯的质量安全体系，农业面源污染有效控制。休闲农业旅游接待游客超过 200 万人次，受益职工 10 万人。

四、发展重点和主要任务

（一）发展重点

根据《兵团关于加快推进农业产业化发展的意见》《2013—2015 年兵团农

业产业化目标任务分解方案》以及"十二五"期间农业产业化工作会议精神，兵团农业产业化"短板"在于农产品加工能力不足、产品附加值低、产业链短，确定农业产业化的重点任务有农产品加工业、休闲农业和农工创新创业。

农产品加工业有：纺织业、果蔬加工业、葡萄酒业、油脂工业、肉类加工业、乳品加工业、粮食加工业、饲草料加工业、番茄加工业、糖业、种子加工业、农特产品加工业。

"十三五"农业产业化具体考核指标及权重见表1。

表1　"十三五"农业产业化具体考核指标及权重

一级指标	权重（%）	二级指标	权重（%）	完成目标	
				2015 年	2020 年
经济总量指标	40	农业产业化产值之比	25	0.85∶1	2.5∶1
		预计加工总产值	5	842	2 065
		预计休闲农业产值	2		200
		预计农工创业创新产值	3		735
		订单收购占收购产品之比	5	95%	98%
龙头企业发展	20	兵团级以上重点龙头企业数量	12	107	200
		农产品加工企业数量（销售收入500万元以上）	8	600	1 000
农业产业化经营	20	带动农户数量（含地方）	10	80	200
		省级以上的名牌和著名商标数	10	50	80
自主创新能力	20	国家级农业产业化示范基地数量	12	2	6
		兵团级以上企业研发中心（含产业联盟）	8	12	20

休闲农业：依托兵团现有自然资源和农业资源发展休闲度假、观光旅游及农耕体验等。

农工创业创新：团场农工、农工子女领办专业合作社、小微企业，发展设施农业、规模化养殖、民俗民族工艺产业、休闲农业、农产品流通、电子商务、养老、家教、生产资料供应、生产生活服务业等。

（二）主要任务

坚持发挥兵团的特殊体制作用，促进农业产加销密切衔接，推进农业产业链整合和价值链提升，以农产品加工业、休闲农业为载体，通过产业间相互连接、交叉重组、跨界配置、交融渗透，促进农业一二三产业有机融合发展，根据兵团农业产业化特点，规划"十三五"期间重点发展农产品加工业、休闲农业和引导农工创业创新。

一是大力实施农产品加工业转型升级工程。

（1）鼓励国有企业与中央企业、地方企业、对口援疆省市企业以及民营企业合资合作，实现股权多元化、资本证券化和管理规范化，打造龙头企业集团，形成共同发展的产业集群，到2020年龙头企业集团实现销售收入1 000亿元以上。支持龙头企业整合生产基地和物流批发市场，以"大兵团"品牌为核心，构建有竞争力的品牌体系和市场体系，提升农业整体竞争力。

（2）集中力量制定兵团大力促进农产品加工业发展意见，结合优势农产品区域布局规划，优化纺织、果蔬、油脂、葡萄酒、番茄酱、糖业和种业等主要农产品加工业，加大供给侧结构性改革，拓展加工转化增值空间，提高供给体系的质量和效率。

（3）引导龙头企业向优势产区集中，形成一批相互配套、功能互补、联系紧密的产业群。依托兵团农业优势，大力发展绿色食品和质量安全农产品加工，实施"走出去"战略，鼓励企业通过技术、资本输出扩大产品出口。支持围绕龙头建基地、建好基地引龙头，以国家级经济开发区兵团分区、国家现代农业示范区、兵团级工业园区为主，形成分工协作、共同发展，实现龙头企业、基地、农户共赢，进一步提高农业产业化经营水平，带动兵团垦区和地方乡镇农户在200万户以上。

专栏1　打造龙头企业目标

● 到2020年，培育行业龙头企业（集团）。

● 龙头企业（集团）实现销售收入1 000亿元人民币以上。

（4）加大农产品精深加工领域增值技术创新。支持龙头企业创新研发技术中心、产业技术联盟，搭建具有世界先进水平的技术交流和信息共享平台，培养一批有国际视野的科研创新团队。以科技园区为平台，开展科技创新和技术集成示范推广应用，努力打造棉花、果蔬和种业三个优势产业的国家级农业产业化示范区，积极推行绿色低碳发展模式。加强与中亚国家国际科技合作，利用国家扶持政策，让兵团适用技术走出去，通过产业技术转移，带动兵团农产品出口和产业合作。到2020年，重点龙头企业科研投入占销售收入的2.0%以上。

专栏 2　自主创新能力建设目标

● 到 2020 年，新建 3 个以棉花、果蔬和种业优势产业为主的国家级农业产业化示范区。

● 以龙头企业为主体，创建国家、兵团级以上企业研发中心 15 个，产业技术联盟 5 个。

（5）鼓励企业研发新工艺和新技术，提高各种加工副产品和农业剩余物利用率，加强资源化利用。到 2020 年兵团秸秆、稻壳等农副产品综合利用率要达到 98％以上，规模化畜禽养殖场（小区）粪污无害化处理率达到 100％，农用薄膜当年回收率达到 97％，农药施用量较 2013 年下降 30％以上，化肥利用率达到 45％，规模化加工企业全面推广清洁生产体系。

专栏 3　节能减排目标

● 到 2020 年，全部规模化养殖小区实现粪尿无害化处理；98％以上秸秆、稻壳等农副产品实现资源化利用。

● 农产品加工企业原料、水、电资源利用节约率提高 10％以上，污染物达标排放率达到 100％。

● 规模以上加工企业全面推行清洁生产体系。

（6）支持龙头企业创新产品销售模式，改善农产品贮藏、加工、运输和配送等设施与设备，降低农产品损失。积极推进农业电子商务发展行动计划，支持龙头企业采取以实物市场与虚拟市场相结合的现代电子商务技术，加快建设农产品网上展示与购销平台，促进产销有效对接。鼓励和引导龙头企业参与农产品交易公共信息平台、现代物流配送中心建设，促进农产品大幅减损增效。争取到"十三五"末，把兵团建成我国向西出口的重要的特色农产品生产、加工、贸易基地，提升兵团农产品在国际市场的影响力。

专栏 4　农产品减损目标

● 到 2020 年，棉花原料及产品减损 12％，果蔬原料及产品减损 30％，肉乳等畜产品减损 10％以上。

● 农产品加工企业原料损失率降低 5％。

二是大力实施休闲农业提升工程。

（1）强化基础设施改造。重点加强休闲农业和乡村旅游特色连队的道路、停车场、厕所、供水供电、信息网络及垃圾污水处理、安防消防等基础设施和公共服务设施建设，以及相关旅游休闲配套设施，将通往旅游区的标识纳入兵团城乡道路交通规划，2018年前完成全部旅游标识设置和完善提升。重要交通点和节点城镇要合理布局建设旅游厕所和停车场，有条件的团场可规划建设汽车旅馆和自驾车、房车营地、露营地。

（2）加快建设特色旅游城镇。以国家级农业示范园区、兵团农业科技园区、城郊团场为中心，培育城镇休闲产业链，打造建设一批具有兵团特色、民族特点的特色旅游小镇，成为新疆兵团特色休闲农业景区和旅游线路集散节点。支持休闲农庄、特色农家乐、开心农场、生态庭院建设，积极开发生态渔村、采摘篱园等农业旅游产品，培育若干连队旅游产业集聚区、环城市的生态农业旅游集聚带。

（3）加大培育休闲农业品牌。落实支持有条件的团场利用连队功能转型的闲置房屋、集体建设用地、可用林地和水面等资产发展休闲农业和乡村旅游的政策，导入娱乐、餐饮、游憩、休闲和运动等功能，以创建国家级、兵团级休闲农业与连队旅游示范点、农业旅游星级企业为重点，定期举办旅游创意与服务竞赛，推出一批最美休闲连队、农家乐，形成一批在当地有信誉、叫得响、传得开、留得住的知名品牌。

（4）创新组织经营形式。积极引进国内外投资者，鼓励各类企业、社会资本跨地区、跨行业、跨所有制兼并重组，打造跨界融合的旅游产业集团和产业联盟。鼓励发展和引进旅游策划营销、装备制造、旅游电子商务、旅游演艺、旅游培训、户外运动等专业旅游经营机构，参与休闲农业发展。支持兵团旅行社跨师、跨团场设立分社和门市，做大做强休闲旅游业。

（5）扩展消费空间。落实职工带薪休假制度。强化全社会依法休假理念，将带薪年休假制度落实情况纳入各级议事日程，作为劳动监察和职工权益保障的重要内容。推动机关、企事业单位加快落实职工带薪年休假制度。鼓励职工结合个人需要和工作实际分段灵活安排带薪年休假。加强旅游服务价格监管和服务质量满意度监测，建立旅游联合执法机制，严厉打击"零负团费""黑导游""宰客"等不法行为。大力开展文明旅游活动，引导游客树立正确的旅游观念，文明出行、文明消费。

（6）加强人才队伍建设。大力发展旅游职业教育，加强旅游学科体系建设，探索旅游"智库"建设，推动旅游政、产、学、研协同创新。完善旅游行政管理人员、职业经理人和各类实用人才培训制度，健全旅游从业人员评价和激励机制。推进导游管理体制改革，将团场导游人员培训作为兵团技能人才培养的重要内容。

三是大力实施农工创业创新服务工程。

（1）搭建农工创业创新服务平台。利用现有工业园区、职工创业园和农业科技示范园区建设一批农工创业创新园；鼓励与龙头企业、上市公司、创投机构与专业团队合作，引入科技型、创新型企业，培育创新能力，形成创业与创新相结合的新型示范基地；支持在有条件的小城镇打造一批运行模式先进、配套设施完善、服务环境优质、影响力和带动力强的创业创新示范基地；鼓励充分利用已有商业用房、社区管理用房、连队存量建设用地、团场旧区改造等改造成为低成本的创业创新场地，促进产城（镇）融合发展；大力推进小微企业创业基地建设，统一建立兵、师两级创业政策集中发布平台。

（2）优化创业创新环境。全面落实国家、自治区扶持创业创新发展的各项优惠政策，打通创业创新扶持政策的"最后一公里"，推动强农、惠农、富农政策和农业补助项目向农工创业创新倾斜。加快公共科技资源和信息资源开放共享制度研究，支持高等院校和科研机构开放科研设施，履行社会责任。健全激励机制，激发农工创业创新活力。

（3）培育农工创业创新带头人。以团场职工子女中高等院校毕业生、退役士兵、大学生村官为主体，培育一批农工创业创新带头人。以成功企业家、科研院校专家、职业经理人、电商辅导员、天使投资人等为主体，培育一批农工创业创新辅导员。支持内地和地方能工巧匠到兵团创业就业，带动农业创业创新。利用现有培训资源网络、远程传输、远程教育服务平台和培训机构，广泛开展农工创业技术培训，提高农工创业创新能力。

（4）促进农工合作社发展。支持兵团与地方共建农工合作社，引导农工合作社与城市超市、连锁企业、农资企业、产业化龙头企业及批发市场实现产销衔接。创新农业经营模式，有序推进团场农工将其原有的生产生活设施转化为资本，扶持各类专业合作社发展。

（5）实现创业创新便捷融资。积极争取国家政策支持，组建成立兵团控股或参股的金融机构，实现团场金融服务全覆盖，为农工创业提供融资、结算、理财、咨询等多元化服务。鼓励小微企业和创业者通过股权众筹融资方式募集早期股本，积极探索知识产权质押融资、专利权益证券化、专利保险等服务业态，支持金融及知识产权金融发展。协调金融机构在团场开展土地承包经营权抵押和活畜抵押等金融创新活动。探索银团合作的新模式、新机制，激活团场农工银行存款资金用于创业创新。

（6）开展试点示范。加强引导，及时总结、推广先进典型和成功案例。鼓励具备条件的师、团和各类经济开发区、产业园区加强自主创新，探索利于农工创业创新的机制，形成可复制、可推广的经验，引领兵团农工创业创新。

五、重点工程规划目标

(一) 农产品加工转型升级工程

1. 棉纺织业

2014 年，兵团皮棉产量 163.6 万吨，已形成"新农""银力""锦牌""北疆"等四大优质皮棉品牌。拥有纺织企业 75 家，棉纺产能 300 万锭，实际生产纱 21.01 万吨，布 0.6 亿米，服装 600 万件，棉浆粕 7 万吨，黏胶纤维 3.3 万吨。纺织业总产值 114.8 亿元。

实施《兵团发展纺织服装产业吸纳 35 万人就业规划（2014—2023 年）》，积极有效承接我国纺织服装产业转移，完善和延伸纺织服装产业链，重点推进服装家纺产业发展，适度发展印染产业，打通产业链瓶颈，打造面向中西亚和欧洲的纺织品出口加工基地。

规划目标：到 2020 年，棉纺环锭纺 800 万锭，棉纱产量 75 万吨，织机 1.4 万台，布 40 000 万米。服装产能 1.8 亿件/年，服装产量 1.4 亿件/年，家纺 4 万吨/年，人造纤维及合成纤维 20 万吨/年，产量 15 万吨/年。印染后整理能力 4 亿米/年。纺织服装产业实现生产总值 560 亿元，吸纳就业人口 18 万～20 万人。

2. 果蔬加工业

兵团 2014 年果品总产量 276.7 万吨，蔬菜总产量 614.9 万吨，其中工业用番茄 374.9 万吨，工业用辣椒 72.1 万吨（鲜）。果蔬种植产值 320.1 亿元，占农业总产值的 34.1%；现有"ChalkiS""艾里曼""北疆""古力巴克""绿源""木卡姆""神内"等品牌。共有果蔬加工企业 97 家，年设计生产能力 107 万吨，实际生产量为 88.87 万吨，实现加工产值 108.5 亿元。

"十三五"将加强果蔬及园艺基地、冷链体系、果蔬加工包装及品牌建设，延长产业链。干鲜果以红枣为主兼顾核桃、杏等特色干鲜果品，着力提高香梨、苹果的质量水平，适时扩大鲜食、酿酒葡萄和特色园艺作物。设施园艺基地发展以节能日光温室建设为主，向种植珍、特、稀瓜菜、菌类、花卉、果品等方向发展。蔬菜加工以番茄、辣椒为主，重点扶持一批有潜力、有基础、有一定市场影响力的品牌企业建设。

到 2020 年，果蔬加工能力达到 200 万吨以上，产值力争达 400 亿元。

3. 葡萄酒业

2014 年，兵团酿酒葡萄种植面积为 32.9 万亩，产量为 16.6 万吨。共有 32 家葡萄酒生产厂家，资产总额 45.7 亿元，年设计生产能力 30.3 万吨，实际产量 12.1 万吨；葡萄酒加工总产值为 17.1 亿元。

加大开发葡萄酒市场，打造集生产、销售、旅游于一体的葡萄酒营销模式。到 2020 年，形成年生产 32 万吨葡萄酒生产规模，年产值达到 36 亿元。

4. 油脂工业

2014 年，兵团油料作物播种面积 80.3 万亩，总产量为 17.0 万吨，油料农业产值为 9.9 亿元，占农业总产值的 1.1%。现有油脂加工企业 68 家，年设计加工能力 84.3 万吨，已形成"新赛""新光"等优质品牌，实际生产量为 75.9 万吨，实现加工产值 80.1 亿元。

重点支持油脂企业加大新产品研发和产业链延伸力度，提高小包装产品、功能保健产品的生产加工比例，向精细化、品牌化方向发展，打造高端食用油生产基地。到 2020 年，形成年加工 90 万吨食用油生产规模，年产值达到 100 亿元。

5. 肉类加工业

2014 年，兵团肉类总产量为 37.7 万吨，牧业产值为 147.6 亿元，占农业总产值的 15.7%。共有肉类加工企业 37 家，资产总额 8.18 亿元，年设计屠宰和加工能力 20 万吨，实际生产量为 7.2 万吨，实现加工产值 28.14 亿元。

"十三五"将培育和壮大一批畜牧业龙头企业，大力推进肉食品深加工，支持龙头企业参与养殖基地建设，支持团场围绕龙头建基地，支持利用互联网技术建立专业化营销网络和质量安全追溯体系。到 2020 年，规模化养殖比例达到 80%，加工率达到 30% 以上，高端肉制品占 25% 以上，力争实际加工产值达 175 亿元。

6. 乳制品加工业

2014 年，兵团奶牛存栏数 24.18 万头，牛奶产量 59.07 万吨，规模化养殖场已成为乳制品加工品质安全可靠生鲜乳的主要来源，现有天润、花园、新农、旺旺、娃哈哈等乳制品加工企业 16 家，日单班加工处理鲜奶能力突破 3 000 吨，年设计加工能力达到 90 万吨以上，实际年加工量约 35 万吨。产品占疆内市场份额的 40% 以上，基本满足了城乡居民多样化的消费需求。2014 年实现加工产值为 16.5 亿元。

依托已有的乳制品品牌，打破地域界限，通过资产优化组合，建立以兵团乳业为核心的企业集团，扩大品牌影响，提高竞争能力。依据市场需求，增加高附加值乳制品生产量，实现奶产业效益提升。到 2020 年，日处理生鲜乳能力达到 4 000 吨，原料奶加工量达到 120 万吨，加工转换率达到 85% 以上，力争实现加工产值 66 亿元。

7. 粮食加工业

现有粮食加工企业 59 家，设计加工能力 412.8 万吨，2014 年生产小麦粉 34.1 万吨、大米 21.3 万吨，发酵酒精 5.3 万吨以及马铃薯全（淀）粉 3 万吨，实现加工业产值 113.4 亿元。

支持具有优势的深加工企业，加速规模扩张，通过收购、兼并、参股、租赁、产业延伸、品牌联盟等多种形式，形成一批跨师市、跨行业、跨所有制、产业集中度高、品牌优势突出、辐射带动能力强的企业集团。支持企业走出去，充分发挥建设丝绸之路经济带的机遇，利用国际合作机会，建立海外生产基地和销售市场。到 2020 年，面粉加工产能达到 20 万吨，马铃薯制品产能达到 5.0 万吨，味精和各类氨基酸产能达到 50 万吨，方便食品等产能达到 30 万吨。实现粮油产业产值超过 210 亿元。

8. 饲草料加工业

兵团现有饲料加工厂 31 家，年设计生产能力 333 万吨，2014 年实际配合饲料产量 265.5 万吨，生产苜蓿及青贮玉米近 100 万吨，实现加工业产值 97.98 亿元。

继续优化饲料加工生产布局，推进饲料行业科技进步，实现饲料品种系列化、结构多元化；建立健全饲料产品质量监督检测体系，加大秸秆、粮油加工副产品和林果业副产品等非粮食饲料资源的开发利用，建立专业饲草生产体系。到 2020 年，建立人工草料基地 500 万亩（含复播玉米面积），其中优质苜蓿种植面积 100 万亩；工业饲料生产能力达到 500 万吨；产值目标达到 266 亿元。

9. 番茄加工业

兵团番茄加工企业经资产重组和整合后，现有企业数量 35 家，年设计生产能力 86.34 万吨，2014 年实际生产量 49.6 万吨，实现加工产值 31.9 亿元。

"十三五"将支持提高龙头企业科研创新能力，不断开发符合市场要求的精深加工产品，延长产业链，提高抵御风险能力。积极引导和帮助龙头企业利用普惠制和区域性优惠贸易政策，努力开拓以中亚、南亚和俄罗斯等周边国家为重点的国际市场。到 2020 年，番茄系列制品生产能力达到 90 万吨，实现产值目标 45 亿元。

10. 制糖业

兵团现有制糖企业 4 家，年设计生产能力 20 万吨，2014 年实际加工量 15.3 万吨，实现加工产值 9.9 亿元。

加大对现有糖料加工企业技术改造和产品升级力度，重点发展精练糖加工业及符合市场需求的系列产品；深入开发生物、发酵、营养食品、医药、化工等产业系列产品，延伸糖业产业链，开展甜菜废丝循环利用研究和开发，提高食糖加工副产物综合利用水平。到 2020 年，生产能力达到日处理甜菜 4 万吨以上，糖产量达到 20 万吨，实现产值目标 16 亿元。

11. 种子加工业

兵团现有种子企业 28 家，年设计生产能力 38.4 万吨，2014 年实际加工量 35.9 万吨，实现加工产值 21.2 亿元。

引导科研院校逐步退出商业化育种，专业从事农作物种业基础性、公益性研究。支持种子企业与科研院校联合组建技术研发平台和产业技术创新战略联盟，逐步建立以企业为主体的商业化育种体系。重点发展棉花、玉米、向日葵、瓜菜制种业，建成全国最大的棉花、玉米种子生产加工基地。通过整合现有种子企业，形成具有一定规模和带动力强的种业集团，稳步提高生产能力和产业集中度，逐渐增强产品竞争力。加强现代种业基地建设，建成影响力强、技术领先、产业集中度高的现代种业繁育、科研基地和展示展销基地，形成科研分工合理、产学研相结合、资源集中、运行高效、具有兵团特色的育繁推一体化现代种业体系。到 2020 年，形成科研分工合理、产学研紧密结合、资源集中、运行高效的育种新机制，培育一批高产、优质、多抗、广适和易于机械化作业、设施化栽培的新品种；建成标准化、规模化、集约化、机械化的优势种子生产基地 200 万亩，良种生产能力稳定在 10 亿公斤以上，主要农作物统一供种率达到 100%；培育一批育种能力强、生产加工技术先进、市场营销网络健全、技术服务到位的"育繁推一体化"现代农作物种业集团，年销售收入总额达到 45 亿元。

12. 农特产品加工业及农业服务业

兵团现有木材加工企业 5 家，香料加工企业 4 家，甘草加工企业 3 家。除上述 11 个行业的农产品加工都列入农特产品加工业，2014 年产值约 75.0 亿元。到 2020 年，农特产品加工及农业服务力争实现 146 亿元。

（二）休闲农业提升工程

兵团休闲农业主要依托现代农业优势，建设一批邻近城市的具有军垦特色、乡土记忆、地域特色的休闲农庄、特色农家乐、开心农场、乡村庭院，服务形式有餐饮、采摘、垂钓等内容，丰富了当地居民的节假日生活，建成了一批乡村旅游产业集聚区、环城市乡村旅游集聚带。据不完全统计，2014 年兵团休闲农业经营主体接待游客 500 万人次以上，经营收入约 40 亿元。

"十三五"坚持产业融合、统筹推进，坚持以人为本、和谐发展，推动休闲农业向观光、度假并重转变，开发向集约型转变，服务向优质高效转变，提升兵团休闲农业标准化、特色化、信息化、产业化水平，通过加强推动乡村旅游与旅游名团（镇）建设有机结合，完善道路、环保、卫生及服务平台等基础设施建设，提升休闲农业与乡村旅游示范县、示范点创建水平。到 2020 年，创建 60 个旅游名团（镇）、80 个以上乡村旅游模范连队，形成 150 个以上乡村旅游特色连队、100 家星级农家乐，将兵团建设成为全国著名的乡村旅游目的地。接待游客超过 2 000 万人次，收入达到 200 亿元。

（三）农工创业创新服务工程

"十三五"期间要营造良好创业创新环境，激发农工及其子女在团场创新创业，形式有兴办家庭农场、领办农工合作社和小微企业，发展设施农业、规模种养业、农产品加工业、民俗民族工艺产业、休闲农业、乡村旅游、农产品流通、电子商务、养老、家政、生产生活资源供应、生活生产服务业等。

到 2020 年，兵团农工创业创新小微企业经济增长速度达到 15％以上，非公有制经济占 80％以上，建成团场级创业创新示范基地 20 个、200 家众创空间、创新型龙头企业 100 家，与农业相关的小微企业增加到 1 万家，实现就业50 万人（次），预计实现产值 735 亿元。

六、保障措施

（一）进一步加强领导，形成政策合力

（1）加强党的领导。各级党委要进一步解放思想，创新发展理念，调整工作思路和工作方法，把农业产业化建设放在重要位置，下大气力，狠抓落实。兵团成立由兵团主管领导任组长的农业产业化推进工作领导小组，农业产业化办公室设在兵团农业局。各师市要按照兵团要求，成立推进领导小组，在农业局设立农业产业化办公室，加强队伍建设。

（2）建立农业产业化推进协商机制。农业产业化涉及农业、工业、商务、质量监督等相关部门，需要强化各部门间协作配合，明确责任分工，共同破解发展障碍，形成政策合力，营造全社会共同推进农业产业化发展的良好氛围。

（3）加大成功经验和有效办法的宣传和推广力度。认真总结和及时推广典型经验，切实解决农业产业发展中遇到的热点和难点问题，充分调动广大干部职工的积极性、主动性和创造性，共同开创农业产业化发展的新局面。

（4）强化督办责任制和评估机制。细化兵团农业产业化推进实施方案，将目标、任务分解到各师、各部门和国有龙头企业，并对实施过程跟踪监测，对实施过程中出现的新问题、新情况要充分预研预判，制订周密方案。要健全农业产业化调查分析制度，建立兵团级以上重点龙头企业经济运行调查体系，加强行业发展跟踪分析。完善重点龙头企业认定监测制度，实行动态管理。利用第三方评估机构对出台的重大改革举措及时评估，确保政令畅通、政策落地。

（5）建立健全激励机制。把农业产业化推进工作纳入年度考核制度中，对农业产业化成效突出的师市、团场、龙头企业和优秀专业合作社，以及获得中国驰名商标、自治区著名品牌和驰名商标的企业给予奖励，科学引导、加快推进农业产业化。

（二）加强统筹管理，理顺部门关系

（1）加强专项规划、师市域规划的衔接工作。以兵团农业产业化推进总目标为统领，要求各部门和各师按照行业管理、产业优势将发展目标、重点任务和重大工程分解在专项规划、师域规划中，按年度计划落实主要指标和任务，跨师、跨区域、跨行业的重大工程可由兵、师发改部门协调衔接，以确保规划对实际工作的指导作用。

（2）规范行业数据统计工作。目前，农业产业化数据统计缺乏权威性和规范性，由兵团统计局会同农业局制定农业产业化统一指标体系，创新统计调查数据采集和分析技术，及时发布相关信息，科学引导发展。

（3）理顺部门关系。兵团农业产业化推进工作的成败事关实现农业现代化进程，各部门要解放思想，落实兵、师各级、各部门农业产业化推进工作第一责任人，主动搞好沟通协调，对关系产业化发展的全局、综合性强的政策，加强系统研究和整体设计。研究成立重点行业协会，加强行业自律管理和诚信体系建设。

（4）优化发展环境。建立公平竞争保障机制，打破师市域分割和行业垄断，大力支持非公有制经济发展，依法保护企业家财产权和创新收益，依法保护各类所有制经济权益，依法维护合同法律效力，积极开展降低实体经济企业成本行动。

（三）加大资金支持，提升五大能力

（1）市场竞争能力提升。争取国家专项资金重点扶持龙头企业，扩大精深加工能力、技术升级改造、开发休闲农业和生态旅游业以及支持农工创业创新等，支持形式有以奖代补、贷款贴息及资本金补助等形式。建议在兵团级产业发展资金中设立龙头企业支持专项，支持企业进行重组整合、品牌整合与创建，以及参与标准化生产基地建设。对于盈利能力强的项目，支持企业开展股权众筹融资试点，以及发行企业债券。支持上市的龙头企业通过配股增发、发行可转换债券等进行再融资。鼓励有实力的龙头企业建立担保公司，为基地建设、农工专业合作社和团场职工提供担保服务。

（2）辐射带动能力提升。国家资金重点支持新技术推广与示范、产品质量追溯体系；兵团级专项资金重点支持标准化生产基地、新型经营组织规范化建设、新业态等。在集体所有制团场开展专业合作社内部资金互助试点。吸引社会、民间资本建设"三认"基地。积极发展农业政策性保险业务，推动信用保证保险领域产品创新，建立巨灾风险应对机制；有条件的师、市可择机建立大宗农产品应对市场波动补贴基金。到2020年，带动兵团垦区和地方乡镇农户

200万户以上，实现无公害、绿色、有机食品基地认证面积比例达到85％，85％以上的食用农产品实现质量可追溯的规划目标。

（3）技术创新能力提升。国家资金重点支持农业产业化建设中的关键科技难题攻关和研发、企业技术中心装备升级与改造，提升兵团农产品加工业核心技术及国家级农业产业化示范区建设。兵团级专项资金支持高新技术引进、消化与集成运用，以及区域性科技创新平台建设、科技公共服务平台、科技创新团队建设等。支持龙头企业与高校、科研院所开展技术合作共建国家级和省级重点实验室、工程技术研究中心、企业技术中心等各类研发中心，给予设备更新和技术研发补贴。支持科研人员以农业产业化科技需求为目标确定科研课题，完成一批农业产业化种养、加工、保鲜、储藏、运输等环节的重大关键技术攻关。

（4）资源利用能力提升。国家资金重点支持十二个重点的资源循环化利用，促进农业发展方式根本性转变。兵团级专项资金支持现代农业园区、职工创业园以及企业运用节能技术、利用可再生能源。鼓励社会资金投资循环农业、休闲农业。

（5）贮运销售能力提升。国家资金重点支持在特色优势产区和交通枢纽建设一批区域性的现代化农产品批发交易市场、专业批发市场、综合交易市场、物流园区和物流配送中心，培育发展一批物流大企业和大集团。兵团专项资金支持创新物流模式，扶持龙头企业发展连锁店、直营店、配送中心和电子商务，研发和应用农产品物联网，推广流通标准化，提高流通效率；充分发挥政策性金融机构作用，积极推进农业电子商务，支持有能力的企业或组织"走出去"，试点建设"域外垦区"。

（四）继续深化改革，增强发展动力

（1）主动适应新常态。充分尊重和发挥基层干部群众的首创精神，大胆探索兵团农业产业化发展新模式、新路径，明确休闲农业属于农业产业化范畴，是对农业生态资源的开发利用。加快推进行政审批制度改革，简化前置审批程序，加强事中、事后监管力度，完善发展成果考核评价体系，建设法治和服务型管理机关。

（2）深化农牧团场经营管理体制改革。鼓励职工参与专业化合作社或协会，着力构建集约化、专业化、组织化、社会化相结合的新型农业经营体系。理顺团场与职工之间、不同利益群体之间的分配关系，建立科学的利益共享、风险共担的机制。

（3）大力推动国有企业改革。推进国有企业混合所有制，要着力完善现代企业制度，提高资本运行效率。鼓励非国有资本参与国有企业改制重组或国有控股上市公司增资扩股以及企业经营管理，实行同股同价，切实维护各类股东利益。也鼓励国有企业通过投资入股、联合投资、重组等形式，与非国有企业进行股权融合、战略合作、资源融合，为兵团农业产业化发展增添活力。

（4）支持非公有制经济投资兵团农业产业化。积极推动优势民营企业跨兵地、跨地域、跨所有制、跨师进行战略重组，打造兵团特色农产品生产基地、休闲农业基地。

（五）抓风险防控，提高发展质量

面对经济下行压力，"十三五"兵团农业产业化要实现跨越式发展目标，不仅要稳妥处理好内部发展的难点，还要做好外部市场风险防控，提高农业发展质量。一是要充分掌握农业生产和农产品市场变化规律，科学谋划、合理布局，有力、有序、有效地向前推进，防止一哄而起、盲目而上、恶性竞争，切实防控政策和市场风险。二是充分发挥兵团特殊体制机制的优势和组织化、集团化的优势，将兵团特殊体制与市场机制有效结合，突破行政分割、绿洲经济局限和所有制界限，通过收购、兼并、参股、租赁、产业延伸、品牌联盟等多种形式，整合资源要素，形成一批跨师、跨行业、跨所有制，产业集中度高、品牌优势突出、辐射带动能力强的大企业集团，实现优势产品向优势企业集中、优势企业向优势产区集聚，利于控制投资和管理风险。三是以"互联网＋"为核心的产业技术革命将给农业产业转型升级带来新的机遇，正在改变着传统农业发展方式。依托互联网技术，引导龙头企业集团通过专业分工与中小微企业合作与对接，实现资源利用最大化；依托互联网技术，突破购销的时空限制，满足消费者个性化、多样化、便捷性需求；依托互联网技术，建立线上与线下协同，形成产加销全产业链无缝连接，利于控制经营风险。

（六）推进融合发展，实现互利共赢

树立融合发展、共同发展的理念，积极发挥兵团现代农业技术的优势，主动融入新疆兵团发展大环境中，兵地要共建优势互补、合作共赢、共同发展的农产品加工体系，争取自治区的理解，支持兵团企业围绕产前、产中、产后各环节，积极为地方标准化生产基地、农户开展农机作业、技术指导、疫病防治、市场信息、产品营销等服务。支持龙头企业与地方乡镇共同建设农业专业公司，通过"反租倒包"、预付订金、保底价收购、利润返还、二次分配、原料组织费等形式与农户建立紧密型利益联结机制；鼓励引导龙头企业与各类专业合作经济组织有效对接，形成相互依托、权责明确、经营高效的利益共同体。

加大对口援疆产业支持力度，启动"大手拉小手"示范工程。积极引进对

口援疆省（市）知名企业，利用技术和市场优势在南疆三师、十四师建设以纺织服装、肉乳加工、果蔬加工为重点产业的加工园区。

（七）创新人才培养模式，壮大企业家队伍

加大人才引进和培养力度。以提升企业经营管理水平和竞争力为核心，培养和引进一批资本运作、科技管理、战略决策等方面的专业人才，打造一支懂经营、会管理的企业家队伍。

加强职工教育、技术培训和政策支持，培养造就一支能够适应现代农业发展需要的新型职工队伍。切实落实《兵团中长期人才发展规划纲要（2011—2020年)》的要求，大力实施农业科技入户工程、"绿色证书"和"蓝色证书"工程，培养一批有知识、懂技术、会经营的新型科技农工和科技致富带头人。

引导龙头企业与高校建立长期的人才培养合作机制，采取多种形式培养适应农业产业化发展需要的实用技能型人才。鼓励和引导高校毕业生到兵团企业就业，对引进紧缺人才可按规定享受学费补偿和国家助学贷款代偿等政策。

（八）坚持绿色安全，打造优质放心产品基地

积极推行低碳化、循环化和集约化生产技术，对龙头企业购置符合条件的环境保护、节能节水等设备，依法享受相关税收优惠政策。加快农产品加工业绿色升级改造，推广轻量化、低功率、易回收的技术工艺，提高资源循环利用水平。全面推行循环生产方式，促进企业、园区、行业间链接共生、原料互供、资源共享。加强节能环保监察，强化绿色监管。

以石河子、阿拉尔、五家渠、图木舒克市国家现代农业示范区、国家科技园区和天山北坡现代农业示范带建设为突破口，建设农产品出口基地，优先发展以出口为导向的清真食品加工业，逐步形成以乳制品、番茄制品、高档葡萄酒、精练食用油为主体的绿色有机食品加工出口基地。结合自治区"三城七园一中心"布局，发挥霍尔果斯经济开发区兵团分区的作用，引导纺织服装生产向石河子、阿拉尔、图木舒克工业园区集中，将兵团打造成向西的纺织服装出口基地。

附件 17 兵团农业机械化"十三五"发展规划

"十三五"时期是我国全面建成小康社会的关键时期，是中国特色农业现代化加快推进的重要时期，也是我国农业机械化发展的重要战略机遇期。当前，我国正处于从传统农业向现代农业转变的关键时期，加快推进农业机械化和农机工业发展，对于提高农业装备水平、改善农业生产条件、增强农业综合生产能力、拉动农村消费需求等具有重要意义。为了贯彻落实党的十八大精神和十八届四中、五中全会精神和习近平总书记关于"三农"工作重要论述，根据《国务院关于促进农业机械化和农机工业又好又快发展的意见》（国发〔2010〕22 号）、《兵团农业现代化建设中长期规划（2011—2020 年）》《新疆生产建设兵团关于全面推进农业机械化发展的意见》有关农业机械化发展的部署和要求，制定《新疆生产建设兵团农业机械化"十三五"发展规划（2016—2020）》。

一、农业机械化现状

（一）发展成就

"十二五"时期是兵团农业机械化发展环境显著优化、政策法规不断健全、发展速度明显加快、地位作用持续增强的五年，兵团农机化干部职工克服困难、解放思想、大胆创新，完成了"十二五"规划确定的主要目标和各项任务，有效提高了土地产出率、资源利用率和劳动生产率，持续增强了农业综合生产能力、抗风险能力和市场竞争力，为使兵团成为全国农业现代化的排头兵提供了强有力支撑。

农业机械化水平稳步提高。"十二五"期间年机耕面积 1 640 万亩，机播面积 1 778 万亩，机收面积 1 362 万亩，飞机作业面积 411 万亩，机耕、机播、机收水平分别达到 100％、99.8％、76.6％，耕种收综合机械化水平达到 93％，比"十一五"末增加了 5 个百分点。兵团农业机械化正向畜牧业、林果业拓展，呈现出全面发展的良好态势，基本形成了大农业机械化生产体系，农业机械化水平居全国领先地位。少耕深松、宽膜植棉、秸秆粉碎还田技术推广率达到 100％，农机职工总数占种植业职工总数的 30％以上。番茄、甜菜、棉花机收面积大幅度提高。

农机购置补贴政策深入实施，农机装备水平显著提升。农机购置补贴资金规模逐年大幅增加，受益范围不断扩大。"十二五"期间中央财政累计安排给兵团农机购置补贴资金接近 18.6 亿元。在农机购置补贴政策的带动下，农机装备总量较"十二五"末有了大幅增长。兵团农机总动力预计 2015 年底将达到 500 万千瓦，比"十一五"末增长 29.8%，提前完成了《兵团农业现代化建设中长期规划（2011—2020 年）》制定的指标。大中型拖拉机总量达到 5 万台，大中型拖拉机与农具配套比达到 1∶2.7，采棉机 1 850 台，联合收割机 1 450 台，农用飞机 32 架，农机服务及作业总值突破 50 亿元。农业机械新度系数达 0.78，大型装备能力继续加强，效率成倍提升。农机装备结构持续优化，大马力、多功能、高性能农业机械普遍提升。经济作物、畜牧、林果业及农产品初加工机械保有量快速增长，资源节约型、环境友好型农业机械装备稳步发展。

机采棉技术推广应用实现重大突破。"十二五"期间（截至 2014 年底）兵团累计机械采收面积为 2 146 万亩，较"十一五"期间机采面积增加了 1 414 万亩。各师及企业购置采棉机 1 850 台，其中拥有自主知识产权的国产采棉机 447 台，较"十一五"末新增采棉机 1 142 台，实际操作人员已达 3 000 余人，经过筛选引进消化吸收，研制具有自主知识产权的水平摘锭式采棉机，填补了国产大型采棉机的空白。在贮存和运输方面，实现了机械打垛、机械转运和自动开垛系统，大幅度提高了机采、转运和喂花的功效。建设或改造机采棉清理加工生产线 220 条，其中全套国产设备生产线 193 条，其中"十二五"期间新增生产线 106 条。在引进消化吸收的基础上，研制出具有自主知识产权的机采棉清理加工成套设备，机械设备配套优化，清理加工能力极大提升，为棉花采收实现机械化提供了保障。棉花脱落叶剂喷施机具改制 3 300 台，改制率达 70% 以上，探索总结出机采棉化学脱叶催熟机械喷施、飞机喷施相结合的棉花化学脱叶催熟技术体系。专业化棉花收获公司相继成立、运作，机采服务体系、销售流通体系和配套机械售后服务网络基本建成。采用"兵、师、农场"共同承担，"农机、农艺、加工、棉检以及装备制造"等多方技术协作的方式，具有鲜明的系统化、协作化、专业化特点。改变了兵团棉花生产方式，使棉花生产集约化、机械化、高效化成为现实，"快乐植棉"深入人心。

科技创新取得重大进展，新机具、新技术应用范围逐年扩大。农业机械化关键技术及装备研发力度不断加大，部分"瓶颈"环节技术集成问题得到解决。农业机械化科技成果不断涌现，科技创新能力和新技术应用水平明显提升，自主研发及具有自主知识产权的自动化、智能化农机装备赢得青睐。棉花采收机械、大枣收获机械、精量播种机械、联合整地机械、机采棉清理加工设备、节水灌溉等作业机具创新取得重大进展。

兵团大面积推广了机械化秸秆还田、残膜回收、土壤深松、机械植保、机械移栽、高架精量喷雾、土壤深翻、葡萄埋藤、保护性耕作、节能降耗等农机化新技术。已推广马铃薯、甜菜、打瓜、油菜、辣椒、番茄等作物联合收获机械1 000余台。畜牧、园艺业机械化生产进展较快，推广了牧草收割机、饲草料打捆机、储奶罐、挤奶器等畜牧机械，新增了葡萄埋藤机、挖坑机、微耕机、弥雾机等园艺机械。卫星导航技术发展迅速，已购置导航仪391台。

农机社会化服务能力不断增强。一是农机专业化服务组织发展较为迅速，全兵团成立农机合作社60余家。二是大型机采棉收获公司运行情况良好，2014年机采棉花400余万亩，占机采总面积的70%以上。三是农机标准化服务基地建设取得良好成效，据统计，"十二五"期间国家、兵团财政对农机化基地及棚库建设投入约2.8亿元，团场自筹1.3亿元，已开工建设了64个团场级农机化服务基地。

农机工业快速发展，农业机械化发展基础更加牢固。随着国家鼓励政策、资金投入、财税优惠等扶持政策和措施不断加强，科研开发、生产制造体系进一步完善，农机工业产业规模不断扩大并保持良好发展态势。规模以上农机企业工业年总产值达到15亿元。农机工业组织结构不断优化，产业集群初步形成，产品先进性、适用性、安全性、可靠性进一步增强，科技含量和售后服务水平不断提高。具有较强创新能力和综合实力的大型农机企业快速成长，为农业机械化持续发展提供了有力的装备保障。

（二）存在的问题

"十二五"期间，兵团农业机械化发展受市场服务、研发投入、资源约束等因素的影响，仍存在着一些亟须得到根本解决的突出问题和薄弱环节，从影响兵团农业机械化发展的自身素质和外部条件分析，主要存在以下几方面问题：

（1）农机装备结构不合理。兵团农机装备更新快、型号多、机具配套不完善，拖拉机与农具配套比例不够合理，高性能机具及大中型农机具跟不上发展需要。农业机械化水平存在着较大的地区性差异，农业机械化发展不均衡，部分师、团农业机械化、规模化的优势未能充分体现。林果、畜牧机械化水平亟待提升，部分关键的农机装备亟须引进、开发、研制。

（2）农机专业服务组织化程度低。兵团农机化服务总体上还处于自我发展和建设的初级阶段，尤其缺乏基层公益性服务体系，基层团场农机管理力量薄弱，农机鉴定、推广、监理机构需要进一步完善。农机服务网点缺乏合理布局，难以形成服务网络，服务能力弱的问题突出。农机信息网络平台建设和服务明显滞后于农业现代化发展的需要，信息不畅严重影响农机公共服务效能的发挥，制约先进农业技术与装备的推广。

（3）农机基础设施投入不足。农机标准化服务基地建设投入严重不足，农机库（棚、场）、机耕道、农机加油站等跟不上农机装备快速增长的需求。农机投入基本上由职工个人或农机经营户承担，国家投入资金很少，投资渠道单一，农机设施更新改造投入后劲不足。

（4）农机装备制造企业规模小，带动能力有限。多数企业缺乏现代企业管理理念，企业发展融资难，年产值过亿元的农机企业屈指可数。多数企业专业人才缺乏，生产工艺装备落后、开发创新能力弱、产品技术含量不高，产品单一、产品类型趋同、低水平无序竞争等问题突出，缺乏农机名牌产品，尚未形成生产规模大、技术力量强、产品系列化程度高、质量优的农机装备制造龙头企业。

（5）农机研发投入少，基础性与原创性开发能力不强。先进适用、技术成熟、安全可靠、节能环保、服务到位的农机装备和技术有效供给依然不足，不能有效满足农业优势产业发展壮大、提质增效的需求；农艺与农机融合还不够紧密，农业机械化技术的组装配套和集成推广受到制约。

（6）农机中试转化平台建设严重滞后，支撑发展不足。农机产业公共技术服务平台建设落后，农机科研成果中试熟化环节严重缺失，缺乏中试熟化平台，不能为农机装备企业提供良好的公共技术支撑，行业发展基础支撑能力与兵团农业机械大规模使用和农机化应用水平较高的状况不相适应，滞后于农业发展需求的问题突出，亟待加强农机产业公共技术服务平台和中试基地建设。

（三）面临的形势

农业机械化是农业现代化的重要标志，是改善农业生产条件、农民生活水平、农村生态环境的重要途径。在农业现代化加速推进和农业发展方式加快转变的过程中，兵团农业机械化发展面临新的形势：

（1）工业化、城镇化加快推进，农场劳动力的转移，劳动力成本的提升，使农业机械化发展的需求更加旺盛而迫切。农业现代化的加速推进和农业发展方式的转变，使粮、棉、果、畜、特全面发展，这就要求不但要解决粮食作物的机械化，而且要求解决经济作物、林果业、畜牧业、农副产品初加工、蔬菜生产的机械化，农业机械化发展的空间更加广阔。

（2）农业机械化发展的技术装备支撑更加有力。农机工业产业升级步伐加快，科技创新能力不断增强，主要农作物薄弱环节机械化技术瓶颈不断攻克。

（3）农机装备实力大幅提高、更新速度加快，面临着进一步优化配置以发挥更大效益。大功率拖拉机普及，提高了整地质量和工效，应如何配置以发挥更大效益。实施农机购置补贴，农机更新换代速度加快，实力大幅提升，但市场产量、农机效益、农机组织化程度间的问题有待进一步提高和解决。

（4）机采棉普及对机采棉质量提升提出了新的迫切需求。机采棉的普及，降低了劳动成本，减少了对内地劳务工的依赖，缩短了收获期，为秋季整地质量的提高奠定了基础，争取了时间。产生的问题是：机采棉质量需不断提高。农业机械化在机采棉质量提升上如何发挥作用，要认真总结成绩、经验和问题，提出切实可行、有推动力的技术措施。

（5）农机装备制造业发展升级要求凸显。棉花、加工番茄、甜菜、马铃薯等大型收获机械装备和畜牧养殖设备对国外的依存度居高不下，从降低生产成本和持续发展角度考虑，需大幅提高上述农业装备的国产化率，亟须努力打造和建设兵团农机装备制造业。

（四）发展的机遇和有利条件

（1）国家实施"丝绸之路经济带"给兵团加快农机化发展带来了战略机遇。新疆兵团作为"丝绸之路经济带"的核心区，为兵团充分利用两种资源、两个市场发展农业机械化创造了有利条件。

（2）国家实施新一轮对口援疆，更加重视新疆兵团及兵团经济的政策，特别是在产业政策、发展资金、技术人才等方面逐渐加大对新疆、兵团的支持力度，为兵团农业机械化发展拓展空间创造了条件。

（3）农业机械化是兵团农业现代化发展的重要标志和现实需求。兵团农业机械在标准化、规模化和集约化方面走在全国前列，拥有较好的产业基础、组织和管理优势，基本形成了农机产品研发、生产、检测和人才培养的技术体系，能够为兵团农业现代化发展提供必要的支撑和保障。

（4）《中国制造2025》为兵团引导市场和社会资源向农业装备制造有效聚集创造了条件，将进一步促进兵团农业机械化创新能力、整体素质和竞争力的提高。

二、指导思想、发展思路、基本原则与发展目标

（一）指导思想

以科学发展观、党的十八大和十八届四中、五中全会精神为指导，全面实施《中华人民共和国农业机械化促进法》《农业机械安全监督管理条例》和《兵团关于加快农业机械化发展的意见》，认真落实《国务院关于促进农业机械化和农机工业又好又快发展的意见》提出的各项政策措施。坚持走中国特色农业机械化道路，着力推进技术创新、组织创新和制度创新，着力促进农机、农艺、农业经营方式协调发展，着力加强农机社会化服务体系建设，着力提高农机工业创新能力和制造水平，进一步加大政策支持力度，促进农业机械化和农机工业又好又快发展。努力实现《兵团农业现代化建设中长期规划（2011—

2020 年)》提出的关于农业机械化的建设目标。

（二）发展思路

产业集群化：支持具有比较优势的农机龙头企业，整合资源要素，形成一批跨市、跨行业、跨所有制，产业集中度高、品牌优势突出、辐射带动能力强的企业集团，实现优势产品向优势企业集中、优势企业向优势地区集聚。

企业集团化：积极培育农机制造和营销企业，鼓励和引导龙头企业以产权改革为核心，加快建立现代企业制度，完善企业法人治理结构，形成投资主体多元化，搞活经营机制，参与市场竞争。

服务社会化：加快建设以兵、师门户网站为依托的农机产品网上展示购销平台，培育一批网络化、智能化的新型服务企业。鼓励和引导龙头企业参与农机产品交易公共信息平台建设，建立和完善农机产品市场信息发布制度，为各类市场主体提供及时、准确、权威的信息服务。

经营市场化：加强诚信建设，建立有效的利益调处机制，确保生产、销售企业和农机户的权利和义务，提高履约率，维护合同的法律效力。支持龙头企业发展产地市场、配送中心和电子商务，提高流通效率。

生产标准化：大力推进农机标准化生产，建立健全农机产品生产操作规程，建立完善产品质量全程控制制度，提高农机产品质量安全水平。

（三）基本原则

（1）重点突破，全面发展。调整优化农机装备布局结构、主攻薄弱环节机械化、重点突破农业优势产业机械化关键环节，着力推进粮棉油糖等大宗农作物生产过程全程机械化，加大协同攻关和工作力度，带动农业机械化全面协调发展。

（2）鼓励创新，完善机制。创新农机服务形式，完善农机社会化服务机制，提高农机利用效率和效益。加快农机工业现代企业制度建设，以企业为核心，搭建科技创新平台，提高研发能力和制造水平。

（3）市场引导，政府扶持。以市场需求为导向，引导社会资本、技术和人才等要素投入，继续加大对农机购置、使用和农机工业的财税、金融等扶持力度，调动企业研发生产和农民购机用机积极性。

（4）加强农机农艺融合、机械化与信息化融合。用先进的农机技术推动农业生产制度的改革，发挥农机在农业现代化中的主力作用，突破农机化向纵深发展的瓶颈制约。

（四）发展目标

为 2020 年实现"两个翻番"总目标提供农业机械化支撑，到 2020 年，兵团农业机械化达到如下指标：

（1）农机装备结构、性能进一步优化。农机总动力达到 550 万千瓦，装备结构更加合理，区域发展更加协调。粮棉油糖等大宗农作物机械化水平明显提高，棉花生产全程机械化取得长足发展，主要经济作物机械化生产和现代设施农业取得明显进展，畜牧业、林果业、农产品初加工机械化协调推进。大中型拖拉机与农具配套比达到 1：3.5，农业机械新度系数达到 0.8 以上。

（2）农业机械化程度进一步提高。主要农作物耕种收综合机械化水平达到96%，年均提高速度保持在 0.6% 以上。其中小麦、玉米耕种收综合机械化水平达到 100%，棉花收获机械化水平达到 80%；甜菜、马铃薯和加工番茄机收水平达到 85%，规模以上畜牧业机械化水平达到 85%，林果业机械化水平达到 65%，设施农业机械化水平达到 70%，农产品初加工机械化水平达到 70%。

（3）农业机械化科技创新能力明显提升。农业生产机械化薄弱领域和关键环节的技术、机具的研制开发实现突破，育、耕、种、管、收、运、贮等主要生产过程使用的先进农机装备的信息收集、智能决策和精准作业能力得到提升；形成节水灌溉设备、耕作播种机械、深松机械、保护性耕作机械、高效植保机械、大型多功能复式作业机具以及残膜回收机械等农用装备制造体系。打造 2～3 个兵团农机装备制造龙头企业，建立 2 个农机装备技术创新（研发）中心，建立一个农机科研成果转化基地，农机装备制造业年工业产值增加到33 亿元。

（4）农机装备智能化水平全面提升。联合兵团与内地实力科研机构，攻克农业智能装备共性平台技术，研发自动导航耕种、特色林果多功能作业、精准施肥施药、棉田高效精细管理、果蔬精选分级等高端智能装备 20 种，为复杂田间作业提供自走式大负载动力装备 10 个种类，建设农业智能装备生产模式示范基地 10 个。同时，提出农业智能装备及与其配套农机具的作业技术标准，并在棉花、小麦、葡萄等典型棉粮果的耕、种、收作业中进行示范应用。

（5）残膜回收机械化工程取得显著成效。建立农田残膜回收机械化示范团场 50 个。全面推广标准地膜（强度高、抗老化、厚度在 0.01 毫米以上地膜），禁止生产使用非标准地膜。大力推广棉花残膜回收机械化技术，当年使用地膜回收率达 80%，土壤中历年残膜按逐年 10% 回收。2015—2016 年，试验示范新型残膜回收机具 100 台，2017—2018 年，推广 1.2 万台，到 2020 年全面推广。同时，积极开展甜菜、番茄、辣椒等经济作物的残膜回收机具研制和试验示范。

（6）农业机械社会化服务体系建设取得重大进展。农机服务组织化程度和社会化服务能力明显提高。建成师市级现代化农机专业服务公司 9 家，建设团场农机"四位一体"服务中心（团场农机专业服务公司）176 个，各类农机专业合作社 200 个以上，农机管理标准化团场达到 95％以上。

（7）农业机械化公共服务能力显著增强。农机管理法规体系建设进一步完善，宏观管理水平不断提高，在农业机械化技术推广、安全监理、教育培训、质量监管等方面的能力不断提升，安全生产措施进一步落实，全区农业机械挂牌率达到 95％以上，驾驶操作人员持证率达到 98％以上，农机事故万台死亡率控制在 1 以下。

三、主要任务

"十三五"时期农业机械化各项工作要以加快转变发展方式为主线，调整和优化农机装备结构布局，重点促进大马力、高性能和先进适用农业机械的发展，加快老旧、高耗能、高排放和安全不达标农业机械的报废更新；推动农业机械化科技进步和提高农机手素质，加大科技创新与技术培训力度；提高农机服务组织化程度，提升农业机械利用率和经营效益；推广应用资源节约型、环境友好型农业机械化技术，大力发展节种、节肥、节药、节水、节能和环保低碳的农业机械；创新农业机械化发展工作机制，加强农机农艺融合、机械化与信息化融合，全面提升农机智能化水平，促进农业机械化全面发展。

（一）加快建设示范区，发挥现代农业机械化示范引领功能

完善和提升五家渠和阿拉尔两个国家级现代农业示范区和 20 个兵团级现代农业示范区（团场）。在示范区内，以高新农业机械化技术引进、集成和创新为重点，把示范区建设成为农业现代化的标志性工程；用 5 年时间，使示范区实现棉花生产全程机械化、信息化及智能化技术得到部分使用，使其成为棉花集约化生产的技术示范中心；以标准节能日光温室建设为重点，建立一批设施农业机械化、集成示范区；在林果主产区，建设一批特色林果业生产管理及果品初加工等机械化、一体化发展模式的示范区；在奶牛优势产业带和禽类养殖区，建设若干现代化养殖示范区，提升其现代化水平。

（二）加快推进农机专业集团化运作

集中整合地缘、经济、人才、交通、设施、市场优势资源等有利条件，加快区域融合、关联产业融合，加大招商引资力度，鼓励扶持各种农机企业落户兵团及现有企业扩大产能，强强联合，推进农业机械制造专业化、集团化运作。

农业机械制造企业集团化运作。以新疆兵团科神农业装备科技开发股份有限公司、新疆兵团天诚农机具制造有限公司和新疆兵团天鹅现代农业机械装备有限公司为引领，大力扶持具有竞争力的农机制造业，培育和支持发展龙头企业，培育一批适合兵团农业生产特点的农机骨干企业，把农机装备制造业培育成为新的经济增长点；积极引进先进技术与装备，加大技术改造力度，依靠科技进步及创新，加速提高制造业整体发展水平，采用新技术、新材料和新工艺，不断提高优势产品的技术性能、制造质量和使用可靠性；建立多元化投资机制，加快企业技术进步和产品开发，积极开发、研制与大马力拖拉机相配套的农机具，农机具要向自动化、智能化、专用机械、大型复式联合作业方向发展，以适应兵团大农业生产的特点，立足兵团、辐射全疆、出口中亚。

机械化收获、专业集团化运作。以新疆兵团银丰现代农业装备股份有限公司、新疆兵团西部银力机械采棉有限公司、新疆兵团万源农业机械有限责任公司、一师银海机采棉集团公司等龙头企业为引领，主要承担片区棉花机械采收、加工番茄机械采收、甜菜机械采收及大马力拖拉机停放、维修保养和技术培训等任务。实行"总公司＋分公司＋收获机械专业户"的形式，采取统一行政管理、统一收费结算价格、统一采摘质量标准、统一作业区域划分、统一机车检修验收、实行服务收费、单车核算及兑现，按照"高标准、严要求、保质保量、安全高效"的总体要求，严格落实各项措施，严把收获质量关，确保采收质量。

（三）全面提升农机智能化水平

围绕智能引领、创新驱动国策，以农机装备操作自动化、控制智能化、作业精细化为目标，贯彻"中国制造2025"重大战略，将农机装备与互联网相融合，按照农机智能化共性平台和重点产品创制示范应用纵向创新链及技术规范与标准、推广应用横向产业链一体化进行部署。一是突破农机智能化共性平台技术，构建资源要素高效利用、农机农艺深度融合、生产生态相互协调的环境友好型生产模式，重点研究复杂环境下农作物信息获取方法，以传感通信、伺服控制、智能感知等技术为手段，集成创制高效节能、灵活可控的智能化农机装备；二是创新智能农机装备系列品牌产品，重点研制自动导航耕作、棉花生产田间管理、精准喷施灌、套种精播、对靶施肥、果树多功能作业等高端智能农业装备，为兵团农作物绿色增产和农业生态安全提供装备保障。三是建设智能化农业生产模式示范基地，重点在智能农业装备设计、制造、生产管理和应用等方面形成技术标准与规范，带动形成以高技术为核心的高端农业装备研发产业技术群体和产业基地，形成整体创新实力、显著提升兵团智能农机装备产品核心竞争力。

（四）积极推进十大重点工程建设

1. 农业机械科技创新工程

农业装备科技成果转化基地建设专项。以兵团两校一院为建设重点，搭建农机科研单位与农机企业间成果对接与转化的快速通道，加速推进农机科技创新与产业需求的有机衔接，加快科技成果转化为现实生产力。

农业机械化科技创新专项。集中力量研发一批具有自主知识产权的核心技术和新型农机产品。加快建立以企业为主体，以市场为导向，产、学、研、推紧密结合的农业机械化科技创新体系，探索完善多方协作、良性互动、共同发展的农业机械化科技创新机制。重点开展棉花机采、打顶和脱叶剂喷洒装备，葡萄收获、修剪机械设备，加工番茄、辣椒等作物的育苗移栽和收获机械，残膜回收机械等的研发。

农业机械化重大技术试验示范推广补助专项。继续增加财政专项投入，以各级农业机械化示范区（基地）为主要对象，支持棉花、玉米、马铃薯、加工番茄收获机械化技术和残膜回收机械化技术的示范和推广。在适宜地区实施深松整地、秸秆还田、残膜回收等农机作业补贴试点，对关键薄弱环节的农业机械化技术给予作业补贴。继续开展保护性耕作技术创新和试验示范，推广应用秸秆综合利用等节能环保型农业机械化技术。积极促进畜禽水产养殖机械化、农产品初加工机械化、林果业机械化及设施农业的示范推广。

推进兵团农机企业发展专项。大力扶持具有竞争力的农机制造业，培育和支持发展龙头企业，培育一批生产适合兵团农业生产特点的农机骨干企业，把农机装备制造业培育成为新的经济增长点。积极引进先进技术与装备，加大技术改造力度，依靠科技进步及创新，加速提高制造业整体发展水平，采用新技术、新材料、新工艺，不断提高优势产品的技术性能、制造质量和使用可靠性；建立多元化投资机制，加快企业技术进步和产品开发；积极开发、研制与国外大马力拖拉机相配套的农机具，重点发展粮、棉、油、糖等大宗粮食和战略性经济作物育、耕、种、管、收、运、贮等主要生产过程使用的先进农机装备，以适应兵团大农业生产的特点。积极承接内地农业机械制造装备业转移，立足兵团，辐射全疆，出口中亚。

以一师、二师、六师、八师、兵团两校一院为建设重点，建立以企业为主体的技术开发体系，加大支持力度，立足大型企业、院校创建农机装备技术中心，形成1～2个技术实力强、产品开发快、企业化运作的农机装备技术中心，打造2～3个兵团农机装备制造龙头企业，力争在棉花和林果等收获机械开发方面取得突破性进展。

2. 农机服务体系建设工程

农机专业服务公司和合作社建设专项。支持师、团积极组建各类农机化服务专业公司，以充分提高农业机械效率和效益为核心，按照现代企业制度规范运行，积极探索完善各类利益联结机制，将团场农机职工、农机专业合作社和农机专业化服务公司有机联合，形成职工个人购机加入作业区农机合作社管理，团场农机专业公司按照兵团"五统一、五规范"要求经营管理农机专业合作社的管理模式，团场农机专业公司为团场农业经营公司提供以农机作业为主的各类农机服务，同时可以积极组织开展各类跨区作业，服务周边地区，提高社会化服务水平。

通过农机购置补贴、农机深松补助等政策和项目资金，支持农机专业公司引进和应用现代新型农具，发展高效、宽幅、低耗、自动化、智能化的现代化作业机具。

农业机械化服务体系建设专项。加大对兵团农业机械鉴定站、农机检测中心、农机监理站的基础设施、检测设备和标准体系建设的支持力度；建立健全各级农机安全监督管理机构，改善执法环境和条件，提高农业机械技术性能的检验水平，增强农业安全生产的保障能力。

加强农机化基础建设，努力改善全程机械化的发展条件。大力支持团场、农机合作社、农机大户兴建农机具库棚，176个农业团场每个团场建设一个中心服务库区和若干个作业点农机停放库区。中心服务库区应具备六大功能区：办公区、培训中心、农机室内停放区、农机室外停放区、农机维修保养区和休闲活动区。作业点农机停放区应具备三大功能区：农机室内停放区、农机室外停放区、农机维修保养区。加强机耕道路和农机维修网点建设，推动解决农机"住房难、行路难、看病难"等问题。

加强高标准农田建设，加快推进机械化与信息化融合发展，建设和完善全兵团统一的农机作业动态信息监测与服务平台，及时采集和发布农机作业供需信息，培育和规范农机作业等服务市场。

强化农机安全使用监督管理。健全农机作业质量、维修质量标准体系，规范农机作业、维修服务，提高农机应用和保障水平。全面贯彻实施《农业机械安全监督管理条例》，推进农机安全保险、机具报废更新。增强关键生产环节、重点机具和重要农时生产的安全监管能力，依托"金农工程"，加快推进农机安全监理信息化。加强农机安全标准执行检查，预防和减少农机安全事故发生，保障人身财产安全。加强农机安全监理队伍建设，满足农机安全执法服务工作需求。加大农机检测装备建设投入，提高农机检测、审核、验审技术手段。

3. 农业绿色可持续发展工程

农田残膜污染治理机械化专项。从政策和科技两个方面全面推进地膜回收机械化及综合利用。制定严格的农用地膜生产和使用制度，加快生态友好型可降解地膜、残留地膜捡拾以及加工机械的研发，加强对先进适用的残膜回收机研究成果的中试转化和示范推广的支持，扶持地膜回收网点和再利用加工厂建设，建设一批农田残膜回收与再利用示范团场。"十三五"期间，示范应用先进适用的残膜回收机产品 12 000 台，机械化回收残膜面积年均 1 000 万亩，分别在一师、二师、三师、五师、六师、七师、八师、十三师建立地膜回收再利用示范基地 8 个，在示范区率先实现大田生产用地膜零增长。

化肥农药减施技术专项。减少化肥和农药使用量，大力推进与环境相适应的化肥农药减施技术。重点针对粮食作物、经济作物、果树开展基于现代信息技术的智能化精准施肥技术与装备、基于卫星导航和拖拉机自动驾驶技术的精准对行分层深施技术与装备、有机类肥料高效施用技术与装备的研发与推广；开展棉花脱叶剂精准低量静电喷施技术与装备、密植林果智能高效喷施技术与装备的研发与推广；推动物理防控技术与产品、水肥一体化技术及装备规模化田间应用。肥料、农药利用率均达到 40％以上，实现作物生产提质、节本、增效。

推进保护性耕作工程，改善农业生产土壤环境。大力推广少耕深松、免耕播种、杂草和病虫害防治等保护性耕作机械化技术，装备保护性耕作专用机具、仪器设备。通过工程建设，基本形成兵团特色保护性耕作支撑服务体系，并辐射带动周边地区发展保护性耕作。

深入开展秸秆资源化利用。进一步加大示范和政策引导力度，大力开展秸秆还田和秸秆肥料化、饲料化、基料化、原料化和能源化利用。建立健全政府推动、秸秆利用企业和收储组织为轴心、经纪人参与、市场化运作的秸秆收储运体系，降低收储运输成本，加快推进秸秆综合利用的规模化、产业化发展。启动秸秆综合利用示范团场建设，率先实现秸秆全量化利用。

4. 主要作物全程机械化工程

定位九大作物种类：以棉花、小麦、玉米、水稻、马铃薯、油菜、油葵、甜菜、特色作物等主要农作物为重点。

聚焦 6 个生产环节：以提高耕整地、种植、植保、收获、烘干、秸秆处理等主要环节机械化水平为重点。

重点发展粮、棉、油、糖等大宗粮食和战略性经济作物育、耕、种、管、收、运、贮等主要生产过程使用的先进农机装备，提升大型拖拉机及复式、精准作业机具，大型高效联合收割机等高端农业装备的保有量。促进作业机械和拖拉机配套机具的发展，改善配套比，提高利用率，降低单位能耗。加大北斗卫星精准定位、自动导航、植保无人直升机、物联网等现代信息技术在农机装备上的应用，进一步推动农机装备升级换代。

棉花生产可持续发展技术体系建设与产业升级技术专项。围绕优质棉基地建设，以构建适应于兵团棉花产业可持续发展技术体系为目标，加快推动棉花产业技术升级。重点抓好棉花采收机械的推广应用、棉花加工生产线智能化改造、先进棉花植保机械和打顶机械的研发和推广；重点以适应规模化生产的大型带车载打垛功能的采棉机为核心的全程机械化生产模式为主，大力推动用信息化技术提升棉花技术装备的技术升级，重点开展加装卫星导航系统的精量播种机械、高效精准施药机械集成示范；推进机械打顶（化学打顶）技术和残膜回收及秸秆处理机械技术的应用，有效解决了农田残膜污染问题；大力推广应用农用航空植保技术与装备，积极推进棉花秸秆集储技术与装备、机采籽棉品质提升技术与装备、棉种加工关键技术及装备、基于现代信息技术的空间信息服务系统、农作物面积和长势遥感监测、作物产量预报和田间数据采集处理与自动控制系统等方面的研究与开发，进一步完善机采棉种植模式，为新疆兵团棉花产业的可持续升级提供技术支撑。

玉米、水稻、甜菜、马铃薯和加工番茄等生产全程机械化工程。重点以收获技术为主，积极引进国内外先进适用的收获机械，玉米和马铃薯收获以引进国内机械为主，甜菜和加工番茄收获机械以进口机械为主。确立系列全程机械化生产模式，促进制种玉米、甜菜、直播水稻、马铃薯和加工番茄等农作物的机械化收获水平大幅度提高。

特色作物生产机械化专项。重点推广普及打瓜、色素辣椒精量播种、育苗移栽、节水滴灌及机械收获等技术，引进清洗、烘干、分级、包装等初加工机械和设施存储设备。在优势区域建立 10 个万亩以上特色作物示范基地，示范推广特色作物机械化移栽、收获。

5. 林果业机械化工程

重点发展园艺业全程机械化，推广普及果树修剪、开沟施肥、中耕松土、有害生物防治等管理机械；启动主干结果型、厂字型修建，提高机械化率；在产后初加工方面，重点推广应用核桃、红枣等干果的清洗、烘干、分级、破壳等初加工机械；吐哈盆地、伊犁河谷、天山北坡和焉耆盆地重点解决酿酒葡萄种植模式与农机相互融合适应的问题，酿酒葡萄基本实现全程机械化，适度全套引进专用装备进行试验示范。

6. 畜牧业机械化工程

以全面提高人工饲草料基地和标准化规模养殖小区（场）机械化水平为重点，加快推广饲草饲料生产、收获、加工机械化；普及草地补播改良、牧草收获、生物灾害综合防治机械化技术，积极推广牲畜转场机械化技术；加大标准化规模养殖小区搅拌饲喂等自动化喂养机械设备的使用，推广牛、羊、猪舍饲散养清洁生产装备，粪污处理、消毒除臭和畜禽疫病防治机械化技术；加大剪羊毛、挤奶等畜产品采集加工机械化技术推广应用。

7. 农产品初加工机械化工程

积极推广农产品粮油料作物脱粒脱壳、水果去核、肉类屠宰、机收棉花的除杂、糖料作物剥叶等脱出处理机械；推广清选、清洗、去柄、去老、分级、分类、胴体加工、杀菌等清选机械；推广干燥、干制、烘干、脱水、保鲜、储藏等保质处理机械。加快肉、蛋、奶制品加工机械设备更新换代。支持精深加工装备改造升级，建设一批农产品加工技术集成基地，提升农产品加工水平。

8. 设施农业生产机械化工程

围绕发展高产、优质、高效、生态、安全农业，以生产种类丰富、生产手段改善、生产过程规范、生产供应均衡为目标，加快发展现代设施农业，积极推广果蔬大棚耕整地机械、卷帘机、种植机械（育苗及移栽机械）、采运机械、灌溉施肥机械、声波助长、空间电场、土壤消毒等设备，以及自动气调、温控等环境调控设备，提高设施农业装备智能化、自动化水平。在优势区域建成反季节蔬菜生产基地8个、高端特色设施瓜果生产基地5个、城郊型设施园艺生产基地6个。

9. 农业机械化生产和服务管理信息工程

加快发展农业信息化，开展"互联网＋"现代农业行动。依托全国农机信息化管理平台，开展农业机械化生产管理信息化示范，加强农机作业管理，提高作业水平和安全水平，推进机械化与信息化融合。完成50个团场农机物联网信息系统建设，主要内容包括：农机自动驾驶（卫星导航）、农机现场视频监控、实时耕深检测、播种质量实时检测等。利用兵团农业机械化信息网搭建信息交流平台，及时发布农业机械流通市场和跨区作业市场分析、形势预测、政策动向与导向等信息；积极参与全国农垦农机标准化示范农场创建活动，力争"十三五"末实现50％以上团场获得"全国平安农机标准化示范团场"称号，90％的团场取得"兵团农机管理标准化团场"称号。

10. 农业机械化实用人才培养工程

加强对各级农业机械化主管部门干部职工的培训，加快知识更新，提升服务意识，提高行政能力。广泛开展农业机械化科技、推广、安全监理和试验鉴定等技术人员的交流和培训，提高技术支撑和保障能力。结合各类培训项目，培养农业机械操作能手、维修能手和经营能手。充分利用现代远程教育系统，培养农机大户、农机专业合作组织带头人。完善教育培训、职业技能鉴定体系，开展相关基地建设。加强农业机械化师资队伍和教材建设，增强培训的针对性和实效性，为新疆兵团农机化跨越式发展提供高素质的人才。

四、政策措施

(一) 加强组织领导

按照《国务院关于促进农业机械化和农机工业又好又快发展的意见》和《新疆生产建设兵团关于全面推进农业机械化发展的意见》的要求，把发展农业机械化和农机工业提上重要议事日程，将农业机械化发展纳入兵团国民经济与社会发展建设规划，明确发展目标，逐步提高对农业机械化的资金投入，加强组织协调和相关机构队伍建设，充实工作力量，改善工作条件，保障工作经费，切实解决农机科研、生产、流通、推广应用、社会化服务等方面存在的突出问题，扎实推进兵团农业机械化和农机工业又好又快发展。各级农业机械化主管部门要认真履行规划指导、监督管理、协调服务职能，做好技术推广、生产组织、安全监理等工作，抓紧修订完善农业机械化统计指标体系。充分发挥有关行业协会的协调、服务、维权、自律的作用。要加强农业机械化信息宣传，积极营造农业机械化发展的有利环境。

(二) 强化政策扶持，完善农机化政策支撑体系

继续贯彻实施国家农机购置补贴政策，进一步规范操作，严格管理，提高效率。进一步扩大农机补贴规模和范围，积极开展农机作业补贴。重点补贴大马力拖拉机、深松整地、残膜回收、秸秆还田、节水灌溉、高效植保等增产效果显著、生态效益突出的机械装备。建立农业机械报废更新制度，制定农机以旧换新办法。积极推动开展农机保险业务。创新完善农业机械化扶持政策，加大扶持力度，努力健全促进农业机械化发展的政策体系。

要加快建立和完善多渠道投资农业机械化发展机制，确保农机化投入稳定增长。各级财政要按照统筹城乡发展的要求，按照存量适度调整、增量重点倾斜的原则，逐年加大对农机化发展的投入力度，切实建立健全财政支农机资金稳定增长机制。研究制定和争取深松、残膜回收、节水灌溉等关键环节农机作业补贴以及农机维修和报废更新补偿等扶持政策，加快农机化重大技术推广；充分利用援疆机制，积极争取援疆项目支持农机化发展。

(三) 强化科技创新驱动，加快农机新技术科技创新和推广步伐

一是兵团各级要通过实施重点建设工程项目，对先进适用农业机械的研究开发、技术创新给予支持，促进农机科研与生产实践的有机结合，加快农机科研成果转化。进一步扩大对外交流与合作，学习和借鉴国内外先进技术，加快农机科研开发创新步伐，对机采棉配套机械、饲草料生产机械、特色园艺作物

播种和收获机械、采后处理和初加工机械、地膜回收机械等重点关键机械化技术进行科研攻关，实现技术上的跨越。鼓励兵团农业机械制造企业加大对新产品、新技术、新工艺研究开发的投入。二是以精准农业六项技术为核心，紧密结合十大主体技术，实施农机化重点推广项目，建立农业机械化示范基地，加快农业作物生产全程机械化进程。

(四) 完善农业机械化经营机制，确保基础设施建设

围绕兵团农机化发展目标，大力培育集农机销售、服务、维修、技术培训和信息服务于一体、高效运作的兵团农机经营服务机制。建立农机具职工个人所有、统一调度、提高利用率和生产效率、确保作业质量和职工收益的机制。建立高效运行服务模式。支持农业机械化基础设施建设，将基层农业机械化技术推广体系、机耕道路、排灌及抗旱设施等建设内容纳入相应规划。继续实施农业机械化推进工程，加大对农机安全监理、鉴定推广等公益性设施建设的支持力度。支持农机专业合作社建设农机停放场 (库、棚)。加大农用机场改造力度，改善飞机运行条件，提高飞机作业效率，保障安全飞行。落实国土资源部、农业部《关于完善设施农用地管理有关问题的通知》规定，将设施农业发展和农机具存放场所建设用地按农用地管理。加强农业机械教育培训和职业技能开发基地建设，为农业机械化人才教育培训创造条件。

(五) 提升服务能力

以满足农业机械化科学发展需求为根本目标，以农业机械化技术推广、质量监督、教育培训、安全监理和信息宣传等 5 个体系为主要内容，努力打造依法规范、综合配套、机制灵活、便捷高效、保障有力的农业机械化公共服务体系。创新基层农业机械化技术推广运行机制，提高农业机械化技术的到户率和普及率。改进农机鉴定机构检测手段，拓展检测领域，保证鉴定的科学性、权威性。改善农机安全执法手段，提高安全监理服务能力。支持培训机构分层次、多渠道开展农业机械化教育培训。完善农业机械化信息搜集、整理、发布制度，推动形成以中国农业机械化信息网为龙头，省级农业机械化信息网为纽带，横向相连、纵向贯通、综合性强的农业机械化信息网络体系。

(六) 推进依法行政

深入宣传和贯彻实施《中华人民共和国农业机械化促进法》《农业机械安全监督管理条例》等有关法律法规，不断提高依法促进农业机械化发展的能力和水平。加强普法教育，开展法治宣传培训，增强农业机械化主管部门干部职工的法治意识，严格依照法律法规行使权力、履行职责，强化依法行政的主动

性、自觉性。加强配套法规、规章制度建设，完善配套的部门规章，把法律法规规定的各项制度和措施具体化，增强可操作性。牢固树立以人为本、执政为民的理念，严格执法，文明执法，坚决打击违反农业机械化法律法规的各种行为，做到有法可依、执法必严、违法必究，切实维护农民和农机企业的合法权益。

附件 18　新疆生产建设兵团"十四五"种植业发展规划

前　言

　　种植业是农业的重要基础，粮、棉、油、糖、菜是关系国计民生的重要产品。"十三五"时期，兵团种植业持续稳定发展，为兵团社会稳定、经济发展和改革大局提供了有力支撑，"十四五"时期是我国全面建成小康社会、实现第一个百年奋斗目标之后，乘势而上开启全面建设社会主义现代化国家新征程、向第二个百年奋斗目标进军的第一个五年，也是兵团贯彻新时代党的治疆方略、落实向南发展决策部署、更好履行"三大功能"、更好发挥"四大作用"的第一个五年。立足新发展阶段，为夯实"十四五"时期兵团农业现代化基础，全面推进乡村振兴，根据《新疆生产建设兵团国民经济和社会发展第十四个五年规划纲要》精神，结合《新疆生产建设兵团"十四五"农业农村发展规划》编制本行业发展规划，规划期为 2021—2025 年。

第一章　发展基础与环境

一、发展成效

　　"十三五"以来，兵团始终坚持稳中求进工作总基调，认真贯彻落实各项强农、惠农、支农、富农政策，不断强化农业科技支撑，创新农业生产方式，种植业规模稳步扩大，综合实力日益增强。

　　（1）生产保供能力明显增强。规划期内，棉花年均种植面积为 1 131.38 万亩，总产量为 180.81 万吨，粮食总面积为 360 万亩，总产量为 249.27 万吨，油料、糖料及特色作物单产水平进一步提高。其间，兵团建成了一批粮、棉、油、糖等重要农产品生产基地，农业基础条件持续改善。高标准农田总面积达到 1 023 万亩，比"十二五"末翻了一番。划定粮食生产功能区 360 万亩，棉花生产保护区 800 万亩。全兵团 2020 年种植业（含设施园艺、中草药）总产值 686.74 亿元，比 2015 年提高了 39.92％。

　　（2）科技支撑水平显著提升。规划期内，品种创新能力明显增强，自育品种面积占比稳定在 70％左右。大力推广良种良法，以水肥一体化、精准调控、棉花机采等"绿色、优质、高效"技术模式引领全国棉花产业的发展。棉花、小麦、玉米等主要农作物全程机械化水平均创历史新高。

（3）农业绿色发展稳步推进。规划期内，肥料利用率明显提高，农药施用量持续下降，绿色防控面积达 40％，秸秆综合利用率达 94.8％，残膜回收率达 85％，白色污染治理效果显著。

（4）产业融合发展呈现新业态。围绕优势产业组建了一批农业产业化联合体，建成了一批国家和兵团级农业产业园。以种植业为基础的休闲农业和乡村旅游等新产业、新业态加速发展。

二、问题与短板

兵团种植业发展不平衡，结构不优，产业结构调整内生动力不足，基础设施和科技支撑还有待加强，产业聚焦度不够，缺少行业龙头企业、品牌建设不足。短板仍然突出，急需加快提升农业产业化发展水平。

（1）生产基础设施依然薄弱。全兵团高标准农田仅占耕地总面积 52.96％左右，丘陵山区节水灌溉发展缓慢，旱涝保收、稳产高产还未完全实现，应对自然灾害能力仍需加强。仓储、烘干、保鲜等物流设施配套不全，水果、蔬菜等产后损耗较大。

（2）农业科技创新有待加强。先进育种技术、高效栽培技术及先进的农业装备与信息化技术应用滞后。优质、低耗、适宜机械化作业、轻简化栽培的特用专用品种供给不足。

（3）产业融合发展短板突出。农产品加工转化、增值增效不足，副产物综合加工利用水平低，种植优势没有很好转化为产业优势。休闲农业创新不够，同质化发展现象突出。农产品品牌多而不强，缺少有影响力的区域公用大品牌。产业聚集程度不高，上规模、上档次的龙头企业在数量上、质量上均落后于农业发达省份，也落后于自治区。

（4）政策服务保障供给不足。兵团农业投入以中央为主，地方财政投入有限，政策支持的连续性与稳定性仍需加强。融资难、融资贵问题依然突出，限制了经营主体发展壮大。农业保险在覆盖种类、保障额度等方面有待提升，"提标、扩面、增品"工作仍需加强推进。生产端与市场端对接不紧、齐发力不够，市场信息预测预警能力急需加强。

三、机遇与挑战

党的十九届五中全会提出，"当前和今后一个时期，我国发展仍然处于重要战略机遇期，但机遇和挑战都有新的发展变化"。需要深刻认识新形势、新要求，科学应对新矛盾、新挑战。

机遇。一是农业优先地位将进一步增强。"十三五"以来，习近平总书记反复强调，要坚持农业农村优先发展总方针，要把"三农"工作摆到重中之重的位置。乡村振兴战略的全面实施将进一步优化农业生产要素配置。第三次中央新疆工作座谈会议为做好新疆各项工作提供了根本遵循。丝绸之路经济带核心区建设加快推进，援疆力度不断加大，为兵团农业农村发展注入了强大动力。二是科技创新驱动将进一步提升。生物技术、人工智能、5G、云计算、智能制造、区块链等新科技及新成果在农业领域的广泛应用，将推动新一轮农业产业变革和科技革命，为种植业发展提供强劲动力，加速种植业现代化转型升级。三是兵团战略地位进一步增强。兵团是新疆"一带一路"核心区建设的重要组成部分。随着以国内大循环为主体、国内国际双循环相互促进的新发展格局的加速构建，内需潜力持续释放，市场消费不断升级。兵团先进农业示范区的作用将越来越重要，将为兵团种植业提供良好的发展大环境。

挑战。一是农产品供需矛盾仍然突出。我国人口峰值临近，粮食及重要农产品需求还将持续刚性增长，有效供给的任务紧迫。用工成本及生产资料价格上涨，种植业成本攀升、效益提升空间收窄。消费者对优质农产品质量安全期望值不断提高，农产品质量安全管控任务更加艰巨。二是资源环境约束仍然存在。人增、地减趋势仍会继续，水资源在地域、时空上分布不均匀，农业绿色发展与粮食等重要农产品稳产保供的压力较大。自然灾害多发、频发、重发，有害生物对农业生产的潜在威胁依然存在。

第二章　总体要求

一、指导思想

以习近平新时代中国特色社会主义思想为指导，深入贯彻党的十九大和十九届历次全会精神，深入贯彻落实习近平总书记关于新疆和兵团工作重要指示批示精神，贯彻落实党中央关于兵团深化改革和向南发展的决策部署，完整准确把握新时代党的治疆方略，牢牢扭住新疆工作总目标，聚焦履行兵团职责使命，围绕实现农业农村现代化，坚定不移贯彻新发展理念，坚持稳中求进工作总基调，坚持创新驱动发展，以推动高质量发展为主题，以全面实施乡村振兴战略为主线，践行国家粮食安全和绿色发展等重大战略，聚力聚焦"保供、提质、绿色"三大任务，重点突出"三品一标"（品种培优、品质提升、品牌打造和标准化生产）建设，稳定粮食面积，提升棉花质量，促进种植业双向（产前、产后）延伸、三链（价值链、产业链、供应链）同构、三型（资源节约型、生态友好型、优质高效型）发展，全面提升种植业质量效益和竞争力，为兵团农业现代化奠定坚实基础。

二、基本原则

（1）坚持稳定发展，保障供给安全。大力实施"藏粮于地、藏粮于技"战略，着力补齐基础设施短板，落实粮食安全党政同责，加强全环节安全风险防控，切实保障粮棉等重要农产品有效供给。

（2）坚持协调发展，优化产业布局。根据资源禀赋及区域差异，优化产业结构，巩固提升优势生产区，培育提升特色种植区。牢牢把握粮食安全底线和优质棉生产，促进种植业产业结构调整，推进粮经饲及特色作物协调发展。

（3）坚持创新发展，增强内生动力。加快绿色高质量集成技术开发与应用，加速科技成果向现实生产力转化，提升种植业的科技水平。发展适度规模经营，完善社会化服务体系。

（4）坚持绿色发展，提升质量效益。严守耕地和生态保护红线，以绿色循环为导向，推进农业投入品减量增效、农业废弃物综合利用，守住农业绿色发展的底色和底线。

（5）坚持融合发展，延伸产业链条。聚焦全产业链开发，推进生产端与消费端齐发力，实现品种、品质、加工、品牌共提升。深度开发农业多功能，促进新产业、新业态加快发展。

三、发展目标

到 2025 年，种植业高质量发展取得显著进展，在保障粮食棉花等重要农产品供给、现代农业科技与装备、农业绿色发展、一二三产业融合等重点领域取得显著成效，"十四五"末种植业产值占农业生产总值的比率保持在 30%。

（1）种植业综合产能更坚实。种植结构不断优化，粮食面积 400 万亩，总产量 250 万吨以上。棉花面积稳定在 1 000 万亩，总产量稳定在 150 万吨以上。设施农业 20 万亩以上。调减的棉花面积一是用于发展林果业，二是根据市场需求，适度发展油料、糖料、饲料和特色作物。主要农作物单产继续保持全国领先地位，优质农产品市场供给能力显著增强，质量和效益进一步提升。

（2）科技与装备水平得到新提升。农业基础设施和耕地地力有效改善，农业抵御风险能力显著增强。以机械装备和信息技术为核心，有效提升农业机械化、智能化水平，集成种植信息化、装备智能化、生产机械化，打造现代农业绿色生产示范基地，树立全国领先的农业现代化样板。主要作物商品化供种率为 100%，良种覆盖率达 100%。棉花机采总面积达到 95% 以上，种管收机械化水平达到 95.4%。农机社会化服务能力显著提升，农机管理标准化团场达到 95% 以上。农业信息化、智能化装备水平进一步提升，带动大规模标准化生产。

（3）农业绿色发展取得新进步。化肥、农药减量增效基础进一步稳固，化肥和农药用量持续下降，化肥利用率持续提升，主要农作物病虫害专业化统防统治覆盖率45％以上，绿色防控覆盖率提高到45％，主要农产品质量安全抽检合格率保持在98％以上。

（4）产业融合发展取得新突破。种植业双向延伸、内外融合不断深入，农业生态综合种养实现全面提档升级，种植业结构全面优化，全产业链发展取得新突破。农业多功能开发利用和农旅融合发展取得新进展。

到2035年，粮食棉花等主要农作物产能保持稳定，种植业现代化基本实现，农业生态经济良性循环机制和产业深度融合发展格局全面建成，为实现农业现代化和乡村全面振兴提供强力支撑。

第三章　主要任务

一、优化种植业生产布局

1. 巩固提升粮食生产功能区建设

坚持"区内平衡、略有结余"的发展目标，巩固提升粮食生产功能区建设，加强粮食综合生产能力建设。重点在二师焉耆垦区、四师昭苏垦区、六师奇台垦区、九师塔额垦区布局小麦产区和重点团场，在天山北坡经济带和南疆一师、二师、三师布局玉米产区和重点团场，在一师和四师布局水稻产区和重点团场。在气候条件适宜的垦区稳定发展马铃薯、大麦、大豆等杂粮生产。

2. 引导棉花种植向优势产区集中

推动棉花生产向保护区集中，巩固提升兵团优质棉基地生产水平，重点建设天山北坡、南疆师市优质高产棉区。

3. 稳定油料和糖料生产保障供给

稳定发展油葵、大豆、油菜和糖料生产。重点在四师、六师、九师和十师布局大豆、油菜和油葵产业，在一师、二师、三师、四师、八师等地适度发展大豆棉花轮作及麦后复种。在二师、四师、九师布局甜菜产业。

4. 加快设施蔬菜产业布局

围绕城市圈布局设施蔬菜产业带，努力提高设施蔬菜特别是深冬蔬菜反季节生产能力，满足城市及周边地区市场需求。加强南疆师市设施蔬菜生产基地建设，稳定四、九、十师蔬菜外销出口生产基地建设。

5. 加快特色农产品优势区建设

根据市场需求，注重调整品种结构和提高加工转化率，优先发展加工辣椒、加工番茄、西甜瓜、食葵、籽用瓜、花生、香料作物、中草药等具有竞争优势的特色农作物基地建设，逐步实现布局区域化、生产规模化、质量标准化及经营产业化。重点在一师、二师、三师、六师、八师、十师布局加工辣椒产业，在北疆准噶尔盆地南缘和南疆焉耆盆地的二师、六师、七师、八师布局加工番茄产业，在三师、四师、六师、十师、十三师布局西甜瓜产业，在二师、三师、四师、六师、八师、九师、十师布局籽用瓜和食葵产业，在二师、三师、四师、五师、六师、十四师布局香料和中草药产业。

二、调优种植业结构

1. 稳粮

防止耕地"非粮化"，稳定粮食生产，确保辖区范围内粮食有效供给，保障安全。重点支持粮食主产城市推进优质高效粮田建设。稳定小麦种植面积和产量，优化优质小麦品种结构。稳定传统稻区种植，发展优质水稻。推进粮饲兼用玉米，大力发展制种玉米。健全完善粮食安全应急保障体系，提高储备调控能力。到 2025 年，粮食种植面积稳定在 400 万亩，粮食产量稳定在 250 万吨以上。

2. 优棉

以"品质国内最好，可与进口棉同台竞争"为目标，建设国家优质棉生产基地。通过政策引导、项目支持集中扶持优势棉区发展，培育适宜机采、抗病、优质棉花品种，推广良种良法配套。完善棉花质量奖励办法，引导种植优质品种和改进栽培技术。完善棉花良繁和标准化生产体系，健全棉花科技创新支撑体系和棉花信息化、智能化服务体系，推动中高端品质棉花发展，提升棉花产业水平和竞争力。到 2025 年，棉花种植面积稳定在 1 000 万亩左右，皮棉生产能力稳定在 150 万吨，棉花机采率稳定在 95％以上。

3. 促特色

推进特色农产品和设施农业高质量发展，坚持市场导向，加大政策扶持力度，建设好辣椒、加工番茄、瓜籽等优势区；抓好设施园艺新品种、新技术和新装备的引进、研发和推广应用，提高特色、设施农业的综合生产能力和市场竞争力。

三、加快农业科技创新驱动

1. 推进种业振兴行动

聚焦实现种业科技自立自强、种源自主可控目标，集中力量破难题、补短板、强优势、控风险，打牢种质资源基础，提升种质资源自主创新能力，做强、做优、做大种业企业，建设现代化种业基地，营造良好市场环境。到2025 年，农业种质资源保护利用体系基本建立，创制挖掘一批优异种质和基因资源，种源关键核心技术攻关和育种联合攻关取得新进展，生物育种研发和产业化推广应用迈出新步伐。加快构建以企业为主体、产学研用深度融合的商业化育种体系，培育具有自主知识产权的优质、高产、稳产、多抗、广适、机采的突破性品种 10 个以上，打造年销售收入过亿元的"育繁推"一体化种业企业 3～5 家，以知识产权保护为重点的种业治理体制进一步完善。主要农作物良种覆盖率达到 100%，种业战略性、基础性核心地位得到进一步巩固。

2. 加快新品种、新技术集成创新与推广

依托现代农业产业技术体系，开展产业链关键环节协同创新和联合攻关，加强关键共性技术创新研究（协同推广），在节本增效、节水节肥、农机装备、绿色防控、重大生物灾害防治、农业综合种养、废弃物综合利用等方面取得一批重大实用技术成果，建设 20 个农业科技试验基地。加强农业生物技术在种子种苗繁育、土壤改良、绿色防控等领域的应用研究与推广，集成组装一批栽培技术规范、农机农艺融合、科学施肥用药、适期采收加工相配套的全过程、全环节标准化绿色生产技术模式。打造 100 个示范样板和示范片，集成推广新品种、新技术、新模式、新产品、新装备。

3. 推进农机、农艺、农信融合发展

加强品种选育、种植模式、田间管理和收获等环节的技术攻关，有针对性地开展农机作业规范、农艺技术标准，集成农机、农艺融合模式研究推广，优化技术体系。推动农业生产数字化改造，发展智能"车间农业"，推进智能感知、智能分析、智能控制技术与装备在大田种植上的集成应用，加快农机装备升级换代。进一步推进"互联网＋"农机应用，加快实施基于"北斗系统"的农机作业远程监控、指挥调度等信息技术应用项目建设。

四、加强种植业绿色安全生产

1. 全面推行药肥双减等技术模式

持续推进化肥减量增效、农药减量控害，加大精准施肥施药技术和高效施肥施药机械推广力度，集成应用以物理防治、生物防治、生态调控为主的病虫害绿色防控技术模式，持续扩大绿色防控技术覆盖率。加强施肥指导，推进测土配方施肥。加强重大病虫害监测与信息发布，推进病虫害统防统治。推广高效低毒、低残留及生物农药替代高毒、高残留农药等新技术和新模式。推进农业节水增效，发展节水农业，重点推广水肥一体化技术。

2. 农业废弃物综合利用

建立农业废弃物肥料化、饲料化、能源化、基料化、原料化"五化"综合利用体系，推进农业废弃物就地、就近还田利用。持续推进农药包装、肥料包装、农田残膜及田间其他废弃物等回收处理试点，继续开展废弃物回收利用、资源化和无害化处理，建立健全农业废弃物收、储、运服务体系。

3. 加强安全生产保障体系建设

修订完善各项农业生产技术标准与规范，健全种植业标准化生产技术体系。全面推进农业全产业链标准化、集成化应用示范基地建设。加强农业生产投入品监管，建立健全农业投入品生产环节与流通环节的质量监测制度和执法抽查制度。加强农产品质量安全检验检测体系建设和管理，构建智慧农安监管信息服务平台，加强农产品质量安全科普宣传工作，为农产品质量安全工作营造良好的社会氛围。

五、完善农业产业化服务体系

1. 加快培育新型农业经营主体

推进专业合作社、家庭农场等新型农业经营主体健康规范有序发展，支持实施专业合作社规范提升行动和家庭农场培育计划。引导农业产业化龙头企业发挥产业组织优势，以"公司＋合作社＋家庭农场""公司＋家庭农场"等形式，组建农业产业化联合体，实行产加销一体化经营。

2. 加强农业生产服务体系建设

引导资本、资源投入到农业社会化服务能力建设上来，发展农资供应、土地托管、统防统治、加工收储、质量检测等农业生产服务，推行托管式、订单式、平台式、站点式等综合性服务模式。进一步发挥专业化服务组织的作用，加快推进面向职工的产销服务、数字化服务，促进职工和现代农业发展有机衔接。

3. 加强农产品品牌建设

以全产业链建设为基础，依托产业联盟、行业协会和龙头企业，完善以区域公用品牌为主导，区域品牌、企业品牌、产品品牌三位一体的品牌创建模式，做特做响一批公用品牌。推进企业品牌建设，发挥农业企业、专业合作社等新型农业经营主体在农产品品牌建设中的主力军作用。推进品牌农产品标准体系建设，建立健全农产品生产标准、加工标准、流通标准和质量安全标准，推动企业标准化生产、规模化经营、规范化管理，支持创建知名企业品牌和特色产品品牌。

六、强化农业防灾减灾技术支撑

完善与气象、应急、水利、保险等部门信息共享机制，加强干旱、洪涝等灾害监测预警。深入开展农业灾害普查工作，进一步摸清自然灾害风险隐患底数，建立农业灾害风险分析和评估机制。健全农业自然灾害快速响应机制，分作物、分灾种制定完善抗灾救灾技术指导意见。推进农业灾害综合治理，完善防洪抗旱工程体系和农田水利基础设施，强化防灾减灾与应急管理技术支撑，加强现代生物技术、信息技术在增强抗灾能力等方面的研究与应用。强化农业防灾减灾的组织、物资、技术等保障。加强农业防灾救灾知识的宣传普及，提高群众生产自救能力。健全农作物病虫害防治体系，推动植保公共服务和社会化服务体系建设。

第四章　重点项目与工程

坚持"稳粮、优棉、强果、兴畜"的方针，围绕兵团种植业发展任务，按照"整体规划、分批实施"的原则，加大项目资金投入，从加强标准农田、科技创新体系、产业化示范基地等环节入手，切实提高兵团种植业综合生产能力。

一、农业核心生产能力提升工程

以粮食生产功能区、棉花等重要农产品保护区为重点，优先建设粮棉高标准农田，开展农田排灌设施、机耕道路、农田林网、输配电设施、农机具存放设施和土壤改良等田间工程建设，大规模改造中低产田，到2025年确保建成1 300万亩集中连片、旱涝保收、稳产高产、生态友好的高标准农田，组织开展中低产田耕地质量保护与提升行动，推行养分综合管理、地力培肥、土壤改良、有害生物统防统治、绿色防控、生态修复等措施，实施国家现代农业示范区旱涝保收高标准农田建设工程。

（1）加强高标准农田建设。新增、改建高标准农田491万亩（含200万亩优质棉基地），其中新建高标准农田380万亩，提升改造高标准农田111万亩，主要对机耕道路、防渗渠、排渠、泵房等进行新建和改造提升。

（2）推广高效节水技术。对接灌区节水改造、高效节水示范区、小型农田水利重点建设项目，扩大农田高效节水规模，推广小麦、玉米、特色作物、饲草料高效节水技术。

（3）提升设施农业效益。在南疆一师、二师、三师、十四师建设设施农业20万亩。

（4）加强优质饲草基地建设。建设100万亩优质饲草料基地。

二、现代农业产业提升工程

创建国家现代农业产业园、现代农业融合示范园、国家农业科技园区，申报产业集群、现代农业产业园、农业科技现代示范园区。

（1）现代农业产业园创建工程。创建2个国家级特色优势产业集群、6个国家级现代农业产业园、10个兵团级现代农业产业园。

（2）农业现代化示范区建设。在一师、二师、三师、十四师分别创建1个农业现代化示范区。

三、农业科技和装备提升工程

支持新品种、新技术、新模式示范推广，健全农业科技推广服务体系，培育发展一批现代农业科技型服务组织，全面推进粮棉机械化水平。重点建设现代种业提升、良种繁育基地、农业技术推广服务、农业人才队伍、农业机械化推广、农机服务等工程。

（1）现代种业创新能力提升工程。改（扩）建新疆农垦科学院国家农作物种质资源库兵团分库，新建石河子大学麦类种质资源分中心和塔里木大学南疆特色林果种质资源分中心，重点建设一师农业科学研究所长绒棉、早中熟陆地棉种质资源库，二师香梨种质资源库，四师农科所香料种质资源库，五师农业科学研究所棉花抗病种质资源库，六师农业科学研究所西甜瓜种质资源库，七师大铃早熟陆地棉种质资源库，八师优质中筋冬麦、鲜食葡萄种质资源库。建设 1 个国家农作物种子品质检测分中心、4 个师市级种子品质检测站，建设 3 个新品种抗病鉴定站，建设 11 个新品种展示示范基地，加大南繁育种基地建设的支持力度。

（2）良繁基地建设。建设高标准棉花制种田 45 万亩，其中，一师 10 万亩，二师 5 万亩，三师 3 万亩，五师 3 万亩，六师 7 万亩，七师 4 万亩，八师 11 万亩，十三师 2 万亩。建设高标准玉米制种田 45 万亩，其中，一师 2 万亩，四师 20 万亩，五师 5 万亩，六师 5 万亩，七师 2 万亩，八师 6 万亩，九师 5 万亩。建设小麦制种田 10 万亩，其中，二师 1 万亩，四师 1 万亩，六师 5 万亩，九师 3 万亩。

（3）粮棉科技创新工程。推进产、学、研、用一体化，整合育种、栽培、植保、土肥、农机等各相关行业力量，开展良种、良法、良机、良用、配套等科研攻关。

（4）基层农技推广服务体系能力提升工程。按照整合资源、注重实效、填平补齐、因地制宜、标准适当原则，改善团场农业技术推广、测土配方施肥、病虫害防控、农产品检验检测、职工培训等设施设备条件。强化基层农技推广队伍人员培训，推行农技中心（站）＋专业合作组织服务模式，为经营主体提供生产、加工、储运、市场、农资和信贷产品等咨询和技术服务。

（5）水肥一体化装备提升工程。推动节水灌溉新技术、新装备发展，加强对新型灌水器、过滤器、物联网自动施肥机等产品的开发与示范；扶持以团为单位的测土配方施肥配肥服务站建设，开展测土配方施肥"测—配—施"一体化服务的市场化环境建设，实现化肥减施增效的目标。

四、绿色防控工程

建立健全重大病虫害监测系统，集成建立以生物、物理及生态等调控措施为核心的预防体系。

建立专业化统防统治创建团场 50 个。到 2025 年，兵团现代植保体系框架初步形成，主要农作物病虫害专业化统防统治覆盖率为 45%，绿色防控覆盖率为 45%，比"十三五"末提高 5～10 个百分点。

第五章　保障措施

一、强化组织领导

各级农业农村部门要站在经济社会发展全局的高度，充分认识种植业发展在推进全兵团农业产业建设中的重要作用，推进其在兵团农业现代化中的重要作用，切实增强责任感和使命感。切实加强组织领导，建立多部门协同的工作机制，明确责任分工，形成推进种植业的发展的工作合力。深入宣传兵团种植业的发展思路和理念，大力宣传先进典型和成功经验，营造全社会共同关注、支持种植业高质量发展的良好氛围。

二、加强政策保障

健全农业可持续发展投入保障体系，在认真落实国家各项惠农、支农、富农政策的前提下，积极争取各级地方政府研究出台扶持政策，加大对发展现代种植业的支持力度，以农业项目为抓手、以财政资金为杠杆，全面落实重点工程建设。完善财政激励政策，落实税收优惠政策，推行政府购买服务等，吸引社会资本投向种植业领域。全面贯彻国家和兵团各项金融政策，推进农业保险提标、扩面、增品。

三、强化科技服务

加强种植业领域人才队伍建设，强化科技人才支撑，做好人才衔接。探索农业技术协同推广"高端服务"机制。积极开拓人才培养新路径，加强培育种植业领域懂经营、善管理、有技术的复合型专业人才。围绕重点产业组建一批农业科技创新团队，建设一批农业科技示范基地，完善产、学、研一体化服务体系。

四、加大资金支持

对接国家粮食与重要农产品生产基地建设、乡村产业融合升级建设、农业科技创新支撑提升建设、农业绿色发展引领示范建设、农业安全生产保障建设、智慧农业建设等重大工程项目，积极谋划实施种植业提质增效发展建设子项目。扎实做好项目建设管理，强化专款专用，强化项目督查检查，发现问题及时整改，确保项目规范实施、取得实效。

附件 19　新疆生产建设兵团"十四五"现代畜牧业发展规划

前　言

畜牧业是关系国计民生的重要产业，肉蛋奶是百姓"菜篮子"的重要品种，在保障食物安全、繁荣经济、促进农牧民增收等方面发挥着重要作用。为推进兵团现代畜牧业高质量发展，巩固拓展脱贫攻坚成果与乡村振兴有效衔接，明确"十四五"期间现代畜牧业发展的基本思路、主要目标、重点任务和重大工程，指导和统领兵团畜牧业发展，依据《新疆生产建设兵团国民经济和社会发展第十四个五年规划和二〇三五年远景目标纲要》《兵团落实乡村振兴战略规划纲要》《兵团关于贯彻落实重要农产品保障战略的实施意见》《关于促进兵团畜牧业高质量发展的意见》等，结合兵团畜牧业发展实际，制定本规划。

第一章　"十三五"发展现状

一、发展成效

"十三五"期间，兵团以发展农区畜牧业为重点，大力推进畜禽标准化规模养殖，积极培育新型经营主体，完善落实畜牧业扶持政策，畜牧业发展形势总体平稳，发展质量不断提升，兵团畜牧业进入传统畜牧业向现代畜牧业的转型期，现代畜牧业的雏形已经形成。

（1）综合生产与供给能力稳步提高。2020 年末，兵团牲畜存栏 648.47 万头（只），全年累计出栏 928.60 万头（只）。肉类、禽蛋、牛奶总产量分别达到 48.87 万吨、15.06 万吨、73.82 万吨，分别较 2015 年增长 25.31%、85.01%、17.36%。猪肉产量 24.67 万吨，较 2015 年增长 129.49%。2020 年兵团人均肉蛋奶占有量分别达到 150.55 千克、46.36 千克、227.25 千克，比全国人均肉蛋奶占有量分别高出 96.44 千克、21.99 千克、202.96 千克，主要畜产品市场供应自给有余。

（2）畜牧业优势区域基本形成。已形成了奶牛、生猪、肉牛和肉羊、家禽四大优势畜产品集中产区。以一、四、七、八师和十二师为主体的奶牛养殖优势区域，养殖规模超过 10 万头，奶产量占到兵团总量的 90% 以上；以一、二、四、五、六、七、八师为主的商品猪优势区域，商品猪年出栏量超过 301

万头,占兵团总量 89%以上;以二、四、六、八、九、十师和十三师为主的肉牛肉羊优势区域,肉牛肉羊存栏量占兵团总存栏量的 80%以上;以二、四、五、六、八师为主体的禽蛋、禽肉集中产业区,家禽存笼量占兵团总存栏量的80%以上。

(3)畜禽标准化规模养殖快速推进。2020 年已累计建成各类规模养殖场3 000 余个,其中全国畜禽标准化示范场累计达到 88 个。规模化养殖占比达到了 69%,其中奶牛、生猪、蛋禽分别达到 56.8%、77.7%和 85.9%,处于全国先进水平。规模养殖场、专业养殖合作社及家庭牧场已成为畜牧业生产经营的主体,规模养殖机械化水平达到了 67.25%,带动了畜牧业整体生产水平和经济效益的提高。

(4)畜牧业产业化水平稳步提升。现有天康生物、天润乳业、新农乳业、西部牧业、创锦牧业、新疆正大等畜牧业龙头企业 22 家,初步形成了以龙头企业为骨干、畜牧股份公司与专业养殖合作社为主体、职工家庭牧场为补充的新型生产经营体系,增强了畜牧业发展活力,带动了职工多元增收。截至2020 年底,已形成乳品加工企业 13 家,生鲜乳设计加工能力 110 万吨;形成生猪屠宰加工企业 29 家,设计屠宰加工能力 500 万头;形成牛羊屠宰加工企业 22 家,设计屠宰加工能力肉羊 200 万只、肉牛 45 万头。

(5)畜牧业发展保障能力得到加强。畜牧业良种与饲草料等保障能力得到加强。兵团现有种猪场 15 个,种羊场 6 个,种禽场 3 个,种牛场 5 个,生猪、肉羊、蛋禽自主供种率分别达到 75%、50%、60%。2020 年优质牧草种植面积 63 万亩,产量 180 万吨,其中青贮面积 36 万亩,苜蓿面积 27 万亩。现有饲料企业 43 家,设计生产能力 200 万吨。2020 年生产销售各类配合饲料113.19 万吨。

(6)动物防疫能力和畜产品安全水平稳步提升。基层动物防疫社会化服务体系建设稳步推进,服务模式、服务手段不断创新。动物检疫全部实现电子出证,并实现与全国数据互联互通,重大动物疫病应免尽免,免疫覆盖率达到100%,免疫抗体合格率达到国家标准,未发生重大动物疫病区域性流行事件,处于稳定控制水平。饲料、兽药监测合格率保持在 97%以上,畜产品抽检合格率保持在 98%以上。畜产品通过绿色认证 5 家,年产量合计 4.95 万吨;通过地理标志认证 7 家,年产量合计 2.68 万吨;有 6 家企业纳入国家农产品质量安全追溯管理信息平台。畜产品质量稳定向好。

(7)畜牧业绿色循环发展模式初显成效。建立大型"种养加"与"种+养"循环养殖等资源化利用示范基地 12 个。规模养殖场粪污处理设施装备配套率从 2016 年的 75%提高到了 2020 年的 95%;大规模养殖场粪污处理设施装备配套率从 2016 年的 85%提高到了 2020 年的 100%;畜禽粪污综合利用率从 2016 年的 60% 提高到了 2020 年的 86.36%。

二、优势条件

（1）发展政策机遇好。国家、自治区、兵团相继出台了奶业振兴、生猪转型升级和畜牧业高质量发展的系列政策，兵团出台了《关于大力推进农业产业化发展、加快实现兵团农业现代化的意见》，国家实施对口援建和兵团向南发展战略，为兵团"十四五"畜牧业高质量快速发展提供政策保障和良好发展机遇。

（2）疫病防控条件优势明显。一是气候干旱，降雨少，紫外线强。二是地广人稀，养殖场区布局相对较远，人畜物流等社会活动少，交叉感染风险相对较低。三是现有养殖规模小，生产环境生物安全污染程度低，源头防控和全过程防控起点高，外来疫病输入易于管控。

（3）具备土地资源与养殖粪污消纳优势。有较丰富的发展现代化、集约化规模养殖用地条件，土地平整开阔，易于高标准规划建设，利于后续屠宰加工、饲料生产、消毒检疫检验配套建设，科学合理布局，利于长远发展（点片区结合）。新疆及兵团林果、蔬菜、棉花等产业规模化程度高，有机肥需求量大，养殖粪污可通过固液分离、科学发酵等技术工艺变废为宝，推动发展有机绿色可持续循环农业，创建名优品牌，提升综合效益。

（4）饲料原料价格较低。新疆及兵团籽实玉米、棉粕、甜菜粕、番茄酱渣、油菜粕、麦麸等产品价格均低于全国平均价格（玉米价格与东北地区接近），相对饲料成本较低，盈亏平衡点低，发展畜牧业具备较好竞争优势，抗击市场波动能力相对较强。

三、劣势分析

（1）畜牧业龙头带动能力弱。目前，兵团涉牧企业不到 100 家，兵团级以上涉牧龙头企业只有 22 家，上市龙头企业只有 4 家。畜牧业全产业链建设项目滞后，种养加一体化经营机制不完善，冷链物流配送和产品标准化体系不健全，加工企业规模小、层次低、链条短，精深加工率不高，品牌建设滞后，缺乏领军型畜牧龙头企业和国内知名品牌，联农带产能力弱，品质优势未能转化为效益优势。

（2）畜牧业发展支撑保障不坚实。肉羊、肉牛和家禽生产供种能力严重不足，牛羊良种率与先进省区相差 10 余个百分点。饲草种植面积只占农作物总播种面积的 2.27%，难以满足产业发展需求。畜牧兽医技术人员离岗和转岗，官方兽医从 1 400 余人锐减到 2020 年底的 243 人，队伍老化，技术断层，团级预警监测功能弱化，兽医社会化服务不能满足产业发展需要。缺乏稳定长期的数据积累和整体认知分析，科技与畜牧业的发展结合不紧密，畜牧业实用技术进场入户比例低。

（3）畜牧业政策体系不完善。现行相关畜牧业扶持政策的稳定性、持续性较差，力度小，覆盖面窄；畜牧业用地、用水、用电优惠政策落实不到位；畜禽等活体生物资产、养殖设施难以作为有效抵质押物，畜牧业贷款融资难、融资成本高问题突出；政策性保险未覆盖到肉牛肉羊及特色养殖业；现有饲草种植、收储补贴政策范围窄、标准低，饲草种植未享受小麦种植同等补贴政策，饲草产品未纳入"绿色通道"农产品名录。

（4）畜产品远离中心市场。兵团远离中心消费市场，各师团地域比较分散，畜产品外销物流运输成本高，加之生产成本偏高，精深加工能力弱、附加值低，无法覆盖物流成本，抑制了企业开拓外销市场的积极性，削弱了外销产品的竞争力。

第二章　总体要求与发展目标

一、指导思想

以习近平新时代中国特色社会主义思想为指导，全面贯彻党的十九大和十九届二中、三中、四中、五中全会精神，贯彻落实第三次中央新疆工作座谈会精神，全面贯彻新发展理念，融入新发展格局，以实施乡村振兴战略为总抓手，以畜牧业供给侧结构性改革为主线，以市场为导向，坚持农牧结合、绿色生态发展方向，走规模化养殖、标准化生产、产业化经营的可持续发展道路。大力发展生猪产业，做大做强奶业，稳步扩大肉牛产业，积极发展规模化家禽产业，因地制宜发展肉羊产业和特色养殖。围绕"保存量、扩增量、提质量、增效益、创品牌"，以做大规模、做强产业为重点，加快构建现代畜牧业产业体系、生产体系、经营体系，推进畜牧业产业基础高级化、产业链现代化，不断提高畜牧业质量效益和竞争力，形成产出高效、产品安全、资源节约、环境友好、调控有效的高质量发展新格局。

二、战略定位

（1）发展定位。按照"稳粮、优棉、强果、兴畜"的发展思路，以农牧结合、绿色发展为引领，以农区畜牧业为主导，优化区域布局，打造全产业链产业优势集群，补齐发展短板，适应双循环发展新格局，在保障疆内畜产品稳定供给的同时，积极拓展内地中高端市场，到 2025 年，畜牧业产值占农业总产值比例达到 30%，实现种植业、林果业、畜牧业"三足鼎立"。

（2）总体布局。依据各师市资源禀赋条件、生态条件和产业基础的比较优势，引进培育各畜种的龙头带动企业，持续加大招商引资力度，突出主导品种整师推进专业化布局、规模化养殖和标准化生产，实现质量并重和效益倍增，着力打造一批特色鲜明、规模生产的畜产品重点优势产区。着力打造和培育现代畜牧业转型升级驱动带，构筑畜牧业核心发展区，推动兵团现代畜牧业高质量发展。

（3）战略重点。加快推进畜牧业供给侧结构性改革，实施生猪扩量提质、奶业振兴、肉牛增产和肉羊提效、家禽和特色养殖发展"四大振兴"行动；加快推进畜禽良种繁育体系、标准化规模养殖体系、优质饲草料保障体系、动物疫病防控体系、绿色循环发展体系、科技支撑体系"六大支撑体系"建设；引进培育壮大龙头企业，加快畜禽屠宰、产品加工、冷链配送建设，培育新型经营主体，强化品牌建设，保障畜产品质量安全，全面提升产业化水平。

三、发展目标

畜牧业整体竞争力稳步提高，动物疫病防控能力明显增强，绿色发展水平显著提高，畜禽产品质量安全和供应保障能力大幅提升，现代畜牧业产业体系、生产体系、经营体系基本建成。力争到2025年，培育奶业、生猪2个产值百亿元以上的优势产业集群；肉类总产量90.2万吨，牛奶总产量110万吨，禽蛋总产量20万吨，肉禽出栏8 000万羽，分别较2020年增长85%、49%、33%和136%。畜牧业产值占农业总产值的30%（表1）。

表1　"十四五"现代畜牧业发展主要指标

指标类别	指标名称	2020年年末值	2025年目标值	年均增长率（%）	指标属性
供给指标	肉类总产量（万吨）	48.87	90.2	12.99	预期性
	猪肉产量（万吨）	24.67	55	17.39	预期性
	牛奶总产量（万吨）	73.82	110	8.30	预期性
	禽蛋总产量（万吨）	15.06	20	5.84	预期性
	牛羊肉自给率（%）	72	100	6.79	约束性
质量指标	畜牧业产值（亿元）	295.4	524	13.50	预期性
	畜牧业产值在大农业中占比（%）	19.76	30	8.70	预期性
	畜禽良种化率（%）	72	80	2.13	预期性
	畜禽自主供种率（%）	70	80	2.71	预期性
	畜禽规模养殖比例（%）	69	80	3.00	预期性
生态指标	畜禽粪污综合利用率（%）	86.36	88	—	约束性
	规模养殖场粪污处理设施装备配套率（%）	95	98	—	约束性
	大型规模养殖场粪污处理设施装备配套率（%）	100	100	—	约束性

第三章　实施四大振兴行动，推进畜牧业高质量发展

一、生猪扩量提质行动

(1) 区域布局。南疆以一、二、三师，北疆以四、五、六、七、八、十二、十三师为重点，推动饲料加工、生猪育种、规模生产、屠宰加工、品牌创建、冷链物流、产销衔接的全产业链建设，将兵团建成全国重要的商品猪保障供应基地。到 2025 年，打造 3～5 个百万头商品猪生产基地，新增 400 万头生猪出栏生产能力。

(2) 主要措施。一是落实《加快兵团生猪产业转型升级的实施方案 (2019—2025 年)》，加强现代生猪良种繁育体系建设，提升自动饲喂、环境控制、疫病防控、废弃物处理等设施装备水平，创建一批生产高效、环境友好、管理先进、防疫规范、产品安全的大型生猪标准化示范场。突出优势区域发展，稳步提升生猪产业规模和质量效益。二是在重点师市以龙头企业为引领，加快构建"龙头企业＋基地＋合作社＋职工"的养殖模式，加快推进产业集聚带动，以标准化规模养殖为基础，推动生猪全产业链建设，稳步提升生猪产业规模和质量效益，促进形成生猪产业向育种、养殖、屠宰、加工、销售一体化方向发展新格局。

专栏 1　生猪扩量提质重点工程

(1) 生猪标准化规模养殖场建设项目。新建或改扩建规模化猪场 120 个。

(2) 生猪疫病防控能力提升项目。改善基层兽医实验室疫病检测条件，加快病死畜及粪污无害化处理场所等基础设施建设，支持交通要道、畜牧大团、大型养猪场和屠宰场建立洗消中心 100 个以上。

二、奶业振兴行动

(1) 区域布局。在一、三、六、七、八、十二师高产奶牛核心区建设 20 万头荷斯坦高产优质奶牛养殖基地，在四、五、九、十师西门塔尔、褐牛集中区建设 10 万头乳肉兼用牛养殖基地。到 2025 年，新增高产奶牛存栏 6 万头，新增牛奶产量 30 万吨。

(2) 主要措施。一是按照"市场开拓是关键，龙头拉动是引擎，科技是支

撑，养殖是基础，质量是保障"的总体要求，优化产业布局，建设规模化、标准化奶源基地，突出奶牛良种和品质提升，强化优质饲草料保障，充分发挥龙头企业示范带动引领作用，加快产加销一体化全产业链建设，快速扩增牛奶产能。二是鼓励支持龙头企业到南疆发展奶业，大力支持南疆建设标准化、规模化养殖场。重点支持龙头企业加快优质奶源基地建设，开展乳制品创新研发，优化加工工艺和产品结构，完善冷链运输体系和质量安全体系。加快推进龙头企业品牌培育和优质乳品外销、拓展等，内延外扩拓市场，大幅提高乳制品市场竞争力，把兵团建成全国重要的商品乳制品和优质奶源基地。

专栏 2　奶业振兴重点工程

（1）标准化奶牛养殖基地建设项目。新建标准化奶牛养殖场 10 个，改扩建奶牛养殖场 20 个。建设 100 个优质奶源基地。

（2）乳品加工与仓储物流建设项目。新建乳制品加工厂 3 个，改扩建乳制品加工厂 1 个。建立完善乳业技术研发中心 2 个，新建冷藏库 2 个。

（3）质量检验检测体系建设。提升奶牛生产性能测定能力，扩大测定范围，完善质量检验检测体系，实现全过程质量追溯，强化乳制品品牌建设。

三、肉牛增产和肉羊提效行动

1. 肉牛增产行动

（1）区域布局。以西门塔尔、新疆褐牛、安格斯、夏洛来为主，在北疆四、五、六、七、八、九、十师建设高端肉牛生产基地；以西门塔尔、地方良种为主，在南疆一、二、三、十四师建设自繁自育生产基地。到 2025 年，新增 15 万头出栏肉牛生产能力。

（2）主要措施。一是大力促进农区奶牛、肉牛融合发展，通过奶牛、乳肉兼用牛及肉牛适度杂交，加快建立农区自繁自育生产体系，进一步扩大养殖规模，适度发展牧区肉牛养殖。二是培育壮大及引进肉牛加工龙头企业，构建"龙头企业＋基地＋合作社＋职工"的利益联结模式，开展优质牛肉精细分割及熟食制品新产品创新研发，优化加工工艺和产品结构，面向高端市场培育品牌，通过牛肉精深加工，实现增产增效。

2. 肉羊提效行动

（1）区域布局。北疆师市以阿勒泰羊等地方品种、萨福克等专用肉羊、湖羊等多胎肉羊品种为主，自繁自育和引进扩繁并重，加强品种改良和经济杂交，加快推进标准化、规模化养殖，发展安全高效羊肉生产。南疆师市以湖羊等多胎肉羊和多浪羊等地方品种为主，发展种养结合适度规模养殖，提升专业化养殖水平。重点在二、四、六、七、九、十、十三师建立适度规模肉羊商品生产基地，其他师市以满足本地市场需求为目标，适度发展农区养羊业。到2025年，新增48万只肉羊出栏能力。

（2）主要措施。一是以加强肉羊繁育体系建设为核心，稳定支持自主品种培育，加大肉羊良种补贴力度，提高肉羊良种化水平。以规模化肉羊养殖基地建设为突破口，加速改造传统养殖方式，推广肉羊高效养殖技术，提高肉羊养殖比较效益和市场竞争力，增加农牧民收入。二是充分发挥四、六、九、十、十三师等师市绿色有机产品品牌优势，积极支持发展高端羊肉产品，以鲜食和冷鲜分割肉加工为主，提高羊肉精深加工能力，积极开拓国内中高端羊肉市场，加快优势品牌培育。

专栏3 肉牛增产和肉羊提效重点工程

（1）肉牛肉羊场建设项目。新建年出栏500头肉牛规模场30个、改扩建肉牛规模场60个；新建年出栏1 000只肉羊规模场50个、改扩建肉羊规模场100个。

（2）良种肉牛肉羊引进扩增项目。在现有种畜场基础上，扩大生产母畜数量，加强种畜场建设。对从区外种畜场引进的优质种畜，进行外购补助。

（3）乳肉牛融合发展绿色养殖项目。开展乳肉牛融合发展（乳肉兼用牛）高效繁育技术与杂交改良技术、营养调控与高效饲养技术的推广应用。建立良种乳肉兼用牛繁育示范基地3个，良种乳肉兼用牛8 000头，其中核心群2 000头以上。

四、家禽及特色养殖发展行动

1. 家禽发展行动

（1）区域布局。发挥二、四、五、六、七、八师等师市肉禽、蛋禽生产优势，促进家禽产业向繁育、养殖、加工、销售一体化发展；推进南疆师市和田黑鸡、拜城油鸡、鸽、鹅、鸭等特禽养殖向标准化规模化转型。到2025年，新增5 000万只出栏肉禽生产能力，新增蛋禽存栏300万只。

（2）主要措施。一是大力发展家禽标准化规模养殖，提升蛋禽自动饲喂、环境控制、分级筛选等设施装备水平，提高家禽供种能力，发展家禽屠宰加工业。二是重点支持在家禽主产区建立与生产相匹配的大型屠宰企业，完善产业链。鼓励发展家禽适度规模经营和庭院养殖，推进南疆特禽养殖向标准化、规模化转型，巩固和发挥产业保供脱贫、促增收的作用。

2. 特色养殖发展行动

（1）区域布局。推动发展特色畜禽养殖业，四、五、八、九师以细毛羊为主，一、三、十四师以肉鸽为主，四、九师以马为主，二师以鹿为主，九、十三师以骆驼为主，引导各师市因地制宜发展兔、驴等特色畜禽。

（2）主要措施。一是开发"名优新特"特色养殖产品，推广特色养殖、配套工艺和关键技术，满足和引领市场新型消费需求，提高产业化生产水平。二是扩大集中饲养区域，打造特色养殖基地，发挥已建成基地的示范带动效应和产业聚集效应，提高饲养管理水平，推动特色养殖向标准化、规模化发展。

专栏4　家禽及特色养殖发展重点工程

（1）家禽大型标准化养殖场建设项目。新建肉禽、蛋禽规模场30个，改扩建80个。

（2）特色养殖推进项目。扶持开展特色养殖产业化开发，培育具有地域特色和发展潜力的特色畜禽品种（系）、品牌产品和知名企业；培育集生态、旅游、休闲、体验综合服务于一体的特色养殖旅游示范区。

第四章　发挥龙头带动作用，全面提升产业化水平

一、引进培育壮大龙头企业

（1）加大招商引资力度。深化国企和政府"放管服"改革，用好用活国家产业扶持政策，制定切实可行的畜牧业招商引资政策，优化营商环境，加大招商引资力度，引进培育一批技术水平先进、产业链条长、销售渠道通畅、品牌影响力强的肉类、乳制品精深加工龙头企业和规模化屠宰企业，提高产业集聚发展水平和产业带动能力，做大做强畜产品加工业，开拓和建立稳定的产销渠道。力争到2025年，引进和培育畜牧业产业化龙头企业30家，力争形成2个年产值100亿元以上的优势产业集群。

（2）实行跨区域资源整合。鼓励国资国企和龙头企业跨区域整合资源，吸引社会资本参与畜牧业重点项目建设，扶持壮大畜牧龙头企业；通过营造"政策共用、经济共融、和谐共建、成果共享"的兵地良好局面，促进兵地农牧业资源深度

融合。通过龙头企业带动，打造兵团奶业、生猪、肉牛、饲料等产业集群。

（3）抓机遇、促发展。鼓励支持畜牧龙头企业主动融入"丝绸之路经济带"核心区建设，融入"双循环"，用好"两个市场""两种资源"，促进畜牧业高质量快速发展。

专栏 5　龙头企业引进培育壮大重点工程

龙头企业引进培育项目。打造大宗畜禽产品全产业链 6 条，引进培育产值规模 1 亿元以上龙头企业 30 家，产值规模 100 亿元以上的产业集群 2 个。

二、加快畜禽屠宰、产品加工、冷链配送建设

（1）提升畜禽屠宰加工行业整体水平。按照《农业农村部关于进一步加强生猪屠宰监管的通知》要求，加快生猪屠宰产业布局，引导和支持南疆一、二师，北疆五、六、七、八师等生猪主产区新建年屠宰规模 15 万头以上的屠宰加工企业。以生猪屠宰加工为重点，支持对现有屠宰加工企业扩建改造，形成与饲养规模相匹配的屠宰加工能力，推动畜禽就地屠宰，减少活畜禽长距离运输，促进活畜运输向运肉转变。开展畜禽屠宰标准化示范企业创建，实施畜禽屠宰企业分级管理。力争五年内畜禽屠宰加工率达到 50% 以上。

（2）加快健全畜禽产品冷链加工配送体系。支持大型屠宰加工企业开展屠宰、加工、冷链物流、仓储配送、销售一体化经营。落实国家肉类收储制度，支持在生猪和牛羊肉主产区建立国家储备库。适度发展第三方物流配送企业，完善冷链配送体系，拓展销售网络。规范活畜禽跨区域调运管理，完善"点对点"调运制度。

专栏 6　加工流通体系重点工程

（1）畜禽标准化屠宰加工厂建设项目。新建（改扩建）生猪标准化屠宰加工厂 20 个，肉牛肉羊标准化屠宰加工厂 7 个，肉禽标准化屠宰加工厂 3 个，力争五年内畜禽屠宰加工率达到 50% 以上。

（2）冻肉储备制度和外销体系建设项目。推动建立兵团本级冻肉及活体储备制度，争取国家储备计划。支持兵团龙头企业内联外引，建立疆外畜产品营销体系。对于兵团畜产品加工企业出疆销售肉品、乳品、禽蛋等畜产品给予运输补助。

三、培育新型经营主体

（1）以利益联结为纽带培育新型经营主体。鼓励涉牧龙头企业与专业合作社、家庭牧场、养殖大户等以产权、资金、劳动、技术、产品为纽带开展紧密合作，形成稳定的产业联合体。鼓励职工以土地、草场、圈舍、机械、牲畜为纽带，通过开展草畜联营、畜禽托管、入股分红等多种形式的合作联营，组建专业合作社。通过统一生产、统一服务、技术共享、品牌共创等方式，并通过股份合作、产销结合、保底分红、利润返还等形式，建立稳定有效的利益联结机制。

（2）推动"龙头＋"的生产经营模式。加快推进畜禽标准化规模养殖，构建"龙头企业＋专业合作社＋家庭牧场"或"龙头企业＋家庭牧场"的生产经营模式，支持龙头企业自建或参股建设稳定的原料生产基地，带动新型经营主体发展壮大，提高专业化生产水平，让新型经营主体成为加快兵团畜牧业新旧动能转换的重要引擎。

专栏7　新型经营主体培育重点工程

新型经营主体培育项目。培育畜牧新型经营主体350个。

四、强化品牌建设

（1）推进兵团畜产品品牌创建活动。推进畜产品品牌创建活动，鼓励龙头企业开展畜产品绿色、有机认证，引导和支持龙头企业做好品牌培育、品牌提升工作，促进主导产业和特色产业形成一批具有地域特色的畜产品品牌。大力发展高档畜产品，创建一批以绿色有机牛羊肉、乳制品为代表的具有地域特色的兵团畜产品高端品牌。对龙头企业新产品研发、申请国际认证、专利、商标、品牌建设等予以支持。

（2）提升兵团畜产品知名度和影响力。依托对口援建、"百城千店"、电商平台等渠道，推进兵团畜产品进机场、进景区、进列车、进宾馆、进加油站、进服务区、上网店，实现畜产品线上线下销售，提升兵团畜产品知名度和影响力。

专栏8　品牌建设重点工程

畜牧品牌创建项目。培育畜牧品牌示范企业30个，创建在内地有较大影响力兵团畜产品知名品牌 2 个，创建疆内市场份额较大、具有一定市场竞争力的疆内特色畜产品品牌 4～5 个。

五、保障畜产品质量安全

（1）制定推广畜牧业技术标准。制定和推广应用一批畜牧业生产标准和技术规范，健全畜牧业生产标准体系，完善产品质量安全体系。

（2）健全安全追溯体系。坚持源头控制，压实生产者质量安全主体责任，实施兽药等畜牧业投入品减量化行动，依法规范生产行为。健全畜产品质量安全追溯体系，试行畜产品合格证上市制度。加强畜禽屠宰监管，落实检疫检验等监管措施。

（3）加大安全监测与监管力度。加大畜产品质量安全监测、市场销售质量安全监管力度，落实食品安全"四个最严"的要求，严厉打击各类违法违规行为，切实保障畜产品质量安全。

专栏 9　保障畜产品质量安全

畜牧技术标准推广项目。制定和推广应用一批畜牧业生产标准和技术规范，健全畜牧业生产标准体系，完善产品质量安全体系。

第五章　完善六大支撑体系，推动产业基础高级化

一、推进畜禽良种繁育体系建设

实施畜禽遗传改良计划和现代种业提升工程。开展肉牛肉羊地方品种选育与新品种（系）培育，以企业为主体，建立健全产、学、研联合育种机制，加速推进育、繁、推一体化进程。组织开展畜禽遗传资源普查、保护与合理开发利用，建立畜禽种质资源库。加快荷斯坦奶牛、新疆褐牛、西门塔尔牛、夏洛来牛、良种肉羊及优良地方品种选育推广进程。强化畜禽品种改良和良种引进扩繁，对企业引进良种畜禽实行财政补贴政策，加快提升畜禽良种化水平。实施生猪、奶牛、肉牛、肉羊联合育种计划，不断扩大优良品种覆盖范围。到 2025 年，力争畜禽自主供种率达到 80％以上。

专栏 10　畜禽良种繁育体系建设重点工程

（1）猪牛羊良种繁育项目。新建种猪核心育种场 5 座，存栏曾祖代种猪 6 000 头以上；新建祖代种猪场 10 座，存栏祖代种猪 15 000 头，年提供二元母猪 15 万头，满足新增 300 万头商品猪生产供种需求。新建改扩建种畜禽场 28 个。建设 3 个兵团级畜禽基因库。

（2）夏洛莱肉牛新品种选育项目。开展夏洛莱牛新类群群体选育，推进肉牛新品种的申报和审定工作。

（3）肉羊新品种选育及审定项目。开展后裔鉴定和产肉性能检测，提高群体的产肉性能和抗逆性能，培育 1～2 个具有自主知识产权的肉羊新品种。

（4）新疆黑猪保种扩繁项目。开展新疆黑猪保种选育，扩繁选育优良品种，打造特色地域品牌。

（5）新疆地熊蜂资源保护与开发利用项目。开展新疆地熊蜂品种资源特性研究、周年饲养繁育技术研究、人工养殖装备的研发生产，实现优秀种群周年继代繁育、周年饲养和全年供蜂。

二、推动标准化规模养殖体系建设

研究制定新建、改扩建标准化规模养殖场补贴办法，加快现有标准化规模场设施装备改造升级，完善圈舍、饲喂、挤奶、环境控制、粪污处理、病死畜无害化处理等基础设施和设施设备，加强设施装备集成配套，提升畜牧业机械化、集约化、自动化、智能化水平。按照分段饲养、精准饲喂、环境控制、生物安全等生产标准和养殖技术，大力提高养殖规模、质量和效益。到 2025 年，创建 100 个以标准化、现代化生产为核心，生产高效、环境友好、产品安全、管理先进，具有示范引领作用的畜禽规模养殖场高质量标准化示范场，畜禽养殖规模化率达到 80％以上。

专栏 11　标准化规模养殖体系建设重点工程

标准化养殖场建设项目。成立兵团畜牧规划设计研究院，对大型养殖场进行技术把关和监督，制定适合兵团南北疆不同气候环境的主要畜种场舍建设标准，创建标准化示范场 100 个。

三、夯实优质饲草料保障体系建设

坚持农牧结合，建立与养殖规模相匹配的稳定的优质饲草料基地，扩大优质饲草料种植，调整种植业结构，实现就地就近保障供应。落实耕地地力保护补贴政策，有效扩大苜蓿、青贮玉米等优质饲草种植面积，提高饲草料种植效益。到 2025 年，新增青贮玉米种植面积 100 万亩（含复播），新增高产苜蓿种植面积 50 万亩。

专栏 12　优质饲草料保障体系建设重点工程

饲草基地建设项目。支持师市"粮经饲"三元种植结构调整，促进农牧业协调发展。新增饲草种植面积 150 万亩，其中青贮玉米面积 100 万亩，高产苜蓿面积 50 万亩（含高产优质苜蓿基地 20 万亩）。

四、健全动物防疫体系建设

依法落实畜禽养殖、贩运、交易、屠宰、加工等从业者的防疫主体责任，落实主要负责人是第一责任人的属地管理责任，落实有关部门动物防疫监管责任，完善部门联防联控机制。健全动物防疫技术支撑保障体系，加强各级兽医实验室建设，提高重大动物疫病监测预警能力。强化疫情处置应急队伍、物资储备等能力建设，加强疫病防控技术培训和分类指导，提升养殖场（小区、户）生物安全防护水平。配齐连级动物防疫员，推动多元化、社会化服务组织参与动物防疫工作，提升动物疫病综合防控能力。

专栏 13　动物防疫体系建设重点工程

（1）动物保护能力提升项目。支持建设陆生动物疫病病原学监测区域中心 2 个，完善市级动物疫病监测实验室能力提升 14 个，建设 100 个动物疫情监测站（动物卫生监督检查站）。

（2）重大动物疫情应急物资储备项目。建立兵师团三级重大动物疫情应急物资储备库，明确定量储备标准。兵团级按全兵团同时发生 3 个疫点、师市级按辖区内同时发生 2 个疫点、团场按辖区内发生 1 个疫点，进行所需应急物资定量储备。

五、推动畜牧业绿色循环发展体系建设

科学布局畜禽养殖，促进养殖规模与资源环境相匹配。大力推进畜禽粪污资源化利用，推广普及畜禽粪污全量还田利用技术，推进有机肥替代化肥行动，将推广施用生物有机肥与落实耕地地力保护补贴政策和高标准基本农田建设相结合，实现养殖粪污就地消纳循环利用。引导社会资本参与畜禽粪污资源化利用，推行专业化、社会化服务。完善"政府支持、市场运作、保险联动、处理规范"的病死畜禽无害化处理长效机制，优化无害化处理厂布局，推动建立专业化集中处理为主、自行分散处理为补充的处理体系。依法依规将牛羊、家禽等纳入病死畜禽无害化处理补助政策范围，完善无害化处理与保险联动机制严厉打击收购、贩运、销售、随意丢弃病死畜禽等违法违规行为，构成犯罪的，依法追究刑事责任。到2025年，畜禽粪污资源化利用率达到88%以上。

专栏 14　畜牧业绿色循环发展体系建设重点工程

（1）畜禽养殖粪污资源化利用整县推进项目。重点支持20个以上养殖重点师团，建设一批以规模养殖场为主体、覆盖养殖密集区等以第三方处理机构为重点的畜禽粪污资源化利用体系。

（2）病死畜无害化处理场点建设项目。加强无害化处理监管，结合实际创新监管方式。建设病死畜禽无害化收集处理场点16个。

六、强化科技支撑创新体系建设

按照主要畜种（奶牛、生猪、肉牛、肉羊、禽类）和不同专业（育种、疫病、饲料、废弃物资源化利用），组建成立兵团畜牧业专家咨询组，建立完善兵团产业技术专家岗位体系，实施兵团畜牧业重点研发计划项目，依托科研推广单位和龙头企业，坚持产、学、研、用结合，力争在重点领域研究、集成示范、技术推广上取得突破。鼓励支持两校一院及大型龙头企业等制定行业标准，充分利用国家、自治区畜牧产业技术体系及产业联盟资源，加快育种、繁殖、疫病防控、动物营养等技术组装配套和示范推广。深入推行科技特派员制度，加强"科技乡土人才"培训，加快培养畜牧业生产经营人才和产业发展人才，引导支持科技社会化服务，打通畜牧科技服务"最后一公里"。加强畜牧业信息化建设，促进大数据、云计算等技术与畜牧业生产融合应用，建立兵团一体化畜牧业大数据平台，发展智慧牧业，提高畜牧业信息管理水平。

专栏 15　科技支撑与创新体系建设重点工程

（1）畜牧科技提升项目。组建成立兵团畜牧业专家咨询组，建立兵团产业技术专家岗位体系。以企业为主体，建立工程技术中心、行业协会和产业联盟。建成畜牧业工程技术中心 6 个，支持建立畜牧业行业协会或产业联盟 5 个。

（2）新型职业农牧民培育项目。每年培训畜牧业专业技术人员不少于1 000 人次。

（3）兵团畜牧业大数据平台建设项目。建立完善畜牧养殖场环境智能监控、养殖场户信息直联直报、动物疫病防疫信息统计、动物及动物产品检疫信息平台。开发畜牧业信息资源数据库系统，全方位覆盖畜牧行业及其相关行业。开发畜牧业专家系统和人才库，推进畜牧业电子商务网络营销体系建设。

第六章　保障措施

一、强化组织领导

（1）加强组织领导。兵团各级要高度重视本规划的组织实施，明确工作责任，建立健全现代畜牧业高质量发展的工作协调机制。各级、各部门要密切配合，统筹协调，增强做好现代畜牧业发展工作的紧迫感和责任感，围绕规划目标任务，研究落实各项优惠扶持政策和资金保障，推动重大工程实施。

（2）逐级衔接落实。各师市要按照本规划提出的目标任务，因地制宜制定本师市"十四五"畜牧业发展规划或实施方案，落实任务，细化措施。各有关部门要根据规划的任务分工，强化政策配套，协同推进规划实施。

（3）强化监督考核。建立规划实施的监测评估制度，准确把握规划目标的实现程度，对规划目标任务完成情况进行中期评估和期末评估，评估结果向社会公布。加强对规划重点任务和保障措施落实情况的监督检查，并将畜牧业工作纳入师市、团场年度目标责任考核体系。建立规划动态修订机制，适时开展规划的修编和调整工作，确保规划的科学性和适宜性。

（4）营造良好氛围。注重发挥新闻宣传引导作用，充分运用传统媒体和新兴媒体，大力宣传各师各部门、涉牧龙头企业、新型经营组织、养殖大户等在推进产业化、示范引领、品牌建设、提质增效、增收致富等方面的创新举措、鲜活经验和先进典型，营造全社会关注、支持和参与畜牧业发展的良好舆论氛围。

二、完善支持政策

（1）出台畜牧业发展重大政策。重点围绕兵团畜牧业招商引资、涉牧龙头企业的引进和培育、国资国有龙头企业跨师市资源整合发展等，研究制定和出台落实切实可行的专项政策，确保兵团畜牧业高质量快速发展。

（2）完善环保支持政策。深化畜牧业项目环评"放管服"改革，对牲畜饲养、家禽饲养、其他畜牧业中年出栏生猪5 000头（其他畜禽种类折合猪的养殖量）及以上的规模化畜禽养殖，存栏生猪2 500头（其他畜禽种类折合猪的养殖规模）及以上无出栏量的规模化畜禽养殖项目按国家要求实行环评告知承诺制。对规模以下畜禽养殖项目（包括养殖场、养殖小区）和不设置污水排放口的规模以上养殖项目，不要求申领排污许可证，但需纳入排污许可登记管理。粪污经无害化处理用作肥料还田，符合法律法规以及国家相关标准，不宜按照污染物排放管理。对畜禽养殖项目应根据区域相关政策要求合理选择采暖方式，以保障规模养殖场采暖需求。严格落实畜牧法、畜禽规模养殖污染防治条例等法律法规要求，依法科学划定禁养区，国家法律法规和地方性法规之外的其他规章和规范性文件不得作为禁养区划定依据。

（3）养殖用地扶持政策。保障畜牧业发展用地，符合《兵团自然资源局、兵团农业农村局关于进一步完善设施农业用地管理有关问题的通知》（兵自然资发〔2020〕15号）要求的畜禽养殖用地作为设施农用地，按农用地管理。养殖中畜禽舍、养殖池塘、场区内通道、进排水渠道等属畜禽养殖生产设施用地，与养殖生产直接关联的畜禽养殖粪污处置、检验检疫、疫病防治、污水处理、管理用房等属于畜禽养殖辅助设施用地。养殖猪、牛、羊等辅助设施用地原则上控制在项目用地的10％以内，最多不超过15亩，但生猪养殖不受15亩上限限制。设施农业属于农业内部结构调整，可以使用一般耕地，不须落实占补平衡，不再使用的，设施农用地使用者应按要求及承诺进行土地复垦，占用耕地的应该复垦为耕地。养殖设施原则上不得使用永久基本农田，涉及少量零星、分散永久基本农田确实难以避让的，允许使用但必须补划，允许使用面积不得超过项目用地规模的10％。加大林地对畜牧业发展的支持，依法依规办理使用林地手续。

（4）落实用水用电优惠政策。落实畜禽规模养殖、畜禽产品初加工（不含肉类熟制品加工）业等用水用电价格政策。对在团场连队建设的畜产品仓储、冷链物流企业保鲜仓储设施用电执行农业生产电价。

（5）落实农机补贴政策。落实畜牧业机械补贴政策，对畜牧企业、畜禽养殖场户购置的纳入农机购置补贴范围的农机装备应补尽补。

三、加强财政保障

（1）加大财政支持力度。兵团及各师市每年安排的乡村振兴发展资金、现代农业发展资金、基本建设项目资金等，加大对畜牧业的倾斜支持力度。自2021年起，兵团及各师市财政每年按照畜牧业发展需要安排一定资金，提升畜牧业生产供给能力。有效整合现有的涉农资金，安排一定比例支持畜牧业重点领域、关键环节发展。各师市要建立完善动物防疫工作经费补助制度，所需工作经费纳入年度财政预算。加大对畜牧业企业贷款提供担保支持。有条件的地区，可按市场化方式设立畜牧业发展基金，支持畜牧业发展。

（2）完善金融支持政策。开展畜牧业不动产登记工作，引导在疆银行金融机构研究拓宽畜牧业贷款质押品范围，探索推进畜禽活体生物资产质押贷款。支持重点涉牧企业在主板、创业板、新三板等资本市场直接融资，依托股权交易中心培育涉牧企业，推进企业挂牌上市和融资。

（3）拓宽农业政策性保险范围。扩大养殖保险范围，开展除奶牛、生猪以外的其他畜禽品种农业政策性保险试点，逐步申请将肉牛、肉羊生产纳入农业政策性保险范围，鼓励有条件地区开展家禽、兔、马、驼、驴等特色险种保险。

附件 20　新疆生产建设兵团"十四五"林果业发展规划

前　言

"十四五"是兵团林果业高质量发展的攻坚期。为贯彻习近平总书记关于新疆和兵团工作的重要讲话和重要指示精神，落实兵团党委关于"三农"工作部署要求，适应新常态、把握新机遇、明确新任务，建立林果业助力乡村振兴长效机制，引领林果业高质量发展。根据《新疆生产建设兵团国民经济和社会发展第十四个五年规划纲要》《新疆生产建设兵团"十四五"农业农村发展规划》编制本规划，规划期为 2021—2025 年。

第一章　发展基础与机遇挑战

一、发展基础

"十三五"以来，兵团各级农业农村部门全面落实兵团党委的决策部署，以"推进结构优化升级，促进产业提质增效"为主要任务，林果业规模化、标准化、产业化、生态化水平快速提升，支柱地位不断加强，为"十四五"发展奠定了坚实基础。

（1）产业主导地位确立。2020 年全兵团林果总产量为 464 万吨，总产量比"十二五"末增长了 33.33%。其中，红枣 208 万吨，增长了 29.19%；葡萄 86.72 万吨，减少了 17.9%；梨 48.65 万吨，增长了 15.67%；苹果 78.52 万吨，增长了 68.35%；核桃产量 6 万吨，增长了 90.15%。林果业产值占农业总产值的比例由 24.9% 提高到 29.96%。

林果业主导产业地位不断强化，面积保持稳定，产量持续增长，产值逐年递增。枣产业发展水平位居全国前列，香梨、苹果、葡萄产业特色进一步显现，林果产业化水平逐步提升，机械化水平达 51.57%。

（2）林果产品质量安全持续向好。围绕"安全放心美生活"，不断健全林果产品质量安全监管体系，积极推进农业标准化生产和"三品一标"认证，组织开展例行检测、专项整治等行动，林果产品质量安全监管能力不断提升，标准化生产和品牌化经营水平持续提高。到 2020 年底，有效期内"三品"总数达 58 个，产地认定面积累计 10 万亩，林果产品抽检合格率达到 98%，比 2015 年提高 5 个百分点。

（3）林果业科技支撑能力不断增强。五年来共研发 32 项林果业科技成果，获兵团科技进步奖 22 项，深入实施科教兴农战略，组建产业技术创新与推广服务团队 40 个，委托培养基层农技人员 486 名、集中培训 3.5 万人次。加强高素质农工培育，新增科技示范户 1 200 余户。加快现代种苗业创新发展，优良品种覆盖率达 98% 以上，主干结果型种植模式面积达 15 万亩，建立各级各类林果业科技示范园 256 个，林果业科技贡献率达 52%。

（4）林果业新型经营主体作用初步显现。新型农业经营主体不断涌现，创业创新步伐加快，"农二代""农创客"、家庭农场、农工专业合作社、农业龙头企业经营份额不断上升，带动职工 3 万余户，每年工商资本投资林果业 10 亿元以上。

（5）林果业物质技术装备水平大幅提高。组织开展果园标准化建设，深入实施农机购置和设施农业设备补贴政策，新增各类农业机械装备 2 万台（套）。果园机械施肥大面积推广，采摘平台、采收机械开始应用。

"十三五"时期，林果业建设能够取得较快发展，主要得益于把"促改革"作为根本动力，有效激发了现代林果业发展活力。坚持把"强科技"作为重要抓手，创建了一大批林果业现代化示范样板；把"转方式"作为根本途径，有效提升了现代林果业发展层次；把"拓功能"作为重要方向，极大增强了林果业竞争实力；把"优生态"作为基本保障，探索走出了林果业可持续发展的路子。

二、发展机遇及挑战

展望"十四五"，随着内外部发展环境的不断优化，持续推进林果业建设的有利因素和力量正在不断积蓄。经济新发展阶段为现代林果业转型发展提供新机遇。随着消费投资需求、生产组织方式、资源要素配置以及宏观调控手段等各方面发生的重大变化，为兵团补齐发展短板，厚植发展优势，推进高效生态、特色精品、绿色安全现代林果业建设提供了难得的历史机遇。需求结构升级为现代林果业持续发展带来新拉力。随着经济发展和人们生活条件的改善，对优质、安全、营养和绿色农产品，以及农业休闲度假、旅游观光、农耕体验、健康养生、文化教育及创意农业等新产品、新业态的需求快速增长，市场潜力巨大，将为推动农业供给侧结构性改革、促进农业一二三产业融合、实现农业持续发展带来强大拉力。科技革命兴起为现代林果业跨越发展增添新动力。近年来，全球新一轮科技革命和产业变革孕育兴起，以互联网等为代表的信息化技术迅猛发展，利用生物技术、信息技术及电子商务等加快各类新技术、新产品、新设施、新材料、新模式等在林果业领域的应用，必将对林果业科研、生产、加工、流通、消费等各个环节产生重大影响，为林果业跨越发展带来巨大推力。全面深化改革为现代林果业创新发展释放新活力。"十四五"期间,随着兵团农业农村等各领域改革的持续推进和全面深化,将有力破解林果业发展中遇到的各类深层次矛盾和问题,不断释放改革红利,增强发展活力。

同时,林果业发展仍面临不少挑战和问题短板。林果业结构性矛盾仍然突出。林果业多功能开发总体偏弱,主要林果产品供求关系转变影响稳定生产,优质林果产品仍然供给不足,林果产品安全隐患仍然存在,保供给和保安全任重道远。生产要素制约日益凸显。林果业劳动力呈整体紧缺、结构失衡的特征,投入成本持续走高,抗风险能力不强,实现林果业持续增效和职工持续增收难度增大。水资源紧缺压力不断增加,林果业发展空间有限,并出现波动反复,继续依靠增加投入、扩大规模等传统粗放式发展方式已难以为继,转变发展方式任务艰巨。林果业经营体制和流转机制约束还有待破解。园地确权流转仍难常态落实,产业竞争力仍有待加强,财政及金融支持林果政策体系有待进一步完善。产业链条仍不完整、科技支撑滞后。产品出售仍以原料为主,冷链物流体系不配套,加工转化率低,公共品牌少,产学研结合不紧密,基层技术队伍不稳定,农工专业合作社和社会化服务组织规范化程度不高。

第二章　指导思想和发展目标

一、指导思想

以习近平新时代中国特色社会主义思想为指导,深入贯彻党的十九大和十九届历次全会精神,深入贯彻落实习近平总书记关于新疆和兵团工作重要指示批示精神,贯彻落实党中央关于兵团深化改革和向南发展的决策部署,完整准确把握新时代党的治疆方略,牢牢扭住新疆工作总目标,聚焦履行兵团职责使命,围绕实现农业农村现代化,坚定不移贯彻新发展理念,坚持稳中求进工作总基调。坚持创新驱动发展,以推动高质量发展为主题,以全面实施乡村振兴战略为主线,紧紧围绕林果业提质增效和转型升级为目标,统筹推进优化布局、优质生产、产后增值、产业升级等重点工作,形成与市场经济发展相适应的生产经营模式,建立完善的产业经营体系,实现林果业绿色发展、生态升级,真正走出一条具有兵团特色的林果业高质量发展道路。

二、发展原则

(1) 坚持突出区域优势。科学把握林果业区域发展的差异性和分化特征,因势利导、分类施策、突出重点，体现特色。以优化区域布局为前提，突出品种差异，体现地域优势，久久为功，扎实推进。

（2）坚持质量效益优先。坚持把提高林果产品质量和效益作为主攻方向，调优产业结构、产品结构，推进标准化、省力化、简约化生产，向产业链延伸要效益，向品牌化经营要利润，促进一二三产业融合发展。

（3）坚持改革创新发展。巩固团场综合配套改革成果，激发潜力，调动各方力量投身林果业高质量发展。以科技创新引领支撑林果业转型升级，以人才培育提升林果业发展水平，以完善资本投入、土地流转、经营地租赁等政策保障林果业，吸引人才、资本等要素集聚林果业，增强林果业发展动力。

（4）坚持职工主体地位。充分尊重职工意愿，以市场为导向，切实发挥职工在林果业发展中的主体作用，调动果农的积极性、主动性、创造性；把维护职工群众根本利益、促进果农共同富裕作为出发点和落脚点，不断提升果农的获得感、幸福感、安全感。建成新型农业经营主体、龙头企业与职工主体利益联结机制，共同引领带动市场开拓。

（5）坚持绿色发展。牢固树立"绿水青山就是金山银山"发展理念，围绕"生态兴农美田园""安全放心美生活"，以建设现代生态循环果业和林果产品质量安全示范为主载体、主抓手，实施投入品控制，推动有机肥替代技术，实现化肥、农药减量，深入推进生态林果业建设，以节水为导向，大力实施节水灌溉技术，实现绿色发展、可持续发展。

三、发展目标

到 2025 年，林果业总面积达 330 万亩，总产量达 450 万吨。林果业产值占农业总产值的 30% 以上，优质果品率占总量的 80% 以上，关键生产环节实现机械化作业，现代林果生产体系、经营体系、产业体系更加完备，优质高端果品生产基地地位进一步凸显，成为兵团农业现代化的重要标志。

（1）综合生产能力迈上新台阶。主要林果种类结构优化，产品多元化供给能力增强，质量和效益显著提升。

（2）林果业科技支撑引领发展。开展育种研究及核心技术攻关，加强林果业种苗基地建设，提高种业自主水平，引领林果产业转型发展，科技支撑能力更加凸显。全面推广关于主干结果型、"厂"字型省力简化修剪、有机肥增施的果园地力提升、高一致性花果精细管理、果园水肥一体化、园艺机械一体化融合应用、采前防灾减损、采后产业链延伸等方面的技术。林果业科技贡献率达到 58% 以上。

（3）林果业生产优势区形成新态势。全面建成 10 个林果产业集聚区、20

个特色林果业强团、100 个林果标准化示范园，以新型农业经营主体发展适度规模经营为主的林果业生产经营格局基本形成。

（4）林果业物质装备再上新台阶。林果业基础设施有效改善，新增农机装备超过 1 万台（套），综合机械化水平达到 55％以上，林果业机械化省力栽培取得明显成效，抵御成本上升风险能力显著增强。

（5）林果业绿色发展形成新格局。积极开展现代生态循环果业试点林果产品质量安全示范创建，规模化有机肥综合利用、修剪废弃物综合利用和主要树种病虫害统防统治率分别达到 90％、40％和 80％，主要林果产品质量安全抽检合格率保持在 98％以上。

（6）产业融合发展取得新突破。林果业结构进一步优化，一二三产业融合发展，全产业链一体化明显加速，建成 10 个示范性林果业全产业链示范园。

第三章　重点任务

一、优化林果业发展布局，科学配置资源要素

（1）优化林果业空间布局。做好与新一轮土地利用总体规划修编及团域总体规划、道路交通规划、主体功能区及环境功能区规划和水资源利用规划的有效衔接，科学确定发展规模，确保林果业持续发展空间。积极响应国家"一带一路"倡议、喀什和霍尔果斯经济区等建设，深入实施林果业"走出去"战略，建立稳定的区域协作关系和林果产品供应基地，开辟产业发展新空间。

（2）优化林果业产业结构。全面树立开放的发展观念，全方位、多途径开发林果资源，加快形成与市场需求相适应，与资源禀赋相匹配的现代林果业产业结构和区域布局。在城市周边，立足保障果品供给和农业生活、生态等多重功能发挥，重点布局发展集约化、设施化、高投入、高产出、多功能的都市型林果业。在林果主产区，全力发展优势树种，加快新品种、新技术推广步伐，加大政策扶持和产业化开发，确保生产规模。充分利用气候资源独特、生态环境优良、地方特色明显的优势，重点布局发展特色精品林果业和林果强团，推进规模化、专业化、标准化生产和品牌化经营。

（3）优化林果业功能布局。以市场消费需求为导向，积极发挥林果的休闲观光、文化传承、生态涵养等多重功能。按照科学规划、因地制宜、注重特色、发挥优势的原则，通过"一团一品"、美丽乡村、特色小镇建设带动，对现有林果业优势团场进行提升改造，布局建设一批具有观光、体验、教育、文化、养生等功能的林果业功能区、乡村旅游线路、林果业综合体和重要林果产

品生产保护区，满足新消费需求。

二、夯实做强主产区优势团场，打造林果业发展新高地

聚焦重点主产区和产后环节，强化林果业强团建设，重点培育林果产业"一团一品"（林果业产业集聚区和特色产业强团）新平台，积极推进团场提升发展和重点团加快发展。

（1）深化林果产业优势团场建设。按照"园相标准、规模适度、链条完整、质量提升"的要求，继续抓好林果优势团场生产能力建设，打造兵团优势树种生产的核心区域，实现"一团一品"。提高新建园建设标准，加大投入力度，改善基础设施，提升园地质量，全面完成现有果园转型升级建设任务，并将建成的林果优势团场整体与现有林果产品结构优化组合，实行市场引导，稳定综合生产能力。深化现代林果业园区建设，推进园区农田基础设施改造提升，推广高效节水灌溉技术，提高排灌能力和抗灾保收水平。强化生产装备改善及仓储、物流等设施配套，提升机械化、设施化、智能化生产水平及应用规模。

（2）着力打造林果业"垦区精品"。按照"政府引导、市场导向、统筹规划、分步实施"的原则和"集聚、特色、精品"的要求，在现有林果标准园建设基础上，通过集聚资源要素、提升产业层次、延伸产业链条、拓展农业功能等途径，创新农业生产、经营、管理方式和资源利用方式，培育建成 10 个左右林果业产业集聚垦区和 20 个左右特色林果强团，培育林果业现代化建设的先导区、样板区。

（3）深入挖掘主导产业内部潜力。以林果业经典产业培育为载体，全面实施产业内部优化，提升发展行动计划，着力提高特色化、精品化、标准化、设施化、生态化水平，打造主导优势产业集群。加强产品质量安全和品牌建设，提升产业发展层次；做深做精梨、苹果、枣、葡萄等经典传统特色产业，挖掘品种差异潜力，将传统优势转化为增收优势；积极发展优良地方品种推广及种植模式创新，促进安全、健康、营养、美味产品生产，满足市场消费需求。

三、加快林果产业提升，适度发展林果新品种

（1）适度发展林果新品，优化产业内部结构。按照"内部调优、特色明显"的发展思路，强化政策扶持，适度发展林果新品，组织开展林果新品绿色优质高产攻关和示范创建，突出新品种、新技术、新模式示范应用，优化现有品种结构，做强做优果品产业，重点优化品种结构，实现品种差异化布局。坚持产量、质量与效益并举，鼓励和支持规模经营主体种植优新品种，

开展林果加工及品牌化营销，延长产业链条。深化建园补贴制度改革，积极培育种植大户、家庭农场、专业合作社及社会化服务组织等规模经营主体，探索组建生产联合社，大力推进适度规模经营。争取到 2025 年，基本形成以新型农业经营主体主导的全程机械化作业、社会化服务相配套的林果新品生产经营体系。

（2）大力发展新兴产业。利用现代信息技术和现代生物技术等新手段，大力培育生物农业、智慧农业、电子商务等新产业，积极探索发展定制农业、会展农业和众筹农业等新业态。按照"在发掘中保护，在利用中传承"的原则，深入挖掘田园景观、自然生态、环境资源，结合农耕文化、农事节庆活动和农业设施，通过生产创意、产品创意和品牌创意，大力发展休闲观光农业和创意农业，提高林果业的文化软实力和持续竞争力。

（3）加快产业融合发展。积极推进林果业全产业链建设，引导林果业企业应用新材料、新技术、新工艺、新设施，积极发展林果产品精深加工，健全产品冷链物流体系，加快林果产品产地市场建设，扩大代管代收、统防统治、烘干储藏等生产性服务，推动林果业"接二连三"、一二三产业或一三产业融合发展。加快林果业与旅游、教育、文化、健康养老等相关产业深度互融，实现资源共享，优势互补。

四、坚持产管齐抓并举，保障林果产品质量安全

（1）推行林果业标准化生产。加强林果业标准体系建设，重点制（修）订一批生产上急需，覆盖产地环境、生产过程、产品质量、加工包装的林果业标准及操作规程。以主要林果产品为重点，采用"一品一策"模式，加快标准化技术推广应用，促进产品按标生产、按标上市、按标流通。

（2）加强产品质量监管。落实产品质量安全责任主体，明确政府属地管理责任，强化部门行业监管责任，突出生产经营者的第一责任。实施最严格的林果产品质量安全全程监管制度，围绕突出问题和薄弱环节，坚持检打联动，加强风险监测和监督抽查，组织开展专项整治行动，严守农产品质量安全健康底线。加强对经营主体的职业培训，积极探索经营诚信机制，实现林果产品质量可控、问题可追、责任可究。"十四五"期间，抽检林果产品合格率达到 98％以上。

（3）实施林果产品品牌发展战略。加强林果业品牌培育，引导推进品牌创建和整合，着力打造一批有影响力、有文化内涵的优质林果产品区域公共品牌，提升产品市场竞争力和增值空间。顺应林果产品绿色、健康消费需求，鼓励林果业生产经营主体参与"两品一标"认证，依法加强对标志使用的管理和保护。积极开展林果产品品牌形象宣传推介，组织企业参与各种农博会、展销

会，努力提高各地名特优林果产品的知名度和美誉度。

五、提升林果业物质装备，改善林果业发展条件

（1）加强标准化果园基础设施。继续实施南疆林果业发展奖补政策，深入开展果园有机肥替代化肥试点。实施"百万亩标准园质量提升工程"，加大有机肥施用、修剪物还田、果园生草等技术推广，改善园地质量条件，提升土壤地力。按照"集中连片、稳产优质、生态友好"的要求，整合相关资源，改善果园基础设施，不断提高综合生产能力和防灾抗灾能力。

（2）加快林果业领域机械化应用。实施农机购置补贴政策，加大对新机具、新产品及果园专用型农机具的研发、引进和示范推广。组织开展林果业机械作业示范团、示范户建设，加快良机、良种、良法、良制配套，提高机械化作业适应性，加快果园机械装备自动化、智能化、智慧型发展。大力培育农机专业化合作组织及服务主体，建设一批具有农机作业、销售、维修、培训等多种功能的综合服务中心。

（3）推进设施林果业发展。支持各类农业生产主体因地制宜发展钢架大棚、日光温室等设施，配置应用立体栽植、多层养殖、控温控湿、物联网等装备，提高水、土、肥的利用率，推进设施林果业发展。

六、强化科技创新驱动，加速林果业信息化发展

（1）加快林果业科技创新。加大种质资源保护和开发利用，加强种苗基地和专用育种基地建设，组织开展新品种展示示范，育成和推广一批适应机械化生产，具有品质、抗性与产量协调优势，生产上急需的新品种。深化科技体制改革，鼓励农业科技创新主体及科技人员转移转化科技成果，打通科技与生产结合的通道。强化林果业科技创新平台建设和主体培育，加强新品种、新技术、新机具、新材料、新模式的研发，提高林果业种业自主水平，推进关键领域的技术集成与示范推广，果树主干型、"厂"字型综合技术体系得到全面应用。创新农技推广体制机制，依托产业技术团队建立示范基地，着力形成"产业＋团队＋项目＋基地"的技术创新与推广应用模式，促进农技供需对接和科研成果推广应用。

（2）加强林果业人才队伍建设。强化林果业推广队伍建设，实施新一轮基层从业人员定向培养政策，开展基层技术人员到林果生产基地跟班学习活动，优化专业结构，充实一线力量，开展知识更新培训，提高专业素养。组织实施"新型职业农民培育工程"，培育一批有文化、善经营、会管理、懂电脑，可满足不同岗位需求的高素质农民。鼓励大学毕业生、返乡农工和有志青年农工投身林果业创业创新，造就一批留得住、用得上、能带动的"土专家、田博士、

农创客"。

（3）大力发展"互联网＋"农业。以信息化与农业现代化融合发展为方向，加快互联网技术在林果业领域的运用，强化顶层设计、资源整合和数据共享，大力发展智慧农业、大数据农业，积极推进电子政务、事务、服务与商务和农村信息化建设。加快林果业大数据开发与应用，以现代农业地理信息系统为基础，组织开展行业行政监管、综合服务、政务信息三大平台建设，推动形成全覆盖、业务协同、上下联动、数据共享的农业信息化网络体系。大力发展农业电子商务，鼓励并支持各类农业新型主体借助电商平台开展网上营销，拓展市场。

七、加强农业生态保护，发展生态循环农业

坚持政府引导、市场主导、社会联动、主体自觉，着力推动产业优化布局、资源高效利用、生产清洁安全和环境持续改善。

（1）加强林果业绿色安全生产。以污染治理和源头控制为重点，落实主体责任，统筹推进林果业水、气、土污染综合治理。深入实施化肥农药减量增效行动，加快推进有机养分和高效环保农药替代、测土配方施肥、新型肥料应用、水肥一体化、绿色防控技术应用及统防统治，提高肥药利用率。

（2）着力构建制度体系和长效机制。围绕林果业废弃物资源化循环利用，采用政府购买服务、市场化运作、服务主体承接等形式，加快果园修剪废弃物、沼液和商品有机肥利用，培育回收利用（处置）主体，落实收储场地、配套运输车辆等设施设备，建立农药化肥废弃包装物和无害化处理体系，全面构建现代生态循环果业制度体系和长效机制。

八、深化农业农村改革，推进林果业产业化经营

（1）深化林果业体制改革。全面深化果园确权、赋权、活权改革，探索创新果园"三权分置"有效实现形式，完善土地流转激励机制，健全土地流转服务体系，规范土地流转行为。因地制宜发展乡村旅游业，引导组建林果业生产服务组织，增强统一服务能力。加快集团化、企业化带动发展路径，加快土地管理制度改革，健全团场国有资产监管体制。

（2）培育壮大新型经营主体。积极鼓励有条件的种养大户、经纪人和投身现代农业的高校毕业生创办林果业合作社，通过规范经营管理、开展示范创建、强化服务支撑，加快林果业合作社在林果业中的地位与比例；深化农工专业合作社规范化建设，推动组建农工专业合作联合社，不断增强合作社在林果业产业化经营中的主力军作用；积极吸纳工商资本、社会资本投资林

果业二三产业，引导企业以品牌嫁接、资本运作、产业延伸等形式联合重组，鼓励有条件的企业上市，培育一批产业关联度大、带动力强的骨干龙头企业。

（3）优化农业经营机制。采用委托流转、股份合作流转等多种方式推动林果业适度规模经营，统一规划布局，加强基础设施建设，推动土地较长时期稳定流转。积极推广"林果业龙头企业＋合作社＋基地（职工）""合作社＋企业＋职工"等经营方式，创新产业化经营模式，优化利益联结机制，促进一二三产业良性互动，加快原料生产、加工物流、市场营销等一体化发展，着力构建以家庭经营为基础、联合与合作为纽带、社会化服务为支撑的现代林果业经营体系，形成利益联结紧密、产加销协作的新型产业化经营机制，打造现代林果业发展共同体。

（4）发展林果业社会化服务。积极推进林果业生产合作、供销合作、信用合作"三位一体"的农工合作与联合服务，组织开展政府购买林果业公益性服务试点，支持农工专业合作社承接政府购买服务项目，充分发挥农工专业合作社在农业社会化服务中的重要作用。加大政策扶持，积极培育主体多元、形式多样、内容广泛的专业性社会化服务组织，采用合作式、订单式、托管式等模式，开展农资供应、农机作业、病虫害统防统治、果品烘干、肥料配送和产品营销等，为农业发展提供多样化、专业化、全程化服务。

（5）提升林果产品加工流通销售业。支持林果主产区和特色农产品优势区就地发展林果产品加工业，建设一批林果产品精深加工基地和加工企业。重点发展现代化气调保鲜、冷藏保鲜，辅以精确分级、杀菌处理技术，开发果汁、果酱、果酒、果粉及罐头等适销对路的副产品。充分利用果皮、果核、果渣等加工副产物，提高原料利用率，将原料"吃干榨净"，建立完整产业链，推进一二三产业融合发展。鼓励果农合作社发展林果产品初加工，统筹林果产品产地、集散地、销地批发市场建设，通过援疆机制，加强林果产品物流骨干网络和冷链物流体系建设，重点在内地一线城市建设集仓储保鲜、物流配送、品牌化展示等功能于一体的交易配送平台，降低物流成本，延长产业链，提高附加值。

第四章　重点建设工程

围绕重点任务和产业区域布局，着力实施对现代林果业发展和产业转型升级具有引领性、示范性和可操作性的六大建设工程和配套项目。

一、林果新品种示范工程

以"优化品种、优化模式、规模经营、绿色生产"为重点，整合各类林果生产扶持资金，组织开展林果新品新建园建设，稳步扩张面积，优化产业内部结构，提高产量和品质综合效益。"十四五"期间，通过引进林果龙头企业，创建一批绿色高产高效果园，产销一体化发展取得明显进展。

专栏1　林果新品适度发展重点

（1）新品苹果产业。围绕发展精品果业，优化结构、突出品质、做强品牌，加快特色苹果新品种引进示范。到2025年，苹果新建果园面积达到5万亩，产值5亿元左右。

（2）杏、李、樱桃、无花果产业。以市场为导向，强基础、调结构、重创新、优品牌、增效益，加快产业转型升级。到2025年，种植面积达到5万亩，产值5亿元以上。

（3）桃产业。重点推进规模化、标准化、集约化、机械化生产。到2025年，桃面积5万亩，产值5亿元左右。

（4）鲜枣产业。围绕鲜枣市场需求和产业转移趋势，深入实施良种化、标准化、品牌化战略，着力推进鲜枣种植、冷链运输和市场开拓。到2025年，鲜枣面积发展到3万亩左右，整合做强3～5个鲜枣区域公共品牌，综合产值达到3亿元。

（5）梨产业。围绕梨品牌差异，利用地域优势，优化品种结构，突出抗病性，推进西洋梨等新品专业化、标准化、集约化生产。到2025年，面积发展到2万亩左右，产值2亿元左右。

（6）北疆寒地果树产业。坚持"生态优先、农旅结合、向西出口、强团富民"，优化区域布局、产业及品种结构，适度发展抗寒苹果、梨、桃、榛子等特色产业，推进美丽乡村建设。到2025年，北疆特色寒地果树保持稳定，面积达10万亩左右、产值达到10亿元。

二、优势林果提质升级工程

（1）现有优势林果产业集聚发展。支持现代林果业产业提升和融合发展，以生产过程简化、劳动强度降低、投入成本下降、社会化服务完善等提高整体生产水平和资源利用效率，推进红枣、苹果、香梨、葡萄等主导产业转型升级，"十四五"期间，全兵团建成10个林果业产业集聚区（垦区）、100个科技示范合作社，1 000个科技示范户。

专栏 2　优势林果产业提质发展区域布局

（1）做强红枣产业。着力抓好一师阿拉尔市、二师铁门关市、三师图木舒克市、十四师昆玉市 4 个红枣优势区建设。稳定生产规模，推动红枣产业向简约化、机械化、标准化、品牌化和绿色化方向发展，延伸拓展产业链，增加绿色优质产品供给，不断提高质量效益和竞争力。加强高标准示范园建设，加快优良品种和鲜食品种发展步伐，提升枣园绿色防控能力，不断增加优质枣果产能，提高枣果商品等级，推进枣业转型升级。

（2）做精香梨产业。建设二师铁门关市、三师图木舒克市和一师阿拉尔市香梨优势区生产基地，加强香梨绿色防控技术应用，推进出口注册果园建设；支持建设规范化产后分级、贮藏保鲜；充分挖掘品牌内涵，促进香梨产业高质量发展。

（3）做大苹果产业。着力建设一师阿拉尔市、四师可克达拉市等苹果主产区，三师图木舒克市、十四师昆玉市、五师双河市适度发展苹果，天山北坡各师市适当发展耐寒苹果。按照优势区域、优良品种、优质生产的布局和要求，多元化投入，精细化栽培，产业化经营，以租赁、代建代管、订单收购、合作共建等方式加快转变生产经营模式，构建现代苹果产业体系。

（4）做好葡萄产业。二师铁门关市、四师可克达拉市、五师双河市、八师石河子市和十三师稳步扩大鲜食葡萄种植规模，加快鲜食葡萄主栽品种更新换代步伐，扩大优良早中熟品种种植规模，在葡萄"厂"字型栽培应用的同时，大力推广葡萄栽培新模式、新技术，提升鲜食葡萄的品质和效益。十二师 221 团和十四师重点发展鲜食制干兼用优良品种。三师图木舒克市重点发展木纳格等鲜食葡萄品种。二师铁门关市、四师可克达拉市、六师五家渠市和八师石河子市发展个性化酒庄建设，推进小产区酒种差异化发展，扩大酿酒葡萄订单生产，建立长期稳定的利益联结机制，打造酿酒葡萄新名片。

（5）做优杏、李、桃、软籽石榴、樱桃、无花果等果品产业。在现有基础上，突出适地适树和品质优势，完善生产技术规程和产品质量标准，推广标准化生产，产业化运营，按照"一团一品"思路，打造知名品牌、产业强镇，走专而精的发展路子。

（2）林果强团建设。围绕"集聚、特色、精品"和绿色发展，以林果业"一团一品"建设和林果业垦区提升发展为载体，统筹整合现代林果业生产发展相关专项资金，着力开展林果产业集聚区中特色林果业强团建设，"十四五"建设 20 个特色鲜明的林果业强团。

专栏 3　林果业"垦区精品"建设要点

（1）林果产业强团集聚发展。立足区域优势和资源优势，以林果业产业为基础，全产业链发展为主线，农业龙头企业和产地市场为核心，突出规模化、集聚化、生态化布局，注重种植、加工、流通等产业融合发展。区内土地集中连片，基础设施配套齐全，有优势特色林果主导产业、规模较大产地交易市场和农产品加工区块，具有产业集中布局、资源集约利用、功能相互融合等特点。

（2）特色林果强团产业延伸建设。以团域为范围，依托产业叠加文化、旅游、休闲养生等功能，按照生产、生态、生活和宜业、宜居、宜游"三生三宜"融合发展要求，科学布局林果业生产、休闲旅游、公共服务等功能区块，突出生态保护和环境治理，农业产品、农事景观和乡土文化等的创意设计，实现主导产业强、基础设施全、生态环境美、农旅结合深。

三、智慧林果业建设工程

围绕林果业精准化、智能化、机械化、设施化建设，以信息化与林果业现代化深度融合为导向，以推进资源共享共融、信息互联互通为重点，整合集成现有各类林果业信息资源和数据，组织开展智慧林果业数据中心和行政监管平台、林果业信息综合服务平台、林果业政务信息发布平台等建设，分步推进区域性电子商务等公共服务平台建设，提升智慧农业监管和服务能力。组织开展物联网应用示范，加快行业信息进村入户和行业领域"电商换市"，提高智慧农业生产和经营水平。"十四五"期间，建设 3 个专用数据库、10 个以上区域性林果业电商平台，打造 20 个可供复制的林果业物联网示范点，培育 50 个生鲜果品网络直销规模基地。

专栏 4　"物联网＋"林果业建设要点

（1）"物联网＋"标准体系。重点建立包含基础设施、信息资源、应用开发、信息安全及管理等的林果业信息化地方标准体系。

（2）"物联网＋"林果业大数据。重点建立包括政策法规、林果业主体、农村三资、园地质量、林果业生产、市场行情、农技专家、质量安全、农资监管、种质资源、"三品一标"等基础数据库的兵团级智慧农业数据中心。

(3)"物联网十"林果业生产。重点推进林果业物联网示范，加快RFID电子标签、远程监控、无线传感监测、二维码等现代信息技术在林果业上的推广应用。

(4)"物联网十"林果业经营。围绕发展农业电子商务，发挥市场机制作用，引导经营主体利用电商平台、农产品大宗交易平台开展网上营销。

(5)"物联网十"林果业监管。以投入品监管、产品质量追溯、林果业生态环境监测为依托，组织开展林果业综合行政监管平台建设，全面提升林果业应急管理和决策指挥水平。

围绕林果业产业升级和生产方式转变，以推动农机设施装备结构优化和提高林果业全产业链机械化水平为重点，组织开展机械装备升级改造、宜机化示范创建和设施农业建设，强化农机与农艺、农机化与信息化融合，全面提高林果业机械化发展层次。"十四五"期间，全兵团重点创建林果机械作业示范团10个、建设示范性农机专业服务组织10个、示范连（园区）100个、示范户300个，新增林果业机械装备1万台（套）。

四、林果业科技创新引领工程

围绕科技创新驱动，以提升创新能力、加快推进现代种苗业提升、林果业科技创新与示范推广、高素质农民和基层农技人员培育，强化产业技术创新与推广服务团队及示范基地建设，开展专项工程建设支撑林果业创新发展。

(1)特色果树优异种质发掘与品种创新。针对核桃、杏、枣、梨、苹果等特色果树种质资源高效利用中的关键问题，开展种质资源重要品质性状评价、功能成分精细评价研究，基于全基因组、转录组等手段发掘重要性状基因。研发细胞工程、分子标记等辅助育种技术，结合常规育种，创制新种质和新品种。

(2)特色林果转型升级高质量生产关键技术研究与示范。着力突破制约特色林果产业发展的关键技术瓶颈。围绕"应用基础、重大共性关键技术、典型应用示范"全创新链进行系统研究，开展优良种质资源创新，优化特色品种区域布局，创新果园高质量生产群体结构塑造和品质提升理论与方法，集成简化树形培育、枝梢花果调控、功能聚集、机械作业、水肥药一体化、防灾减灾、设施高效栽培等关键技术，进行全产业链典型示范，建立涵盖产业全过程的标准化技术体系，搭建林果产品质量溯源与监控平台、"互联网＋林果"科技服务平台，为农业供给侧结构性改革提供技术支撑。结合现代节水技术，开发果树专用节水器具，配套符合果树发育节律的节水灌溉节水制度，创新农艺节水、生物节水、工程节水等节水技术，实现深根性果树节水新技术大面积推广应用。

（3）南疆少数民族聚居团场林果简约栽培关键技术示范。充分利用南疆特色资源，集成科技成果，创新林业产业发展模式，带动传统林果业技术升级，促进少数民族聚居区的林果业现代化进程，助力林果业产业巩固脱贫攻坚成果。重点开展新植果园早丰产关键技术应用与示范（225团新植葡萄园标准化栽培、51团新植杏李丰产栽培）、成龄果园增效关键技术应用与示范（225团枣园疏密改形标准化技术应用、皮山农场骏枣提产增效栽培、44团灰枣稳产提质栽培、51团灰枣简化树形及花果管控技术应用等）、专业合作社运营及产后增值技术培训等工作。

五、新型林果产业链延伸工程

（1）打造林果产业新业态。围绕现代林果业发展需求，加强采后处理、贮藏保鲜、精深加工、电商物流、农旅康养等产业链条上中下游诸环节的纵向拓展延伸，突出冷链物流体系建设和完善。深度挖掘基于林果产业的休闲旅游、文化创意、生态康养等功能的创新创业，培植现代林果业产业新业态，织密林果业产业链条网络。推动团场一二三产业深度融合发展，打造一批覆盖范围广阔、文化内涵丰富、区域特色鲜明、商业价值丰厚、带动作用显著的龙头企业，培植林果产业发展新动能，全面提升现代林果业的整体效益和综合竞争力。

（2）构筑林果产品质量安全新体系。围绕保障林果产品有效供给和质量安全，以构建科学有效的林果产品质量安全生产模式和监管机制为重点，加强重大植物疫情阻截带、生鲜产品预警体系等建设，提升主要树种重大病虫害绿色防控和统防统治能力，全力打造国家林果产品质量安全示范区。

（3）培育林果产业经营新主体。围绕培育壮大新型主体、推进多种形式适度规模经营，加快果园承包地确权登记颁证和赋权活权，完善林果业政策性保险，推进林果业信贷担保体系建设，支持果农专业合作社规范化建设、产业化发展，鼓励大学生从事现代林果业和社会化服务组织培育，着力推动家庭农场、专业大户、农工合作社、林果业产业化龙头企业等各类新型农业经营主体发展壮大，提高新型农业经营主体综合素质、发展活力和农业规模经营效益。引进国内果品龙头企业进行代建代管、租赁托管、定向生产等带动产业高质量发展。到"十四五"末期，各类新型农业经营主体带动农户达到 1 万家。全面推进龙头企业带动林果业发展，以代建代管、订单农业、加工收购、委托销售等方式组织农工定向生产，实现企业、合作社、农户利益衔接。加强林果出口基地建设和出口市场培育，积极拓展国际市场。

六、生态循环果业创建工程

围绕林果业可持续发展，以生态循环农业建设为抓手，组织实施化肥农药减量增效、林果业土壤污染防治、园地保护与质量提升等三项行动，开展"十百千"现代生态循环农业示范创建，整团制推进林果业废弃物回收处置及资源化利用。"十四五"期间，全兵团建成整建制（团）推进 10 个团生态循环林果业示范建设，建成 10 个现代生态循环林果业示范区、100 个现代生态循环林果业示范主体，1 000 个生态循环林果业示范园。

专栏 5　现代生态循环果业"十百千"推进行动

（1）整团制推进的示范区。在南疆等 10 个优势团，按照"一项目标任务、一个推进方案、一套支撑政策"的要求，编制整建制推进实施方案，突出制度完善和机制创新，形成常态化运行和监管机制。重点在全面治理污染、推进种植业清洁化生产、促进林果业废弃物循环利用等方面寻求突破，为示范区建设提供样板。在林果主产区建立 100 个现代生态循环果业合作社。

（2）现代生态循环果业示范户。组织实施区域性现代生态循环果业示范户建设项目，集成生态循环果业模式和技术，形成现代生态循环果业技术模式集中展示区。建成 1 000 个现代生态循环农业示范户。

（3）现代生态循环农业示范面积。以区域循环中起支柱作用的种养配套企业、林果业废弃物资源化利用企业、沼液配送服务组织和清洁化生产主体、全产业链合作社（企业）等为重点，建成现代生态循环林果业示范面积 10 000 亩以上。

第五章　保障措施

一、加强组织领导，推动规划顺利实施

各级党委、政府要高度重视现代林果业发展工作，把现代林果业发展规划

纳入国民经济和社会发展总体规划进行统筹规划和布局，将林果业"一团一品"建设、林果产品质量安全等重点目标和重大任务纳入各级政府和部门的责任制考核，以刚性约束保障规划的实施。各级林果业等相关部门要围绕规划确定的目标任务，明确职责分工，加强协调配合，深入调查研究，精心组织实施，确保规划真正落到实处，发挥重要引领作用。

二、强化政策保障，改善林果业发展环境

按照规划确定的重要任务和重点工程，研究制定扶持现代林果业建设的相关配套政策，重点在要素资源保障、人才支撑、财政金融创新及转变林果业发展方式、推进林果业融合发展和绿色发展等方面加大政策创设力度，着力解决制约现代林果业建设的瓶颈问题，调动基层组织和广大群众的积极性，加大对建设成效、先进典型及经验等的宣传，努力营造发展氛围，形成推进合力。

三、加大投入力度，夯实林果业发展基础

探索财政支持方式，在确保政策投入总量稳定增长的情况下，灵活统筹可用资金，采取多种方式，重点保障对基础性、公益性、公共类建设的投入，并向林果业"核心区"、林果业"一团一品"、市场开拓、链条延伸等集中。积极推进财政金融支持，加大对林果业银行信贷、信用担保和林果业保险等政策扶持力度，引导龙头企业、专业投资机构投资林果业产业，扩大林果产业资本规模，切实解决产业发展中"贷款难、贷款贵"和抗风险能力弱等问题。发挥果园产权融资功能，积极推动果园土地承包经营权抵押贷款、大型农机具融资租赁。按照政策性、专业性和独立性的要求，加快推进建设由企业为主投入、实行市场化运作，专业服务"三农"发展的政策性担保体系。完善农业保险制度，继续加大对兵团优势特色林果业保险支持力度。

四、加快改革创新，增强林果业发展活力

加大改革和创新力度，逐步突破体制机制约束，释放改革红利，全面激发林果业发展活力。深化果园承包经营权确权、赋权、活权改革，创新果园"三权分置"有效实现形式，探索股份合作等多种经营方式，激活林果业资产、资源、资金等各类生产要素潜能，实现保值增值；创新土地流转引导和服务机制，完善土地流转服务平台，鼓励农户流转土地，促进林果业适度规模经营；探索建立林果产品市场风险预警和防范机制，有效保障主要林果产品供给，增强林果业发展活力。

附件21 新疆生产建设兵团"十四五"
农产品加工业发展规划

前 言

"十四五"时期是兵团实施乡村振兴战略的关键时期，也是兵团农业积极适应形势发展的新变化、妥善应对发展面临的新挑战、实现农业现代化的攻坚时期。农产品加工业连接工农、沟通城乡，行业覆盖面宽、产业关联度高、中小微企业多、带动农民就业增收作用强，是构建现代乡村产业体系、不断提高农业质量效益和竞争力的支柱产业，是持续促进农民就业增收、巩固拓展脱贫攻坚成果的有效途径，是全面推进乡村产业振兴、加快农业农村现代化的有力支撑。加快发展农产品加工业是兵团实现社会稳定和长治久安的现实需要，是提高职工生活水平，增强维稳戍边能力的需要；是进一步推进农业结构优化升级，转变农业发展方式，全面提升农业质量效益的需要；是建设兵团现代农业示范区，推进现代农业进程的重要内容。

为贯彻十九大报告中构建现代农业产业体系的精神，落实《国务院办公厅关于进一步促进农产品加工业发展的意见》《国务院办公厅关于推进农村一二三产业融合发展的指导意见》《新疆生产建设兵团国民经济和社会发展第十四个五年规划纲要》和《新疆生产建设兵团"十四五"农业农村现代化发展规划》，促进农产品加工业持续稳定发展，引导和推动农产品加工业转型升级，提升兵团农产品加工业竞争力，促进兵团农产品加工业持续稳定健康发展，为实施乡村振兴战略和兵团向南发展提供有力支撑。结合兵团农产品加工业发展实际，特编制《新疆生产建设兵团"十四五"农产品加工业发展规划》。

本规划坚持以习近平新时代中国特色社会主义思想为指导，全面贯彻党的十九大和十九届二中、三中、四中、五中、六中全会精神，贯彻落实第三次中央新疆工作座谈会精神特别是习近平总书记重要讲话精神，完整准确贯彻新时代党的治疆方略，牢牢扭住社会稳定和长治久安总目标，立足新发展阶段、贯彻新发展理念、构建新发展格局，以推动高质量发展为主题，对兵团农产品加工业发展做出阶段性谋划，明确"十四五"时期的发展目标、区域布局和发展重点、主要任务和重点工程，是指导兵团各师市各部门推进农产品加工业发展的重要依据。

本规划基准年为2020年，规划期为2021—2025年。本规划2020年现状值来自兵团统计局发布的数据和各行业主管部门提供的数据，不含地方数据。

本规划所指的农产品加工业，主要指农产品及副产品综合利用加工，统称为农产品加工业，有别于《国民经济行业分类》（GB/T 4754—2017）所做的划分，是以兵团粮油、棉花、林果、畜禽、兵团特色农产品为原料的农产品及副产物综合利用加工。

第一章　发展基础和环境

第一节　发展基础

"十三五"以来，兵团围绕"三化"协调发展的总体要求，坚持布局园区化、产业集团化、企业集群化、基地标准化、经营市场化、服务社会化的发展方向，加快转变农业发展方式，实施农产品加工业提升行动，大力发展农产品初加工，积极发展精深加工，推进副产品综合利用，培育壮大龙头企业，努力构建贸工农有机融合、产加销一体化的现代农业产业体系，农产品加工业发展取得明显成效。

一、发展成效

（1）农业产业化水平不断提高。通过多年努力，兵团农业产业化水平得到不断提升，初步形成了包括纺织业、粮食、油脂、果蔬、葡萄酒、工业番茄、饲料、糖、乳、肉、种子、农特产品加工业在内的 12 个特色资源优势主导产业。农产品加工业产值由 2015 年的 840 亿元提高到 2020 年的 1 748 亿元，增加 908 亿元，年均增长 16 ％，农产品加工产值比由 0.85：1 提高到 1.3：1。农业产业化龙头企业队伍不断发展壮大，在推动兵团农业产业链的延伸、供应链的优化和价值链的提升方面发挥了积极作用。培育国家和兵团级农业产业化重点龙头企业 107 家，其中国家级 18 家。龙头企业销售农产品占到农产品销售总量的 70％以上，龙头企业带动团场和地方农户 52 万户。"龙头企业＋合作社（家庭农场）＋农工（基地）"的联农带农机制不断完善，带动了团场连队发展和农工增收。

（2）产业融合发展进程不断加快。"十三五"期间，兵团着力打造创建各级各类农业产业园区，加速产业集聚发展，推动形成"点—线—面"结合、功能有机衔接的产业融合发展格局。创建 1 个全国优势特色产业集群、2 个国家级现代农业产业园、5 个全国农业产业强镇、2 个全国农业产业化示范基地、1 个国家农村融合发展示范园、2 个全国农村一二三产业融合发展先导区。通过各类平台搭建，区域农业产业融合发展进程不断加快，有效促进了主导产业延链补链和提档升级。

（3）新型业态发展态势良好。休闲农业和乡村旅游产业呈现出主体多元化、业态多样化、服务规范化和发展集聚化的良好态势，成为兵团农村经济和社会发展的新业态、新亮点。截至 2020 年，打造全国休闲农业与乡村旅游示范县 3 个、示范点 12 个，中国美丽休闲乡村 19 个、美丽田园 4 个，全国精品休闲农业和乡村精品旅游线路 5 条；认定兵团休闲农业示范团场 9 个，兵团休闲农业示范点 19 个。全年休闲农业和乡村旅游接待人次 320 万人，营业收入达 5.4 亿元，从业人员 0.89 万人。

（4）政策保障措施不断完善。"十三五"期间，农业农村部印发了《全国农产品加工业与农村一二三产业融合发展规划（2016—2020 年）》，兵团各职能部门制定、修订了《新疆生产建设兵团关于加快构建政策体系培育新型农业经营主体的实施意见》《关于加快推进重要产品追溯体系建设行动计划（2017—2019 年）》《"十三五"时期兵团农业现代化发展规划》《新疆生产建设兵团科技援疆规划》等文件，对兵团农产品加工行业在经营主体多元融合发展、多路径提升规模经营水平、多模式完善利益分享机制、多形式提高发展质量等方面进行积极引导，完善了财政扶持、基础建设、税收优惠政策、金融信贷服务、保险支持力度、人才队伍建设等方面的政策措施，为"十三五"期间兵团农产品加工行业的快速发展提供了坚强的政策保障。

（5）科技支撑作用逐步显现。兵团现有新疆农垦科学院农产品加工研究所、石河子大学食品学院、塔里木大学食品工程系、各师农业科学研究所（院）等科研技术单位，基本形成了产品开发、研制、质量检测和人才培养的技术体系，在大宗果品保鲜、加工、畜产品加工、农副产品综合利用等方面拥有多项自主知识产权。随着国家在农产品加工项目上资金投入的增加，兵团农产品加工相关的企事业单位的科技投入明显增加、科研条件明显改善、科研水平明显提高。如一师阿拉尔市红枣现代农业产业园项目获得 1 亿元中央财政资金支持；兵团红枣产业集群项目；新疆农垦科学院"果品干制加工技术集成科研基地（西北）"项目获得 1 333 万元中央财政资金支持；新疆农垦科学院与叶河源果业有限公司联合创建"国家红枣加工技术研发中心"等。在项目研究过程中，由国内农产品加工知名专家和单位牵头，兵团科研单位和企业参与实施，使得产品研发队伍逐步壮大，青年技术人才水平明显增强，一些国家级的大项目逐步引入兵团，为兵团农产品加工科研事业增添了新的活力。

二、存在问题

（1）加工产业链条不长。农产品加工企业多为中小微企业，规模不大，体量小，精深加工水平高的龙头企业数量还不多，产品附加值高、技术含量高的名特优产品不多，大多产品以初级加工品为主，很多是以半成品的形式出口，到内地或国外仍需深加工或分装，产品附加值较低。国内发达地区农产品加工业产值与农业总产值比高达 2.5～3.7，而兵团只有 1.3，农产品加工转化率低。现有龙头企业中，仅有冠农股份、天康生物、天润乳业等少数企业，很多农产品加工企业能力远不能适应生产发展，很多企业技术及装备水平还停留在初级加工水平，缺乏深加工和新产品系列开发能力，附加值低，产业链太短，难以延伸至附加值较高的销售环节，在很大程度上影响了兵团农产品加工产业的竞争力。初加工企业数量多，从事精深加工的少，兵团因农产品的综合利用不足而造成的资源浪费比较严重。

（2）技术创新能力不强。农产品产地储藏、保鲜、烘干等初加工设施简陋，精深加工和综合利用存在短板。农产品加工、储运与发达地区相比，装备水平相对落后，存在农产品增值率低、生产效率低、耗能高、污染处理落后等问题。加工机械装备信息化、自动化和专业化方面的研究与应用还存在明显差距。特别是在功能性产品、保健类产品、创新性产品等方面的技术装备水平较低，缺乏特色农产品加工专用设备。

全兵团现有国家级、兵团级农业产业化重点龙头企业 107 家（国家级 18 家，兵团级 89 家），其中销售收入（交易额）超 50 亿元的有 6 家，超 30 亿元的有 9 家，超 10 亿元的有 20 家，与全国 500 强前 20 名的企业年销售收入平均值为 627.7 亿元相比还有较大差距。龙头企业总体上规模较小，经营水平较低，转型升级相对滞后、带动能力差，抵御市场风险能力差等问题突出。企业配套的产品质量安全追溯、物流配送和产品标准体系不健全，品牌培育滞后，产品增值率低，严重制约了农产品加工产业发展。

（3）科技研发投入不足。研发投入严重不足，农产品加工企业研发投入低，绝大部分企业投入不到销售收入的 2％，小微农产品加工企业根本无研发机构和投入，创新内在动力严重不足；先进适用、技术成熟、安全可靠、节能环保、服务到位的农产品加工装备和技术有效供给依然不足，不能有效满足农产品加工优势产业发展壮大、提质增效的需求；装备与技术融合还不够紧密，农产品加工技术的组装配套和集成推广受到制约。

（4）品牌建设水平不高。企业产品品牌偏少，且小而杂，有些地理标志产品缺乏整体规划、创建提升和品牌宣传，缺乏在全国有影响力和市场竞争力的区域公用品牌、企业品牌。近年来企业虽然有了建设品牌的意识，但不是很强烈，办法与措施不多。由于产品标准缺失，品牌建设能力弱，内地二三线城市新疆农产品经营网点不健全，现代网络营销跟进步伐落后，销售途径单一，销售模式创新不足，产品标识与产地消费者辨识难度大，品牌杂乱，市场产品良莠不齐。标准化生产落后，标准体系建设滞后，质量追溯体系建设无法满足生产发展需要，品牌培育滞后，产品增值率低，制约了农产品加工产业发展。

（5）发展政策环境不优。现行农产品加工扶持政策的稳定性、持续性不强、政策覆盖面窄，用地、用水、用电税收优惠政策落实不到位；贷款融资难、融资贵问题突出，政策性保险覆盖面窄。尤其是物流成本居高不下，严重影响电商产业发展。围绕农产品加工重点领域、关键环节科技支持、配套政策支持力度小，需要进一步完善优惠政策扶持体系建设。

第二节　发展环境

（1）政策机遇叠加。第三次中央新疆工作座谈会为兵团农产品加工业发展指明了前进方向，提供了根本遵循。"一带一路"倡议及西部大开发、乡村振兴等一系列国家战略交汇叠加，对口援疆、强农惠农支农政策、农产品加工扶持政策等相继部署推动，农业农村部农产品加工局设立农产品财政补贴政策，其中包括 13 个补助政策实施省区和新疆生产建设兵团的省、地、县三级农产品加工主管部门，实现补助政策实施县（区、市）管理部门全覆盖，为兵团农产品加工业发展步入快车道提供了良好的政策环境。

（2）科技含量提升。新疆农产品主要以鲜食为主，普遍为季节性产品，采后加工比率低。许多发达国家农产品采后商品化处理加工率达到 100%，而新疆农产品经过清洗、打蜡、分级、包装等加工后上市的不足 2%。借助国家援疆政策，充分借鉴和学习外省先进农产品出口加工企业的经验，学习先进的加工技术和管理方法，并深化科研院所体制改革，整合科技力量，推动产、学、研结合的模式，围绕农业产业化的难点、热点问题进行合作攻关。快速提升优势农产品科技含量，提高新疆农产品在国际市场的竞争力。先进、适用的农产品加工新技术、新成果得到转化与应用，比如冷冻干燥技术、二氧化碳超临界萃取技术、油脂绿色精炼等技术在农产品加工业中的广泛推广和应用。

（3）消费结构升级。城乡居民的生活方式和消费结构正在发生新的重大阶段性变化，对农产品加工产品的消费需求快速扩张，对食品、农产品质量安全和品牌农产品消费的重视程度明显提高，市场细分、市场分层对农业发展的影响不断深化；农产品消费日益呈现功能化、多样化、便捷化的趋势，个性化、体验化、高端化日益成为农产品消费需求增长的重点；对新型流通配送、食物供给社会化、休闲农业和乡村旅游等服务消费不断扩大，均为推进农产品加工业和产业融合创造了巨大的发展空间。

（4）技术创新主导。移动互联网、大数据、云计算、物联网等新一代信息技术发展迅猛，以农产品电商、农资电商、农村互联网金融为代表的"互联网＋"农业服务产业迅速兴起。绿色制造、食品科学、材料科学加速创新应用。高新技术的飞速发展，延伸了农业产业链条，重构了产业主体之间的利益联结机制，创新了城乡居民的消费方式，为农产品加工业的发展提供了不竭动力。

第二章　总体要求

第一节　指导思想

以习近平新时代中国特色社会主义思想为指导,全面贯彻党的十九大和十九届二中、三中、四中、五中、六中全会精神,贯彻落实习近平总书记"七一"重要讲话精神,贯彻落实第三次中央新疆工作座谈会精神,完整准确贯彻新时代党的治疆方略,牢牢扭住社会稳定和长治久安总目标,完整准确贯彻新时代党的治疆方略和对兵团的定位要求,牢牢扭住新疆工作总目标,立足新发展阶段、贯彻新发展理念、构建新发展格局,以推进农业供给侧结构性改革为主线,发挥兵团资源和市场优势,因地制宜、科学规划,发挥优势、突出特色,促进一二三产业融合发展,推动农产品加工业由初级加工向精深加工、由数量增长向质量提高、由松散布局向集聚发展转变,提高农产品加工业整体水平。优化产业布局,推动重点行业和优势行业快速发展;健全质量安全保障体系,推进农产品加工标准化和品牌化;完善农产品加工产业和政策扶持体系。充分发挥农产品加工业引领带动作用,培育和壮大农产品加工企业,支持农工专业合作社、家庭农场等发展加工流通业,建立科学的利益联结机制和脱贫带动机制,加快现代农业产业体系、生产体系和经营体系建设,促进兵团农产品加工业持续稳定健康发展,为实施乡村振兴战略和兵团向南发展提供有力支撑。

第二节　基本原则

(1)优化布局,集聚发展。围绕兵团优势农产品资源,发挥比较优势,集中支持重点师市、优势产业、重点企业和重要产品。着力构建上下游产业互联、专业分工明晰、产销及配套企业相对集中的农产品加工园区和产业带,促进农产品加工业集聚发展。

(2)市场主导,统筹发展。尊重企业主体地位,充分发挥市场在资源配置中的决定性作用。引导企业针对农产品加工业的薄弱环节、瓶颈制约和重点领域,强化服务,加大扶持。

(3)科技支撑,创新发展。营造创新人才发展良好环境,培养素质优良的创新型人才队伍,加快形成完善的创新生态。优化创新资源配置,激励企业加大研发投入,引导社会资源投入创新,形成多方投入的新格局。

(4)生态优先,绿色发展。保持加强生态文明建设的战略定力,贯彻新发展理念,统筹好农产品加工业发展和生态环境保护建设的关系。深入推进农产品加工业向绿色化、优质化、特色化、品牌化发展。

（5）兵地共促，融合发展。坚持兵地产业布局"一盘棋"，统筹推进兵地农产品加工业政策同振、资源共享、错位发展，实现优势互补、竞争有序、合作有效。加强兵地间交流协作，推动兵地农产品加工业发展不断走向深度融合。

第三节　主要目标

到 2025 年，兵团农产品加工业高质量发展取得明显成效，总体规模不断扩大，产地初加工和精深加工水平整体提升，一二三产业融合发展，产业结构布局进一步优化，关键核心技术装备研究与应用取得较大进展。大力发展农产品绿色加工，建立低碳、低耗、循环、高效的绿色加工体系。培育一批以低成本、低能耗、低排放、高效率为特征的农产品精深加工及其副产物综合利用优质加工企业、产品品牌和产业集群。发展质量效益和竞争力不断提高，在构建农业全产业链、促进农业提质增效和农民就业增收等方面的作用更加突出。

（1）扩大产业规模。到 2025 年，主要农产品产地初加工和精深加工水平整体提升，力争农产品加工业与农业总产值比达到 2.5∶1，农产品加工转化率（初加工以上）达到 70% 以上，农产品加工环节损失率控制在 5.5% 以下，农产品精深加工比例明显增加。

（2）培育发展主体。打造一批行业领先、带动力强的大型农业龙头企业，建设一批高标准农产品生产加工基地。到 2025 年，力争培育兵团级农业产业化联合体 20 家，兵团级以上农业产业化重点龙头企业 150 家，其中销售收入（交易额）超 100 亿元的企业 5 家，超 50 亿元的 10 家，超 10 亿元的 30 家。龙头企业带动农户占全兵团农户数 80% 以上。

（3）打造发展平台。以农产品加工园区、现代农业产业园、农业科技园区、农村创业创新园区等为平台，引导农产品加工业集聚发展。到 2025 年，力争创建 6 个国家级现代农业产业园、10 个兵团级现代农业产业园，创建 10 个国家级农业产业强镇、20 个兵团级农业产业强镇（团场），3 个优势特色产业集群，累计创建 70 个全国"一村一品"示范村镇。

兵团农产品加工业发展"十四五"规划主要指标见表 1。

表 1　兵团农产品加工业发展"十四五"规划主要指标

发展指标	现状值	目标值	指标属性
	2020 年	2025 年	
农产品加工与农业总产值比值	1.3∶1	2.5∶1	预期性
农产品加工转化率（%）	60	70	预期性

（续）

发展指标	现状值	目标值	指标属性
	2020 年	2025 年	
农产品加工环节损失率（%）	—	5.5	预期性
兵团级农业产业化联合体（个）	0	20	预期性
兵团级以上农业龙头企业数量（家）	107	150	预期性
国家级现代农业产业园（个）	2	6	预期性
兵团级现代农业产业园（个）	0	10	预期性
全国产业强镇（个）	5	10	预期性
兵团级产业强镇（个）	0	20	预期性
国家级特色优势产业集群（个）	1	3	预期性
全国"一村一品"示范村镇（个）	50	70	预期性

注：2025 年目标值部分来自相关专项规划，或行业部门提供，或根据 2020 年数据合理预测。

第三章　发展重点和区域布局

围绕构建农业全产业链，根据兵团各师市区域分布、资源禀赋、产品特色、突出优势、因地施策、重点发展农产品加工业，全力打通加工环节，推进延链、补链、壮链、优链。重点发展粮食、油料、棉花、林果、畜禽、特色农产品等农产品加工业，强化分类指导，明确发展方向，优化区域布局，科学引导农产品合理加工、深度加工、综合利用加工，加快实现农产品加工业从数量增长向质量提升、要素驱动向创新驱动、分散布局向集群发展转变，形成生产与加工、科研与产业、企业与农工相衔接配套的上下游产业链格局，促进农产品加工转化、增值增效。

第一节　粮食加工业

发展重点：深入实施优质粮食工程，以小麦、玉米、水稻为主，大力发展粮食产业，保障粮食安全。大力建设优质小麦原料基地，积极推动烘干、贮存等产地初加工设施建设，对现有面粉加工企业进行技术改造，提升产能，加快以粮食为原料的精深加工业发展和技术装备升级，建设骨干主食加工企业，减少小麦加工环节损失率、提高总出粉率，积极开发营养强化面粉、专用面粉及方便食品等产品。统筹推进饲料加工、工业加工、食用和种用加工。着力发展玉米制种、籽粒与青贮兼用玉米，适度发展鲜食玉米。杂交玉米种子生产基地主要向北疆沿天山和伊犁河谷玉米制种优势区域优势团场集中。在籽粒玉米优势产区发展淀粉糖、淀粉加工、方便食品等初加工，开发玉米蛋白粉、胚芽、柠檬酸、淀粉糖等精深加工。在制种玉米优势产区发展玉米种子加工及配套。在青贮玉米优势产区饲料化利用，向专用化、特种化和颗粒化发展。在鲜食玉米优势产区发展产地初加工、保鲜贮藏和玉米罐头加工。稳步开展稻谷就地就近加工，引进优质品种，着力发展优质粳稻。在水稻优势产区发展稻谷烘干、储藏等产地初加工与优质特色稻米加工。重点建设以四师可克达拉市、八师石河子市、一师阿拉尔市、二师铁门关市和十三师为中心的粮食加工产业集群，重点支持一和生物、伊香米业、天山面粉、疆粮米业等龙头企业建设，加快引进国内大型行业龙头企业，推动产地初加工和以粮食为原料的精深加工业发展和技术装备升级，延长产业链。鼓励有条件的师市团镇发展主食加工业。

区域布局：小麦粉加工重点向南北疆中强筋、中筋、中弱筋等小麦类型的42个优势产区团场布局，其中北疆平原中强筋小麦优势区为五师双河市、六师五家渠市、七师胡杨河市、八师石河子市、九师、十二师的18个团场；南疆中强筋小麦优势区为一师阿拉尔市、三师图木舒克市的5个团场；伊犁河谷中筋冬小麦优势区为四师可克达拉市的6个团场；焉耆盆地中筋春小麦优势区为二师铁门关市的3个团场；北疆丘陵及山区中、弱筋春小麦优势区为四师可克达拉市、五师双河市、十师北屯市、十三师红星市山区的10个团场。玉米加工重点向北疆、南疆2个优势区24个团场布局。其中，北疆玉米优势区为四师可克达拉市、五师双河市、六师五家渠市、七师胡杨河市、九师、十师北屯市的21个团场，着力发展玉米制种、籽粒玉米；南疆玉米优势区包括一师阿拉尔市4团。稻米加工重点向南疆一师阿拉尔市、北疆四师可克达拉市2个优势区6个重点团场发展。其中，南疆一师阿拉尔市2个重点团场，北疆四师可克达拉市4个重点团场。

第二节　油料加工业

发展重点：整合现有食用油加工企业，积极调整产业结构和区域布局，重点发展棉籽油、葵花籽油、菜籽油、花生油等精深加工产品和产品质量安全提升。加快发展红花油、米糠油、胚芽油等特色食用油，扩大精炼油和专用油的加工比例，提高油料资源综合利用率，开发利用油料蛋白、生物活性物质等高附加值产品，促进油料作物转化增值与深度开发，综合利用棉粕、葵饼、油渣等副产品资源开展饲料加工。建设以四师可克达拉市、十师北屯市为中心的油脂加工产业集群，积极引进行业龙头企业，依托国家物流枢纽和重要粮油流通节点，推进油脂现代物流设施建设，完善食用油储、运、装、卸等物流基础设施网络，打造一批现代化油料加工基地。

区域布局：油菜籽加工重点向四师（74 团、75 团、76 团、77 团）4 个团场布局；其他油料加工重点向三师（54 团）、四师（70 团、73 团）、六师（102 团、103 团、芳草湖农场、六运湖农场、红旗农场、奇台农场）、七师（130 团、131 团）、九师（166 团、167 团、168 团）、十师（181 团、182 团、183 团、184 团、186 团、187 团、188 团）的 21 个团场布局。

第三节　棉花加工业

发展重点：依托兵团棉花资源和纺织工业城、工业示范园区的优势，以自主创新、技术改造、淘汰落后、优化布局为重点，推进结构调整和产业升级，推进兵团纺织工业由大到强的转变。设立专项资金，重点支持纺纱、织造、印染、服装、棉籽精深加工等深加工行业技术进步，延伸棉花产业链，提高产品附加值和市场竞争力，培育具有国内影响力的自主知名品牌。加大对具有自主知识产权技术研究的投入，提升产品技术含量，提高企业的核心竞争力，保持行业稳定发展。

区域布局：棉花加工主要布局在南疆（含东疆）、北疆棉区的 64 个重点团场。其中，南疆早中熟陆地棉亚区布局一师阿拉尔市、二师铁门关市、三师图木舒克市、十三师红星市的 28 个团场；北疆早熟及特早熟陆地棉亚区优势布局在四师可克达拉市、五师双河市、六师五家渠市、七师胡杨河市、八师石河子市、十师北屯市的 36 个团场。其中，棉花种子加工布局在一师阿拉尔市、三师图木舒克市、七师胡杨河市、八师石河子市的优势团场。棉纺业重点布局在一师阿拉尔市、三师图木舒克市、八师石河子市，印染产业布局在石河子、阿拉尔国家级经济技术开发区、草湖纺织工业园。服装业重点布局在一师阿拉尔市、三师图木舒克市、八师石河子市、十二师。

第四节　林果加工业

发展重点：围绕红枣、核桃、葡萄、苹果、香梨、杏六大主栽品种，巴旦木、杏李、新梅、石榴等特色林果，坚持市场导向，科学引导分类分级加工，逐步形成现代林果加工体系，在兵团南疆优势林果产区发展分选、分级、清洗、预冷、冷藏、包装等果品贮运保鲜，提升技术装备水平，建立田间地头冷库和冷链物流网络，完善冷链物流基础设施，提升果品贮藏保鲜能力；积极发展红枣、杏、葡萄、核桃等制干、制脯、制粉及休闲食品等初级产品加工，促进果蔬绿色高效干燥设备的利用；发展果蔬鲜榨汁、果蔬饮料、浓缩果浆、果酱及新型罐头加工；发展红枣等果酒酿造，大力发展葡萄酒产业，支持葡萄酒加工企业做优做强，引导产业集聚发展。加强林果果皮、果核、果渣等加工副产物的综合利用技术，实现副产物循环、梯次、高值利用，加大精深加工产品比例，开发功能性产品，加强果蔬资源高效利用。鼓励支持林果加工企业开展质量管理、食品安全控制等体系认证，支持龙头企业建立产品可追溯系统，对红枣、核桃、葡萄、香梨、苹果等林果加工产品开展追溯试点。

区域布局：红枣加工主要布局在一师阿拉尔市、二师铁门关市、三师图木舒克市、十四师昆玉市区域内的主要种植团场。重点发展红枣清洗、烘干等初加工和枣浓缩汁、枣醋、枣酒、枣糕等精深加工。核桃加工主要布局在一师阿拉尔市3团，重点发展核桃脱青皮、破壳、壳仁分离等采后初加工、核桃油、核桃乳饮品、核桃休闲食品等精深加工以及核桃壳制活性炭加工。树上干杏加工主要布局在一师阿拉尔市4团、四师可克达拉市61团、73团、78团4个重点团场，重点发展杏制干初加工和杏酱、杏脯等精深加工。葡萄及葡萄酒加工主要布局在葡萄优势主产区，重点在二师铁门关市、五师双河市、六师五家渠市、七师胡杨河市、八师石河子市、十二师、十四师昆玉市的22个团场发展鲜食葡萄加工；十二师、十三师红星市区域的6个团场发展葡萄干加工；在四师可克达拉市、六师五家渠市、八师石河子市区域重点团场发展葡萄酒加工。苹果加工主要布局在一师阿拉尔市、三师图木舒克市、四师可克达拉市区域9个重点团场，重点发展苹果冷藏保鲜加工和苹果浓缩汁、苹果醋等精深加工。香梨加工主要布局在一师阿拉尔市、二师铁门关市、三师图木舒克市区域10个重点团场，重点发展香梨冷藏保鲜加工和香梨膏精深加工。西梅加工主要布局在三师图木舒克市、四师可克达拉市区域，重点发展新梅仓储保鲜和腌制、制干加工。沙棘加工主要布局在一师阿拉尔市、九师、十师北屯市等区域。枸杞加工主要布局在五师双河市。

第五节　畜禽加工业

一、肉类加工业

发展重点：大力实施畜牧业"五大振兴行动"，促进肉蛋奶均衡加工、稳定供给。重点发展肉类屠宰加工业，积极倡导绿色加工、节能、资源综合利用，延长产业链，提高附加值，增加就业。加强以生猪、牛羊为主，肉禽为辅，以屠宰、分割、包装加工为重点，积极扶持建立涵盖养殖、屠宰及精深加工、副产物综合利用、冷藏储运、批发配送、制品零售的完整产业链；加大屠宰加工企业技术改造和政策扶持力度，提升屠宰加工技术水平，积极发展冷鲜肉产品，加强冷链物流及质量追溯体系建设，打造一批全兵团屠宰加工示范企业，加强企业品牌建设，实现由商品生产经营向品牌生产经营转变，尽快形成一定数量的具有自主知识产权的驰名商标和名牌产品；通过引进或联合攻关肉类加工共性关键技术及装备研发，提高肉制品行业的规模化及现代化水平，缩短与国内发达地区的差距。完善质量控制体系和仓储（冷链）物流建设，提高产品溯源性，保障肉类食品安全。

（1）肉羊。建设以四师可克达拉市、六师五家渠市、九师、十师北屯市、十三师红星市区域44个团场为养殖基地的羊肉制品屠宰加工产业集群，充分发挥当地天然牧场资源优势，打造绿色有机高端羊肉品牌，面向兵团内外高端消费市场，在一师阿拉尔市、二师铁门关市、三师图木舒克市、十四师昆玉市等师域17个团场发展适度规模养殖，改造升级标准化屠宰加工业，提高南疆各师生鲜羊肉供给。

（2）肉牛。在四师可克达拉市、六师五家渠市、八师石河子市、九师、十师北屯市、十二师等区域的22个团场，以新疆褐牛、安格斯、西门塔尔为主的养殖基地和牛肉制品屠宰加工产业集群，推行高端牛肉开发应用新模式，建立龙头企业＋养殖场（户）的利益共同体，形成集肉牛养殖、屠宰加工、餐饮服务等于一体的肉牛全产业链发展模式。在一师阿拉尔市、三师图木舒克市等3个团场建设以西门塔尔牛为主的自繁自育的生产基地，扶持当地屠宰加工龙头企业，重点发展肉牛屠宰分割和加工。

（3）生猪。建设以一师阿拉尔市、二师铁门关市、三师图木舒克市、四师可克达拉市、五师双河市、六师五家渠市、七师胡杨河市、八师石河子市、十二师等区域53个团场养殖基地的猪肉制品屠宰加工产业集群。建设集养殖、屠宰、加工、销售于一体的全产业链建设，建设猪肉外销基地。推动优质猪肉生产和加工基地建设，改造升级标准化屠宰场，建立完善冷链物流体系，提高生鲜猪肉的供给能力。

（4）肉禽。在六师、八师等区域利用肉禽生产优势，促进禽肉生产集育种、养殖、屠宰加工、销售于一体化发展，充分挖掘兵团特禽资源优势，改造升级标准化屠宰场，建立完善冷链物流体系，打造黑鸡、飞鹅、肉鸽等特色禽业品牌。

二、乳品加工业

发展重点：支持天润乳业、新农乳业、花园乳业等乳品加工龙头企业优化产品结构，优先发展无公害、绿色、有机乳制品，继续发展巴氏杀菌奶（鲜奶）、超高温灭菌奶（常温奶）、功能性酸奶、婴幼儿配方保健乳粉等产品，加快开发以精深加工的固态奶为主的新产品，提升产品质量和档次，提升产品品质，强化品质管控，加大新产品研发及市场开拓力度，提升乳品产品的技术标准和质量要求，做出符合市场趋势的新产品、新包装、新设计来提升产品附加值。着力打造知名品牌产品；积极探索产业经营新模式，鼓励企业与奶牛养殖合作社结成稳定的产销关系和紧密的利益联结机制，提高奶业整体水平和竞争力，把兵团建设成我国重要的优质奶生产基地。

区域布局：北疆以天润、花园为重点，南疆以新农为重点，支持天润在三师图木舒克市设立乳品加工企业。建设以一师阿拉尔市、三师图木舒克市、六师五家渠市、七师胡杨河市、八师石河子市、十二师等区域 27 个团场奶牛养殖基地产业集群，大力发展现代奶牛养殖业，建设高标准养殖基地和奶源基地，培育壮大一批乳制品加工企业。

三、饲料加工业

发展重点：进一步提高饲料加工业技术水平，重点开发玉米饲料及其综合利用产品，支持开发生产苜蓿、饲料油菜等系列新产品，研发推广安全环保饲料产品。加快研究饲料资源开发技术，积极推进秸秆饲料化利用技术，促进农副资源饲料化利用，积极支持对果蔬、糟渣、油籽等农产品加工副产物饲料加工技术的推广应用。提高饲料安全保障水平，健全其规范标准、监管体系及监管制度，推广绿色、无公害饲料标准，确保食品安全。提升饲料加工装备水平，推广精细加工工艺，提高安全生产保障能力。

区域布局：在建设"粮经饲"三元种植结构基础上，促进饲料加工业协调发展。新增饲草种植面积 150 万亩，其中青贮玉米面积 100 万亩，高产苜蓿面积 50 万亩（含高产优质苜蓿基地 20 万亩）。围绕奶牛、肉牛养殖区域布局饲草料重点区域，建设以天康公司为加工龙头，以一师阿拉尔市、三师图木舒克市、四师可克达拉市、六师五家渠市、七师胡杨河市、八师石河子市、九师、十二师相关团场饲草料基地为依托的配合饲料和其他饲料加工产业集群。

第六节　特色农产品加工业

一、番茄加工业

发展重点：以新疆维吾尔自治区和兵团现有番茄种植与加工优势产区和龙头企业为基础，重点加强原料基地基础性建设，提高原料的供给质量和效率。企业对外出口要提高产品质量，培育具有国内外影响力的自主知名品牌。对内要加速内需产品的开发，加快产品结构调整，减少对外出口的依存度，推进自治区和兵团番茄产业转型升级。采取优势互补、差异化发展的战略，协同创新、共同发展，重点支持按产品细分的番茄定向育种，支持龙头企业开展工厂化育苗、机械移栽、绿色种植和机械收获等全程机械化、信息化为支撑的原料生产技术。支持龙头企业开展智能加工技术，缓解用工紧张的矛盾。

区域布局：番茄加工主要布局在自治区巴州焉耆县、和静县，二师铁门关市 22 团、24 团、27 团，昌吉州，六师五家渠市 103 团，芳草湖农场，共青团农场，奎屯市，乌苏市，七师胡杨河市 124 团、130 团、131 团和八师石河子市 143 团等重点种植区域周边，继续加大集聚程度，重点研发新产品，生产专用酱，延长产业链。

二、辣椒加工业

发展重点：在发展生产辣椒干产品、辣椒粉、辣椒酱、辣椒丝等初级产品和食品的同时，积极延伸产业链条，提高产品附加值，拓展辣椒红色素和辣椒精等辣椒精深加工产品，完善产业链条，变资源优势为产品优势。在巩固国内市场的前提下，积极拓展日韩、欧美、中亚等国际市场，实现产品品牌走出去。

区域布局：辣椒加工布局在二师铁门关市 21 团、22 团、24 团、27 团，三师图木舒克市 45 团、49 团，着力发展色素辣椒；八师石河子市 142 团、143 团，十师北屯市 184 团等重点种植区域周边，重点发展制干辣椒、制酱辣椒。

三、糖料加工业

发展重点：引导制糖企业与种植户不断完善利益联结共享机制，建立稳定的原料供给关系，保障原料供给质量。加大对现有制糖加工企业技术改造和产品升级力度，延伸糖业产业链，开展甜菜废丝、废糖蜜循环利用研究和开发，提高食糖加工副产物综合利用水平。重点开发多晶冰糖、速溶糖、液体糖、功能性低聚糖等高附加值产品。挖掘糖业副产品资源利用潜力，打造多元化副产品加工链，重点生产饲料、果胶、酒精、有机肥等副产品。

区域布局：糖料加工主要布局在四师可克达拉市 63 团、64 团、67 团、71 团、79 团，自治区巴州焉耆县、和静县，二师铁门关市 22 团、24 团、29 团，伊犁州有关县市、奎屯市、乌苏市，七师胡杨河市 124 团、131 团，塔城市，额敏县，九师白杨市 163 团、164 团、166 团、168 团，五师双河市 88 团，六师奇台农场，十师北屯市 181 团，重点开发高附加值产品。

四、瓜籽加工业

发展重点：开展分级、筛选、去杂、烘干、炒制等技术，开发系列风味瓜籽休闲产品，同时对皮、瓤、盘等加工副产物进行综合开发利用。

区域布局：瓜籽加工主要布局在十师 181 团、182 团、183 团、184 团，九师 166 团，六师芳草湖农场、红旗农场、土墩子农场等团场，大力发展南瓜、打瓜、食葵等瓜籽加工业。

第四章　重点任务

第一节　完善产业结构

一、加快农产品产地初加工发展

大力发展农产品产地初加工，促进农产品大幅减损增效。继续建设农产品初加工设施，推动现有设施装备升级改造，提高设施利用率。南疆各师要重点发展以红枣分级、筛选、产地贮藏保鲜、干制等初加工为主，兼顾核桃、杏等特色干鲜果品，着力提高香梨、苹果的质量档次。北疆各师重点发展鲜食、酿酒葡萄和特色园艺作物。在城郊团场、边境口岸团场以及冬季光照条件好的垦区，积极发展日光温室大棚等设施农业，提高单位面积的产出效益；加强农产品产地初加工技术的研发、引进和示范推广，鼓励农产品加工企业向农产品主产区和优势产区延伸。对于重点龙头企业，要优先安排国债资金、技改贴息支持技术改造。对于果蔬加工产业化技术示范项目、特色原料基地项目、果蔬加工安全保障体系项目、果蔬加工产业信息化项目等应予以重点支持，争取列入兵团和国家重点项目计划。加快新产品、新技术、新成果的应用步伐。

二、提升特色农产品精深加工水平

鼓励产、学、研合作，开发适合兵团特色农产品精深加工的新技术、新工艺和新设备，研发新产品。鼓励企业建立技术创新中心，加强产、学、研联合协作，创造吸引人才的宏观环境和条件，提升生产技术水平；开展兵团特色大宗农产品精深加工技术研究与生产应用，延伸产业链，提升附加值。加快研发和引进特色农产品精深加工智能化、专业化设备，提升精深加工自动化和信息化水平。引导企业加大技术攻关和技术创新力度，重视引进、开发应用高新技术、设备和工艺，加快企业技术改造，提升农产品制造业自动化、智能化水平。着重发展精深加工，提高产品质量、档次，推动农产品加工生产由初级产品向精深加工产品、高端产品转变。

三、推进农产品副产物综合利用

引导建立低碳、低耗、循环、高效的绿色农产品加工体系。鼓励大型农业企业和农产品加工园区推进加工副产物循环利用、全值利用、梯次利用，实现变废为宝、化害为利。采取先进的提取、分离与制备技术，大力开展麦麸、麦胚、米糠、碎米、饼粕等副产物的综合利用；开展番茄、苹果、葡萄（籽、皮）、核桃（青皮、壳和分心木）、杏（核）等果蔬渣和残次果的综合利用及养殖废弃物生化处理制肥研究和试点示范；开展畜禽骨血、内脏等养殖废弃物的综合利用；开发新能源、新材料、新产品，不断挖掘农产品加工潜力、提升增值空间。宣传推介农产品加工及加工副产物综合利用典型案例，在全兵团进行试点示范和复制推广，推动副产物综合利用上水平。

第二节　优化空间布局

按照"粮头食尾""农头工尾"要求，统筹产地、销区和园区布局，形成生产与加工、产品与市场、企业与农户协调发展的格局。

一、推进产地农产品加工发展

根据《新疆生产建设兵团"十四五"农业优势区域布局规划》对兵团粮、棉、畜、果及特色作物等优势农产品科学合理布局，围绕粮食生产功能区、重要农产品保护区、特色农产品优势区建设，推进农产品加工向产地下沉向优势区域聚集，引导大型农业企业重心下沉，建设加工专用原料基地，布局加工产能，促进区域特色农产品就地加工转化，改变加工在城市、原料在乡村的状况。推进农产品加工向产地下沉、向物流节点聚集，在农业产业强镇、商贸集镇和物流节点布局劳动密集型加工业，促进农产品就地增值，带动农民就近就业，促进产业融合。向重点专业村聚集，依托工贸村、"一村一品"示范村发展小众类的农产品初加工，促进产村融合。

二、促进加工产品多元化发展

随着百姓健康意识增强和"健康中国"上升为国家战略，食品消费正从"由吃得饱向吃得好、吃得健康、吃得安全"转变。为改善供给结构，提高供给质量，适应市场和消费升级需求，支持开发一批多元化功能食品，带动建设一批功能性农产品生产基地，培育壮大功能性食品加工业。依托兵团特殊的自然气候和丰富、独特的动植物资源，大力支持发展营养健康、养生保健、药食同源的功能性食品加工产业，培育壮大功能性蛋白、功能性膳食纤维、功能性糖原、功能性油脂、益生菌类、生物活性肽等保健和健康食品的功能性食品加工企业，加快发展婴幼儿配方食品、老年食品和满足特定人群需求的功能性食品，开展应用示范，增加绿色优质营养健康中高端新产品供给，开发新型功能性大宗发酵产品的衍生新产品，鼓励支持企业探索多元化途径实现副产物循环、全值和梯次利用，提升产品附加值。

三、促进农产品加工产业集聚发展

根据不同区域的资源优势、不同产业的发展情况，科学合理布局全兵团农产品加工业园区发展，引导产业重点区域和园区集聚，实现企业集群发展，集约利用资源要素，拓展产业链功能。

（1）积极推进现代农业产业园创建。抓好国家级现代农业产业园创建工作，提升一师阿拉尔市国家现代农业产业园和二师铁门关市国家现代农业产业园发展水平。聚焦兵团农业主导产业，打造一批"生产＋加工＋科技＋品牌"一体的现代农业产业园。瞄准标准化、现代化、智能化种养，储藏加工关键技术环节。完善师、团、连三级农产品加工布局，逐步形成师有农业产业化上市企业，团有农产品加工园区，连有农产品加工集中区和微型加工厂，促进农业产业化经营。促进农产品加工企业聚集发展，打造乡村产业"新高地"。培育以棉花、肉牛、苹果、肉羊、红枣为主导产业的南疆团场现代农业产业园，打造以设施和生猪为主导产业的十三师新星市现代农业产业园，以葡萄为主导产业的五师双河市现代农业产业园，以瓜子为主导产业的十师北屯市现代产业园等。加快推进兵团级现代农业产业园建设，组织开展兵团级现代农业产业园创建认定工作，引导鼓励各师市围绕苹果、香梨、奶牛、生猪、肉羊等优势产业，依托现有各类农业科技园区、工业园区，打造升级一批以农产品精深加工基地为核心的现代农业产业园。到 2025 年，力争新创建 6 个国家级现代农业产业园，认定 10 个以上兵团级现代农业产业园。

（2）开展兵团级农业产业化联合体创建认定。积极构建龙头企业、农工合作社和家庭农场等新型农业经营主体以分工协作为前提，以规模经营为依托，以利益联结为纽带的一体化农业经营组织联盟。健全完善"龙头企业＋合作社＋职工"的生产经营模式，大力支持家庭农场和农工专业合作社等新型农业经营主体发展，加大对运行规范的农工合作社扶持力度，推进农工合作社质量提升，推进国家、兵团、师市级示范社三级联创。力争到 2025 年，培育农业产业化联合体 50 个以上，认定兵团级农业产业化联合体 20 家，农工专业合作社发展到 5 000 家。

（3）推进农产品加工向园区集中。培育和创建国家级优势特色产业集群。按照全产业链开发、全价值链提升的发展思路，选择兵团基础好、规模大、有特色、比较优势显著的主导产业，打造一批结构合理、链条完整的优势特色产业集群。通过推进农产品加工产业聚集，鼓励企业兼并重组，培育一批年产值超过 10 亿元的农产品加工企业，创建一批产值超 50 亿元的农产品加工园区，打造一批年产值超过 100 亿元的优势特色产业集群。

第三节　促进产业升级

技术创新是农产品加工业转型升级的关键。要加快技术创新，提升装备水平，构建农产品加工技术研发推广体系，引导企业装备升级，促进农产品加工业提档升级。

一、推进农产品加工科技创新

整合兵团农产品加工科技资源，完善农产品加工科技创新机制，打造兵团级农产品加工产业技术体系，增强创新能力，培养一批技术创新领军人才和创新团队。以农产品加工关键环节和瓶颈制约为重点，整合新疆农垦科学院、石河子大学、塔里木大学以及各农产品加工龙头企业的人才优势和设备优势建设农产品加工与贮藏重点实验室、保鲜物流技术研究中心及优势农产品品质评价研究中心。发挥两校一院专家团队在科研、科技创新、交流合作等方面的引领作用，通过与企业联合开展技术攻关，研发一批集自动测量、精准控制、智能操作于一体的保鲜、预冷、节能干燥等新型实用技术，提升兵团农产品加工整体水平。特别是兵团林果业加工生产亟须的烘干、冻干（速冻）以及生鲜肉屠宰、排酸等关键技术。

二、推动企业加工技术装备升级

引导企业加大技术攻关和技术创新力度，重视引进、开发应用高新技术、设备和工艺，加快企业技术改造，提升农产品加工企业自动化、智能化水平。推动产品升级，不断培育和提高企业的自主研发能力，着重发展精深加工，提高产品质量、档次，推动农产品加工生产由初级产品向精深加工产品、高端产品转变。

鼓励新疆农垦科学院、石河子大学等联合国内一流农产品加工装备研发机构，开展农产品加工信息化、智能化、工程化加工装备研发，提高关键装备国产化水平，关键部件实现进口替代，提升兵团农产品加工装备水平。

加快林果业田间预冷装备的研发及推广，降低农产品产后损失水平，加强农产品分级、清洗、打蜡、包装、贮藏、运输等环节技术、工艺和设施集成配套，实现兵团农产品"优质优价"目标。

三、促进加工科技成果转化推广应用

加快构建现代农业产业技术体系农产品加工协同创新机制，推动兵团重点研发计划向农产品加工领域倾斜，攻克一批产业关键共性技术难题，取得一批行业亟须的科技创新成果。坚持成熟技术筛选、技术配套集成与推广一体化设计、产业化推进，开展成熟技术筛选推广，引导科研更好地为产业服务。加强科技成果推广转化平台建设，在办好兵团内外科企对接活动基础上，集中展示最新技术、工艺、装备和产品，为科研单位和加工企业更广泛对接创造良好的条件，鼓励八师、四师、一师、三师建立农产品加工科技成果转化交易中心，积极落实兵团科技成果转化扶持政策，不断激发和调动企业、科研院校的创新积极性，推动科技成果高效转化应用。

四、加强农产品加工质量和品牌建设

建立农产品加工全程质量标准体系，大力推行标准化生产。支持企业开展绿色食品、有机食品和地理标志农产品创建，建立完善投入品管理、档案记录、产品检测、合格证准出和质量追溯等制度，建设农产品质量安全检测相关设施设备，构建全程质量管理长效机制。支持企业开展质量管理控制体系认定和产品追溯系统建设。鼓励企业开展优质农产品加工品牌创建和宣传推介活动，创建一批军垦特色、兵团特色优势企业品牌和区域品牌。

五、加强加工创新人才队伍建设

坚持创新与人才培养同步推进，在科技创新活动过程中培养人才，吸纳人才。进一步完善竞争激励机制，健全人才评价制度，最大限度地激发广大科技人员的创造精神和创新热情，加快培育一批科技创新人才和创新团队。重视企业家队伍建设，特别要加强中小微加工企业和南疆各师市企业经营管理者培训，强化创新意识培养，提高经营管理能力和创新创业能力。

第四节　推进产业融合

引领农产品加工业升级。拓展新功能、创造新价值、满足新需求、引领新消费，逐步从产品竞争转向链条竞争，单点赢利转向多点赢利，不断推进主体跨界融合、业态跨界创新、利益跨界共享，创造新的价值点和增长极。

一、扶持打造产业化联合体，推进产业融合

培育农业产业化联合体。扶持一批龙头企业牵头，家庭农场和农民合作社跟进，广大小农户参与的农业产业化联合体，构建分工协作、优势互补、联系紧密的利益共同体，实现抱团发展。围绕农业产业链延伸，支持龙头企业发挥引领作用，联手农民合作社、家庭农场，通过"基地＋龙头企业＋合作社＋家庭农场""公司＋农民合作社＋家庭农场""公司＋家庭农场"等形式组建农业产业化联合体，推进农业生产高端化、管理精细化、经营规模化、产业链深化、产品品牌化，实现种养加、产加销一体化经营，构建现代农业经营体系，推进农村一二三产业融合发展，提高农业综合生产能力，促进农民持续增收。坚持以龙头企业及其上下游的农民合作社、家庭农场、农户等为重点服务对象，提供全产业链综合金融服务。

二、拓展新业态、新模式、新路径，推进产业融合

引导鼓励利用大数据、物联网、云计算、移动互联网等新一代信息技术，培育发展网络化、智能化、精细化的现代加工新模式，引导农产品加工业与休闲、旅游、文化、教育、科普、养生养老等产业深度融合，积极发展绿色食品业与冷链物流、电子商务、农商直供、加工体验、中央厨房、文化旅游、金融服务、个性定制等新产业、新业态、新模式，推动产业发展向"产品＋服务"转变，重点培育打造"中央厨房""云仓中心"等加工新业态、新模式。支持农产品加工企业同旅游产品研发团队合作，创新设计开发旅游产品。支持在景区、景点、机场、车站等公共场所设立新疆名优特及精深加工农副产品流通贮藏保鲜、分仓销售等设施。依托新疆青山绿水、冰雪沙漠、民族风情等旅游资源，不断丰富休闲度假、农耕体验、创意农业、旅游观光、乡村手工艺等产业类型，提升休闲农业基础和配套服务能力。

三、建立健全联农带农利益联结机制

引导新型农业经营主体与小农户建立稳定订单、保底收益、按股分红等多种利益联结机制，经营主体融合共生、产业环节融合互动、资源要素融合渗透，促进利益融合。完善利益分配机制，让农民更多地分享产业链增值收益。推广"订单收购＋分红"，签订农产品购销合同，按收购量对农户进行利润返还或二次结算等利润分成方式。构建股份合作等模式，建立农民合作社与企业"农民入股＋保底收益＋按股分红"利益联结关系，资源变资本、资金变股金、村民变股民，分享农业二三产业增值红利，培育农民增收新模式，使企业、合作社、农民利益共享。探索农民以土地入股，产业化经营试点，引导企业以资金、技术、良种等要素投入合作社农业生产，企业为农户建立风险保障和利润返还机制，采取按股分红和二次利润返还等方式，让农民分享加工、流通环节的利润。

第五章　重点工程

围绕"十四五"兵团农产品加工业发展主要任务，力争推动实施专用原料基地与产地初加工建设、农产品精深加工提升、农产品加工集聚区建设、特色农产品加工提升、农业产业化龙头企业培育、农村一二三产业融合试点示范、农产品品牌质量提升、副产物综合利用和绿色生态发展、农产品加工科技创新与人才培养等重点工程，助推兵团农产品加工业高质量发展。

第一节　专用原料基地与产地初加工建设工程

在保障粮食安全和主要农产品有效供给的前提下，与市场需求相适应、与

区域特色资源优势相匹配，重点开展专用品种培育，打造标准化原料基地，建设一批产地初加工设施，提升兵团特色农产品初加工水平。加工专用品种培育和原料基地建设。支持高校、科研院所和种子企业开展农产品的加工特性研究，培育改良和推广应用一批适应机械化生产、优质高产多抗广适、适合精深加工的兵团特色农产品加工专用新品种。鼓励农产品加工企业建设一批优质专用原料基地建设，实施标准化种植，建立农产品质量安全全程控制和可追溯制度。农产品产地初加工条件提升。支持新型农业经营主体建设一批地头冷库设施和农产品净化、干燥、分级、包装、贮藏等产地初加工设施，促进农产品减损和提质增效，实现产业链延伸和产业融合发展。支持两校一院开展农产品初加工技术和设施装备研发，开发一批适合兵团特色农产品的产地初加工先进技术和装备。建设覆盖田间地头的农产品仓储保鲜设施 1 000 个，建设冷链物流转运仓储中心 10 个，区域性冷链物流枢纽 1 个，骨干性冷链物流中心 1 个。

第二节　农产品精深加工提升工程

立足兵团农产品的资源特色、发挥"一带一路"核心区优势，落实各项扶持政策、加大财政支持力度、撬动金融资本和社会资本，大力扶持农产品加工业，力争在南疆果蔬、畜产品、休闲食品精深加工等领域取得新进展、新成效。南疆果蔬精深加工提升。依托兵团特色农产品优势产区，建设一批技术先进、附加值高的精深加工项目，培育一批特色农产品加工企业。重点支持南疆红枣、苹果、香梨、西梅精深加工。农产品加工转化率达到 70%，农产品加工环节损失率小于 5.5%。休闲食品精深加工提升。鼓励企业与科研单位开展多种形式产、学、研合作，建立产、学、研基地，开展旅游休闲食用瓜子、民族特色肉制品、奶制品生产加工技术创新，加强小型化加工成套装备的研发，推动传统工艺升级改造。棉籽精深加工提升。依托兵团棉花优势产区，建设一批技术先进、附加值高的棉籽精深加工项目，培育一批棉籽精深加工和副产物综合利用加工企业。

第三节　农产品加工集聚区建设工程

根据不同区域资源优势、不同产业发展情况，科学合理布局全兵团农产品加工业园区，通过政策扶持、项目支持等措施，引导产业向重点区域和园区集聚，集成集约利用资源要素，拓展产业多功能，形成主导产业突出、规模效应明显、组织化程度较高、引领现代农业发展的农产品加工集聚区。农产品加工示范园区建设。加快兵团级农产品加工示范园区建设，引导和支持农产品加工企业进园入区集聚发展，提升区域农产品加工能力和水平，在全兵团创建一批农产品加工园区，实现农产品加工园区化、园区产业化、产业集聚化，发挥辐射带动作用，稳步推进全兵团农产品加工集群积聚发展。培育和创建 2 个国家级特色优势产业集群。现代农业产业园建设。依托现有阿拉尔市和铁门关市现代农业产业园区建设，支持兵团其他师市发挥当地特色资源优势，突出加工转化和产业融合，引导一批农产品加工园区全面统筹布局生产、加工、物流、研发、示范、服务等功能，打造集标准化原料基地、集约化农产品加工、体系化物流配送营销网络于一体的现代农业产业园区和农产品加工聚集区。培育和创建 6 个国家级现代农业产业园，10 个兵团级现代农业产业园。

第四节　农业产业化龙头企业培育工程

通过加大财政投入、完善金融政策、落实相关政策，采取项目支持、贷款贴息、设立产业基金等措施，实施农业产业化龙头企业培育工程，引导其大力发展农产品精深加工，延伸农业产业链条，拓展农业内部增效空间。龙头企业转型升级。扶持一批农业龙头企业开展农产品加工技术研发与转型升级改造，建设主要农产品仓储、运输和配送等冷链物流设施，着力打造创新链，延伸产业链，拓展农业多功能，提升一二三产业融合发展能力。到2025 年，培育国家级和兵团级农业产业化龙头企业 150 家；5 家年销售收入超过 100 亿元和 10 家年销售收入超过 50 亿元的大型骨干农业龙头企业；兵团级农业产业化联合体 20 家。龙头企业上市融资。落实国家和兵团出台的扶持新型农业经营主体发展的相关政策措施，协调落实农业龙头企业在财政税收、资金融通、建设用地等方面的扶持政策，支持有条件的农业龙头企业进行现代企业制度改革，鼓励和推动符合条件的农业企业上市融资发展。

第五节　农村一二三产业融合试点示范工程

采取规划引导、政策扶持、产业基金支持等措施，引导经营主体将农业生产与加工、流通、休闲、科普、文化有机结合，推动农村一二三产业融合发展，加快形成品牌农业、休闲农业、创意农业、乡村旅游和农村电商等新业态，延伸产业链，拓展农业多功能。产业融合发展示范。创建一批农村一二三产业融合发展试点团场，重点围绕兵团特色果蔬、畜禽等优势产业，通过先建后补等方式支持农工专业合作社、涉农企业等融合发展主体建设一批融合发展项目，重点发展农产品精深加工、综合利用、休闲农业等产业业态，探索和创新兵团农村一二三产业融合发展模式和利益联结方式，打造一批可复制、可推广的示范典型，累计创建 70 个全国"一村一品"示范村镇，10 个全国农业产业强镇，20 个兵团级农业产业强镇。依托农产品加工业园区、现代农业产业园、农业科技园区、农村创业园区等平台，申报创建全国农村一二三产业融合发展先导区。

第六节　农产品品牌质量提升工程

通过扶持企业实施标准化加工，组织开展产品推介和品牌宣传等系列活动，引导农产品加工企业树立质量品牌意识，进一步培育能够承载兵团文化、体现兵团特色的知名企业品牌，带动全兵团农产品加工企业做大做强。农产品加工标准化生产。支持和鼓励农产品加工企业大力提升标准化生产能力，严格执行强制性标准，推行标准化生产加工。大力提升全程化质量控制能力，开展先进的质量管理、食品安全控制等体系认证，建立全员、全过程、全方位的质量管理制度，实现全过程质量管理和控制。开展农产品加工企业和品牌宣传推介活动。组织参加全国农产品加工业投资贸易洽谈会，宣传推介一批兵团特色农产品加工企业和品牌。组织开展优质农产品加工质量品牌创建和宣传周活动，遴选和推介一批品牌建设成效突出的农产品加工企业和产品。培育打造一批具有区域特色的农产品加工区域公用品牌、核心企业及经营专用品牌。

第七节　副产物综合利用和绿色生态发展工程

通过试点示范与政策支持，引导企业开展农产品及加工副产物综合利用，大力发展绿色加工，实现农产品资源利用最大化，促进生态和经济良性循环，以绿色发展引领乡村振兴，实现碳达峰、碳中和目标。农产品及加工副产物综合利用。围绕兵团特色农产品生产加工优势产区，开展农产品及其加工副产物循环利用、高值利用、梯次利用试点示范。在果蔬加工、粮油加工、畜禽加工副产物等领域，宣传推介一批副产物综合利用典型案例。农产品加工业绿色生态发展。鼓励和支持农产品加工企业升级换代环保设施设备，建设和使用太阳能和热泵干燥等高效节能设备。支持农产品加工园区和企业建立完善的污水排放处理系统和环卫设施系统，集中处理设施废水废料，推进清洁生产和节能减排。

第八节　农产品加工科技创新与人才培养工程

采取政策扶持、项目支持等方式，组织农产品加工科研院所构建兵团特色农产品加工特性与营养健康大数据平台，研究农产品加工关键共性技术和新产品，创制共性关键技术工程化核心装备。农产品加工技术集成创新中试平台建设。依托新疆农垦科学院农产品加工研究所，建立兵团农产品加工技术集成创新中试平台，为全兵团农产品加工中小企业、龙头企业、科研院所等提供科技成果中试放大服务，加速农产品加工科技成果转移转化，推动科研与产业、企业紧密结合，有效促进兵团农产品加工产业的发展。农产品加工业人才培训。按照农业农村部的部署，制定《兵团农产品加工业人才培训实施方案》等，以农产品加工科技创新与推广、经营管理、企业家和职业技能人才为重点，培训一批既懂技术又懂市场的农产品加工业和农村一二三产业融合发展创新人才、应用人才和专业人才。

第六章　保障措施

第一节　切实加强组织领导

成立由兵团领导为组长的兵团农产品加工业发展工作领导小组，明确责任单位和责任人，压实工作责任，加强部门协作，形成工作合力。领导小组定期召开农产品加工业发展的调度推进会议，定期会商研究、协调解决农产品加工业发展中遇到的重点、难点工作。各师市要以本规划为统领，研究制定本地农产品加工业发展规划或实施方案，梳理可量化、可操作的农产品加工业发展任务清单，制订年度工作计划，建立工作台账，严格按照时间节点抓好组织实施，确保各项工作任务按期完成。要做好与对口援疆省区有关单位和部门的协调工作，积极争取他们对兵团农产品加工业发展的扶持，促进农产品加工业的持续稳定发展。要积极落实兵团向南发展战略，主动与自治区融合做好特色农产品加工业发展，农产品加工业"十四五"规划与自治区规划统筹协调、共同编制，加快兵地农产品加工产业优势互补、融合发展。

第二节　完善产业扶持政策

各级、各部门要在税收减免、财政支持、信贷发放、土地使用等方面，为农产品加工企业提供具体的支持措施，促进农产品加工业快速发展。要落实税收减免政策，对农产品出口实行与法定退税率一致的退税政策，出口退税率尚未达到法定征税率的农产品，应优先考虑适当提高出口退税率。企业研究开发新产品、新技术、新工艺所发生的各项费用，在缴纳企业所得税前扣除。农产品加工企业引进技术和进口农产品加工设备，符合国家有关税收政策规定的，免征关税和进口环节增值税。要加大财政支持力度，对农产品加工企业的新建及技改项目给予一定的贷款贴息，对确有前景的新办加工企业给予一定的财政补贴，对重点农产品加工企业的人才培训、信息网络建设、科技成果推广等给予一定的补助。适当降低信贷发放门槛，农产品加工企业向农户收购农产品和完成国内外订单生产所需流动资金，有关银行应积极予以支持。对农产品加工企业申请贷款，应视项目用途与实际需要，适当放宽担保抵押条件，合理确定贷款期限。要完善其他配套措施，各级国土资源管理部门在编制土地利用总体规划和计划时，要对农产品加工企业用地进行统筹考虑，合理安排。对重点农产品加工企业经营所需用地要优先安排、优先审批，其农用地转用、土地征

（占）用各项费用按有关用地标准低限执行，对其生产用电要优先安排，严格按国家规定的电价计收电费。

加强与金融部门协作，开展联合担保、订单质押等新型贷款担保方式，实行优惠利率，加大对农产品加工企业的信贷支持。针对农产品加工行业，设计出低门槛、可保障的金融产品予以支持。鼓励企业在财政支持下参与担保体系建设，增强信贷担保能力。采取社会资本为主、政府适当支持、市场化运作的方式，扶持农业信贷担保组织发展，扩大农业有效担保物范围，切实缓解农产品加工企业融资难问题。农产品加工企业还可以通过股份制、股份合作制、出售、独资、租赁、承包等多种形式，吸引城乡个体私有资本、集体资本、国有资本、金融资本和国外资本投资农产品加工业，实现投资主体和产权主体多元化。

第三节　完善质量安全管理

加强农产品质量安全监管体系建设：一是完善农产品质量安全监管能力建设规划。二是强化机构队伍建设。三是推广应用农产品质量安全追溯平台。完善《农产品质量安全追溯管理办法》及配套制度标准，加快推进与国家追溯平台对接。加强与市场监管、商务等部门的沟通协调，推动跨部门追溯平台对接，实现农产品生产经营全程追溯业务协同和信息共享。四是推进实施食用农产品合格证制度。建立健全产地准出和市场准入衔接机制。

第四节　加强公共服务体系

建立多层次、多元化市场体系，扶持和发展各种中介组织，建立健全技术推广、职业培训等社会化服务体系，切实加强对农产品加工业的服务，为农产品加工业的健康发展奠定坚实的基础。鼓励各类服务机构，围绕农产品加工业发展的需要，开展行业状况调查、产业规划制定、诚信体系建设、项目评估、技术咨询、人才培训、质量认证等方面的服务，促进兵团农产品加工业的行业管理和服务逐步规范化。要把推行农产品质量标准与建设各类农产品加工基地和相关科技示范园区结合起来，逐步建立标明产成品的产地、质量、标准的等级标识制度。加快建立和完善覆盖面宽、时效性强的国家与地方农产品市场信息网络，拓宽信息的收集和发布渠道，加强信息资源的分析与处理，为农产品加工企业和农户提供及时、准确的信息服务。

第五节　强化实施督促考核

加强规划实施考核监督和激励约束。将规划实施成效纳入各级党委和政府及有关部门的年度绩效考核内容，在乡村振兴实绩考核中加大农产品加工业发展考核赋分权重。兵团农业农村局及相关单位为考核主体责任单位，组织专项考核，加强平时考核，建立健全科学合理、客观公正、行之有效的考核评价体系。本规划确定的指标以及重大工程、重大项目、重大政策和重点任务，要明确责任主体和进度要求，并向社会公布，接受群众监督。建立规划实施第三方评价机制，规划期满后，开展规划实施情况评估工作。

附件 22 新疆生产建设兵团"十四五"农产品质量安全监管规划

序　言

农产品质量安全关系公众身体健康，是农业高质量发展的基础保障，是农业农村现代化的关键环节，是乡村全面振兴的重要支撑。科学制定兵团"十四五"农产品质量安全规划，对兵团农产品质量安全具有重要意义。本规划依据《新疆生产建设兵团国民经济和社会发展第十四个五年规划和二〇三五年远景目标纲要》和《兵团"十四五"农业农村发展规划》编制，明确"十四五"时期兵团农产品质量安全工作的基本思路、主要目标、重点任务和重点工程，是"十四五"时期兵团农产品质量安全工作的指导性文件，是兵团农业农村部门履行职责的重要依据。

第一章　发展基础与环境

第一节　发展基础

"十三五"期间，兵团各级农产品质量安全监管部门坚持以习近平新时代中国特色社会主义思想为指导，深入学习贯彻习近平总书记关于农产品质量安全和食品安全的重要论述，以"四个最严"为指导，坚持严把"产""管"两关，认真履行部门职责，切实提升监测、监管能力，深化专项治理、稳步推进农业标准化生产、"三品一标"认证、质量追溯和"合格证"制度工作，农产品质量安全水平稳步提高，稳中提质，确保了兵团各族人民群众"舌尖上的安全"。

（1）农产品质量安全监管工作持续推进。"十三五"期间，兵团财政每年预算 1 000 万元用于农产品质量安全监管、监测、农产品质量安全团场创建以及专项整治等工作。针对非法添加、违禁使用、制假售假、私屠滥宰等问题，继续开展农药残留、兽药残留、"瘦肉精"、水产品"三鱼两药"等专项整治行动。持续实施兵团农产品质量安全监测计划，开展节令农产品专项抽检，保障节日农产品质量安全。2016—2020 年，农产品质量安全监测样品 21 000 多批次，抽检总体合格率在 98％以上，没有发生重大农产品质量安全事件。

（2）农业标准化生产深入开展。建立 14 个国家级农业标准化示范农场，示范品种涵盖水果、蔬菜、加工番茄、红枣、生猪、肉羊、彩棉等。累计达标创建全国标准化示范场 77 个，新建和改造各类规模养殖场 190 个，其中全国畜禽标准化示范场累计达到 88 个。规模养殖场、专业养殖合作社及家庭牧场已成为畜牧业生产经营的主体，规模养殖机械化水平达到了 67.25%。饲料、兽药监测合格率保持在 97% 以上，畜产品抽检合格率保持在 98% 以上。兵团绿色食品认证企业 44 家，认证产品 76 个，地理标志产品 38 个，获证产品抽检合格率 100%。

（3）依法监管不断强化。加强与市场监管、公安等部门的联合行动，强化重大问题联合整治。持续开展农药、兽药、水产品、生猪屠宰、农资打假等农产品质量安全专项整治行动，种子、肥料、农药、兽药、饲料和饲料添加剂等农资质量持续稳定在较高水平。

（4）新管理体制机制积极推进。农产品质量安全创建团场有序开展，兵团遴选出 13 个团场作为兵团级农产品质量安全创建团场，并实施了一系列创建活动，3 个团场获批国家级农产品质量安全创建团场，发挥了明显的示范引领作用，有力带动了兵团农产品质量安全工作水平提升。农业信息化建设试点开展物联网、移动互联网、自动控制等现代技术装备在农业生产过程中的集成创新应用和信息进连入户工作。农产品质量追溯入网国家平台顺利实施，已有 61 家农产品生产经营主体在国家农产品质量追溯平台注册成功，实施建设了 23 家农垦农产品质量安全追溯项目。农产品合格证制度稳步推进，建立了以团镇为单位的生产经营主体名录相关信息的数据库。

（5）质量安全社会共治意识不断增强。针对农产品质量安全热点问题，利用宣传册、报刊、网络、电视等媒体进行客观、公正的宣传报道，让公众全面了解农产品质量安全的真实情况。通过农产品质量安全抽检、实验室开放日、志愿者活动等方式向消费者宣传普及农产品质量安全知识，提高公众农产品质量安全意识，促进了社会共治。

第二节　面临机遇

党中央始终高度重视"三农"和农产品质量安全工作，坚定不移推进农业农村优先发展，全面推进乡村振兴。新时代推进西部大开发形成新格局，新时代党的治疆方略落地生根，第三次中央新疆工作座谈会议为做好新疆各项工作提供了根本遵循。丝绸之路经济带核心区建设加快推进，援疆力度不断加大，为兵团农业农村发展注入了强大动力。农业转型升级提速快速发展新动能。城乡融合发展深入推进，发展潜力不断释放。改革创新持续深化，发展动力更加强劲。兵团农业发展面临重大机遇。

第三节　存在的问题

（1）风险监测及预警能力无法满足农产品质量安全科学监管的要求。兵团目前仅有一家农产品质量安全风险评估实验室，但在痕量污染物、未知风险因子确证以及新型污染物结构鉴定等风险排查与确认等方面的能力明显不足。田间危害物转化蓄积规律模拟实验研究、农产品品质鉴定、危害物生物毒理评价等设备均为空白。现有各级各类检测数据未实现联网共享，对总体数据获取缺少渠道，造成对总体数据进行分析研判、开展风险预警和隐患排查存在较大困难。

（2）检验检测能力不能满足兵团农产品监管的要求。目前兵团农业行业只有1个部级质检机构和2个师市级农产品质检机构可出具公正性农产品检验数据，其他师市级农产品检测机构由于缺专业技术人员、缺运行经费、缺实验室管理与检测技能暂未通过"双认证"，尤其一些团场基层检测站机构不健全，无人员、无场所、无法开展工作和提供专业技术服务。农产品质量安全检测力量薄弱，无法满足农产品质量安全日常监测需要。

（3）农产品标准化生产水平还不高。由于多方面的原因，目前兵团食用农产品标准化整体水平还不高，小规模生产者还较多，对农产品质量安全形成了一定隐患。兵团2016—2020年每季度的农产品农药残留风险监测数据显示，存在蔬菜单季度个别地区抽检合格率低于97%情况。在农产品生产中存在部分生产者施用禁用农药、超剂量施用和未按照农药安全间隔期采摘上市等行为，农业投入品的记录、农产品合格证的使用以及农产品追溯机制等有待完善，农产品质量安全意识有待进一步增强。

（4）监管队伍建设有待进一步加强。"十三五"时期，兵团为强化农产品质量安全属地管理，建立了兵、师、团三级农产品质量安全监测机构，包括兵团农产品质量安全监督检验中心和师市农产品质检站，提升了监管能力。师团改革后，将师级农产品质量安全监管执法职责归入综合执法局，团级农产品质量安全监管职责多归入农业发展中心，由于人员不足、专业不对口、缺少相关工作经验以及连级农产品质量安全协管员缺失等原因，开展经常性的农产品质量安全监管工作难度较大。

（5）农产品质量安全存在各种风险隐患。新疆农业以内陆干旱半干旱区绿洲农业为主，水以封闭性循环为主，对污染的自净能力弱，生态环境脆弱。农（兽）药、化肥、畜禽粪便、残膜、非食用农产品生产使用的高毒高残留农药、生物调节剂以及工业废水、废物、废气等对水体的污染，都有可能对食用农产品造成污染。

第二章　总体要求

第一节　指导思想

以习近平新时代中国特色社会主义思想为指导，全面贯彻党的十九大和十九届二中、三中、四中、五中全会精神，特别是习近平总书记关于食品、农产品质量安全重要指示批示精神，立足新发展阶段、贯彻新发展理念、构建新发展格局，坚持把农产品质量安全作为农业农村现代化的关键环节，把安全发展贯穿农产品生产全过程，坚持产管结合、标本兼治，强化绿色导向、标准引领和质量安全监管，建立更科学、更完善的监管制度，切实增加绿色优质农产品供给，守牢农产品质量安全底线，为提高农产品质量效益和竞争力、全面推进乡村振兴做出新贡献。

第二节　基本原则

（1）提高站位，压实责任。农产品质量安全既是经济问题、社会问题，也是事关治国理政的政治问题。要从讲政治的高度谋划和推进新发展阶段农产品质量安全工作，压实农产品质量安全监管责任，落实市级农产品质检站编制和经费。强化农产品质量安全属地管理责任，提升执法监管能力。

（2）标准引领，绿色导向。大力推进产业模式生态化、标准化、绿色化，构建以大宗特色农产品为主的全产业链标准及配套的质量安全生产规范，强化农产品产地安全管理和质量安全源头管控，强化综合防治农业面源污染，严格农业投入品监管，统筹推进化肥农药减量增效、畜禽养殖废弃物资源化利用、果蔬有机肥替代化肥、秸秆农膜综合利用等农业绿色发展行动。加强"两品一标"和"名特优新"农产品鉴定工作，增加安全绿色优质农产品供给，持续推进品牌战略。

（3）强化监管，防范风险。坚持问题导向、强化底线思维，抓住农产品生产中质量安全的薄弱环节，深入开展专项整治。定期开展农资打假专项治理，科学安排监督检查。深化农产品风险监测制度，提高监测的时效性、准确性、真实性和覆盖面。以高风险区域、高风险品种为重点开展风险评估工作，坚持下先手棋、打主动仗、奔着问题去、盯着隐患走，建立风险预警机制，强化科普宣传。

（4）手段创新，提升效能。加强团场监管服务体系队伍建设，提升基层农产品质量安全综合治理能力，推进基层网格化监管。健全监管体制机制，推进智慧监管，加强监测资源统筹、信息共享，推动生产与管理方式转变。利用"互联网＋"实现农产品质量安全集宣传、培训、技术推送、监管、产品溯源于一体的农产品质量安全服务，推动生产与管理方式转变。

（5）严格制度，完善体系。贯彻落实国家部委农产品质量监管各项政策和制度，扩大实施农产品合格证制度、农产品质量安全信用制度，推行连队农产品质量安全协管员制度。加强质检机构管理，健全兵、师、团三级农产品质量安全监管机构。增强兵团农产品质量安全检测中心风险评估和预警能力，全面提升农产品质量安全治理效能。

第三节　发展目标

"十四五"末，农产品质量安全水平稳步提升，农产品质量安全监测、农产品质量安全标准化生产、风险防控及应急处置、执法监管、制度保障、治理创新能力全面提升。监测体系、追溯体系、监管体系基本完善和健全，发展高质量、监管高水平的新格局基本形成。

（1）主要农产品质量安全抽检率达到每 1 000 人 1.5 批次，农产品质量安全风险监测参数达到 200 项，合格率稳定在 98％以上，违法违规行为明显遏制，确保不发生重大农产品质量安全事件。

（2）农产品质检体系的监测能力大幅提升。探索构建网格化监测模式，初步建成以 1 个兵团级质检机构、5 个兵团师市级农产品质检站和 30 个团级农产品速测站为框架的兵、师、团三级农产品质量安全监测体系，配齐人员，明确管理归属，具备例行监测、监督抽检、日常质控、产地准出、技术服务等职能以及满足不同层级要求的监测能力。

（3）农业标准化生产水平进一步提高。开展标准体系研究，制定 3 个食用农产品全产业链质量安全标准体系，制定 3 个特色农产品标准，开展便捷检测仪器和方法研究。农业生产标准化示范基地 5 个，创建兵团级农产品质量安全团场 30 个。

（4）监管手段智能化、数字化。探索智能监管模式和区块链技术在农产品质量监管中的应用，实现集农产品质量安全监管、宣传、培训、政策技术推送、经营主体诚信档案、监测数据、质量追溯、产地准出等功能于一体的高效、透明的农产品质量安全服务平台。食用农产品合格证制度实现规模性经营主体 100％全覆盖。

（5）增加绿色优质农产品供给。稳步发展绿色食品、有机农产品和地理标志农产品，强化认证管理、证后监管和宣传推介，打造一批知名绿色优质农产品认证品牌。积极推进"两品一标"认证和名特优新产品登记工作。

"十四五"农产品质量安全规划主要指标见表 1。

表 1　"十四五"农产品质量安全规划主要指标

指标类别	指标名称	2020 年基础数	2025 年目标值	指标属性
质量指标	主要农产品监测合格率	97%（单品单次单区域最低值）	≥98	约束性
	检测样品量	每 1 000 人，1.28 批次	每 1 000 人，1.5 批次	约束性
	风险监测参数	94 项	200 项	预期性
建设指标	质检机构建设	2（通过认证）	（师市级）5	预期性
	质量安全综合服务平台	0	1	预期性
	兵团级农安示范团场	13	30	预期性
	质量安全示范基地	0	2（新增）	预期性
	全产业链标准体系	0	3（新增）	预期性
	绿色食品、有机农产品总数	76	90	预期性
	地理标志农产品总数	38	50	预期性
	合格证制度	—	100%（规模性经营主体）	预期性
		—	40%（小农户）	预期性
	质量追溯	61	100%（兵团级示范企业、基地）	预期性

第三章　重大任务

第一节　着力提升监测、监管效能

　　健全优化兵、师、团三级农产品质量安全监测、监管体系，探索构建"区域定格、网格定人、人员定责"网格化监管模式。完善农产品例行监测和监督抽查制度，深化农产品质量安全例行监测和监督抽查，改进监测方法，扩大监测范围，提升抽检科学性、针对性和准确性，及时发现问题隐患。围绕兵团产业实际，深化风险评估，将"菜篮子"和大宗粮油产品全部纳入评估范围，查找重点品种风险隐患，科学制定风险评估方法，针对重点品种、高危风险，开展常规监测与风险分析，定期形成风险评估报告。探索建立农产品质量安全检验检测联盟。推进智慧监管，以互联网等现代化信息技术为支撑，实现网格化监管与风险监测数据协同、质量安全信息追溯、农业标准信息推送与服务功能。推动例行监测与抽样检测相结合、主动报告与定期回访相结合、政府监测与企业自查相结合，推进监测数据、方法、模式共享，探索监测数据直报，逐步形成反应迅速、信息畅通、上下协同、跨区联动的农产品质量安全应急响应机制，建成全兵团"一盘棋"的监测、监管体系，全面提升监测的时效性、准确性、真实性和覆盖面。

第二节　着力加强农产品标准体系建设及示范

按照发展高产、优质、高效、生态、安全现代农业的要求，坚持"守底线、拉高线"并重，依据国家农、兽药限量标准等技术法规，结合兵团农业生产实际，健全农业标准体系，加快标准制（修）订，完善涵盖生产环境、生产过程、等级规格、品质评价、加工包装等环节的全过程质量控制标准体系。加大农、兽药残留等标准的宣贯培训力度，加快集成组装一批标准化绿色高质高效技术模式，鼓励新型经营主体按标生产，推进农产品标识化、标准化、身份化，开展现代农业全产业链标准化生产试点。构建以产品为主线、质量控制为核心的全产业链标准体系。以食用农产品为重点，因地制宜集成一批先进适用的标准综合体，实施对标达标提质行动，开展园艺作物、果品种植、畜禽规模化养殖、水产健康养殖等标准化示范创建活动。树立"大食物、大营养、大健康"理念，加强农产品营养品质评价及分等分级研究，加快营养型农业的产业布局，推进农产品品质提升。

第三节　着力加大质量安全执法监管力度

严格农业投入品登记许可制度，不断加强农兽药、饲料和饲料添加剂等投入品管理，依法打击生产、进口、经营和使用假、劣农兽药、饲料和饲料添加剂等违法行为。建立健全农资和农产品生产经营主体的诚信档案，推动生产经营主体公布其基本信息和质量安全相关信息，健全内部管控制度，公开质量安全承诺，全面落实主体责任，有效规避农产品质量安全信息不对称，促进农产品质量安全信息的公开化、透明化。建立农业投入品质量常态化监测制度，定期对主要交易市场的投入品开展监督抽查。深入开展农资打假和农产品质量安全专项治理行动，严打违法违规行为。

第四节　着力提升农产品质量安全追溯能力

完善农产品质量安全追溯制度，落实农产品生产者、经营者首要责任。加快推进食用农产品合格证监管和兵团农产品质量安全信用体系建设，构建以信用为核心，事前信用承诺、事中信用监管、事后信用评价的监管机制。普及应用农产品质量安全追溯平台，加强兵团市场主体信息系统与全国平台的对接和数据共享，实现省部平台互联互通。加大对农产品质量追溯的政策扶持，加快农产品质量安全追溯示范点建设。到2025年，实现主要农产品标准化生产技术规程全覆盖，实现农产品质量安全追溯和产地准出基本覆盖。

第四章　重点工程

第一节　农产品质量安全监测体系完善工程

围绕提升检测能力、风险评估能力和应对农产品质量安全突发事件能力的目标，按照"1＋5＋30"的布局，初步建成兵团农产品质量安全检验检测体系，实现5个师市级检测机构全部通过"双认证"，做到责任明确，人员稳定、经费充足。兵团级质检机构承担兵团级例行监测、监督抽查、突发事件的应急检测、技术培训与咨询、有关的检测技术研发、标准制定和科普宣传等职能，发挥好兵团级检测机构的人才优势、技术优势和资源优势作用。师市级农产品质检站职能是承担属地例行监测、配合上级抽样、指导和监督团级农产品质量速测站开展工作，对团级农产品质量安全速测站发现的问题进行登记、确认和处理，对辖区生产基地和生产者进行技术指导和咨询服务等工作。团级速测站负责对属地市场主体开展质量巡查调查、质量监督、质量控制、标准政策法规的宣贯等工作。加强农产品质检体系建设和运行管理，强化质检机构资质认定与考核，提升农产品质检专业化水平。组织开展农产品质量安全检测技术能力验证，进一步强化检测实验室质量控制，提升检测数据可靠性。

第二节　农产品质量安全风险评估及预警能力建设工程

加快建设农产品质量安全风险评估实验室和大数据平台，改善提升实验室和试验基地配套设施条件。建立农产品质量安全风险预警机制，制定农产品质量安全应急预案，有效应对农产品质量安全风险。

（1）建强技术支撑点。结合兵团农产品生产实际和监管工作需要，着力支持兵团农产品质量监督检验测试中心建设绿洲农业特色农产品专业性风险评估实验室，为兵团风险评估、风险预警、特色农产品产业持续健康发展、品牌建设和农产品进出口贸易提供科技支撑。

（2）建好预警体系。以兵、师、团三级农产品质量安全检测体系为依托建立兵团农产品质量安全风险评估体系，形成反应迅速、信息畅通、上下协同、跨区联动的应急能力。加大农产品安全应急体系建设投入，在物资供应、人员配备方面加大投入力度，为兵团农产品质量安全风险预警和监管提供科学和高效的技术支撑。

（3）开展风险评估工作。围绕兵团产业实际，针对重点品种、高危风险，开展探索研究，深入开展生物毒素、农兽药残留、重金属、致病微生物等危害因子风险评估及对产品营养品质影响评价，及时提出预警建议。科学制定风险评估方法和评估体系，探索全产业链风险评估。全面提升兵团农产品质量安全风险评估技术能力。

第三节 农产品质量安全监管追溯体系完善工程

依托互联网，运用先进的物联网技术、视频技术、地理信息技术等，完善农产品质量安全监管追溯体系，使之成为一套可实现质量追溯、农产品检测点空间分布、检测结果展示、检测结果导出、农药经营主体空间分布、综合统计查询、监测数据查询、政策技术推送、诚信查询、产地准出等功能的统一规范、通查通识的兵团农产品质量安全"大脑"。分三年期建设一套平台系统，在兵团13个师建立39个信息采集点。

第四节 农产品质量安全综合监管能力建设工程

（1）健全机构队伍。以兵、师、团三级农产品质量安全检测体系为技术依托，健全兵团、师市、团场三级农产品质量安全监管服务机构，推动连队配备农产品质量安全协管员。

（2）强化队伍建设。开展农产品质量安全检测技术岗位练兵、技术培训和能力验证，不断提升检测人员的能力素质和技术水平。加强农业综合执法队伍建设，开展执法业务技能培训，将农产品质量安全作为农业综合执法重要任务。

（3）提升综合治理能力。探索推行农产品质量安全网格化管理，加快建设农产品质量安全监管信息平台，探索建立有效的监管机制和模式。建立农业投入品监管长效机制，加强农业投入品监管，打击不遵守休药期、滥用农兽药、非法添加等行为。

第五节 农产品质量安全科技创新水平提升工程

加强农产品质量安全科技创新，聚焦生产规程、检测方法、仪器设备、风险评估等，推进农产品质量安全科技创新体系建设，依托农业农村部食品质量监督检验测试中心（石河子）、"两校一院"、师农科所，培育农产品质量安全科技创新主体。确定1个农产品质量安全检测技术实训基地。

第六节 农业标准化生产示范拓展工程

建立生产记录台账制度，加快推进规模经营主体按标生产，加快数字农业建设。推进农业生产标准化示范基地、全国农业标准化示范团场及全国农产品质量安全团场创建，推进农产品全程标准化管理。大力开展农业标准化技术示范推广，鼓励引导农业企业、农民合作社、家庭农场、种养大户等新型农业经营主体扩大农产品标准化生产经营规模，实行农业标准化生产整连、整团推进。选择 2 个特色农产品主产团场或企业为示范基地，建设与智慧农安监管信息服务平台相配套的监管执法信息采集设施和设备。针对禁限用农业投入品和农药兽药残留等影响农产品质量安全的风险隐患，整合投入品采购使用等信息，建设一批可远程风险管控示范和信息采集点，对农事行为实施智能化识别，强化风险预警和问题溯源。推动新型农业经营主体按标生产，培育农业龙头企业标准"领跑者"，选树一批标准化带动农产品质量提升的示范典型，构建产、学、研、推、用一体的农业标准化协同推广示范基地。

第七节 增加绿色优质农产品供给工程

培育提升优质食用农产品数量，开展绿色标准进企入户，支持标准制（修）定、质量追溯、质量示范等质量提升工作。结合农产品生产功能区、重要农产品生产保护区和现代农业产业园建设，积极推进米面油、肉蛋奶"大而优"的大宗农产品和地域特色鲜明"小而美"的菜瓜果等特色农产品开展绿色食品、有机农产品和地理标志农产品认证。增加绿色优质农产品供给。到 2025 年，认证并有效使用标志的农业"两品"数量累计达到 90 个，农产品地理标志 50 个。

第五章 保障措施

第一节 加强组织领导 落实属地责任

兵团各级要站在满足人民日益增长的美好生活需要、实现农业现代化和维护社会公共安全的高度，充分认识农产品质量安全工作的重要性、艰巨性和复杂性，切实增强责任感和使命感。要高度重视本规划的组织实施，明确工作责任，建立健全农产品质量安全工作协调机制。要在任务部署、资金投入、机构人员配置等方面加大支持力度。各级农产品质量安全监管人员要压实责任，守好底线。

第二节 加大投入力度 强化扶持政策

进一步完善财政支农资金稳定增长机制，按照事权划分原则，明确兵团各级农产品质量安全资金投入主体责任，加大各级财政投入力度。各级农业部门要积极争取政策和财政支持，在机构设置、队伍建设、监管能力提升、信息化设备、检验检测、监管执法等方面加大政策扶持，形成稳定的财政投入和正常的投入增长机制，确保农产品质量安全监管工作的经费需求。

第三节 健全机构 建强队伍

要强化农产品质量安全、监测监管的执法队伍建设，核定编制、配强人员，配套装备，保持队伍长期稳定，加强检测和监管技术培训，不断提高检测、监管和执法水平。

第四节 发挥考核"指挥棒"的激励鞭策作用

建立分级负责的监管机制，明确兵、师市、团分级管理责任，守好农产品质量安全底线，履职尽责，确保责任不缺位、工作不断档。将农产品质量安全监管绩效纳入各级领导班子的考核指标，统筹运用食品安全工作评议考核、质量工作考核、"菜篮子"市长负责制考核中的"农产品质量安全指标"考核内容，推动各级党委、政府落实属地管理责任。

第五节 强化科技支撑

要加快科技监管、智慧监管建设，提高监管效率，既要"严管"，又要"巧管"。利用移动互联等技术实现农产品质量安全监管、检测、追溯、培训、诚信、标准化等核心业务的信息化管理，提高大数据应用水平。

第六节 营造良好氛围

加大宣传引导，提高农产品质量安全意识，树立科学客观的消费观念。充分利用新闻媒体、网络等渠道，广泛宣传农产品质量安全法律法规、标准规范和安全常识，切实增进社会了解，凝聚社会共识，提高公众认知度和参与度，营造良好的社会氛围。

附件 23　关于促进兵团畜牧业高质量发展的意见

畜牧业是关系国计民生的重要产业，肉蛋奶是职工群众"菜篮子"的重要品种。近年来，兵团畜牧业综合生产能力不断增强，为兵团经济发展、促进职工增收、满足市场供应发挥了重要作用，但长期存在产业规模小、产业链条短、龙头企业带动力不强、基础支撑不坚实、发展质量不高、政策保障体系不完善等突出问题。为充分发挥空间环境大、资源禀赋优势，挖掘产业潜力，补齐发展短板，促进兵团畜牧业高质量发展，推进畜牧业一、二、三产业融合发展，现提出如下意见。

一、总体要求

（1）指导思想。以习近平新时代中国特色社会主义思想为指导，全面贯彻党的十九大和十九届二中、三中、四中、五中全会精神，贯彻落实第三次中央新疆工作座谈会精神，全面贯彻新发展理念，融入新发展格局，以实施乡村振兴战略为总抓手，以畜牧业供给侧结构性改革为主线，以推进农区畜牧业振兴为突破口，以市场为导向，坚持农牧结合、绿色生态发展方向，走规模化养殖、标准化生产、产业化经营的可持续发展道路。大力发展生猪产业，做大做强奶业，稳步扩大肉牛产业，积极发展规模化家禽产业，因地制宜发展肉羊产业和特色养殖。围绕"保存量、扩增量、提质量、增效益、创品牌"，以做大规模、做强产业为重点，加快构建现代畜牧业产业体系、生产体系、经营体系，推进畜牧业产业基础高级化，产业链现代化，不断提高畜牧业质量效益和竞争力，加快畜牧业高质量发展，形成产出高效、产品安全、资源节约、环境友好、调控有效的高质量发展新格局。

（2）发展目标。畜牧业整体竞争力稳步提高，动物疫病防控能力明显增强，绿色发展水平显著提高，畜禽产品供应安全保障能力大幅提升，现代畜牧业产业体系、生产体系、经营体系基本建成。力争到 2025 年，培育奶业、生猪 2 个产值百亿元以上的优势产业集群，肉类总产量为 90 万吨，牛奶总产量为 110 万吨，禽蛋总产量为 20 万吨，肉禽出栏 8 000 万只，分别较 2019 年增长 80%、40%、40% 和 130%。畜牧业产值超过 500 亿元，占农业总产值的 30%。

二、实施四大振兴行动

（1）实施生猪扩量提质行动。落实《加快兵团生猪产业转型升级的实施方案（2019—2025年）》，加强现代生猪良种繁育体系建设，提升自动饲喂、环境控制、疫病防控、废弃物处理等设施装备水平，创建一批生产高效、环境友好、管理先进、防疫规范、产品安全的大型生猪标准化示范场。突出优势区域发展，稳步提升生猪产业规模和质量效益。南疆以一、二、三师，北疆以四、五、六、七、八、十二、十三师为重点，推动生猪育种、规模生产、屠宰加工、冷链物流全产业链建设，将兵团建成全国重要的商品猪保障供应基地。到2025年，打造2～5个百万头商品猪生产基地，新增400万头生猪出栏生产能力，新增300万头生猪外销生产能力。

（2）实施奶业振兴行动。按照"市场开拓是关键，龙头拉动是引擎，科技是支撑，养殖是基础，奶源是保障"的总体要求，优化产业布局，建设规模化、标准化奶源基地，突出奶牛良种和品质提升，强化优质饲草料保障，充分发挥龙头企业示范带动引领作用，加快产加销一体化全产业链建设，快速扩增牛奶产能。在一、三、六、七、八、十二师高产奶牛核心区建设20万头荷斯坦高产优质奶牛养殖基地，在四、五、九、十师西门塔尔、褐牛集中区建设10万头乳肉兼用牛养殖基地。鼓励支持龙头企业到南疆发展奶业，大力支持南疆建设标准化、规模化养殖场。重点支持龙头企业加快优质奶源基地建设，开展乳制品创新研发，优化加工工艺和产品结构，完善冷链运输体系和质量安全体系。加快推进龙头企业品牌培育和优质乳品外销、拓展等，内延外扩拓市场，大幅提高乳制品市场竞争力，把兵团建成全国重要的商品乳制品和优质奶源基地。到2025年，新增高产奶牛存栏6万头，新增牛奶产量30万吨。

（3）实施肉牛增产和肉羊提效行动。大力促进农区奶牛、肉牛融合发展，通过奶牛、乳肉兼用牛及肉牛适度杂交，加快建立农区自繁自育生产体系，进一步扩大养殖规模，适度发展牧区肉牛养殖。进一步扩大养殖规模，面向高端市场培育品牌，通过牛肉精深加工，实现增产增效。以新疆褐牛、安格斯、西门塔尔、夏洛莱为主，在北疆四、五、六、七、八、九、十师建设高端肉牛生产基地；以西门塔尔、地方良种为主，在南疆一、二、三、十四师建设自繁自育生产基地。到2025年，新增15万头出栏肉牛生产能力。坚持农牧结合，因地制宜稳步发展肉羊产业，北疆以良种肉羊、多胎（多羔）肉羊品种为主，坚持自繁自育和引进扩繁，加强品种改良和经济杂交，加快标准化、规模化养殖，发展安全高效羊肉生产。南疆以多胎（多羔）品种和地方品种为主，发展种养结合适度规模养殖，提升专业养殖水平。

（4）实施家禽及特色养殖发展行动。大力发展家禽标准化规模养殖，提升蛋禽自动饲喂、环境控制、分级筛选等设施装备水平，提高家禽供种能力，发展家禽屠宰加工业。重点支持在家禽主产区建立与生产相匹配的大型屠宰企业，完善产业链。鼓励发展家禽适度规模经营和庭院养殖，推进南疆特禽养殖向标准化、规模化转型，巩固和发挥产业保供脱贫促增收的作用。因地制宜发展马、驴、兔、鹿等特色养殖，促进家禽和特色养殖产业向育种、养殖、加工、销售一体化方向发展。到 2025 年，新增 5 000 万只出栏肉禽生产能力，新增蛋禽存栏 300 万只。

三、夯实高质量发展基础

（1）加强畜禽良种繁育体系建设。实施畜禽遗传改良计划和现代种业提升工程。开展肉牛肉羊地方品种选育与新品种（系）培育，以企业为主体，建立健全产、学、研联合育种机制，加速推进育、繁、推一体化进程。加强品种资源保护与合理开发利用。加快荷斯坦奶牛、褐牛、西门塔尔牛、夏洛莱牛、良种肉羊及优良地方品种选育推广进程。强化畜禽品种改良和良种引进扩繁，对企业引进良种畜禽实行财政补贴政策，加快提升畜禽良种化水平。实施生猪、奶牛、肉牛、肉羊联合育种计划，不断扩大优良品种覆盖范围。到 2025 年，力争畜禽自主供种率达到 80％以上。

（2）大力发展标准化规模养殖。研究制定新建、改扩建标准化规模养殖场补贴办法，加快现有标准化规模场设施装备改造升级，完善圈舍、饲喂、挤奶、环境控制、粪污处理、病死畜无害化处理等基础设施和设施设备，加强设施装备集成配套，提升畜牧业机械化、集约化、自动化、智能化水平。按照分段饲养、精准饲喂、环境控制、生物安全等生产标准和养殖技术，大力提高养殖规模、质量和效益。到 2025 年，创建 100 个以标准化、现代化生产为核心，生产高效、环境友好、产品安全、管理先进，具有示范引领作用的畜禽规模养殖场高质量标准化示范场，畜禽养殖规模化率达到 80％以上。

（3）建立优质饲草料生产基地。坚持农牧结合，建立与养殖规模相匹配的稳定的优质饲草料基地，扩大优质饲草料种植，调整种植业结构，实现就地就近保障供应。落实耕地地力保护补贴政策，青贮玉米、苜蓿种植在现行 120 元/亩、100 元/亩补贴标准的基础上逐步提高。有效扩大苜蓿、青贮玉米等优质饲草种植面积，提高饲草料种植效益。到 2025 年，新增青贮玉米种植面积100 万亩（含复播），新增高产苜蓿种植面积 50 万亩。

（4）提升动物疫病防控能力。依法落实畜禽养殖、贩运、交易、屠宰、加工等从业者的防疫主体责任，落实主要负责人是第一责任人的属地管理责任，落实有关部门动物防疫监管责任，完善部门联防联控机制。健全动物防疫技术支撑保障体系，加强各级兽医实验室建设，提高重大动物疫病监测预警能力。加强基层动物卫生监督机构建设，补齐机构、队伍和设施设备短板，确保检疫检验能力水平。强化疫情处置应急队伍、物资储备等能力建设，加强疫病防控技术培训和分类指导，提升养殖场（户）生物安全防护水平。配齐连级动物防疫员，推动多元化、社会化服务组织参与动物防疫工作，提升动物疫病综合防控能力。完善"政府支持、市场运作、保险联动、处理规范"的病死畜禽无害化处理长效机制，优化无害化处理厂布局，推动建立专业化集中处理为主，自行分散处理为补充的处理体系。严厉打击收购、贩运、销售、随意丢弃病死畜禽等违法违规行为，构成犯罪的，依法追究刑事责任。

（5）强化科技支撑。实施兵团畜牧业重点研发计划项目，依托科研推广单位和龙头企业，坚持产、学、研、用结合，力争在重点领域研究、集成示范、技术推广上取得突破。鼓励支持两校一院及大型龙头企业等制定行业标准，充分利用国家、自治区畜牧产业技术体系及产业联盟资源，加快育种、繁殖、疫病防控、动物营养等技术组装配套和示范推广。完善科技特派员制度，加强"科技乡土人才"培训，引导支持科技社会化服务，打通畜牧科技服务"最后一公里"。加强畜牧业信息化建设，促进大数据、云计算等技术与畜牧业生产融合应用，建立兵团一体化畜牧业大数据平台，发展智慧牧业，提高畜牧业信息管理水平。

（6）促进畜牧业绿色发展。科学布局畜禽养殖，促进养殖规模与资源环境相匹配。大力推进畜禽粪污资源化利用，推广普及畜禽粪污全量还田利用技术，推进有机肥替代化肥行动，将推广施用生物有机肥与落实耕地地力保护补贴政策和高标准基本农田建设相结合，实现养殖粪污就地消纳循环利用。引导社会资本参与畜禽粪污资源化利用，推行专业化、社会化服务。全面实施病死畜无害化处理，依法依规将牛羊、家禽等纳入病死畜禽无害化处理补助政策范围，完善无害化处理与保险联动机制。到 2025 年，畜禽粪污资源化利用率达到 80% 以上。

四、提升产业化水平

（1）引进培育壮大龙头企业。扶持兵团涉牧龙头企业，整合利用兵地农牧业资源参与畜牧业重点项目建设，用好"两个市场""两个资源"。深化"放管服"改革，用足、用好、用活国家扶持产业发展的各项优惠政策，优化营商环境，引进培育一批技术水平先进、产业链条长、销售渠道通畅、品牌影响力强的肉类、乳制品精深加工龙头企业和规模化屠宰企业，充分发挥龙头企业引领带动作用，进一步加强全产业链建设，提高产业集聚发展水平和产业带动能力，做大做强畜产品加工业。力争到 2025 年，引进和培育畜牧业产业化龙头企业 30 家，力争形成 2 个年产值 100 亿元以上的优势产业集群。

（2）加快畜禽屠宰、产品加工、冷链配送建设。加快生猪屠宰产业布局，引导和支持在生猪主产区新建年屠宰规模 15 万头以上的生猪屠宰加工企业。支持对规模化畜禽屠宰加工企业设施设备改造升级，形成畜禽屠宰与饲养规模相匹配的生产加工能力,以产业促发展,以发展促产业。推动畜禽就地屠宰,减少活畜禽长距离运输,促进活畜运输向运肉转变。支持鼓励大型屠宰加工企业开展屠宰、加工、冷链物流、仓储配送、销售一体化经营,大幅度提升畜产品加工生产能力。力争五年内畜禽屠宰加工率达到50%以上。

(3)培育新型经营主体。加快养殖专业合作社和家庭牧场发展,鼓励畜禽养殖龙头企业与养殖专业合作社、家庭牧场以产权、资金、劳动、技术、产品为纽带开展紧密合作,形成"龙头企业＋专业合作社＋家庭牧场""龙头企业＋家庭牧场"的生产经营模式,通过统一生产、统一服务、技术共享、品牌共创等方式,形成稳定的产业联合体。加强对中小养殖户的指导帮扶,提高专业化生产水平。

(4)强化品牌建设。推进畜产品品牌创建活动,鼓励龙头企业开展畜产品绿色、有机认证,引导和支持龙头企业做好品牌培育、品牌提升工作,提升品牌影响力。大力发展高品质高档畜产品,创建一批以乳制品、牛羊肉为代表的兵团畜产品高端品牌。促进主导产业和特色产业形成一批具有地域特色的品牌。到2025年,创建2个在内地有较大影响力兵团畜产品知名品牌,创建4～5个疆内市场份额较大、具有一定市场竞争力的疆内特色畜产品品牌。

(5)保障畜产品质量安全。坚持源头控制,压实生产者质量安全主体责任,实施兽药等畜牧业投入品减量化行动,依法规范生产行为。健全畜产品质量安全追溯体系,试行畜产品合格证上市制度。加强畜禽屠宰监管,落实检疫检验等监管措施。加大畜产品质量安全监测、市场销售质量安全监管力度,落实食品安全"四个最严"的要求,严厉打击各类违法违规行为,切实保障畜产品质量安全。

五、保障措施

(1)加强组织领导。各师市主要领导对畜牧业生产、保障肉蛋奶市场供应负总责。要发挥主体作用,加强统筹谋划、组织协调、压实责任,制定落实支持畜牧业发展的政策措施。将落实促进畜牧业高质量发展的目标任务纳入兵团乡村振兴考核评价体系。兵团各有关部门要强化协调配合,形成工作合力,切实抓好工作落实,确保"兴畜"目标如期实现。

(2)加大财政和金融支持力度。兵团农业农村、财政、发展改革等部门要制定出台促进畜牧业高质量发展的支持政策。兵团及各师市每年要安排乡村振兴发展资金、现代农业发展资金、基本建设项目资金等加大对畜牧业的倾斜支持力度。自2021年起,兵团及各师市财政每年新增一定资金,用于提升畜牧业生产供给能力。各师市要建立完善动物防疫工作经费补助制度,所需工作经费纳入年度财政预算。有条件的地区,可按市场化方式设立畜牧业发展基金,支持畜牧业发展。依法依规开展畜牧业不动产登记工作，拓宽畜牧业贷款质押品范围，推行畜禽活体生物资产质押贷款；对于符合条件的规模化养殖主体，申请用于购置繁育畜、饲草料等流动性资金的贷款给予财政贴息补助，贴息比例不高于贷款市场报价利率（LPR）的50%；鼓励师市对养殖企业基本建设贷款给予财政贴息补助。扩大养殖保险范围，开展除奶牛、生猪以外的其他畜禽品种农业政策性保险试点，逐步将肉牛、肉羊生产纳入农业政策性保险范围。

（3）完善环保及其他支持政策。深化畜牧业项目环评"放管服"改革，对年出栏生猪5 000头（其他畜禽种类折合猪的养殖规模）及以上的畜禽养殖场、养殖小区（不含涉及环境敏感区的）建设项目开展环评告知承诺制改革试点。对畜禽养殖项目使用清洁燃料的环评审批不做硬性要求，按照宜煤则煤、宜气则气、宜电则电的原则，保证规模养殖场采暖需求；对规模以下畜禽养殖项目和不设置污水排放口的规模以上养殖项目，不要求申领排污许可证和取得总量指标；粪污经无害化处理用作肥料还田的，符合法律法规以及国家相关标准要求且不造成环境污染的，不属于排放污染物，不执行相关污染物排放标准和农田灌溉水质标准。不得超越法律法规规定禁养限养。对在连队建设的畜产品仓储、冷链物流企业保鲜仓储设施用电执行农业生产电价。养殖生产及其直接关联的畜禽粪污处理、检验检疫、清洗消毒、病死畜禽无害化处理等农业设施用地，可以使用一般耕地，不需占补平衡。畜禽养殖设施原则上不得使用永久基本农田，涉及少量永久基本农田确实难以避让的，允许使用但须补划。执行畜禽养殖棚圈及附属设施建设地方（自治区）标准。加大林地对畜牧业发展的支持，依法依规办理使用林地手续。落实畜牧业机械补贴政策，对纳入农机购置补贴目录的畜禽养殖场户购置的农机装备实行应补尽补。

（4）营造良好氛围。注重发挥新闻宣传引导作用，充分运用广播、电视、报刊、网络、新媒体等平台，加强典型宣传，营造促进兵团畜牧业高质量发展的良好舆论氛围。

附件 24　兵团棉花质量提升行动工作方案

兵团是国家重要优质棉生产基地，以占全国 1/4 的面积生产了全国 1/3 以上的棉花，有力保障了国家棉花产业安全。但 2020 年兵团棉花质量大幅度下滑，颜色级、长度、长度整齐度、断裂比强度 4 项指标低于全国和自治区水平，必须引起高度重视。为切实提升兵团棉花质量，夯实高质量发展基础，促进棉花产业提质增效，增强竞争力，特制订本方案。

一、目标任务

深刻认识棉花产业对兵团农业发展的特殊意义，深刻总结汲取棉花质量下降的教训，坚持问题导向、目标导向，加强组织管理，强化政策引领，落实全程质量监管，压实工作责任，提高科技含量，提升保障能力，全力打造国家优质棉生产基地。2021 年度兵团棉花质量实现大幅提升、主要质量指标总体高于全国平均水平；到"十四五"末，兵团棉花主要质量指标接近或达到美、澳棉花水平，品牌影响力和市场竞争力进一步增强。

二、加强组织管理

（1）建立协调机制。在兵团农业现代化建设工作领导小组内，由兵团党委农办牵头，建立由兵团党委组织部、兵团国资委、发展改革委、科技局、财政局、农业农村局、市场监管局、地方金融监管局、供销社等相关部门和"两校一院"共同参与的棉花质量工作协调机制，加强顶层设计，研究重大问题，形成工作合力。各植棉师市、团场相应成立棉花质量工作领导小组或协调机构，制订工作方案，落实主体责任，明确目标任务，抓好各项措施落实落地。

（2）发挥传统优势。充分利用兵师农业科技专家团队优势，成立兵师棉花专家指导组，深入开展技术指导服务，对生产形势、存在问题和关键技术等进行综合分析，准确研判，提出有效应对措施。兵团、师市、团场在棉花生产关键时期组织召开现场观摩推进会，推动重大技术和工作落实。植棉团场、连队集中精力抓好棉花生产、促进职工增收。连队农业技术员、植保员对生产过程中的技术推广、技术需求、水情影响、病虫危害等组织采取有针对性的措施，并发挥好"吹哨人"的作用。

（3）积极探索建立利益联结机制。发挥棉花协会引导和自律作用，支持兵师棉花协会向团场、连队延伸，拓展服务。积极示范推广棉花加工厂牵头领办合作社模式，形成棉花种植、加工利益联结机制，促进棉花产业化经营。鼓励合作社与棉纺企业（或棉麻公司）合作发展订单生产，推进由卖籽棉向卖皮棉转变。探索新型农业经营主体通过市场化方式参与棉花加工厂经营，或委托代加工直接销售皮棉等模式，形成利益共同体。

（4）配强基层力量。师市统筹师域内农业技术力量，保持师团技术服务人员相对稳定，明确"两委"职责，保证每个连队有1名技术员（可由"两委"兼任）和1名植保员，生产期间不得抽调外派。鼓励师市、团场探索采取政府购买服务等方式，在连队开展技术推广服务，解决好农技服务"最后一公里"问题。师市加快构建以公益性服务为依托，以龙头企业、合作社（或协会）、供销基层社服务为基础，社会化服务为补充，多元化、专业化、市场化的农技服务体系。

（5）加强科技支撑。加强棉花新品种选育，鼓励以企业为主体，产、学、研联合开展技术攻关。引导科技人员、科技特派员和科技团队深入植棉师市、团场开展科技示范、成果转化、技术服务和技术培训。充分发挥"两校一院"技术、人才优势，分片负责在每个植棉师市重点抓好1~2个团场科技服务工作，其中新疆农垦科学院负责六师、七师、八师，石河子大学负责四师、五师、十三师，塔里木大学负责一师、二师、三师。

三、强化政策激励作用

（1）完善棉花目标价格补贴政策。构建棉花目标价格政策长效机制，开展补贴标准与质量挂钩工作试点。

（2）开展棉花生产质量奖补。探索以连队为单元，实行优质优价的差异化质量补贴政策，将补贴标准与销售籽棉质量挂钩。依据团场棉花公检质量数据，对达到"双29B"及以上的对应籽棉量按照每公斤籽棉0.3元进行奖励。在此基础上，达到"双29A"及以上、"双30A＋B"及以上的分别给予每公斤籽棉0.1元累加奖励。推行"一主两辅"用种模式，开展棉花良种奖补。对棉花质量高于兵团平均水平的连队"两委"和技术人员给予适当奖励。

（3）开展绿色发展补贴试点。选取一定数量的棉花生产重点团场，实施兵团棉花绿色高质量发展补贴试点，重点用于良种良法配套、化肥农药减量增效、绿色生态防控、残膜综合治理、新型经营主体标准化生产等示范推广，对棉花质量表现好、技术推广指标达标的试点团场实际植棉者进行补贴。

四、规范收购加工管理

（1）合理调控棉花加工产能。按照"总量控制、竞争有序"的原则，合理布局棉花加工产能，避免产能过剩和无序扩张。加强新建棉花加工厂审批管理，逐步淘汰落后过剩加工能力。引导棉花加工企业完善加工、检测设备，改进提升工艺水平，落实加工质量主体责任。自 2021 年起，除兵地统一市场试点区域外，兵地棉花加工企业暂不进行交叉公示。严格查处兵、地棉花收购企业相互委托代收棉花行为。

（2）严格规范企业籽棉收购行为。严禁公示企业擅自在团场确定采摘时间前收购籽棉；在籽棉收购期间加大棉花收购加工质量巡查力度，督促企业严格履行保障棉花质量义务，探索落实"一试五定"、异纤管理、分品种分等级堆放、分轧等机制，严厉打击压级压价等恶劣行为。

（3）建立企业退出机制。完善《兵团棉花加工企业诚信经营评价暂行管理办法》，加强企业信用监管，建立企业黑名单制度，实施更加严格的企业退出机制。

（4）严格企业公示制度。完善《兵团棉花目标价格加工企业公示管理办法》，对擅自提前收购籽棉、收购超水棉和超杂棉、存在加工设备整改不达标、不具备籽棉质量自检能力、涉案、涉诉、涉信访未处理完毕、超过公示申报时限、法人和实际经营者被列入诚信经营黑名单等情况的企业，均不予以公示。

五、加强生产管理

（1）加强用种管理。推广应用优质棉花品种。南疆早中熟陆地棉区域种植的品种生育期在 130 天左右、北疆早熟陆地棉区域种植的品种生育期在 120 天左右；适宜机采；抗病性需达到抗枯萎病、耐黄萎病标准。棉花纤维长度 30 毫米以上、强力 30 厘牛/分特以上、马克隆值在 3.5～4.9。建立兵团棉花品种推荐清单，以师为单位大力推广"一主两辅"用种模式，提高棉花纤维品质一致性。加大推荐品种宣传培训力度，依法依规引导用种。加大种子市场、种子质量监督检查力度，规范棉花种子生产经营许可及后续备案管理，严禁品种未审先推、超审定区域非法经营。师市团场根据植棉规模和用种需求合理划定棉花良繁区域，加大良种繁育基地建设力度，加强对棉花种子企业的生产经营全程监管，认真做好品种提纯复壮和用种生产。

（2）落实关键措施。大力推广精准种子、精量播种、齐苗化控等技术，出苗率达到 90% 以上，壮苗早发。坚持"预防为主，综合防治"方针，推广绿色生态防控技术，病虫危害率小于 5%。以早熟优质为中心抓好打顶工作（北疆 7 月 1 日前、南疆 7 月 5 日前结束打顶）。严格执行脱叶机采技术要求，棉田吐絮率达到 30% 以上时，结合天气条件适时喷施脱叶剂，北疆 9 月 5 日、南疆和东疆 9 月 15 日前喷施结束。实行脱叶剂推荐准入制度。鼓励大型高效植保机械开展脱叶剂喷施作业，在兵团制定出台无人机作业标准前禁止无人机在棉田喷施脱叶剂。

（3）严格采收管理。严格执行《兵团采棉机田间作业技术规程》，规范脱叶采收操作，机采前棉田脱叶率达 90%、吐絮率达 95% 以上，由团场统筹安排后方可采收作业。团场与属地加工厂联合确定开秤收购时间，并向师市农业农村局报备。严格禁止夜采、露水采、喷水采等严重影响棉花质量采收行为；严格控制采摘籽棉的水分及杂质，含杂率、回潮率均不得高于 12%，采净率不高于 93%。团场制订分品种采收计划并加强巡查，防止正、复采籽棉混合交售。

（4）加强采收前质量监测。各师市提前制订棉花抽样方案，于脱叶后、机采前对师市主要品种进行田间取样检测，全面掌握全师棉花质量情况，形成分析报告上报兵团农业现代化建设工作领导小组。

六、完善保障措施

（1）健全监管体系。兵团农业农村局牵头会同相关部门，加强棉花种子质量监管，引导职工使用推荐品种；落实关键技术措施，提升机采棉标准化生产水平；加强对采棉机作业管理，禁止采棉机夜间作业、超水平作业等违规行为。兵团发展改革委牵头会同市场监管局，优化棉花加工产能布局，对棉花加工产能进行总量控制，引导机采棉生产线设备提升和工艺改良。兵团市场监管局会同发展改革委在棉花收购加工期间加强棉花经营活动监管。师市落实棉花质量监管主体责任，主动作为，强化监管；赋予团场相应的监督管理权限，使团场和连队就近就便加强对棉花生产、收购、加工各环节的监督管理，将部门日常监管和属地监管责任落到实处。

（2）强化资金支持。兵团发展改革委、财政局负责制定更加有利于质量导向的价格改革政策，积极落实资金，支持探索棉花提质增效长效机制；各植棉师市要积极引导社会资本加大对棉花品种选育、良种繁育、质量检测等基础设施建设的投入；地方金融监管局引导金融机构加大对棉花加工企业设备升级给予信贷支持。

（3）建立籽棉收购计价结算参考信息工作机制。兵团发展改革委会同自治区发展改革委商请中国棉花协会制定籽棉收购计价结算参考标准，定期编制发布以颜色级、长度、马克隆值等质量指标为主要内容的籽棉收购等级价差信息，为籽棉收购以质计价结算提供参考依据，释放"优质优价"的市场信号。同时，兵团棉花协会要广泛参与棉花质量提升工作，发挥好行业协会的作用。

（4）建立质量可追溯体系。制订兵团棉花质量可追溯试点实施方案，开展棉花质量追溯体系建设，探索从籽棉到皮棉质量可追溯路径，为棉花质量奖励提供依据。

（5）开展专项整治。兵团相关部门、师市针对采摘、收购、加工等影响棉花质量的重点环节，制订专项整治方案；在棉花采收期开展兵师团连四级联动、部门协同作战的专项整治行动，对违法违规行为严厉惩戒，坚决遏制棉花质量下滑态势。

（6）加强宣传引导。加强棉花目标价格补贴、质量补贴、良种补贴以及推荐品种、良种良法等政策、措施宣传力度，制定和印发宣传手册，提高宣传的时效性和精准性，突出事前预告引导。加强对师市、团场、加工企业监督管理人员业务培训，明确监管要点，统一监管标准。各植棉师市、团场要明确质量底线和细化管理措施，对影响恶劣的典型案例、列入"黑名单"的企业、不诚信职工及时进行通报，引导各类主体增强质量意识，规范棉花生产、收购、加工行为。通过新闻媒体、政府门户网站等及时向社会发布各项政策措施和监管动态，营造积极的舆论氛围。

主要参考文献

董智慧，2007. 香梨产业发展现状、存在问题及建议 [J]. 新疆农业科学 (S2)：154 - 155.

黄丽娜，2005. 新疆红色产业——番茄产业化经营现状及对策分析 [J]. 塔里木大学学报 (3)：89 - 91.

李金叶，2006. 新疆农业优势特色产业带培育研究 [M]. 北京：中国农业出版社.

刘晏良，2001. 新疆特色农业发展的总体思路与对策 [J]. 新疆农业科学 (3)：111 - 116.

刘英杰，郭新正，2010. 新疆绿色食品产业发展现状及对策建议 [J]. 农产品质量与安全 (4)：26 - 28.

刘英杰，马惠兰，2010. 新疆特色农业产业发展现状分析与对策建议 [J]. 中国农村小康科技 (8)：7 - 9.

马惠兰，蒲春玲，2003. 库尔勒香梨产业化经营中农民经济组织模式构建 [J]. 中国农垦经济 (5)：35 - 37.

马惠兰，2004. 区域农产品比较优势理论分析探讨 [J]. 农业现代化研究 (4)：246 - 250.

马惠兰，2005. 区域农产品比较优势理论研究与实证分析 [M]. 北京：中国文史出版社.

马惠兰，2007. 我国棉花生产比较优势与出口竞争力的区域差异分析 [J]. 国际贸易问题 (7)：61 - 65.

马惠兰，2011. 新疆特色农业发展战略研究 [M]. 北京：中国农业出版社.

新疆维吾尔自治区党委政策研究室课题组，2001. 新疆红色产业发展问题研究 [J]. 新疆社会科学 (2)：40 - 46.

易正兰，2009. 农业产业集群与农业区域品牌互动分析——以库尔勒香梨品牌为例 [J]. 新疆财经 (7)：75 - 77.

余晓明，张敬东，2002. 新疆红色产业发展的政策及对策研究 [J]. 新疆财经 (1)：3 - 7.

张建伦，2006. 新疆葡萄产业发展探析 [J]. 石河子大学学报 (8)：14 - 16.

张静健，平健，任卫新，2005. 基地建设：新疆番茄加工产业的关键 [J]. 新疆农垦经济 (5)：33 - 36.

张军，朱磊，2001. 新疆番茄加工业的国际竞争力分析 [J]. 新疆财经 (3)：15 - 18.